I0889112

PHILOLOGIE ET MERCURE

La tradition de l'humanisme latin

Collection dirigée par Pierre Magnard

Allégorie de la raison, selon le poème de Martianus Capella dont s'inspire notre intitulé, Mercure, messager des dieux, divinité des carrefours et des grands chemins, s'unit à Philologie, celle qui aime le Logos, discours, raison, et Verbe tout ensemble. Il lui donne pour suivantes les sept arts libéraux qui figurent par leur ronde l'acheminement à la sagesse.

L'ambition de cette collection est d'inviter le lecteur moderne à rentrer dans cette ronde et de lui en faciliter l'accès, en publiant des traductions inédites et des commentaires de textes philosophiques ou théologiques qui ont jalonné, de la Renaissance aux Lumières, chemins et carrefours parcourus par l'humanisme néo-latin.

Cette cartographie d'un humanisme qui se voulait tout à la fois rationaliste et religieux entend aussi restituer à l'horizon de la pensée classique son orée propre et à notre modernité un ancrage oublié.

LA RAISON ARDENTE

RELIGION NATURELLE ET RAISON AUX XVIIe SIÈCLE

DU MÊME AUTEUR

Le salut du laïc. Edward Herbert de Cherbury. Étude et traduction du *De religione Laïci.* Paris, Vrin (Collection Philologie et Mercure), 1989.

La religion naturelle. Paris, PUF (Collection Philosophies), 1991.

JACQUELINE LAGRÉE

LA RAISON ARDENTE

RELIGION NATURELLE ET RAISON AU XVIIe SIÈCLE

Traduction en Appendice du Meletius *de Hugo Grotius*

Ouvrage publié avec le Concours
du Centre National de la Recherche Scientifique.
La traduction a bénéficié du concours
du Centre National des Lettres.

PHILOLOGIE ET MERCURE

PARIS
LIBRAIRIE PHILOSOPHIQUE J. VRIN
6, Place de la Sorbonne, V^{e}

1991

A Pierre-François Moreau

La loi du 11 mars 1957 n'autorisant, aux termes des alinéas 2 et 3 de l'article 41, d'une part, que les «copies ou reproductions strictement réservées à l'usage privé du copiste et non destinées à une utilisation collective» et, d'autre part, que les analyses et les courtes citations dans un but d'exemple et d'illustration, «toute représentation ou reproduction intégrale, ou partielle, faite sans le consentement de l'auteur ou de ses ayants droit ou ayants cause, est illicite» (Alinéa 1er de l'article 40).

Cette représentation ou reproduction, par quelque procédé que ce soit constituerait donc une contrefaçon sanctionnée par les Articles 425 et suivants du Code pénal.

© *Librairie Philosophique J. VRIN*, 1991

Printed in France

ISBN 2-7116-1068-3

« Il est de la nature de l'intelligence de ne croire que ce qu'elle reconnaît être vrai. Il est de la nature de la liberté de n'acquiescer ou de ne donner son consentement qu'à ce que l'intelligence reconnaît être juste ».

Marie HUBER,

Lettres sur la religion essentielle à l'homme, Lettre 7.

REMERCIEMENTS

Ce livre reprend, pour l'essentiel, le contenu d'une thèse sur *Religion naturelle et raison, Enjeux et effets philosophiques de la position d'un credo minimum au XVIIe siècle,* présentée sous la direction de Pierre Magnard et soutenue le 14 février 1989 à l'Université de Paris-IV Sorbonne sous la présidence de Jean-François Marquet. Le jury était composé en outre de Didier Deleule et de François Laplanche. La publication de ce livre m'est l'occasion de leur réitérer ma gratitude pour l'acribie de leur lecture et la pertinence des questions qu'ils me posèrent ce jour-là dans un climat amical et serein.

La rédaction d'un tel travail, lorsqu'on dispose parcimonieusement du temps nécessaire à l'étude, n'aurait pu se faire sans l'aide quotidienne et discrète de mes collègues du lycée Chateaubriand, et tout particulièrement de Jean-Pierre Bourdon et Pierre-Henri Frangne, sans l'appui sans faille, sans murmures mais non sans humour, de la famille, sans la stimulation intellectuelle des membres du Groupe de Recherches Spinozistes que je ne peux citer tous, sans les discussions nombreuses et fécondes menées depuis des années, en des lieux et des cadres différents, avec Jean-Paul Dumont, Pierre Magnard, Pierre-François Moreau, amis d'hier et de demain qui surent aussi supporter et canaliser mes impatiences. Ce que je leur dois : ἐπιστήμην τε καὶ εὔνοιαν καὶ παρρησίαν, le savoir, l'amitié et la franchise[1], il m'est doux de le redire tant il est vrai que le bonheur de penser se renforce et se nourrit des charmes de l'amitié.

Cesson, mai 1991.

1. Platon, *Gorgias,* 487a.

INTRODUCTION

La séparation du champ et des modes opératoires de la philosophie et de la théologie dans le *Traité théologico-politique* de Spinoza passe par la position d'un *credo minimum* dont la formulation dans le vocabulaire théologique[1] s'accompagne parallèlement d'une élucidation en termes philosophiques, explicitée tout au long de l'*Ethique*. Le statut proprement philosophique de cet exposé des points fondamentaux est nouveau : déterminer les dogmes de foi comme des dogmes pieux (plutôt que vrais), à titre de corrélats de l'obéissance nécessaire au salut de l'ignorant, et garantir par là-même la justice et la charité salutaires à l'Etat. Mais le principe d'une telle liste de points fondamentaux comme son contenu ne sont pas originaux. Le principe de leur établissement renvoie à la distinction érasmienne[2], née en réaction aux polémiques et controverses de la Réforme, entre les points fondamentaux – ou les vérités nécessaires au salut – et les points secondaires[3]. Le contenu du credo spinoziste retrouve à peu de choses près, le contenu du « credo minimum » proposé par d'autres auteurs qui furent des théologiens ou des apologistes de la tolérance[4] comme Acontius, Castellion, Nicolas de Cues, Philippe Duplessis Mornay ou Grotius, ou des esprits libres soucieux de défendre le droit du laïc à frayer par lui-même le chemin de son salut, tels Jean Bodin ou Edward Herbert de Cherbury. Ces penseurs ont déjà fait l'objet de diverses études, mais séparément, et le plus souvent dans le cadre d'une histoire des idées : par exemple l'histoire de la tolérance (J. Lecler) ou l'histoire de l'idée de nature (sous la rubrique nature et religion) ou encore dans le contexte de l'étude des polémiques théologiques auxquelles donnèrent lieu Réforme et contre Réforme.

Notre perspective se veut ici plus modeste dans son champ de référence, et différente dans sa perspective. Loin de vouloir étudier toutes les formes qu'a pu prendre le rationalisme religieux dans le premier XVIIe siècle, nous nous interrogerons sur les effets, dans le champ philosophique, de la position d'un credo minimum. Destinée originellement à favoriser l'unité des croyants et à

1. Dans le chapitre XIV du *Traité théologico-politique* (désormais cité *TTP*).

2. Explicitée et défendue par Erasme plus qu'inventée par lui, puisqu'on la trouve déjà dans les *Satanis stratagemata* d'Acontius.

3. Secondaires du point de vue du salut, non de la foi ou de l'Eglise.

4. Mais aussi des apologètes, désireux de favoriser la conversion à la vraie vie, à une vérité porteuse de salut et de vie et non point de mort.

garantir paix et concorde dans la Cité, comment se fait-il que cette position théologique guidée par un souci irénique de dialogue inter-religieux – et nullement par une stratégie de prudence [1] ou un doute généralisé sur la croyance [2] – ait été très vite reprise par un certain nombre de philosophes, et non des moindres : Hobbes, Spinoza, Locke, Leibniz à l'occasion. Elle fut aussi l'un des chemins qui conduisit à un retour de la notion de religion naturelle au sein de la philosophie. Une fois posé à titre de base commune, le credo minimum produisit des effets philosophiques excédant ce qui en était attendu, particulièrement dans la philosophie pratique, tant éthique que politique. Toutefois, malgré une certaine constance de thèmes et de thèses, le concept de religion naturelle a changé de sens, ou du moins de connotations, entre Cicéron et Jules Simon [3]. Aussi convient-il de reprendre l'analyse de ces notions de théologie naturelle et de religion naturelle envisagées dans leur concept et dans leur rapport à la philosophie.

L'étude de l'horizon intellectuel du *Traité théologico-politique* montre combien ce thème du credo minimum déborde largement, dans son fonctionnement comme opérateur théorique, le seul cadre de la théologie. Nous nous proposons donc de tester la validité d'une hypothèse : cette formulation n'est ni fortuite, ni marginale ou accessoire, mais appartient bien à l'horizon intellectuel du XVIIe siècle. Car cette idée constitue, nous semble-t-il, un schème opérateur central qui produit des effets théoriques et pratiques dans l'ordre de l'articulation de la croyance et du savoir, (donc aussi des degrés et des niveaux d'assentiment) comme dans l'ordre des *praecepta*, et de l'articulation entre morale et religion.

Ayant déjà eu l'occasion, dans une étude précédente [4], de rechercher les antécédents du credo minimum [5] antérieurs au XVIIe siècle, je me limiterai ici à un bref rappel de l'influence du *De natura Deorum* de Cicéron et des thèses d'Erasme [6]. Nous centrerons notre étude sur des auteurs qui ne sont pas les grands métaphysiciens constructeurs de systèmes du XVIIe, mais l'équivalent en philosophie de ce qu'on appelait en peinture des « petits maîtres », désignant par là les graveurs par différence d'avec les peintres [7]. N'ayant pas cru que la tâche et le souci de penser fût réservé à quelques-uns, ils essayèrent avec leurs moyens théoriques propres ou empruntés, de résoudre pour leur propre compte la question des moyens et des conditions du salut, pensant qu'il n'y avait pas une heure de béatitude qui vaille si elle leur était simplement octroyée. Si leur salut était par excellence leur affaire propre, il était aussi de leur ressort de réfléchir par eux-mêmes à ses moyens et conditions.

1. Ce que Léo Strauss appelait l'Ecriture de la persécution, Cf. *Persecution and the art of writing*, Glencoe, 1952.

2. Le credo minimum ne correspond au XVIIe siècle, ni à une position libertine, ni à une position sceptique.

3. J. Simon : *La religion naturelle*, Paris, 1856.

4. Consacrée à Herbert de Cherbury : *Le salut du laïc*, Paris, Vrin, 1989.

5. Cf. *Le salut du laïc*, chapitre V.

6. Cf. chapitre II.

7. Littré, *Dictionnaire de la langue française*, 1881, article maître, § 9. En ce domaine de la peinture, l'expression de « petit maître » n'a aucune connotation péjorative, contrairement à l'acception politique qui désigna après la Fronde le parti de Condé.

Ces auteurs ont, il est vrai, été moins étudiés; et il y a toujours des trésors de nouveautés à découvrir dans les terrains en friche. Mais la vraie raison de notre intérêt pour eux n'est pas là : elle concerne plus directement l'articulation entre l'histoire des grands systèmes philosophiques, l'histoire des idées, mais aussi celle des enjeux, philosophiques, théologiques, politiques, moraux, de l'horizon intellectuel des systèmes. Nous pensons en effet que l'*espace philosophique*, l'espace des questions, des réponses, des enjeux, des effets attendus, des effets induits... aussi bien que celui de la construction des systèmes, *est un espace pluridimensionnel.* Certaines de ces dimensions ont été souvent étudiées, mais d'autres demeurent dans l'ombre et restent aujourd'hui trop occultées. On dégage volontiers la *dimension historique* de l'histoire des idées et des influences, ou la *dimension systémique* du réseau de problèmes et de nœuds conceptuels propres à un système philosophique. On oublie souvent la *dimension transversale* des disciplines imbriquées dans ces problèmes (ex. la théologie, la théorie du langage, l'herméneutique biblique, l'histoire, le droit...) ou la *dimension dialogique* qui tient à la diffusion des idées du philosophe et aux effets en retour de cette diffusion sur le système lui-même. On néglige trop, enfin, la *dimension "cartographique" de l'horizon des problèmes*, avec ses phénomènes de dominance, à une époque donnée.

Pour éclairer cette dernière dimension on peut pratiquer l'histoire des idées à la manière des historiens qui étudient la formation et l'évolution d'une idée déterminée[1]; on peut aussi chercher comment des esprits réfléchis et cultivés, qui ne se veulent philosophes que de rencontre, pas sous la forme élaborée du système, mais plutôt sous celle plus modeste de l'essai, ont pu reprendre à leur compte des questions vives de leur époque, les renvoyant par là-même aux philosophes sous forme de questions à reformuler plus exactement ou plus pertinemment, aussi bien que sous forme de réponses à donner.

C'est à cette dernière dimension de l'horizon des problèmes que nous voulons ici nous attacher, en focalisant sur une question qui, au XVIIe siècle se présente sous une forme à la fois religieuse et philosophique[2] : quels sont les conditions et les moyens du salut et de la béatitude pour un laïc qui a compris que le libre arbitre – et donc la liberté de choix et de jugement – est, plus que la station droite[3], la seule marque en l'homme de sa ressemblance divine et de sa destination à l'éternité? Plus d'un siècle avant l'avènement de ce qu'on a appelé la pensée des Lumières, nous pouvons ainsi constater l'entrée en scène des laïcs dans le champ théologico-philosophique. Cela correspond sans doute à un effet de la Réforme protestante mais la déborde aussi largement[4]; et par ailleurs, cela

1. A la manière, d'ailleurs irremplaçable dans son ordre, de J. Lecler ou de J. Delumeau.

2. Au XVIIe siècle, la question du péché originel est parfois refoulée, mais reste latente à l'horizon de la réflexion morale. la question du salut garde donc un sens à la fois philosophique et religieux. Lorsque le thème du péché originel disparait comme thème de réflexion authentique, la question du salut se transforme et devient : comment bien vivre? Comment être heureux? De quoi faut-il apprendre à se libérer? C'est parce que Rousseau et Kant conservent un sens aigu de la faute et de la faillibilité humaine que la question du salut philosophique et religieux reste pour eux une question pleine de sens et même une question vive.

3. Evoquée en ce sens tant par Lactance que par Sebond.

4. Cf. notre ch. II, § 3.

répond à une leçon de l'humanisme de la Renaissance qui diffusa largement les grands textes de la culture antique pour offrir à chacun les clés d'une réflexion personnelle et ne dispenser personne du souci philosophique de soi, du souci de penser, et plus particulièrement de penser sa vie[1]. Cette dernière exigence est éminemment une exigence philosophique, celle aussi qui permet à l'homme de vivre vraiment, d'accomplir pleinement sa nature d'homme, comme on le sait depuis Socrate ou Aristote.

> « Il ne faut donc pas écouter ceux qui conseillent à l'homme, de borner sa pensée aux choses humaines, et mortel aux choses mortelles, mais l'homme doit, dans la mesure du possible, s'immortaliser, et tout faire pour vivre selon la partie la plus noble qui est en lui [...] car par sa puissance et sa valeur, elle dépasse de beaucoup tout le reste »[2].

D'où notre choix d'un corpus de textes et d'auteurs méconnus, allant des premiers essais de Grotius, avec le *Meletius* de 1611, au traité de la *Religion rationnelle* du socinien Andréas Wissowaty (1676-78)[3].

Cette première hypothèse d'une fécondité théorique ou d'effets induits débordant largement les effets pratiques primitivement attendus de la position d'un tel credo, sera d'abord testée dans l'ordre théorique. Nous nous demanderons ce qu'il en résulte quant à la façon d'envisager les rapports entre philosophie et théologie, c'est-à-dire aussi entre la raison et ses corrélats traditionnels : le témoignage historique, l'expérience, la foi dans l'enseignement d'une révélation ou de livres saints. Puis, nous nous interrogerons sur le statut du credo minimum, ses modalités de découverte et d'exposition, son organisation interne (entre dogmes et préceptes) et la stratégie à la fois communicationnelle et polémique dans laquelle il s'insère. Pour ce faire, nous nous laisserons guider par l'hypothèse d'une analogie de statut entre une certaine réhabilitation de la religion naturelle[4] face aux religions positives existantes d'une part, et la théorie du droit naturel dans son rapport aux systèmes de droits positifs (ou au besoin d'un droit international) d'autre part. Cette hypothèse vient d'ailleurs spontanément à l'esprit dès lors qu'un des textes fondamentaux de l'énoncé de la religion naturelle ne se trouve pas dans un opuscule théologique, mais au plein cœur du *De Jure belli ac pacis* de Grotius. Il faut en effet prendre au sérieux cette place centrale, au double sens de la situation et de l'importance, de la religion naturelle. Que Grotius, qui était parti d'une réflexion théologique sur « ea quae inter christianos conveniunt »[5] et d'un travail apologétique pour donner les moyens argumentatifs d'amener progressivement les Païens et les Turcs à la « vérité de la religion chrétienne » ait éprouvé le besoin de revenir sur la

1. Cf. par exemple les *Colloques* d'Erasme, qui de manière familière et à propos de situations ordinaires de la vie, expriment cette exigence, coextensive à la philosophie, de « penser sa vie » au lieu de se contenter de la vivre simplement.

2. Aristote *Ethique à Nicomaque*, X, 7, 1177 b 30-35.

3. Nous nous expliquerons sur ce choix d'auteurs et d'œuvres, dans le chapitre II.

4. A quoi correspond de fait la position et la défense d'un credo minimum à titre de fondement commun toujours déjà présent quoiqu'occulté, dans les religions historiques existantes.

5. Sous titre du *Meletius* (désormais cité *Mel.*).

question des points communs à *toutes* les religions (et plus seulement aux Eglises chrétiennes) dans un traité de droit, fondant le Droit des Gens sur l'idée de droit naturel objectif et rationnel, ne saurait être fortuit, ou seulement lié à un objectif limité d'interdire la poursuite judiciaire pour fait de croyance. Cela nous paraît un signe éclatant de la présence de la religion naturelle à l'un des sommets du triangle conceptuel du référent Nature au XVIIe siècle dont les autres pôles sont formés du Droit naturel et de la Physique mécaniste[1].

Nous étudierons ensuite le *contenu de ce credo*. Celui-ci comporte toujours d'abord un certain nombre de propositions dogmatiques sur Dieu, l'ordre du monde, la liberté humaine, la destination de l'âme. Il importe de voir si ces propositions sont toujours les mêmes et ce qu'elles affirment, mais aussi de quelle façon elles sont établies, à quels modes de mise à jour, d'exposition et de justification elles font éventuellement appel. Ici les références nombreuses aux traités de théologie stoïcienne ainsi que le recours fréquent à des concepts stoïciens tels que celui de « notion commune » ou de « consentement universel » nous conduisent à une deuxième hypothèse : celle d'une influence décisive de la philosophie stoïcienne, marquée par la redécouverte du *De natura Deorum* de Cicéron et par la présentation du système stoïcien donnée par Juste Lipse, au tout début du XVIIe siècle dans la *Manuductio Stoïcorum* et dans la *Physiologia Stoïcorum* de 1604. Dès qu'on lit en parallèle les manuels de philosophie stoïcienne de Juste Lipse avec les textes qui traitent de la religion naturelle au XVIIe siècle, on se rend compte de la puissance de cette philosophie stoïcienne dont l'influence maintes fois soulignée avant nous[2], ne se cantonne pas, comme on l'a cru trop souvent, à des *topoï* moraux. Elle renvoie aussi de façon très précise à des positions logiques, épistémologiques, et avec quelques réserves, physiologiques, sur la formation des notions communes et leur fonction dans la formation tant de la science que de la société cosmopolitique.

Si l'on passe ensuite à l'ordre pratique, ou aux préceptes inclus dans le credo minimum, on remarque combien la réduction du culte au culte intérieur de vertu, ainsi que la définition de la vertu par la loi de réciprocité, ont contribué à favoriser le glissement de la *religion naturelle* vers la *religion éthique* accessible à tous, sans distinction de condition ou de statut : païen, sauvage, « simple » ou femme, beaucoup plus nettement que vers la *religion naturelle savante* des philosophes telle que la conçoit Hume dans ses *Dialogues sur la religion naturelle*. Mais ces considérations sur le culte, la règle de la vertu, le repentir et la rétribution ont aussi des incidences sur la conception du salut : ouvert à tous

1. Sur ce point précis, nous pensons qu'il faut compléter plutôt que corriger, les affirmations de R. Lenoble : *Esquisse d'une histoire de l'idée de nature*, IIème partie, Ch. IV, qui s'appuyant essentiellement sur des auteurs catholiques, prétend que « les philosophes ont mis soigneusement à l'abri des mouvements » (= de la révolution de l'idée de nature) « la religion et la politique » (A.Michel, 1969, p. 319). Nous pensons au contraire qu'il y a une similitude de traitement, dans le sens de la désacralisation du référent nature, dans les trois instances de la physique mécaniste, du droit naturel et de la religion naturelle.

2. Cf. Les travaux déjà anciens de Léontine Zanta, de Julien Eymard d'Angers (plus décevants), et surtout l'important travail de Jean Jehasse : *La Renaissance de la critique* dans lequel on trouvera une mine d'informations sur la redecouverte du stoïcisme dans la 2ème moitié du XVIe siècle.

ou réservé, et subséquemment sur le statut de la communauté humaine envisagée dans sa globalité. Conséquences également sur l'articulation du théologique et du politique, des lois civiles et du commandement de la conscience[1], donc aussi sur les questions qui sont incontestablement des questions vives du temps : le droit du Prince sur les choses sacrées (le *Jus circa sacra*), la liberté de conscience et de recherche, la conception des limites et des propriétés de la communauté ecclésiale dans son rapport avec l'individu d'une part, avec la communauté politique de l'autre.

La réflexion qui se mène aux frontières de la philosophie et de la théologie, en ce premier XVIIe siècle, est bien le lieu d'un retour patent de la théorie, des modèles et des concepts de la religion naturelle telle que la présentèrent les Stoïciens. Cette synthèse de religion naturelle sur le modèle du rationalisme stoïcien et du christianisme épuré à la manière érasmienne fait, nous semble-t-il, l'originalité de ce rationalisme religieux qui se développe essentiellement en milieu protestant[2]. Ce qui le distingue tout à fait de ce qu'on entendra par religion naturelle ou déisme au XVIIIe siècle[3].

Mais notre propos n'est pas d'écrire ou de réécrire à nouveaux frais un chapitre de l'histoire des idées théologiques. Il est plus précisément philosophique : nous voudrions montrer que dans ce débat entre les théoriciens du credo minimum et leurs adversaires (à l'époque essentiellement théologiens), c'est toute une conception de la raison, de sa valeur, de son statut ontologique, de ses modèles et de ses limites qui se met en place. Une sorte de convertibilité s'instaure entre la raison « fille de Dieu »[4], « voix naturelle de Dieu »[5], c'est-à-dire *Logos*, et la Nature présentée comme Providence universelle, c'est-à-dire ordre divin, ou encore Dieu agissant selon des lois constantes, en droit accessibles à la raison[6]. De là un glissement possible de l'égalisation entre Dieu = Raison = Nature au « Natura sive Deus »[7]. Faute de pouvoir toujours trouver une théorisation explicite de la raison, il nous faut être attentif à tous les discours qui l'abordent obliquement. D'où l'importance qu'il convient de prêter aux textes qui traitent du risque – ou du droit – de douter, des moyens de croire, des modèles du salut et de ses moyens : connaissance, obéissance, pratique droite et

1. Ou des *dictamina rationis*.

2. Et qui correspond même, selon la présentation qu'en donne Henri Gouhier à propos de Rousseau (*Les Méditations métaphysiques de JJ. Rousseau* p. 234 sq.) à « une philosophie du protestantisme ».

3. Le terme de *déiste* n'est pas revendiqué au XVIIe siècle : le déiste est toujours dénommé ainsi par ses adversaires, selon l'exemple de Mersenne dans *l'Impiété des déistes* (Cf. sur ce point *Le salut du laïc*, p. 141-45). Voir aussi Spinoza : « mon accusateur [...] soutient que par ruse ou par malice, et dans un mauvais dessein, j'ai plaidé la cause détestable des déistes » (Ep. XLIII, Ap. IV, p. 272).

Au XVIIIe siècle, en revanche, le terme est revendiqué par certains, tandis que Rousseau, pour s'en démarquer, emploie toujours le terme de *théisme* afin de désigner spécifiquement la religion naturelle authentiquement religieuse.

4. Castellion.

5. Leibniz : Lettre à Morell du 29 sept. 1698.

6. Herbert de Cherbury : *De veritate* (désormais cité *DV* avec en premier lieu la pagination latine, en second la pagination de la traduction française de Mersenne).

7. Qui se rencontre occasionnellement sous la plume de Cherbury, *DV* p. 175/229.

éclairée, sans oublier les qualificatifs de la raison : « sana, recta, communis », qui, sous un vocabulaire traditionnel, font passer une défense et illustration neuves de la raison. En effet, il ne sera pas seulement question ici de la raison comme source et faculté de connaissance ou de la foi de la raison, mais encore de la *foi en la raison* : foi raisonnable, fondée sur la croyance en un Dieu providence, confiante dans la capacité de tout homme à parvenir au plein épanouissement de toutes ses capacités. Ce n'est donc pas seulement le rapport entre philosophie et théologie, ou entre sagesse profane et données de l'enseignement révélé, qui est ici mis en question. C'est aussi une certaine conception de la nature et de l'histoire, de l'ordre et de la variété, de l'unité de l'homme et de la diversité des cultures. Bref, ce que le credo minimum condense et met en évidence, c'est une unité – de foi, de loi, de communauté, de vie, d'espérance historique et transhistorique – toujours déjà présente comme l'invariant de la variation qui la masque. Beaucoup moins l'unité d'une essence ou d'une nature humaine immuable, que l'unité organique d'un germe ou d'un noyau commun qui s'épanouit en de multiples figures.

Nos deux premières hypothèses : la fécondité du credo minimum comme opérateur théorique et la puissance de la philosophie stoïcienne comme *organon* conceptuel et réservoir de modèles au sein de ce courant du rationalisme religieux, seront présentées et testées au cours de l'analyse des présupposés épistémologiques et ontologiques ainsi que des différentes thèses du credo minimum. Chaque fois que nous verrons apparaître dans le credo minimum un concept ou un modèle argumentatif stoïcien, nous en rechercherons les sources, nous en étudierons les modes de transmission dans la culture savante du temps et nous nous demanderons pourquoi un tel concept ou modèle a été préféré à un autre emprunté à une autre philosophie, dans quelle intention tactique ou stratégique, défensive ou offensive. Car la puissance d'une philosophie ne dépend pas seulement de la fécondité de ses concepts ou de son point de vue, mais aussi, bien souvent, de sa capacité de démarcation, de sa puissance stratégique, de la ligne de défense et d'attaque qu'elle permet d'établir contre certains adversaires (ici par exemple les dogmatiques impénitents ou les Enthousiastes également rebelles à la discussion ouverte), de l'appui qu'elle peut recevoir de certains alliés. De la même façon, plutôt que de consacrer des chapitres séparés à étudier les rapports qu'entretiennent les grands systèmes du XVIIe avec la pensée du credo minimum, nous préférons montrer comment telle ou telle thèse se retrouve et avec quel déplacement, quels effets, dans telle et telle philosophie. Nous privilégierons donc ici une lecture thématique par rapport à une étude, au demeurant moins féconde pour répondre à notre projet, des réseaux d'influence et des emprunts.

Cette méthode de lecture, initialement motivée simplement par le désir de mieux connaître un siècle auquel nous rattache le goût de la méthode, de l'organisation systématique, de la clarté et de la mesure, nous aura par ailleurs appris quelque chose : c'est qu'à lire *pour eux-mêmes* ces auteurs qu'on dit parfois mineurs, quoiqu'ils constituent l'étoffe et l'horizon de la vie intellectuelle d'un siècle qui fut fort riche, à les lire ainsi en préjugeant favorablement de leur honnêteté intellectuelle comme de leur cohérence, sans volonté préalable de les mesurer toujours à ces grands noms qui les couvrent de leur ombre, on ne gagne pas seulement un savoir d'érudition et une vue moins sommaire de la vie d'une culture et d'un temps. On y acquiert surtout un autre regard sur les grands textes. Semblable à ce léger écart, à cette prise de distance, à cette saisie de l'autre dans le même et du même dans l'autre, que Rousseau jugeait indispensable de prendre pour bien comprendre l'homme[1], nous découvrirons combien la fréquentation des œuvres de ceux que les philosophes qui ont formé notre pensée ont eux-mêmes fréquentés, conduisait tout naturellement à poser aux grandes philosophies d'autres questions que nos questions habituelles. A les interroger différemment, à repérer ainsi des arguments partagés en même temps que repris dans une autre problématique, et de ce fait reformulés autrement et déplacés, nous mettrons en évidence des solidarités démarcatives, des prises de position – pour ne pas dire de parti – pour la raison, pour la liberté et contre des adversaires déterminés. D'apparaître ainsi orienté par un champ de forces, par des enjeux stratégiques, par des attentes pratiques, le champ de la discussion philosophique en devient plus vivant et plus proche de nos propres interrogations ou pratiques. Ce qui nous a conduit aussi à nous interroger sur la pertinence actuelle de cette notion apparemment bâtarde de « religion naturelle » ou sur ce qui de nos jours fonctionne sur le modèle du credo minimum[2].

Avant d'en venir là et de réfléchir du même coup à la façon dont l'histoire des idées, loin d'être une discipline purement historique – ou de constituer simplement un outil annexe dans la panoplie de l'historien de la philosophie – autorise au contraire une pratique de décentrement qui incite à poser des questions neuves, pertinentes et fécondes, il nous faut passer par le lent et minutieux travail de présentation du credo minimum, des questions auxquelles il répond, des réponses qu'il propose. Cela nous conduira également à nous interroger, par le biais de la religion, sur la polyvalence de la référence à la nature dans la pensée du XVIIe siècle et de l'articulation qui s'y pense entre nature et histoire, fort éloignée ici, comme on s'en doute, de celle que proposa la méditation pascalienne[3]. Le début du XVIIe siècle, rappelait Ernst Cassirer[4], a vu paraître en trois années consécutives, sous les plumes de Galilée, de Herbert de Cherbury et de Grotius, trois livres traitant respectivement des lois de la nature, de la religion de nature et des droits de nature. Ce rapprochement, nous l'avons dit, ne saurait être fortuit. Dans la religion, comme dans d'autres domaines de la théorie, la référence à la nature est une référence stratégique au XVIIe siècle, par

1. Cf. la préface du *Discours sur l'inégalité* : « A force d'étudier l'homme nous nous sommes mis hors d'état de le connaître ». Nous n'aurons pas l'outrecuidance de dire qu'à force d'étudier systématiquement les systèmes nous nous sommes mis hors d'état de les connaître, mais seulement qu'un certain déplacement de la visée n'est pas inutile pour raviver le regard.

2. L'équivalent du credo minimum nous paraît résider de nos jours dans la recherche d'un consensus axiologique dans les démocraties, qu'il s'agisse de la question de la laïcité ou des problèmes éthiques posés par le développement des pratiques médicales.

3. Cf. Pierre Magnard, *Nature et histoire dans l'apologétique pascalienne,* et Henri Gouhier : *Les Méditations métaphysiques de J.J. Rousseau* : ch. I, § 4, La Nature qui est la Grâce.

4. Cassirer, « Wahrheitsbegriff und Wahrheitproblem bei Galilei », *Scientia*, 1937, LXXII, p. 121-30. Les années évoquées sont respectivement 1623, 1624, 1625.

l'unanimisme qu'elle rend possible, par le refoulement aussi de questions indécidables quoiqu'inévitables. Reste à se demander en quel sens et de quelle façon. Le rôle joué par la nouvelle physique, (à modèle mathématique), et par la nouvelle conception juridique de l'individualisme subjectif ont déjà été bien étudiés, celui de la religion naturelle beaucoup moins. On peut cependant penser, – et c'est précisément ce que nous avons l'ambition de montrer – qu'elle constitue aussi au début de l'âge classique, un de ces pôles de référence par rapport auquel les grandes philosophies de ce siècle, celles de Descartes, Hobbes, Spinoza, Malebranche, Leibniz, seront tenues de se déterminer.

CHAPITRE I

THÉOLOGIE NATURELLE, RELIGION NATURELLE ET PHILOSOPHIE

POURQUOI UNE THÉOLOGIE NATURELLE?

Dans toute l'Europe le siècle de la Réforme a été aussi le siècle des guerres de religion : guerre civile en France, en Allemagne, aux Pays-Bas (doublée dans ce dernier cas d'une insurrection nationale); répression violente en Italie et en Espagne, puis – dans l'autre sens – à Genève; persécutions en Angleterre qui changent de victimes lorsque change le détenteur du trône et sa croyance, sans s'affaiblir pour autant. Mais, dès le début, la violence proprement dite a pour toile de fond l'âpreté des controverses et la désunion perpétuelle des chrétiens : motif ou prétexte, la guerre de la foi est continue alors que la guerre de religion connaît des trêves et finit par s'estomper au début du XVIIe siècle. Si les métaphores militaires fleurissent toujours pour dépeindre les luttes théologiques, la calomnie et le déshonneur sont des signes plus fréquents de la défaite que l'emprisonnement et la mort, quoique ceux-ci ne disparaissent pas tout à fait[1]. L'intolérance religieuse n'a pas disparu, d'autant que la tolérance en matière de religion, c'est-à-dire de salut éternel apparaît alors comme faiblesse et non comme vertu; mais le recentrement du combat de la sphère politique à la sphère théologico-philosophique rend possible aussi un déplacement de la question des croyances nécessaires et communes, et le recours à d'autres modèles.

Au lieu de vouloir que tous les membres de la communauté politique partagent de gré ou de force les mêmes croyances religieuses – objectif au demeurant irréalisable puisque, comme le soulignent nombre d'auteurs depuis Lactance, la croyance étant un acte de libre volonté, ne saurait par essence être contrainte ou forcée – certains esprits vont, sur le modèle érasmien, rechercher s'il ne serait pas possible de s'entendre sur un petit nombre de croyances communes constituant les articles fondamentaux de la religion. Ou plus exactement ils vont supposer que sous-jacentes aux différences qui opposent les hommes de diverses créances, il y a toujours déjà présent mais masqué par

1. On peut songer ici à l'emprisonnement de Grotius, à la détention mortifère de Koerbagh, ou à la virulence de la querelle d'Utrecht qui opposa Descartes à Voet via Martin Schook, pour ne citer que quelques exemples parmi d'autres...

l'appareil dogmatique et culturel propre à chaque religion, un noyau commun. Ce retour aux « paucissima et simplicissima dogmata »[1] est loin de se limiter à un objectif pratique : s'entendre sur quelques propositions de foi et quelques règles pratiques pour assurer la paix et la concorde dans l'Etat. Il a des effets théoriques importants car l'ardeur théologique divise, spéculativement et politiquement, et éloigne les hommes de Dieu, plus qu'elle ne le leur fait connaître. Les effets nocifs évidents de ce phénomène pourraient à eux seuls justifier le recours à une instance unanimiste comme est la notion de nature et l'on comprendrait alors le recours à la religion naturelle, soit comme position, soit comme étape vers une autre religion (chrétienne) ou vers autre chose que la religion (la philosophie), comme une position de repli ou de secours. Mais les choses se compliquent du fait qu'en même temps que le conflit théologique se déplace, le concept de nature change de sens[2] avec l'avènement de la science nouvelle et de nouvelles réflexions sur la méthode et l'art de penser. Si le statut théorique du religieux est ébranlé, celui du naturel ne l'est pas moins, et le dynamisme des pensées nouvelles fait éclater les vieilles outres des expressions anciennes, comme on le voit dans l'usage que Spinoza fait de certaines expressions scolastiques[3]. C'est pourquoi si l'on veut comprendre tous les enjeux et toutes les implications de cette « théologie naturelle » qui se met en place au XVIIe siècle, il ne faut pas se hâter de l'identifier aux notions homonymes qui l'ont précédée et suivie. La même expression n'a pas nécessairement le même sens sous la plume d'un auteur du XVIIe siècle et chez Hume. Citer Cicéron n'implique pas qu'on assume tout ce qu'il dit ou qu'on s'interdit de tirer des effets nouveaux des montages conceptuels qu'on lui emprunte.

La distinction des trois sortes de théologie est un *topos* qui remonte au moins à Varron, connu grâce à saint Augustin. Varron distinguait la théologie mythique ou fabuleuse des poètes, la théologie naturelle (ou plus exactement physique) des philosophes, et la théologie civile ou propre à la Cité[4]. « La première est propre au théâtre, la seconde au monde, la troisième à la Cité ». La première est mensongère et indigne de son objet, la troisième est contingente mais propre à souder la Cité, la seconde est trop difficile pour être exposée à tous et débattue sur le Forum, quoiqu'elle seule soit vraie, et la vérité des deux autres. Critiqué par saint Augustin, Varron se voit loué par Juste Lipse qui reprend cette distinction dans sa *Physiologia Stoïcorum*[5], comme le firent ensuite Grotius (*Mel.* § 53) et Cherbury (*DRG* p. 227/382). Le christianisme n'est donc pas le premier à être confronté à la question de l'inspiration (sinon de la révélation) et de la tradition; pour l'antiquité déjà s'était posé, en réaction à un propos manifestement trop anthropomorphe et mensonger, la question d'un discours théologique digne de son objet, qui s'appuie sur la nature et ne se serve que des principes et des lumières de la raison. Les penseurs du XVIIe siècle ont bien conscience que le discours de la religion populaire est irrecevable tant il est grevé

1. Spinoza, *TTP*, ch. XIV.
2. Cf. les travaux du P. Lenoble.
3. Et plus particulièrement de la distinction entre nature naturante et nature naturée.
4. Cité et critiqué par saint Augustin : *Cité de Dieu*, VI, 5.
5. Livre I, ch. 3.

de superstitions et de fables; celui de la théologie savante divise et exacerbe les problèmes au lieu d'aider à les résoudre. Comment donc élaborer un discours théologique assez dégagé des fables populaires, sans tomber dans le mépris politique du peuple (et de sa religion) ni s'égarer dans les voies labyrinthiques de la controverse ? Pour répondre à cette question, qui est une question vive de la pensée du premier XVIIe siècle, des penseurs, qui ne sont pas des théologiens de profession ni des prédicateurs mais des esprits libres et iréniques, vont se tourner vers d'autres modèles de philosophie antique que ceux qu'avait privilégiés la tradition scolastique. De ce fait même ils vont poser autrement la question de l'articulation du croire et de l'agir, du salut individuel et collectif, de ce qui est le propre de la raison et de ce qui est son autre. Mais du même coup, ce n'est pas seulement le statut de la vérité et de la raison qui est mis en cause mais celui de la nature. Qu'est-ce qui vient en effet après la religion naturelle ? Qu'est-ce qui achève ou accomplit le processus de connaissance et de pratique amorcé dans celle-ci ? La logique implicite de ce courant de pensée est en effet de récuser toute catégorie comme celle de surnature qui viendrait au secours d'une nature humaine défaillante ou pervertie. La logique de la théorie des notions communes est de prolonger la continuité de l'expérience commune à la raison commune et à ses notions primitives, en une continuité sans faille du tissu de la raison naturelle, bref de développer une conception strictement immanentiste de la nature. Mais avant d'en arriver là, un autre rapport de la théologie à la philosophie, privilégiant d'autres modèles d'interprétation philosophique que le modèle aristotélicien, se met en place. C'est que nous voudrions rapidement présenter.

Théologie mythique et rationnelle : modèle antique

La théologie se présente comme le discours ou la science qui porte sur Dieu. Mais puisqu'il peut être de différentes sources : divine, savante ou populaire, on est amené à se poser la question de leur articulation et de leur hiérarchisation. Comment un philosophe doit-il entendre le discours que les poètes, la foule, ou les savants, portent sur les dieux ? Deux grandes solutions sont possibles et elles sont explorées dès l'Antiquité : une interprétation rationaliste et allégorique du discours religieux traditionnel qui en dégage le sens physique ou politique et la vérité ou bien une recherche centrée sur un principe de distinction entre l'essentiel et l'inessentiel.

Cette seconde solution, de type métaphysique, proposée par Aristote, consistait à laisser à d'autres le soin de trancher de la validité des discours sur les dieux transmis par la tradition, pour s'efforcer de penser ce qu'il y a de rationnel dans le principe. « Il est rationnel de penser » qu'il y a un « nombre de substances et de principes immobiles » égal au « nombre de sphères » ; quant au nombre de sphères (47 ou 55 ?) « laissons à de plus habiles le soin d'en décider » [1]. Bref au philosophe la tâche le penser le divin en tant que tel [2], aux habiles, c'est-à-dire

1. *Métaphysique*, Lambda 8, 1074 a 18.
2. Sa nature comme vie, acte pur, pensée de la pensée, etc.

aux théologiens ou aux constructeurs de systèmes astronomiques, le soin de fixer le nombre et la forme des dieux.

Chez les Présocratiques par contre, l'entreprise de démythologisation s'accompagne d'un propos de physicien sur la nature des dieux. Il ne suffit pas de prouver, avec Xénophane, que Dieu est inengendré, éternel, un[1], ou avec Pythagore que l'âme est immortelle, il faut expliquer la nature physique des dieux et la formation du monde. Héraclite, comme plus tard les Stoïciens, identifie ainsi Dieu, Destin et Logos répandu à travers le tout, au Feu spermatique.

Ainsi, confrontée dès son origine au problème de la validation du discours traditionnel tenu sur les dieux : leur nombre, leur nature, leur genèse, leurs filiations, leur histoire, la pensée grecque y avait répondu par deux grands modèles interprétatifs. Les penseurs de l'âge classique, héritiers de l'humanisme et de son admiration pour les Anciens, pouvaient ainsi changer de modèle sans renoncer à une tradition culturelle qui avait nourri leurs années de formation.

Le premier modèle, le modèle présocratique, est en effet repris avec un déplacement significatif sur la question de la représentation, par les Stoïciens. L'existence de – ou des – Dieu(x) n'est pas problématique puisqu'elle est attestée par le consentement universel et que cette opinion est inscrite en nous par la nature[2]. Mais ce qui fait problème, c'est toujours l'élaboration d'un discours vrai portant sur leur nature. Cette difficulté bien avérée fait d'ailleurs l'objet du préambule du *De natura Deorum* de Cicéron :

> « Vous n'ignorez pas, Brutus, que parmi une infinité de choses sur lesquelles la philosophie ne nous a rien dit encore d'assez clair, il n'y a rien de si difficile et de si obscur que ce qui regarde la nature des dieux : rien pourtant qui servît plus à nous donner une idée de l'âme, ni qui fût plus nécessaire pour nous régler en matière de religion »[3].

Puisque les poètes, (Homère, Hésiode) ont parlé confusément et indignement des dieux, c'est à la philosophie que revient la tâche d'élucider leur nature et de donner une interprétation satisfaisante (allégorique) des mythes. L'existence des dieux fait l'objet d'une notion commune ou πρόληψις ; mais leur nature, et ce que les hommes leur doivent, donne lieu à deux types de discours antagonistes: un discours imaginatif et anthropocentrique (celui des poètes), un discours rationnel et scientifique :

> « Nous forgeons naturellement l'opinion qu'il y a des dieux, nous connaissons par la raison quels ils sont; de la même façon nous estimons en suivant l'accord de toutes les nations, que nos esprits demeurent mais le lieu où ils demeurent et ce qu'ils sont, il nous faut l'apprendre par la raison »[4].

Ce discours rationnel ou cette théologie qui se meut dans l'ordre des représentations compréhensives et systématiques se divise en quatre parties :

1. Xénophane A, XXVIII, Traduction des *Présocratiques* par J.P. Dumont dans la Pléiade, p. 98.
2. Cf. Cicéron : *Tusc.* I, 13 et 16 ou Sénèque *Ep.* 117, 6.
3. *DND*, I, 1.
4. Cicéron : *Tusc.* I, 16 § 36.

> « Ils enseignent en premier qu'il y a des dieux ; en second quels ils sont ; en troisième qu'ils gouvernent l'univers ; enfin, qu'ils veillent sur les choses humaines »[1].

Ce schéma d'étude constitue le cadre général suivant l'ordre duquel la pensée classique pensera les questions de la théologie naturelle. Quelle que soit l'importance que le stoïcisme tardif donnera à la dernière partie (la question de la Providence et du statut privilégié de l'homme), il ne faut pas oublier que pour le stoïcisme ancien, la théologie rationnelle fait partie de la physique[2], c'est-à-dire du cœur même de la philosophie. Zeus, Dieu, le Νοῦς ou le destin, est le principe actif (*Logos*) qui tient toutes choses ensemble par sa tension interne et l'élément premier (le *πῦρ σπερματικόν*) qui engendre tous les éléments à partir desquels le monde est composé. L'exposé de la physique stoïcienne par Diogène Laerce (VII, 135-160) est ainsi indissolublement une physique, une théologie, une métaphysique (rapport de l'*οὐσία* et de l'*ὕλη*, une théorie des fondements de la divination, une théorie de l'âme, puisque la science est comme le poing, une unité ferme et stable dans laquelle rien n'est séparé ou un système de représentations cohérentes et concordantes.

Chez les Stoïciens, et sans doute en raison de leur conception unitaire et strictement systématique du savoir, cette théologie rationnelle donne lieu à une théorie des devoirs moraux, mais aussi à une théorie du culte personnel (prière) et collectif (divination et sacrifices). Le stoïcisme était ainsi apte à fournir les linéaments de la religion naturelle et le cadre de référence de tout le courant chrétien irénique, lequel entendait surmonter rationnellement la division des sectes sans pour autant renoncer à une vie religieuse, ni se contenter d'un discours théologique purement théorique. C'est donc à la suite d'une crise grave du discours théologique, que le stoïcisme redevint[3] une grille de lecture philosophique féconde et unifiante, pour penser une religion fort éloignée du paganisme antique dans lequel ce courant philosophique avait pris naissance.

Théologie naturelle et révélée : modèle chrétien

La patristique

Le christianisme est une religion de l'incarnation : un homme a manifesté par sa vie et sa mort sa filiation et son essence divines et il a montré à tous les hommes le chemin du salut. Le christianisme a certes, rencontré très tôt la philosophie, dès l'enseignement de Paul et l'Evangile de Jean, mais le dogme central de

1. *DND*, II, 1 « Omnino dividunt nostri totam istam de Diis immortalibus quaestionem in partes quatuor : primum docent esse Deos ; deinde quales sint ; tum, mundum ab his administrari ; postremo consulere eos rebus humanis ».

2. Cf. Diogène Laerce, *Vies*, VII, 132. « Ils divisent la philosophie en plusieurs parties : celle qui traite des corps, celle qui traite des principes, celle qui traite des éléments, celle qui traite des dieux, celle qui traite des limites, celle qui traite du vide ».

3. Le stoïcisme chrétien des XVIe et XVIIe siècles passe par la lecture humaniste des premiers Pères de l'Eglise, Clément ou Lactance, qui ont amplement fait référence au stoïcisme pour éclairer ou justifier la nouvelle foi chrétienne. (Voir Casaubon et Juste Lipse par exemple).

l'incarnation lui interdisait de chercher dans la raison seule la source d'un discours vrai et suffisant sur la divinité. Comme l'ont bien montré A. Puech et E. Gilson, le christianisme des premiers siècles a emprunté à la pensée grecque des notions philosophiques, notamment celle du Logos, pour interpréter philosophiquement sa foi, non pour la constituer. De ce fait même, la connaissance naturelle de Dieu devait être subordonnée à la connaissance révélée, c'est-à-dire une connaissance dont l'essence même est de ne pouvoir être accessible à la raison mais qui dépend d'une révélation surnaturelle[1]. Ce qui n'empêche pas, par ailleurs, que la connaissance naturelle soit suffisante pour justifier la sévérité divine à l'encontre de ceux qui entretiennent leur injustice par le refus de reconnaître la puissance divine manifestée par la perfection de ses œuvres. Tel est le sens de formules opposées de Paul qui seront abondamment reprises et commentées :

> « Je détruiray la sapience des sages, et abbatray la prudence des prudents. Où est le sage ? Où est l'écrivain ? Où est le disputateur de ce siècle ? Dieu n'a-t-il pas abesty la sapience de ce monde ? Car puisque le monde n'a point cogneu Dieu par sapience, il lui a pleu, par la vanité de la prédication sauver les croyans »[2].

> « La colère de Dieu se révèle du haut du ciel contre toute impiété et toute injustice des hommes qui tiennent la vérité captive dans l'injustice ; car ce qu'on peut connaître de Dieu est pour eux manifeste. Ce qu'il a d'invisible depuis la création du monde se laisse voir à l'intelligence à travers ses œuvres, son éternelle puissance et sa divinité, en sorte qu'ils sont inexcusables ; puisqu'ayant connu Dieu, ils ne lui ont rendu comme à un Dieu, ni gloire ni action de grâces, mais ils ont perdu le sens dans leurs raisonnements et leur cœur inintelligent s'est enténébré : dans leur prétention à la sagesse ils sont devenus fous »[3].

Ce débat sur la valeur de la philosophie dans son rapport avec la religion chrétienne se retrouve très nettement dans l'opposition des courants patristiques, par exemple entre Tertullien, Lactance et Clément d'Alexandrie. Il prend la forme d'un conflit entre une vérité nouvelle et l'autorité d'une tradition antique[4]. Tandis que Tertullien insiste vigoureusement sur l'antinomie entre le christianisme et la sagesse humaine[5], Lactance, tout en démontrant le néant de la

1. Cf. E. Gilson, *Le thomisme*, n. p. 20, et la distinction thomiste entre *revelatum* et *revelabile* : le *revelatum* est ce dont l'essence est de ne pouvoir devenir connaissable que par révélation ; il relève de la science théologique. Le *revelabile* est ce que, de fait, Dieu a jugé bon de révéler aux hommes ; il relève de l'histoire de la théologie et recouvre des choses qui ont de fait été révélées mais que l'homme eût pu connaître par la seule lumière naturelle.

2. Paul, *I Cor.* I : 19-21, cité dans la traduction de Montaigne, *Essais* II, XII, p. 480. Louis Meyer consacre le chapitre VII de l'*Interpres* à l'analyse de ces versets pour dire que Paul s'oppose ici à la sagesse apparente et sophistique et non pas à la vraie philosophie.

3. *Rom.* I : 18-22. Traduction de la Bible de Jérusalem. *Dicentes enim se esse sapientes, stulti facti sunt.*

4. Cf. M. Guéroult, *Dianoématique*, livre I, ch. III.

5. La mort du Christ, Fils de Dieu est *credibile quia ineptum*, sa résurrection est *certum quia impossibile.*

philosophie[1], n'hésite pas à recourir aux arguments des philosophes pour dénoncer l'inanité des religions traditionnelles[2] ou attester la force d'évidence du monothéisme[3]. Justin et Clément d'Alexandrie défendront la thèse que si le christianisme est bien la vraie philosophie, toute la philosophie grecque, des sept sages jusqu'au stoïcisme impérial, est une propédeutique à la vérité, une *praeparatio evangelica* qui éduque et purifie l'âme pour la rendre apte à recevoir la vérité et qui fournit des moyens de mieux comprendre et défendre les vérités révélées. La philosophie par là-même devient la servante de la théologie.

Thomas d'Aquin

« En conciliant la foi avec la raison humaine considérée comme s'exprimant de façon immanente dans la tradition philosophique gréco-latine, la patristique avait sauvé la tradition »[4]. Le Moyen Age va peu à peu les dissocier et rendre à nouveau problématique l'articulation de la foi, de la raison et de la tradition philosophique. Si la raison est une capacité de connaissance a priori qui saisit discursivement et non pas intuitivement, des formes intelligibles, alors son usage se trouve restreint. Elle ne peut pas atteindre directement les objets propres de la foi (par exemple elle ne peut démontrer le dogme de la Trinité) mais seulement les éclairer et son usage propre se confine dans la sphère de la philosophie naturelle. Bien que s'accordant en droit sur leurs conclusions dernières, puisque Dieu est source de la raison comme de la révélation, le domaine de la philosophie et de la théologie se trouvaient nettement séparés[5]. *Impossibile est quod de eodem sit fides et scientia*[6], écrit saint Thomas, et donc on ne peut croire et savoir en même temps et sous le même rapport la même chose. La philosophie ne doit rien admettre que ce qui est accessible à la lumière naturelle et démontrable par elle. Il semblerait donc, en un premier temps, que philosophie et théologie soient ici strictement parallèles : la philosophie use de la seule lumière naturelle de la raison pour atteindre des connaissances naturelles dont le sens est parfaitement clair, et la vérité démontrée à partir de principes rationnels. La théologie s'appuie sur l'autorité d'une révélation divine pour atteindre des connaissances supranaturelles dont le sens n'est pas parfaitement clair et dont la vérité se montre en s'appuyant sur des principes révélés.

Toutefois philosophie et théologie rencontrent des problèmes analogues : celui de leur position, architectonique ou subordonnée, et celui de l'admission de leurs principes. Dans la *Somme théologique* (Ia, Qu. I), Thomas montre d'abord

1. Cf. *I. D.* III, I : « Philosophiam ostendere quam inanis et falsa sit ut, omni errore sublato, veritas patefacta clarescat ».

2. Par exemple en reprenant les arguments de Cicéron et de la nouvelle Académie contre la divination et certaines formes de culte.

3. *I.D.* I, V, où il invoque le témoignage d'Antisthène, de Platon, d'Aristote, et de Cicéron pour affirmer l'unité du Dieu suprême, c'est-à-dire du vrai Dieu, masquée par la multiplicité des dieux populaires.

4. M. Guéroult, *op. cit.* p. 127.

5. Cf. sur ce point E. Gilson : *La philosophie au Moyen Age* p. 528-530. et *Le thomisme* p. 187-206.

6. *Qu. disp. de Veritate*, qu. XIV, art. 9.

que la doctrine sacrée est une discipline spécifique, distincte de la philosophie, en raison de la finalité assignée à l'homme par Dieu, d'atteindre une fin qui excède les capacités de sa nature : « Il était donc nécessaire pour le salut de l'homme que certaines choses dépassant sa raison lui fussent communiquées par révélation divine ». (art. 1). Il établit ensuite (art. 2) le caractère scientifique de cette discipline, fondé sur la science que Dieu a de lui-même. Ce que Dieu révèle à l'homme de cette connaissance constitue les principes fondamentaux de la théologie révélée. La doctrine sacrée tire d'ailleurs son unité non de sa matière mais de sa forme qui est le révélable (lequel excède bien sûr le révélé) ou ce qui est connaissable par la lumière divine. La théologie révélée qui est une science architectonique, étant la plus digne de toutes (art. 5), argumente à partir de ses principes, qui sont les vérités de foi, pour établir et prouver d'autres vérités. Mais cela ne peut se faire avec celui qui nie ces principes et l'autorité supérieure de la révélation divine. Or, dans toute science, selon Aristote, on ne discute pas avec celui qui nie les principes, mais on le renvoie à la science architectonique. Cette dernière ne démontre pas ses principes mais les défend, comme le fait la métaphysique pour le principe de non-contradiction, en demandant seulement à son négateur de vouloir bien commencer à parler. De la même façon Thomas distingue entre démontrer (*argumentari*) et disputer ou défendre (*disputare contra negantem*). La doctrine sacrée ne peut pas démontrer les articles de foi (de l'ordre du révélable, pas du démontrable), mais elle peut les défendre contre ceux qui les nient, soit avec des arguments scripturaires, comme dans le cas des disputes avec les hérétiques, soit avec des arguments tirés de la raison naturelle pour ceux qui nient l'autorité des Ecritures (art.8).

> « Si l'adversaire ne croit rien des choses révélées, il ne reste plus de moyen pour prouver par raison les articles de foi, mais pour réfuter les raisons qu'il pourrait opposer à la foi. Comme en effet la foi s'appuie sur l'infaillible vérité et qu'il est impossible de démontrer le contraire du vrai, il est manifeste que les arguments qu'on apporte contre la foi ne sont pas de vraies démonstrations mais des arguments solubles » (art. 8).

Ce même argument sera repris avec un déplacement significatif chez Philippe Duplessis Mornay dans la Préface à son *Traité de la vérité de la religion chrétienne* :

> « Pour néant dispute-t-on contre ceux qui nient les principes, par ces mêmes principes qu'ils nient. Cela est trop vrai. Mais il y peut rester d'autres principes communs aux uns et aux autres, et selon ces principes on peut utilement disputer avec eux, et bien souvent par ces principes communs, prouver et vérifier les siens propres ».

Le déplacement est double : au lieu de défendre des principes disputés, on cherche à dégager ceux qui sont communs, et l'on vérifie par là-même les siens propres. Or ces principes communs, comme le précise la Préface sont :

> « les communes notions ou conceptions qu'on appelle une appréhension de divinité, une conscience du mal, un désir d'immortalité, un souhait de félicité etc., qui sont ici-bas et en l'homme seul et en tout homme, sans lesquelles

l'homme n'est plus homme et que l'homme ne saurait nier qu'en se démentant, ne saurait révoquer en doute qu'en se disant injure »[1].

La théologie naturelle, chez Thomas, est à la fois la partie la plus haute de la philosophie et ce qui rétablit l'articulation entre philosophie et théologie. De plus, en assimilant en Dieu être et exister, Thomas résolvait un problème que n'avait su résoudre la théologie grecque et pour lequel Platon avait dû forger l'hypothèse des Idées : celui de l'articulation de la cause et du principe, de l'explication du fait que les choses soient, ce qui réclame une cause, et de l'explication de la nature de ce que les choses sont, ce qui requiert un principe. Tout comme l'idée platonicienne est à la fois principe ontologique et principe d'intelligibilité, mais sur un autre modèle, qui est ici créationniste, le Dieu de Thomas est à la fois la cause première de toutes les existences et le principe suprême d'intelligibilité, principe d'unité, de perfection, de vérité, de beauté et de bonté. Mais la théologie naturelle ne va pas plus loin qu'à poser l'existence, l'unité et la perfection de Dieu. Elle laisse à la théologie révélée le soin de nous découvrir les attributs de Dieu, sa nature trine, ou les grands mystères de l'incarnation et de la rédemption. Remarquons pour finir, que l'adjectif naturel dans l'expression "théologie naturelle" a changé de sens même s'il équivaut dans les deux cas à rationnel : la théologie naturelle des Anciens est une théologie physique, qui explique la nature physique (par exemple ignée) des dieux, leur lieu dans le monde et leurs fonctions : dans ce cas naturel s'oppose à fabuleux. Comme le remarque Juste Lipse dans la *Physiologia Stoïcorum* (I, 3) elle est dite naturelle parce qu'elle fait connaître la *nature* du Principe (Dieu), des Génies, de la Providence et du Destin, et qu'elle les explique par des *causes tirées de la nature*. Dans la théologie naturelle des Chrétiens, naturel a un sens limitatif ou restrictif et s'oppose à la Grâce ou au surnaturel : il renvoie aux bornes de la puissance native de la raison quand elle n'est pas éclairée et portée au delà d'elle-même par la force supranaturelle de la révélation : « cum igitur gratia non tollat naturam sed perficiat » (Ia, qu. 1, art. 8).

Théologie naturelle et philosophie

Quel que soit son contenu théorique et la forme de théologie dont elle se différencie, la théologie naturelle relève de de la philosophie ; elle en est la partie qui porte sur les choses divines et elle entend en traiter par les seuls moyens de la lumière naturelle que sont les raisonnements et le recours aux critères usuels de vérité, qu'il s'agisse du consentement universel ou de la cohérence de l'argumentation. Quels que soient les modes d'argumentation qu'elle s'autorise : démonstration a priori à partir de l'analyse d'une idée, démonstration a posteriori de l'origine de l'existence des êtres naturels ou de l'ordre de la nature, argumentation analogique qui porte à l'infini les perfections relatives que nous connaissons, la théologie naturelle se présente toujours comme une théologie rationnelle et comme une rationalisation du discours religieux traditionnel.

1. Préface, p. 11.

La position d'une telle théologie passe donc toujours par un éloge de la raison : soit qu'à la manière stoïcienne, on présente la raison humaine comme une parcelle de la raison divine[1] et la connaissance naturelle comme une étincelle de la sagesse divine, ce qui sera le cas de Juste Lipse, soit qu'on montre avec saint Thomas que, malgré le péché originel, la raison humaine est capable de vérité, puisqu'elle est non seulement capable de raisonnements corrects, mais encore de cette participation affaiblie à l'intellect pur qu'est l'intellection des principes. Certes, chez Thomas, la connaissance naturelle de Dieu n'excède pas les limites de la connaissance qui part du sensible, elle n'atteint pas l'intelligible pur[2], mais cela étant, elle autorise cependant une connaissance effective, quoiqu'imparfaite de Dieu.

Reste à déterminer sa place au sein de la philosophie. Doit-elle occuper la position la plus éminente, étant la partie qui traite de l'objet le plus élevé, à la manière aristotélicienne? Dans la *Manuductio Stoïcorum* qui commence par tout un exposé d'histoire de la philosophie, Juste Lipse reprend la division traditionnelle de la philosophie en contemplative et pratique. La *philosophia activa* porte sur l'éthique, l'économique et le politique. La *philosophia contemplativa* se divise en trois : théologie, physiologie et mathématique. La théologie traite des choses supérieures dépourvues de corps, comme Dieu, les génies et l'esprit; la physiologie de ce qui a un corps et est perçu par les sens; la mathématique de ce qui n'a pas de corps mais a lieu dans les corps, comme les nombres, les sons, les figures ou les mouvements célestes. La théologie naturelle est alors ce qui doit venir en premier, mais seulement partiellement, en tant qu'elle porte sur le principe et montre que Dieu est le principe agent et efficient, ou la cause; mais en tant qu'elle constitue la '*prima philosophia*' ou la sagesse achevée, elle ne peut venir qu'en dernier, en tout cas après l'éthique dont elle est pourtant le fondement[3]. Nous retrouverons tout au long de notre itinéraire ce balancement entre un statut de connaissance initiale : la théologie naturelle est connaissance de Dieu comme principe, étincelle de sagesse divine que la sagesse humaine doit développer, et un statut de connaissance ultime : la théologie comme savoir développé de l'être suprême.

LA RELIGION NATURELLE

Est-ce bien par inadvertance que Charles le Cène, l'ami de Jean Le Clerc avec qui il collabora à la rédaction de la *Bibliothèque universelle*, et traducteur en français de Locke, Crell et Wissowaty, traduisit le livre de ce dernier *Religio rationalis seu de rationis judicio in controversis etiam theologicis ac religiosis*

1. Reprenant la formule de Sénèque : « ratio humana est pars divini spiritus in hoc copore inclusa » *Ep*. 66, 12.

2. « Cognitio Dei quae ex mente humana accipi potest non excedit illud genus cognitionis quod ex sensibilibus sumitur, cum et ipsa de seipsa cognoscat quid est, per hoc quod naturas sensibilium intelligit ». *Contra Gent.* III, 47, cité par Gilson : Le *thomisme* p. 311.

3. Juste Lipse, *Physiologia*, livre I, ch. 1-3.

adhibendo tractatus, sous le titre de *La religion naturelle ou l'empire de la raison dans les controverses*? On peut supposer que non. Encore que le flottement sémantique du terme naturel et l'assimilation au XVIIe siècle de la religion naturelle avec la religion atteinte par les seules forces naturelles de l'esprit humain, indépendamment de toute révélation et de toute tradition, eussent suffi à expliquer le passage d'une expression à une autre. L'ambiguïté du terme de *nature* a souvent été soulignée[1]. Le terme peut signifier la spontanéité ou l'innéité, ou bien l'élément stable dans un devenir, et par conséquent l'essence d'une chose, ou bien encore un principe d'ordre et de régularité et enfin l'ensemble des choses matérielles existantes. Lorsqu'on voit apparaître le terme de nature ou de naturel, il faut toujours se demander à quel terme il s'oppose : nature et grâce (ou surnature), nature et révélation ; nature et éducation (ou en termes modernes culture), nature et histoire (ou tradition) sans oublier le couple de la nature naturante et de la nature naturée. En particulier la religion naturelle n'est pas la religion de la nature (le culte du soleil ou des éléments) pas plus que la religion rationnelle n'est la religion de la raison (le culte de la raison divinisée). En revanche, la religion naturelle est souvent pensée au XVIIe comme équivalente à la religion rationnelle, d'une part parce qu'elle est conforme à la nature de l'homme comme être raisonnable, d'autre part parce qu'elle constitue une connaissance naturelle de Dieu que l'homme tire des seules forces de sa nature, c'est-à-dire du sens commun, à la fois conscience intime et raison.

> « Nous trouvons en nous la religion naturelle, qui consiste dans la connaissance que la nature nous donne de Dieu, dans le sentiment des obligations que nous lui avons, dans ces principes d'équité et de justice, que nous appelons communément loi naturelle »[2].

Toutefois, comme il existe au XVIIe siècle un certain flottement entre la religion naturelle, la religion des sauvages, et la religion de Noé, il convient avant de distinguer entre ces différents modèles, de dire ce qu'il faut entendre, à titre d'idéal-type, sous l'expression de religion naturelle.

Définition et constituants

Lorsqu'il veut définir la religion en général ou le phénomène religieux en tant qu'il se retrouve chez tous les peuples, et peut donc être rapporté au *Jus Gentium*[3], Grotius reprend une définition de Dion de Pruse :

> « Dion de Pruse appelle la religion une créance commune de tous temps et par tous pays à tous les hommes, Grecs et Barbares, nécessaire et naturelle à tous les êtres raisonnables »[4].

1. Cf. Bernard Tocanne, *L'idée de nature en France dans la seconde moitié du XVIIe siècle.*
2. Abbadie, *Traité de la vérité de la religion chrétienne*, (1683) Ière partie, section II, ch. 5.
3. Et de ce fait au droit *rationnel.*
4. *De Jure belli ac pacis*, II, XX, 46, § 4, et note.

Mais comme le remarque encore Grotius, une religion comporte toujours deux aspects, théorique et pratique. La partie théorique consiste en croyances et en conscience de certaines obligations, la partie pratique en devoirs, culte et rites. A quoi on peut encore ajouter une sous partie 'politique' qui concerne l'organisation de la communauté croyante en Eglise et clergé. Ce schéma général peut-il s'appliquer à la religion naturelle?

Il est frappant de constater que lorsqu'en 1856, Jules Simon publie un livre intitulé : *La religion naturelle*, qui est un traité de philosophie et non un traité d'histoire des idées religieuses, l'ordre et le contenu de son argumentation reprend encore, en le systématisant, un ordre argumentatif qu'on retrouve peu ou prou dans toute la réflexion classique sur ce thème. La première partie est consacrée à la nature de Dieu et démontre son existence, son incompréhensibilité et l'erreur du panthéisme (Parménide, Plotin, Spinoza) parce qu'il ruine l'immortalité de l'âme et la liberté humaine. La deuxième partie est consacrée à la Providence dont elle établit l'existence par des arguments stoïciens classiques, et qu'elle défend contre les objections tirées de l'existence du mal et de l'immuabilité de Dieu. La troisième partie s'attache à l'existence de l'âme et à sa destinée après la mort; la quatrième enfin, porte sur le culte intérieur et extérieur et montre que la religion naturelle est plus que toute religion positive ou révélée un rempart contre la superstition, un modèle de tolérance et le soutien de la société[1]. A ces quatre parties nous pourrions très aisément faire correspondre les cinq articles du credo minimum d'Herbert de Cherbury : 1. Dieu existe; 2. il faut lui rendre un culte; 3. le vrai culte consiste dans la piété et la vertu; 4. Il faut se repentir de ses fautes; 5. il y a une récompense ou un châtiment après cette vie. Quel que soit le statut de la religion naturelle, elle se distingue d'emblée de la théologie naturelle en ce qu'elle comporte un *aspect pratique*, à la fois moral et politique, intégrant des considérations sur le culte, le clergé, le droit du Prince sur les choses sacrées, les rites et les cérémonies. La théologie naturelle (preuves de l'existence de Dieu, démonstration de ses attributs, preuve de l'immortalité de l'âme) y est même généralement beaucoup moins développée que dans la philosophie religieuse chrétienne orthodoxe. Pour éviter les effets ruineux des querelles dogmatiques, la religion naturelle réduit les dogmes à un très petit nombre d'articles fondamentaux et résume les obligations pratiques (les devoirs et le culte) dans la justice et la charité[2]. Nous pouvons donc admettre que dans son modèle théorique, la religion naturelle comporte tous les constituants d'une religion :

- une foi, le credo minimum;
- une loi, la règle de la justice et de la charité;
- un culte, le culte intérieur (prière, sacrifices, rites de pénitence);
- une Eglise, la communauté des hommes raisonnables et justes;
- une espérance, celle d'une immortalité de vie bienheureuse.

1. Beaucoup mieux que la religion civile de la période de la révolution française notamment.

2. Avec des variantes : justice et charité chez Spinoza, piété et vertu chez Cherbury, foi et obéissance chez Hobbes, la 'règle d'or' de la réciprocité chez Grotius.

Reste cependant un problème majeur qui porte sur sa découverte et sur son statut : est-elle découverte à titre de donnée immédiate de la conscience, au terme d'un raisonnement, ou d'une enquête historique? Résulte-t-elle d'un processus d'épuration de la superstition? Et du même coup constitue-t-elle une étape historique, archaïque ou future, de l'histoire des religions ou bien encore le noyau, le fondement ou l'infrastructure rationnelle, pour reprendre le vocabulaire cherburien, de toute religion authentique? Il y a là une véritable ligne de démarcation entre les apologètes du christianisme (Grotius, Abbadie par exemple) qui font de la religion naturelle une étape, une ébauche du christianisme, lequel en constitue l'accomplissement et la vérité, et les défenseurs de la liberté de pensée (Herbert de Cherbury ou Spinoza) qui, même lorsqu'ils reconnaissent dans le christianisme, épuré de la superstition, la forme la meilleure de religion, voient plutôt dans une religion réduite à sa forme minimale le moyen de défendre la liberté du laïc et du citoyen.

Religion païenne, religion sauvage, religion de Noé?

La religion naturelle n'est pas une religion de la nature telle qu'elle apparaîtra à la fin du XVIIe et au début du XVIIIe siècle sous la forme de la religion des sauvages ou sous la forme de la religion utopique[1]; même si le culte du soleil est présenté par les premiers comparatistes religieux (Vossius, Selden, Cherbury) comme la forme primitive et naïve du culte du Dieu suprême. Ce serait plutôt la religion *naturelle à* l'homme comme être raisonnable. Mais si elle est naturelle à la raison et si l'homme est par nature un être raisonnable, on doit la retrouver chez tous les peuples de tous pays et de tous les temps, et donc aussi chez les païens et les sauvages. Il faut donc surmonter l'objection[2] de l'existence de peuples ayant vécu « sans foi ni loi » comme semblent avoir été, par exemple, d'après les récits des voyageurs, les Tupinambas du Nouveau Monde.

> « Combien que cette sentence de Cicéron assavoir qu'il n'y a peuple si brutal, ni nation si barbare et sauvage, qui n'ait sentiment qu'il y a quelque divinité, soit reçue et tenue d'un chacun pour maxime indubitable : tant y a néanmoins que quand je considère de près nos Tououpinambaoults de l'Amérique, je me trouve aucunement empêché touchant l'application d'icelle à leur endroit. Car en premier lieu, outre qu'ils n'ont nulle connaissance du vrai Dieu, encore en sont-ils là que nonobstant la coutume de tous les anciens payens lesquels ont eu la pluralité des dieux et ce que font encore les idolâtres d'aujourd'hui, même les indiens du Pérou, ils ne confessent ni n'adorent aucuns dieux célestes ni terrestres, et par conséquent n'ayant aucun formulaire, ni lieu député pour s'assembler, afin de faire quelque service ordinaire, ils ne prient par forme de religion, ni en public ni en particulier chose quelle qu'elle soit »[3].

1. Cf. B. Tocanne, *op. cit.* p. 601 sq. et la religion des Sévarambes de Denis Veiras par exemple.
2. Objection reprise ultérieurement par Hume pour nier que la religion naturelle puisse être autre chose qu'une forme seconde et savante de religion.
3. Jean de Léry : *Histoire d'un voyage fait en la terre du Brésil*, cité par Hélène Clastres : *La terre sans mal*, p. 16-17.

A cette objection que reprendra La Mothe Le Vayer dans le dialogue *De la Divinité*[1], les irénistes répondent traditionnellement que les missionnaires ont mal interprété ce qu'ils ont pu voir. C'est ce que fait par exemple Philippe Duplessis Mornay quand il interprète l'athéisme affiché d'un Diagore ou d'un Evhémère comme le refus des « idoles et des faux dieux de leur temps » :

> « Il s'est découvert depuis cent ans en çà plusieurs peuples inconnus aux siècles précédents et s'en découvre encore tous les jours. Il s'y est trouvé qui vivent sans lois sans rois, sans toits, qui vont nus, qui paissent par les champs : nul sans quelque connaissance d'un Dieu, nul sans quelque espèce de religion »[2].

On a beau vivre quasiment comme un troupeau de bêtes brutes, nus et paissant sans berger dans les champs, « comme tous les hommes peuvent lire en ce livre tant du monde que de soi-même, aussi n'y a t-il eu peuple quelconque sous le ciel, qui n'y ait appris et aperçu une divinité, encore que selon la diversité des imaginations, ils l'aient diversement conçue »[3]. Pourtant si la religion naturelle doit bien être présente au sein de la religion des sauvages ou des anciens païens, elle ne saurait se confondre avec elles, qui sont au contraire grevées d'idolâtrie et de superstitions. Aussi Abbadie prétendra-t-il que le paganisme est la corruption de la religion naturelle tandis que Cherbury imagine une religion païenne primitive (avant le paganisme idolâtre et superstitieux que nous connaissons dans le monde gréco-latin) qui est un monothéisme allégorisé sous la forme d'une religion solaire.

Une autre façon fort classique de situer historiquement en quelque temps ancien, la religion naturelle est d'en faire la religion de Noé. C'est la position adoptée par Uriel da Costa[4], par Dryden[5] ou par Vossius et Grotius[6]. La religion de Noé et des patriarches antérieurs à Abraham, c'est la religion de l'homme après la chute, mais avant la révélation de la loi mosaïque et donc indépendante de toute considération d'élection[7]. Cette religion primitive selon Vossius[8], se réduit à affirmer l'existence de Dieu, la providence, la nécessité d'un culte, la récompense ou la punition à venir. Elle correspond donc très exactement à ce que nous entendons par religion naturelle. Quoique chez Uriel, la question décisive ne soit pas tant celle de la religion que celle de la loi qui doit

1. Dont s'inspire P. Bayle dans les *Pensées sur la comète* pour justifier la possibilité de l'existence de peuples athées et capables cependant d'existence sociale, donc pour rejeter la justification de la religion par ses effets politiques. bénéfiques.

2. *De la vérité de la religion chrétienne*, ch. 1.

3. *Ibid.*

4. Cf. *Exemplar humanae vitae*, traduction et présentation par Jean Pierre Osier : *D'Uriel da Costa à Spinoza*, Paris, Berg international, 1983.

5. *Religio laïci*, Londres, 1682.

6. *Mel.* § 12.

7. De même la théologie de Saumur distingue-t-elle trois alliances : l'alliance de nature entre Dieu et Adam (dont l'alliance avec Noé constitue la reprise), l'alliance légale entre Dieu et Moïse, l'alliance de grâce inaugurée par la mort du Christ sur la croix. L'interprétation naturaliste de l'alliance noachique permet de s'appuyer sur une référence scripturaire pour faire l'économie de la révélation et de toute forme d'élection.

8. *De theologia gentili*, 1641, T. I, L. I.

me permettre de faire mon salut et de trouver ici-bas la paix de l'âme. Aussi bien le terme de religion naturelle n'apparait-il que sous la plume de son éditeur et critique Philippe Van Limborch[1]. Uriel, pour sa part, ne parle que de *loi* naturelle qu'il oppose à la loi judaïque, loi de nature dont Dieu est l'auteur, et qui de ce fait s'accorde entièrement avec la nature humaine et la droite raison[2].

> « Celle loi est commune à tous les hommes et leur est innée du fait de leur humanité[3]. C'est elle qui les unit d'un amour réciproque, ignorante de la division, cause et origine de toute haine et des plus grands maux. Elle est une maîtresse de bonheur qui distingue le juste de l'injuste, le laid du beau. Tout ce qui est bon dans la loi de Moïse ou dans n'importe quelle autre, la loi de nature le contient en elle à l'état achevé. Dès que l'on dévie tant soit peu par rapport à cette règle naturelle, immédiatement apparaît l'esprit de rivalité, immédiatement les esprits se divisent, il n'est plus de quiétude possible »[4].

Toutefois, même si cette loi a été observée par Noé et les premiers patriarches, et si elle leur fut suffisante pour le salut, cette assignation de la loi naturelle à une époque historique a plus une valeur d'illustration justificative que de reconstitution. Il n'est pas question de revenir à une religion historique primitive, dont d'ailleurs il ne reste pas de trace et qui doit donc être reconstituée à partir de la connaissance de la nature de l'homme déchu de sa perfection première ; il s'agit de dessiner l'épure et de retrouver le fondement stable et pérenne de toute religion.

> « L'on doit établir les préambules et les fondements de la religion par les lumières de la sapience naturelle afin que tout ce qu'on y ajoutera après par la force du dictamen véritable de la foi ressemble aux toits des maisons qui supposent et suivent les fondements »[5].

Suffisance ou insuffisance de la religion naturelle ?

La question de la suffisance ou de l'insuffisance de la religion naturelle recouvre en fait deux questions : la religion naturelle suffit-elle pour le salut de l'individu ? Constitue-t-elle une forme suffisamment développée de religion pour la vie sociale ? Même les penseurs qui répondent positivement à la première question admettent qu'elle manque de pompes et de cérémonies pour combler la demande sociale de religion. Cela permet d'expliquer pourquoi la religion naturelle n'est pas une forme historiquement stable de religion mais dégénère

1. Penseur arminien, neveu de Simon Episcopius dans les papiers duquel on retrouva le manuscrit d'Uriel. Cf. *op. cit.* p. 185 : « Il était passé de la loi mosaïque à la religion naturelle de Dieu ». Cf. aussi P. Bayle, article Acosta (1696).

2. « Oui ! si tous les hommes voulaient suivre la droite raison et vivre conformément à la nature humaine, ils nourriraient les uns pour les autres amour et compassion ». *Op. cit.* p. 152.

3. Un peu plus haut, Uriel a posé la droite raison comme « norme authentique de cette loi naturelle ».

4. *Op. cit.* p. 149.

5. Herbert de Cherbury, *DV*, p. 209/270.

quasi inévitablement en religion positive et superstitieuse[1]. La religion naturelle, même pour ses plus ardents défenseurs, reste une forme de religion trop éthérée, trop intellectuelle, trop épurée, pour être aisément vécue sur le mode collectif. Reste la première question, celle du salut. Tous les penseurs du credo minimum n'y répondent pas de la même façon. Certes, la réduction des dogmes de foi à un petit nombre d'articles seuls nécessaires au salut, et l'accent mis sur l'obligation morale plutôt que sur les pratiques cultuelles impliquent bien une définition du salut par les œuvres plutôt que par la foi ou la Grâce; mais ce credo peut être tenu pour un résumé suffisant de la foi ou pour un germe qu'il importe de laisser croître. On trouvera donc une grande variété de positions entre un Jean Bodin (ou un Uriel) qui tiennent pour la suffisance de la religion naturelle et un Grotius qui y voit une étape vers le christianisme et un moyen de revenir à un christianisme plus authentique.

Jean Bodin

On a beaucoup discuté pour savoir lequel des sept personnages du *Colloquium heptaplomeres* devait être considéré comme le porte-parole de Bodin, et notamment s'il fallait privilégier le juif Salomon, ou Toralbe, défenseur de la religion naturelle. Sur la question qui nous préoccupe présentement, la chose est indifférente puisqu'ils s'accordent tout à fait pour dire que la loi de nature, inspirée et inscrite dans l'âme par Dieu, suffit à la vie heureuse, c'est-à-dire au salut. Pour Toralbe, cette loi de nature identifiée à la droite raison[2] est le principe de la religion naturelle; pour Salomon, c'était la loi des patriarches, de Noé jusqu'à Abraham, dont l'Ecriture témoigne qu'ils furent hommes d'une singulière piété et d'une sainte vie. Aussi tous deux conviennent-ils que cette « bonne et ancienne religion naturelle », la plus pure, la plus simple, la plus ancienne et la plus authentique de toutes, est suffisante pour la vie heureuse.

> « Si la véritable religion ne consiste qu'en l'adoration pure et simple d'un seul Dieu et qui seul est éternel, j'estime qu'il suffit aux hommes pour faire leur salut, de suivre la loi de Nature. Et nous ne voyons point qu'aient tenu d'autre religion les premiers hommes, lesquels ont laissé à leur postérité la mémoire du siècle d'or. Ils n'y ont point été enseignés, mais ils y sont nés; ils n'y ont point été instruits mais elle leur a été inspirée par cette même nature d'où ils ont puisé comme dans leur source, les principes de piété, de religion, de sincérité et de toutes les vertus pour les mettre en pratique. Ce qui est confirmé par toutes les opinions de tous les philosophes »[3].

Ce qui frappe dans ces textes, c'est leur intonation stoïcienne : non seulement le terme de salut y est remplacé à l'occasion par l'expression de vie heureuse, qui outre sa connotation antique, laisse penser à un salut immanent, non seulement la

1. Cf. Bodin, *Colloque*, p. 225 et Herbert de Cherbury, *DRG*, pages finales.

2. *Op. cit.* p. 402 qui reprend la formule cicéronienne bien connue du *De Legibus* : « Je ne trouve point qu'il y ait de meilleure règle de vérité que la droite raison, c'est-à-dire la loi dominante de nature que Dieu inspire dans le cœur des hommes, laquelle n'est point sujette à changement, n'y ayant rien de plus ancien et ne se pouvant rien faire ni penser de mieux ».

3. *Op. cit.* p. 271. On pourrait encore citer bien d'autres textes, notamment pp. 224-5, 557.

loi de nature y est identifiée à la droite raison en des termes calqués sur Cicéron, mais encore la question de la règle de vie reçoit pour réponse la maxime stoïcienne de « prendre la Nature pour guide et pour directrice »[1]. Quand on sait par ailleurs que Bodin a consacré un traité éthique, *le paradoxe moral*, à pourfendre la définition aristotélicienne de la vertu comme médiété et à défendre le paradoxe stoïcien de l'unité de toutes les vertus, on ne peut s'empêcher de penser que sa défense bien connue de la religion naturelle relève autant d'une inspiration stoïcienne que d'un judaïsme masqué.

Hugo Grotius

Après avoir exposé dans les premiers paragraphes du *Meletius*[2] les points d'accord entre toutes les religions, à savoir l'existence d'un Dieu créateur et providence, législateur de la loi morale dont il récompense l'observance et punit la transgression chez les êtres libres dont l'homme, Grotius ajoute au § 12 :

> « Tels sont les principes que la religion chrétienne a en commun avec toutes les fausses religions et avec celles qui sont vraies, mais moins parfaites, telle qu'en premier lieu la religion naturelle et ensuite, la religion mosaïque. Celui qui les supprime, on peut vraiment dire qu'il supprime la religion, la chose du monde la plus importante »[3].

Comme chez Bodin, Uriel da Costa, ou plus tard Abbadie, la religion naturelle est présentée comme la forme embryonnaire et la plus archaïque de la religion et comme une religion vraie ; mais ce n'est pas la plus vraie. Lorsque Grotius rédigea en néerlandais à destination des marins de son pays, la première version de *La vérité de la religion chrétienne*, il le fit, nous dit la préface, pour qu'ils pussent s'occuper utilement pendant ces longs voyages sur mer, mais aussi pour les armer d'arguments apologétiques simples et accessibles à tous, sans recourir d'emblée à l'autorité d'un livre ou d'une tradition, afin de convertir les peuples qu'ils visitaient : les Païens en Chine et en Guinée, les Mahométans en Perse et dans l'Empire turc, et les « Juifs qui sont errants par toute la terre »[4]. Il fallait donc que ces marins missionnaires pussent parler à des peuples de croyances et de coutumes si différentes un langage que tous fussent susceptibles d'entendre ; mais le titre du livre, comme un coup d'œil rapide sur la table des matières, montre que les vérités de la religion naturelle présentées dans le livre I à la fois par le raisonnement et par des témoignages empruntés aux peuples les plus divers, sont là pour conduire à poser la vérité de la religion chrétienne et son excellence par rapport à toutes les autres[5]. Cela étant admis, Grotius peut réfuter le paganisme au livre IV, le judaïsme au livre V, le mahométisme au livre VI.

1. *Ibid*, p. 271.
2. *Mel.* § 6-11.
3. « Haec illa sunt principia quae communia habet christiana religio et cum falsis omnibus, et cum veris quidem, sed minus perfectis, qualis est primum naturalis religio, inde mosaïca. Haec qui tollit, is vere dici potest religionem tollere, rem in mundo maximam ».
4. Préface, p. LXXV de la traduction de l'abbé Goujet, Paris, 1754.
5. *Op. cit.*, II, ch. 3.

Sans qu'il tranche nettement la question de savoir si la religion naturelle est suffisante pour le salut, il y a cependant chez Grotius une sorte de suffisance toute négative de son existence : elle suffit pour interdire en droit l'emploi de la force contre toute religion. Les principes de la religion naturelle sont évidents et peuvent se prouver par des raisons purement naturelles ; au contraire la vérité du christianisme repose sur un fait, et un fait très ancien, qui est la résurrection du Christ. On peut être persuadé de ce fait, mais nul ne peut être forcé de le croire. C'est pourquoi dans le *De jure belli ac pacis*[1], Grotius interprète le trop célèbre *compelle intrare* seulement comme une « invitation pressante à entrer » et montre le caractère totalement injuste et illégitime des guerres pour motif de religion.

> « La vérité de la religion chrétienne, considérée en tant qu'elle ajoute bien des choses à la religion naturelle et primitive, ne peut pas être prouvée par des raisons purement naturelles »[2].

> « Chacun doit servir Dieu librement selon les lumières de sa conscience et ne pas être forcé à croire telle ou telle chose en matière de religion »[3].

Cette démarche de Grotius[4] en 1620 se retrouve dans le traité homonyme d'Abbadie de 1688, puisque l'auteur s'y propose d'établir en premier lieu l'existence de Dieu et les principes de la religion naturelle, de montrer en second lieu la corruption de cette religion naturelle par le paganisme, et la nécessité de son rétablissement, lequel s'opère en deux temps : par « un peuple de sages qui ont de plus beaux sentiments de la divinité que les philosophes les plus éclairés » à savoir les Juifs, puis en montrant que la religion judaïque dont la divinité aura été reconnue, conduit à la religion chrétienne qui en est la clé et la perfection. Mais là encore, quoique tenue pour insuffisante, la religion naturelle est posée comme nécessaire : d'une part parce qu'elle est la religion établie par les lumières de la raison et que toute religion authentique devra montrer sa convenance avec ces mêmes lumières[5] et donc avec elle, et d'autre part parce que seule la religion naturelle délivre l'esprit des spéculations du pyrrhonisme[6] et de la confusion entre « la lumière naturelle qui ne nous trompe pas et les préjugés qui nous trompent »[7].

DE LA RELIGION NATURELLE À LA RELIGION RATIONNELLE

Le besoin d'un retour à la religion naturelle comme religion primitive et purifiée résultait de la confusion dans laquelle les controverses des doctes avaient

1. *DGP*, II, ch. XX, § 45 à 50.
2. *Ibid*, § 48, 1.
3. *Ibid*, en note.
4. Elle-même probablement inspirée par la lecture du traité de Duplessis Mornay.
5. *Op. cit.* Cf. Préface p. XXII.
6. *Op. cit.* Livre I, Ière section, ch. 1, p. 2-3.
7. *Ibid*, ch. 2, p. 5.

jeté les esprits. A quoi bon envoyer des missionnaires vers les Indes ou contre les Turcs, si l'on sait pas se mettre d'accord sur la religion qu'on veut leur prêcher. Ce point, très souvent souligné, s'accompagne même chez Leibniz, d'un renversement de perspective paradoxal et généreux :

> « Je l'ai dit et je le dis encore : nous envoyons des missionnaires aux Indes pour prêcher la religion révélée. Voilà qui est bien. Mais il me semble que nous aurions besoin que les Chinois nous envoyassent des missionnaires à leur tour pour nous apprendre la religion naturelle que nous avons presque perdue. Car en effet, le gouvernement de la Chine serait incomparablement meilleur que celui de Dieu si Dieu était tel que le dépeignent les docteurs sectaires qui attachent le salut aux chimères de leur parti »[1].

Le retour de la religion naturelle au XVIIe avait été favorisé par l'influence du stoïcisme, et notamment par la lecture de Cicéron et Sénèque présentés par Juste Lipse, influence incontestable chez Grotius et Cherbury. Après le milieu du siècle, un autre modèle philosophique prend le relais chez ceux qu'à la suite de Bayle, on appellera les théologiens rationaux, à savoir le modèle cartésien. Mais un changement radical se produit alors, car on passe d'un *naturalisme religieux* qui cherche la religion source et matrice de toute religion existante (qui peut donc en être considérée comme une exemplification plus ou moins adéquate) à un *rationalisme religieux* qui commence par rationaliser le christianisme en fournissant une norme strictement rationnelle de l'interprétation de l'Ecriture Sainte pour aboutir à la fin du siècle au christianisme raisonnable de Locke et Toland.

Religion naturelle et modèle stoïcien

La démarche même de la théologie naturelle impliquait que la théologie ait besoin d'une philosophie. Mais une fois rompu le lien privilégié par la scolastique thomiste entre l'aristotélisme et la théologie, l'humanisme de la Renaissance laissait la place à un choix très ouvert de philosophies de référence, ce qui l'a fait parfois taxer d'éclectisme[2]. A côté d'Aristote, il y avait désormais place pour penser la religion, pour la pensée de Platon (Pic de la Mirandole et M. Ficin), le scepticisme (Montaigne), le stoïcisme (Juste Lipse) et même Epicure (Valla et Gassendi). Pour la question qui nous occupe, il est incontestable qu'il faut donner la première place à l'influence stoïcienne. C'est de là qu'est issu le courant de la religion naturelle, comme plus tard de Descartes, ou plutôt de la fascination pour sa méthode, le courant de la religion rationnelle.

Or le stoïcisme avait fait l'objet en 1604 d'une présentation remarquablement exacte, précise, et bienveillante de la part de Juste Lipse que Léontine Zanta n'a pas tort de qualifier de « stoïcien chrétien ». Dans deux ouvrages destinés à accompagner et éclairer une édition savante de Sénèque, la *Manuductio Stoïcorum* et la *Physiologia Stoïcorum*, Juste Lipse avait en effet présenté, non seulement la morale des Stoïciens mais encore leur physique et leur théologie

1. Lettre à Sophie de Hanovre du 10/ 9/ 1697, Grua, I, p. 207 ; Cf. aussi la Préface des *Novissima Sinica*, traduction C. Frémond, p. 64.
2. Notamment par Guéroult dans *Dianoématique*, I.

naturelle, en s'efforçant à chaque fois de montrer qu'elles n'étaient pas si éloignées du christianisme qu'il pouvait le sembler au premier abord. Quelques points seulement nous retiendront ici : au chapitre 11 du deuxième livre de la *Manuductio*, Lipse présente un exposé remarquablement précis, informé et exact de la théorie de la formation des notions communes, de la continuité entre l'expérience et la raison, et de la valeur du consentement universel, tous points qui auront une importance décisive pour l'élaboration et la justification des articles fondamentaux de la religion. Puis il montre l'accord de la sagesse stoïcienne avec la religion chrétienne, en établissant l'équivalence, confortée par des citations d'Augustin et de Jérôme, entre « vivre vertueusement », « vivre en accord avec la nature » et « suivre Dieu ». L'assimilation des étincelles de raison et des semences de vertu que la doctrine fait croître, chez les Stoïciens et chez les chrétiens, prépare la voie à la détermination des dogmes fondamentaux par la seule démarche rationnelle. Elle aboutit au chapitre 2 du livre I de la *Physiologia* à énoncer l'équivalence de la nature et de Dieu en tant que Providence. Juste Lipse ne procède pas exactement à une christianisation du stoïcisme, bien plutôt cherche-t-il à montrer que des thèses que nous jugeons choquantes chez les Stoïciens, notamment la nature ignée de Dieu, ont été reprises en un sens peut-être symbolique, par l'Ancien Testament. C'est ainsi que Moïse appelle Dieu un feu dévorant, que Dieu se manifeste dans un buisson ardent, que le Saint Esprit descend sur les Apôtres sous forme de langues de feu, qu'une colonne de feu guida les Hébreux au désert et que tous les peuples ont qualifié le feu de divin[1]. Ce point nous paraît important car il montre que Juste Lipse a bien compris le caractère systématique du stoïcisme ancien, et qu'il a cherché à le sauver quasi intégralement. Certes il rejette la théorie du mélange total et oublie le caractère d'inséparabilité du principe actif et du principe passif (intellect et matière) dans l'explication stoïcienne de la formation du monde (ce qui lui permet d'échapper au panthéisme) ; mais il reprend les conceptions stoïciennes de la nature, de la providence, de la liberté divine comme nécessité interne, et la théorie des *numina/nomina* ainsi que l'interprétation allégorique des mythes[2]. Comme Sénèque a été avec Cicéron un des grands instituteurs de la culture latine des philosophes du XVIIe siècle[3], et que Juste Lipse a été le grand éditeur de Sénèque, il ne faut pas sous estimer l'importance de la médiation qu'il a constituée dans la transmission du système[4] stoïcien au XVIIe siècle.

Religion rationnelle et modèle cartésien

Le fait que Descartes ait toujours tenu à mettre soigneusement à l'écart de l'entreprise du doute systématique, les vérités de sa créance[5] n'empêcha pas que

1. *Physiologia*, I, 6.
2. En omettant cependant l'interprétation physicaliste des divinités en termes des quatre éléments qu'on trouve chez Chrysippe. Lipse s'en tient plutôt à l'interprétation allégorique de Sénèque dans le *De beneficiis*.
3. Cf. Les travaux de F. Akkerman sur ce point.
4. Et pas seulement de la morale.
5. Cf. *Discours* III, et *Principes*, I, 76.

le succès de sa méthode ait fasciné des penseurs qui ne pouvaient s'empêcher de comparer l'état de la théologie avec l'état de la philosophie avant l'apparition de cette méthode. D'autant que le combat de Descartes contre les préjugés trouvait un écho dans leur combat contre l'opiniâtreté des théologiens. Le cartésianisme ne leur apparut pas alors comme une secte[1], mais bien comme la voie royale vers la vérité. Dès lors on pourra se demander si la référence à Descartes a conduit à rationaliser la religion existante, en l'occurrence le christianisme, pour le rendre plus recevable aux esprits éclairés par la nouvelle philosophie, ou si le cartésianisme a fourni une méthode de purification des préjugés qui laissât cependant le primat à la parole divine révélée dans l'Ecriture Sainte, ce qui constitue alors une limite externe au rationalisme prétendu[2]. On verra qu'il y a sur ce point bien de la différence entre Meyer et d'Huisseau et que paradoxalement, Spinoza est peut-être plus proche du second que du premier.

Louis Meyer est l'un des plus célèbres de ces « théologiens rationaux », l'un de ceux en tout cas, qui suscita les réactions les plus vives[3]. Evoquant « la situation si misérable de la théologie, reine des sciences, les difficultés auxquelles étaient réduits » ceux qui la pratiquent, et « les flots d'incertitude et de doute » où tous sont plongés, Meyer voit luire, avec la découverte de la méthode cartésienne, quasiment le chemin du salut pour cette discipline[4]. René Descartes, « cette nouvelle étoile extrêmement brillante et splendide, née du ciel philosophique à notre époque »[5] a su « restaurer la philosophie à partir de ses fondements, la purger des défauts dont elle fourmillait et lui rendre son éclat propre et natif » en abandonnant sérieusement tous les préjugés et en décidant de ne donner son assentiment à rien qui ne soit perçu clairement et distinctement[6]. Même tonalité chez Isaac d'Huisseau, le pasteur réformé de Saumur :

> « On a proposé depuis quelque temps dans la philosophie, un moyen de bien raisonner et de faire de sûres démarches vers la vérité. On tient que pour cela il se faut absolument détacher de toutes opinions préconçues et de toutes préoccupations d'esprit. Qu'il ne faut recevoir d'abord que les plus simples notions et les propositions qui ne peuvent être contestées par aucun, qui ait le moindre usage de la raison. Ne pouvons-nous pas imiter ce procédé dans la Religion ? Ne pouvons-nous pas laisser à part pour un temps toutes les opinions que nous défendions auparavant avec tant de chaleur pour les examiner après avec liberté et sans aucune passion, nous tenant toujours à notre principe commun qui est l'Ecriture sainte »[7] ?

1. « Nulla nunc celebrior clamosiorque secta quam Cartesianorum » écrit en 1685, P. Collet dans son *Historia rationis*. Cité par P. Hazard, *La crise de la conscience européenne*, réédition Fayard 1961, p. 118.

2. D'Huisseau considère comme seules fondamentales les doctrines révélées inscrites dans le symbole des Apotres, « autrement nous donnerions à l'homme et à la raison une autorité qui n'appartient qu'à Dieu seul et à sa parole » (*Réunion*, p. 154).

3. Cf. *La philosophie interprète de l'Ecriture Sainte*, traduction et présentation par J. Lagrée et P. F. Moreau, Paris, 1988.

4. *Op. cit.* Prologue, p. 24-25.

5. Ch. V, p. 109.

6. *Ibid*, p. 25.

7. *Réunion*, p. 117-8.

Tout le programme du credo minimum est ici donné, avec sa méthode d'approche : se libérer des préjugés, en revenir au principe commun, ici spécifié sous la forme de l'Ecriture Sainte, n'user que de la raison qui, même sous une forme peu développée est commune à tous. Par là on se guérira peut-être de la maladie du sectarisme aussi ancienne que le christianisme. Certes, il y a bien des nuances entre Meyer et d'Huisseau : Meyer défend un rationalisme absolu qui fait de la philosophie nouvelle l'unique pierre de touche de la vérité comme de l'interprétation de l'Ecriture Sainte; le cartésianisme de d'Huisseau est plus limité que celui de Meyer puisque la Parole de Dieu doit toujours être préférée aux positions de la raison humaine; il laisse aussi en suspens la question pourtant décisive de la norme de l'interprétation et la confiance mise en Descartes se double d'une méfiance envers le goût de la difficulté propre aux philosophes :

> « Jugeant que comme la facilité cause du mépris, l'obscurité donne du respect et de la vénération, ils <les philosophes> ont formé des difficultés sur tous les points de la religion, pour exercer leurs esprits et faire voir l'adresse qu'ils avaient apportée de l'école. Ils ont fait naître des doutes sur les choses les plus aisées. En un mot ils ont changé l'école du chrétien en une école de chicane et de disputes. Ce qui a fait dire autrefois à quelqu'un que les philosophes avaient été les *Patriarches des hérétiques* »[1].

Ce jugement sévère s'applique aux philosophes des premiers siècles de notre ère ou du Moyen Age, mais l'on peut craindre qu'une telle idiosyncrasie ne perdure et n'affecte aussi la philosophie cartésienne. C'est pourquoi Meyer et d'Huisseau ne mettent pas la même chose sous leur référence à Descartes : pour d'Huisseau un procédé méthodique, permettant d'écarter des obstacles à la saisie de la vérité, pour Meyer un contenu de vérité qui, une fois établi, vaut absolument et juge tout contenu d'autre source ayant prétention à la vérité. D'Huisseau veut écarter des obstacles qui tiennent à l'histoire et revenir en-deçà des divisions; Meyer veut avancer sur le chemin de la science et agrandir le territoire de la philosophie y compris en conquérant des domaines jusque là dominés par la théologie, puisque c'est de la philosophie[2] qu'il attend la parution de « pages qui feront autorité » sur « Dieu, l'âme rationnelle, la suprême félicité de l'homme et les moyens de parvenir à la vie éternelle »[3]. C'est donc bien d'une avancée théorique, non d'un retour à une unité originelle, que Meyer attend la réunion de « l'Eglise du Christ jusqu'ici divisée et déchirée par des schismes continuels »[4]. Mais retour ou avancée, c'est bien de la raison, faible mais commune, ou forte mais encore limitée dans ses applications, que tous attendent cette purification ou cette regénération de la religion qui permettrait à tous les hommes de saisir une unité toujours déjà présente, l'Eglise authentiquement universelle des justes, et de l'affermir « dans la douceur de l'amitié ». Religion naturelle et religion rationnelle quoique différentes dans leur concept, ne sont pas encore séparées dans leur contenu : la religion naturelle est

1. *Réunion*, p. 86.
2. Probablement celle de Spinoza si on s'en tient à la littéralité du programme avancé.
3. *Op. cit.*, Epilogue, p. 249.
4. *Ibid.*

rationnelle ; elle n'est pas déduite de la raison mais elle est conforme à la raison et, pour reprendre le vocabulaire kantien, située dans les limites de la raison ; la religion rationnelle, telle que l'analyse Wissowaty, ce n'est pas la religion de la raison ni une religion déduite de la raison, c'est le christianisme qui, analysé et présenté avec l'instrument de la raison, manifeste son caractère de religion naturelle développée. La religion naturelle peut bien apparaître comme le noyau rationnel de toute religion, d'entre toutes les religions existantes, c'est encore le christianisme qui constitue le développement le plus conforme aux exigences de la raison, le plus adéquat dans sa superstructure au fondement universel du credo minimum. On s'efforcera donc moins, dans ce contexte, de montrer que le christianisme est une religion raisonnable (en refoulant l'herméneutique paulinienne de la folie de la croix) que de vérifier qu'il est cohérent avec les bases rationnelles du credo minimum dont il constitue à la fois une amplification et une élucidation.

Hume et le changement de sens de la religion naturelle

Lorsque Spinoza, dans la Préface du *Traité théologico-politique* décompose la logique de la crainte qui donne naissance à la superstition, et la confusion du Temple et du Théâtre, il se garde bien de confondre les deux. Cherchant à comprendre pourquoi les croyants des différentes religions ne se distinguent plus guère que par leurs vêtements et leurs rites, et non par la conduite de leur vie, Spinoza propose une explication passionnelle et politique de ce mal, qui dégage la place pour une foi séparée de la crédulité et une piété délivrée de la superstition. Pour ce faire, il élabore une méthode d'interprétation de l'Ecriture, de la Bible, mais aussi de tout livre tenu pour sacré, qui permette de dégager l'enseignement propre de la religion, qui concerne seulement « l'usage et de la vie et la vertu véritable ». Même les « dogmes de la Foi universelle » du chapitre XIV sont subordonnés, dans leur détermination, à la piété, c'est-à-dire à leurs effets pratiques : mouvoir l'âme à l'obéissance à la loi divine, c'est-à-dire à la pratique de la justice et de la charité. A la fin du XVIIe siècle, le débat dans lequel s'inscrit la réflexion sur la religion naturelle est à la fois un débat théorique sur les fondements, le contenu, les finalités morales et politiques de la religion, et une prise de parti dans une lutte politique en faveur de la tolérance religieuse et éventuellement, de la liberté de penser. Ce débat se poursuivra encore au début du XVIIIe siècle dans le courant du déisme anglais [1].

L'œuvre qui constitue sur ce sujet un tournant décisif, en mettant un terme à ce débat sur la valeur rationnelle du contenu de la religion naturelle c'est celle de Hume, dans les *Dialogues sur la religion naturelle* et dans l'*Histoire naturelle de la religion*, écrits vers 1750. Non seulement parce que Hume présente une critique de la causalité et de la finalité qui ruine l'idée qu'il soit possible de prouver l'un quelconque des dogmes de la religion naturelle, y compris l'existence d'un Dieu infini, mais surtout parce qu'il fait de la religion naturelle

1. Cf. Toland, *Christianity non mysterious* (1696), Tindal, *Christianity as old as creation* (1730).

une religion savante, fort différente du théisme populaire, donc une religion seconde et non plus primitive. Il est aisé de retrouver dans l'analyse humienne de l'origine passionnelle de la religion (fondée sur le jeu de la crainte et de l'espérance, du besoin d'admirer et de l'enthousiasme) un écho de Spinoza ou du libertinage érudit. Mais ce qui change complètement les données du problème, c'est que Hume dénie même à la religion naturelle toute possibilité d'un enseignement moral et d'effets pratiques durablement bénéfiques. La religion naturelle disparait-elle pour autant dans cette critique ? Non, car si toute croyance est structurellement l'effet d'un besoin passionnel visant à résoudre une difficulté pratique, la religion naturelle comme croyance savante apparait, comme l'a montré Michel Malherbe[1], comme une *croyance philosophique*, et même comme la croyance propre à *l'ingenium* philosophique, habité par la passion de la curiosité et le besoin de l'ordre.

> « Le tout de la théologie naturelle » écrit Hume à la fin des dialogues « se résout en une seule proposition simple, quoiqu'assez ambiguë ou du moins indéfinie, que la cause ou les causes de l'ordre dans l'univers présentent probablement quelque lointaine analogie avec l'intelligence humaine »[2].

Ce que Michel Malherbe commente ainsi :

> « L'idée de la Divinité [...] résulte de la passion que la raison humaine éprouve pour elle-même ; elle procède de l'essence de la finalité qui est cette complaisance par laquelle la raison humaine, ce principe artisanal d'ordre, se représente à ses propres yeux comme étant le principe du tout – au degré près »[3].

Dès lors la recherche d'un noyau pur et consistant de la religion cède la place à l'histoire naturelle des religions, religion naturelle y compris. Si l'enseignement moral et populaire de la religion naturelle demeure, notamment chez Rousseau et Kant, la question du *Jus circa sacra* disparaît pour laisser la place à la question de la religion civile, c'est-à-dire qu'une autre articulation du théologique et du politique se met en place au XVIIIe siècle.

1. Introduction à la traduction des *Dialogues sur la* religion naturelle et *Kant ou Hume* p. 163-167.
2. *Op. cit.* p. 158.
3. M. Malherbe, Introduction aux *Dialogues sur la religion naturelle*, p. 49.

CHAPITRE II

SOURCES ET CONTEXTE DU CREDO MINIMUM

LE *DE NATURA DEORUM* DE CICÉRON

On n'a pas attendu le XVIe siècle et les débats du temps de la Réforme pour s'étonner, d'un point de vue philosophique, de la multiplicité et de la contradiction des affirmations dogmatiques des religions. Déjà au premier siècle avant Jésus-Christ, et dans l'optique du probabilisme sceptique de la Nouvelle Académie, Cicéron (en 45-44) consacre plusieurs livres (*De Natura Deorum* et *De Divinatione*) à l'examen et à la vulgarisation des positions théologiques des grandes écoles philosophiques de son temps. Car la question de la nature des dieux, quoique « très difficile et très obscure » doit être affrontée du point de vue de la raison[1] et non de la seule tradition ou de l'autorité. Cette question concerne en effet la vie de la société toute entière : si les dieux n'existent pas, ou s'ils sont indifférents aux hommes, comme le pensent les Epicuriens, la piété et le culte deviennent superflus. Or, se demande Cicéron,

> « éteindre la piété envers les dieux, ne serait-ce pas anéantir la bonne foi (fides), la société du genre humain, et la principale des vertus qui est la justice »[2] ?

Mais cet examen ne conduit pas à une justification de type sociologique de la religion traditionnelle, quoique celle-ci ne soit pas absente[3]. Il aboutit à une position prudente et réservée : Cotta, porte-parole de la nouvelle Académie et de Cicéron, refuse de se prononcer sur la nature des dieux tout en admettant leur existence. On ne saurait pour autant réduire ce traité ni à un 'roman théologique' comme le qualifiait son traducteur, l'abbé d'Olivet[4], ni à un exposé rhétorique des thèses théologiques défendues successivement par les épicuriens, les stoïciens et les académiciens. Car Cicéron n'a pas seulement mis en scène avec élégance des

1. « Non enim tam auctoritas in disputando quam rationis momenta quaerenda sunt ». *De natura Deorum*, (désormais cité *DND*) I, 5.

2. *DND*, I, 2.

3. Quoi qu'il en soit de la virulence de ses critiques de la divination et de sa probable indifférence religieuse, il faut se rappeler que Cicéron était membre du collège des Augures, lesquels sont d'ailleurs dans le *De Divinatione*, mieux traités que les haruspices !

4. Dont la traduction française qui date de 1732 est reprise dans l'édition Nisard des œuvres complètes de Cicéron traduites en français de 1859.

recueils doxographiques[1], ou stylisé un exercice d'école : la *disputatio in utramque partem* issue des δισσοὶ λόγοι sophistiques ; il a inauguré dans cet ouvrage un genre : celui du dialogue alterné entre sectes rivales[2] qui soustrait du même coup la question religieuse ainsi mise en scène aux rigidités de l'exposition dogmatique.

Ce procédé peut toutefois avoir deux effets opposés : l'exposition successive des thèses suivie de leur réfutation peut produire un effet sceptique et permettre de les détruire toutes sans avoir l'air d'y toucher ; c'est dans ce but que Hume reprendra délibérément cette forme cicéronienne, allant même jusqu'à pasticher l'introduction et la conclusion du *De natura Deorum* dans ses *Dialogues sur la religion naturelle*[3]. Mais elle peut aussi laisser se dégager de cette confrontation même un noyau commun sur lequel est censé se faire cet accord minimal sans lequel il n'y aurait pas de vie culturelle commune.

Or, de façon fort significative, alors que la fin du dialogue cicéronien est plutôt de tonalité sceptique, ce noyau commun est dégagé au début du dialogue, avant que ne commence la présentation proprement dite de la position épicurienne qui fait l'objet du livre I. Car si tous ne peuvent s'accorder sur la validité du critère du consentement universel retenu par les stoïciens, au moins peuvent-ils fonder l'assurance de l'existence des dieux et de leur béatitude sur la présence chez tous les peuples d'une prénotion ou d'une anticipation (πρόληψις) que les différentes doctrines théologiques viennent ensuite remplir d'un contenu déterminé. Ce n'est pas Balbus, mais bien Velleius qui expose cette thèse, rappelant d'ailleurs la formulation épicurienne de la πρόληψις dont l'origine remonte à la théorie démocritéenne de la représentation[4].

> « Quel peuple, quelle sorte d'hommes n'a pas, indépendamment de toute étude, une idée, une prénotion des dieux ? <...> Puisque ce n'est point une opinion qui vienne de l'éducation, ou de la coutume, ou de quelque loi humaine, mais une croyance ferme et unanime parmi tous les hommes, sans un seul excepté, c'est donc par des notions empreintes dans nos âmes, ou plutôt innées, que nous comprenons qu'il y a des dieux »[5].

Nous reviendrons le moment venu, sur la théorie de la formation des notions communes chez les Epicuriens et les Stoïciens, qui est une manière fort habile de répondre à la question de l'origine des idées en conjuguant empirisme et rationalisme. Notons seulement ici le moyen retenu – le dialogue amical et critique entre tenants de sectes opposées - qui permet de mettre en évidence un accord toujours déjà existant, mais occulté par les polémiques d'ordre doctrinal. On remarquera enfin, que la difficulté même de cette question, qui n'est pas de celle sur laquelle un accord total puisse aisément se faire, conduit au fil de l'analyse à s'interroger sur les moyens d'éviter l'erreur et d'atteindre le vrai, sur

1. Les *Vetusta Placita* datent du Ier siècle, de l'Ecole de Rhodes.

2. Chacune est représentée par un personnage : Velleius l'épicurien au livre I, Balbus le stoïcien au livre II, Cotta l'académicien disciple de Carnéade au livre III.

3. Cf. sur ce point le commentaire de M. Malherbe sur la forme du dialogue, *Op. cit.* p. 20-25.

4. Cf. Jean-Paul Dumont : *Le scepticisme et le phénomène*. Paris, 2ème édition, 1985.

5. *DND*, I, 16-17.

la validité des critères et des différents moyens de connaissance : ainsi sont invoqués tour à tour la représentation sensible[1], l'expérience, l'autorité (dont sont victimes les Pythagoriciens à qui seule l'autorité du maître tenait lieu de raison[2]), le sentiment intime immédiat (invoqué par Cotta), la coutume ou l'*auctoritas Majorum*, la prénotion, le raisonnement, l'interprétation des signes (notamment prodiges et présages).

Bref, sous-jacent à cette discussion sur la nature des dieux et ce que les hommes en disent ou prétendent en savoir, c'est tout un débat sur les moyens de la vérité, la nature et la force de la raison qui s'instaure. La raison humaine est-elle, comme le vin, un don des dieux qui devient remède ou poison selon la façon dont les hommes en usent[3], ou est-elle cette étincelle de la raison divine qui ne saurait se dénaturer et se dérégler? La position personnelle de Cicéron est claire : la thèse de l'existence des dieux est l'objet d'une évidence immédiate, renforcée par le temps, soutenue par l'autorité des Anciens mais obscurcie par les raisonnements qui tentent de la développer et de la préciser. Car pour la nouvelle Académie le vrai existe bien, mais « tellement mêlé au faux qu'il n'y a pas de marque certaine pour les distinguer sûrement <...> et qu'à défaut de l'évidence une grande probabilité doit être la règle du sage »[4].

Ce ne sont pourtant pas ces affirmations probabilistes qui marqueront les très nombreux lecteurs de Cicéron à la Renaissance et à l'âge classique, mais bien plutôt la présentation remarquablement claire et instruite des positions stoïciennes qui forme le livre II. Les premières éditions du *De natura deorum* datent du milieu du XVIe siècle et la première traduction française de Guy Le Fevre de la Boderie, dédiée à Henry III, de 1581. Non seulement Cicéron expose les thèses théologiques sur la nature des dieux, la providence, l'ordre du monde, le destin et le sort de l'homme, mais il en présente aussi les objections et les réponses. De façon moins apparente peut-être, il fournit aussi tout un lot d'arguments à la pensée anti-dogmatique : que les religions des barbares se constituent comme les nôtres (III, 29), que l'évocation de Dieu en fait bien souvent le refuge de l'ignorance[5], que le panthéisme ou l'assimilation du monde à Dieu conduit à attribuer à Dieu des propriétés contradictoires et à tenir sur lui des propos absurdes. Quand Velleius se moque de Balbus et prétend que, puisque le monde est Dieu et que certaines régions du monde sont éloignées et d'autres rapprochées du soleil, « il faut convenir que Dieu brûle d'un côté tandis qu'il gèle de l'autre[6] », ne croirait-on pas entendre Bayle raillant Spinoza? Et

1. Qui explique la croyance aux fantômes, par une confusion dans l'interprétation de la nature des simulacres. *DND*, I, 38.

2. *DND*, I, 5.

3. *DND*, III, 27 : « Le vin étant rarement bon et très souvent mortel aux malades, on fait bien mieux de leur défendre absolument d'en boire, que de risquer un remède si équivoque; de même, puisque la vivacité, la pénétration, l'industrie, qui est ce que nous appelons raison est un poison à la plupart des hommes, et ne fait de bien qu'à un très petit nombre, je me demande s'il n'aurait pas été mieux de les en priver absolument que de la leur prodiguer ».

4. *DND*, I, 5.

5. « Omnium talium rerum reddenda est. Quod vos facere non potestis, tanquam in aram confugitis ad Deum ». *DND*, III, 10.

6. *DND*, I, 10.

d'ailleurs, comme l'écrira en 1732 l'abbé d'Olivet « ôtez au détestable Spinoza une prétendue méthode géométrique et un galimatias continuel, ce sera Balbus tout pur ». Ce n'est sans doute pas sans raison qu'en lisant Cicéron, les lecteurs de l'âge classique ont cru trouver l'écho de certains débats philosophiques de leur temps, s'il est vrai, comme nous le pensons, que l'argumentation stoïcienne (et la réponse à ses adversaires) a joué un rôle décisif dans la formation du rationalisme religieux. Les Pères de l'Eglise, Lactance en particulier, avaient cherché à christianiser le stoïcisme ; le néo-stoïcisme de la Renaissance, notamment avec Juste-Lipse, rationalise la pensée chrétienne à l'aide d'arguments stoïciens [1]. C'est donc beaucoup moins par le *contenu* extrêmement réduit de son credo [2] que Cicéron nous intéresse ici que par sa *méthode* : à savoir 1/ le dialogue entre sectes 2/ un ordre d'analyse repris des Stoïciens : a) l'existence des dieux ; b) leur nature ; c) la providence comme ordre du monde ; d) la providence comme souci divin des hommes, 3/ le lot d'arguments et de thèses que renferment ces livres qui ont nourri toute la pensée classique. Toutefois la religion naturelle du XVIIe siècle n'est pas un héritage direct du seul stoïcisme antique. Elle résulte plus directement encore, quant à ses motivations, du débat sur la pluralité des sectes, ravivé par les débuts de la Réforme.

LE PROJET ERASMIEN

Le refus de la rabiosa contentio

C'est dans une perspective pédagogique et apologétique qu'Erasme fut amené à formuler la proposition de rédaction d'un *compendium philosophiae Christi* et d'un 'Manuel du militant chrétien' selon l'heureuse et audacieuse traduction autrefois proposée par J. Mesnard. Ce contexte n'est pas foncièrement éloigné de celui de Nicolas de Cues, même si la philosophie sous-jacente est autre, puisque dans les deux cas, il s'agit de proposer, face aux Turcs [3], la voie de la discussion théorique pouvant conduire à la conversion, plutôt que le chemin habituel de la violence. Dans l'*Enchiridion militis christiani* rédigé en 1502-04, Erasme proposait à un jeune homme vivant à la cour un résumé de la vie chrétienne. Dans la *Lettre à Paul Volz* qui accompagne l'édition de 1518 [4], il s'interroge sur l'échec de son entreprise : l'*Enchiridion* ne semble pas avoir

1. Cf. L. Zanta : *La renaissance du stoïcisme au XVIème siècle*, p. 239 et J. Jehasse, *Op. cit.*

2. Les dieux existent ; ils sont immortels et bienheureux ; la ressemblance des hommes aux dieux ne réside pas dans une similitude de forme physique mais dans la communauté de la raison et de la vertu ; un culte est nécessaire à la vie de la Cité, ce qui présuppose que les dieux ne soient pas complètement indifférents aux hommes.

3. Cette obsession de la menace turque renforcée par les dissensions entre chrétiens, alors que leur union faciliterait la conversion des musulmans se retrouve pendant tout l'âge classique. Cf. Grotius, d'Huisseau, Leibniz...

4. Lettre 858 du 14 août 1518.

conduit le jeune homme à changer sa vie. Pourtant l'exigence d'inventer et de proposer un enseignement de la vraie vie aisément accessible à tous est plus pressante que jamais : les Turcs menacent et, à moins de vouloir les exterminer tous, chose au demeurant impraticable, il faudra bien en venir à dialoguer avec eux et à leur proposer la vérité chrétienne comme une voie de salut, non comme un chemin de servitude. L'examen des textes, des lettres essentiellement, dans lesquels Erasme a tenté de justifier, pour ses amis et pour lui-même, le sens et la finalité de ce projet de *compendium* ne laisse aucun doute sur ce point : même si l'horizon au sens large en est politique, même si les effets attendus ont des implications politiques bénéfiques (paix et concorde), la motivation première de l'unanimisme érasmien est bien éthico-religieuse. Dans le désordre présent des esprits et des mœurs il serait bon que des hommes pieux et savants, s'appuyant sur les textes évangéliques et leurs interprètes les plus autorisés, cherchent

> « à établir un résumé de la philosophie du Christ, sur un mode simple mais pourtant savant, succinct mais néanmoins limpide. Tout ce qui touche à la foi, on l'exposerait dans des articles aussi peu nombreux que possible. Les points concernant la morale seraient également présentés en peu de mots ; mais l'exposé en serait ainsi conçu qu'il ferait comprendre que le joug du Christ est agréable et commode, qu'il n'a rien de rébarbatif ; pour que ces gens comprennent qu'ils ont trouvé des pères et non des tyrans ; des pasteurs et non pas des pillards ; que c'est à assurer leur salut qu'on les convie et que ce n'est pas du tout vers la servitude qu'on les entraîne »[1].

La chrétienté ne souffre pas seulement, selon Erasme, de se présenter, y compris chez ses chefs, défigurée par de multiples passions : tyrannie, cupidité, luxure, etc... ; elle est encore « gangrénée par des idées »[2]. La diversité des esprits et la crédulité des hommes sont par nature si grandes qu'on ne « peut rien imaginer d'extraordinaire qui ne trouve des partisans. Pythagore a interdit de manger des fèves, et il s'est trouvé des hommes pour s'en abstenir »[3]. Cet argument, suivi d'autres analogues[4] sur les folies des sectes, arguments qui ne dépareraient pas dans un catalogue sceptique ou libertin, ne conduit pas à un mépris de la discussion théologique ou de l'exégèse scripturaire comme on s'en doute, mais « à chercher refuge dans l'ancre vraiment sacrée de la doctrine évangélique »[5]. Seul ce retour au fondamental et à la source de la doctrine délivrera de l'inflation insensée des dogmes (« Maintenant d'un seul article on en fait six cent »[6]) et de sa suite inévitable, la « rabiosa contentio », la rage de la dispute. D'autant que le contraire d'une erreur n'est pas toujours une vérité, comme Erasme le montre sur trois exemples dans la *Lettre à Jean Carondelet* du

1. Trad. française : p. 393.
2. *Ibid* p. 394.
3. Lettre à Jean Slechta. L. 1039 du 1 nov. 1519, p. 125.
4. Sur le meurtre des vieillards à charge, la communauté des femmes, la vénération de Judas comme instrument du salut, les sacrifices d'enfants.
5. L. 858, p. 394. « Pris dans le brouillard si épais qui enveloppe les choses, dans les troubles si importants du monde, dans la variété si abondante des opinions humaines, où vaut-il mieux chercher refuge, si ce n'est dans l'ancre vraiment sacrée de la doctrine évangélique ? »
6. L. 1040, p. 130.

5 janvier 1523, destinée à servir de *Préface aux œuvres de saint Hilaire* : celui du mariage, du libre arbitre et de la discipline ecclésiastique. En se battant contre ceux qui accordent trop au mariage, Tertullien ne lui accorde pas assez ; saint Augustin dans l'ardeur avec laquelle il combat Pélage attribue trop peu au libre arbitre [1], et Montanus en combattant l'excessive sévérité de la discipline ecclésiastique en vient à l'excès inverse de l'abolir tout à fait. C'est ainsi que « par aversion pour une seule erreur, nous <sommes> projetés dans une autre erreur » et que « le ressentiment nous persuade que ce qui est moral est immoral, que ce qui est amer est doux et inversement » [2].

D'où la conclusion mesurée d'Erasme, à égale distance du dogmatisme péremptoire et de l'indifférentisme : il faut accepter de ne pas tout savoir ni tout définir, faire la différence entre croire et comprendre, et surtout reconnaître, comme la marque même de l'esprit humain en sa richesse et en sa finitude, la possibilité d'une marge d'erreur chez les théologiens. Si Hilaire a défendu des conceptions théologiques douteuses sur la Trinité et le corps du Christ, cela signifie qu'il faut savoir le lire avec discernement, et non qu'il faille l'oublier.

> « Ils sont variés les dons intellectuels, ils sont nombreux les aspects variés des générations. Que chacun étale au grand jour ses possibilités ; que personne ne jalouse le prochain qui selon ses forces et par un procédé qui lui est propre tend à ajouter quelque chose qui profite aux études générales ».

Mais précisément à condition de bien distinguer entre ce qui relève de l'étude et donc qui se discute et ne s'impose pas, et ce qui relève du salut et ne se discute pas.

Les points fondamentaux

La détermination des points fondamentaux nécessaires au salut ne doit pas exiger une grande subtilité dialectique puisque le salut est ouvert à tous et que la *philosophia Christi* est un art de la vie plutôt qu'une science des mystères incompréhensibles. D'où la comparaison entre l'enseignement du Christ et celui de Socrate qui se lit en filigrane dans la *Lettre à Jean Carondelet.* Comme Socrate qui « de la contemplation de la nature, a ramené la philosophie dans le plein milieu de la vie des hommes », c'est-à-dire vers la morale, le Christ ne s'est pas étendu sur la complexité du mystère de la Trinité mais il a prêché la pureté du cœur, la purification de l'esprit « de la jalousie, de l'envie, de la haine, de l'orgueil, de l'avarice, de la convoitise ». Erasme qualifie d'esprit rabbinique la mentalité de ceux qui refusent de laisser la moindre question sans réponse, qui veulent absolument tout définir et tout déterminer et qu'anime ce « fléau de la concorde, l'opiniâtre besoin d'avoir raison » [3]. Cet état d'esprit, qui correspond à une pente naturelle de l'érudition, engendre sectes et disputes, et dès lors « sous

1. L. 1334, p. 228.
2. *Ibid.*
3. L. 1334, p. 220.

la bannière du Christ, on travaille à l'œuvre de Satan »[1]. Erasme analyse ce long processus de montée de la haine théologique dans cette même lettre :

> « Jadis la foi se révélait dans la façon de vivre plutôt que dans l'énoncé d'articles. Bientôt la nécessité fit comprendre qu'il fallait rédiger des articles, mais en petit nombre et d'une concision digne des Apôtres. Ce fut ensuite l'effronterie des hérétiques qui a conduit à une explication plus précise des Livres divins, ce fut l'opiniâtreté qui a contraint à faire préciser certains points par l'autorité des synodes. Finalement la foi a commencé à se manifester dans les écrits plutôt que dans les cœurs et il y eut à peu près autant de croyances que d'hommes. Les articles s'accrurent mais la sincérité décrut; la discussion s'échauffa, l'amour se glaça. L'enseignement du Christ qui auparavant ignorait la logomachie commença à dépendre du patronage de la philosophie : ce fut la première étape de la glissade de l'Eglise vers sa décadence; les richesses s'accrurent et la violence fit son entrée. Par ailleurs, mêlée à cette affaire, l'autorité des empereurs ne fit guère avancer la pureté de la foi. En fin de compte l'évolution fut déroutée vers des discussions sophistiquées, et des myriades d'articles firent irruption. Partant de là on en arriva à des intimidations et à des menaces. Et quoique la vie nous abandonne, que la foi habite dans la bouche plutôt que dans le cœur, qu'une solide connaissance des Saintes Ecritures nous fasse défaut, pourtant nous amenons des hommes par la terreur à croire ce qu'ils ne croient pas, à aimer ce qu'ils n'aiment pas, et à comprendre ce qu'ils ne comprennent pas. Ce qui est imposé de force ne peut être sincère et au Christ ne peut plaire que ce qui est spontané »[2].

Ce texte montre bien comment survient la montée de l'inflation théologique et ses effets pervers, tant dans l'ordre théorique que pratique; on assiste ici à un mouvement en sens inverse de l'esprit, ou de la vie selon le Christ, et de la lettre : plus les articles augmentent, plus les richesses, la violence, le jeu des pouvoirs prennent le pas sur la sincérité de la foi. La discussion s'échauffe et l'amour se glace. Pour rétablir un juste rapport des choses, il faut donc refaire le chemin en sens inverse et déterminer ce petit nombre d'articles sur lesquels se fera l'accord et qu'on pourra proposer aux Turcs. Le credo d'Erasme est entièrement tiré de l'Ecriture et précisément du Nouveau Testament. Il se confond avec le symbole des Apôtres. Il ne faut pas chercher à tout expliciter, et cela non par impuissance ou par prudence, mais pourrait-on dire par principe, compte-tenu d'une différence méthodologique principielle – tenant à leur nature comme à leur objet – entre la démarche de la foi et celle de la raison. La raison est analytique et discursive tandis que la foi est synthétique – ce pourquoi elle s'exprime par un *compendium* – parce qu'elle est christocentrée, et que le Christ, centre de multiples cercles[3], est aussi celui qui concentre en lui tout le contenu de la foi. Le principe d'unité doctrinale est toujours le Christ; le principe de variation, lui, réside dans de multiples facteurs : la personne qui transmet le message théologique, le destinataire, l'époque les circonstances, etc. Il faut donc accepter de laisser un certain nombre de choses indéterminées, ou du

1. Cf. le même thème dans les *Satanis stratagemata* d'Acontius.
2. *Ibid*, p. 225.
3. Cf. la *lettre à Volz*.

moins si l'on se prononce sur elles, ce qu'un théologien ne peut guère éviter de faire, ne rien définir en dehors de l'Ecriture Sainte et « laisser les points obscurs sans définition », c'est-à-dire sans définition dogmatique absolument imposée. C'est ainsi qu'Erasme laisse dans une certaine indétermination, et donc soumis à la discussion, la nature (mais non l'existence) de la Trinité, la part du libre arbitre et de la foi dans le salut, la primauté du pape, le caractère sacrificiel de la Messe, bref tous les grands thèmes soulevés par Luther. « Pour ces questions qui sont thèmes ordinaires des débats scolastiques, je n'oserais arracher la vie à un homme, si j'étais juge, ni risquer ma propre vie »[1].

> « La somme de notre religion[2], c'est paix et unanimité. Celle-ci pourra difficilement se maintenir si nous ne bornons pas nos définitions à un nombre de points aussi restreint que possible, et si pour beaucoup de ces points, nous ne laissons pas à chacun son propre jugement ».

Une telle conclusion montre suffisamment que le credo minimum érasmien ne relève pas d'abord d'une stratégie politique mais plutôt d'une « politique de la charité »[3] laquelle a pour condition le respect des esprits et de la liberté de la pensée, pour présupposé le primat de l'esprit sur la lettre, et pour fondement théologique la conception d'un Christ Maître de vie plutôt que Docteur, venu pour réunir et sauver, non pour perdre et diviser les hommes. Si des effets politiques de concorde et de paix en sont bien attendus, l'objectif premier est éthique : rétablir le primat de l'esprit qui fait vivre sur la lettre qui tue. Ce qui passe par le primat de la vie droite sur le commentaire de théologie dogmatique, bref par la mise en avant de tout ce qui favorise la charité aux dépens de la dispute.

L'ENTRÉE EN SCÈNE DES LAÏCS

Horizon du credo minimum au XVIe siècle : humanisme, irénisme et apologétique

La formulation d'un *compendium philosophiae Christi* chez Erasme était liée à un triple contexte : *contexte humaniste* tout d'abord : l'établissement du texte sacré, son élucidation par des annotations et son explication par la référence aux commentaires patristiques mettent en évidence la difficulté des textes et de leur interprétation, la nécessité de la prudence ou de la modestie théologique, et la vanité de prétendre comprendre ce qui ne peut être compris, ni par raisonne-

1. *Spongia adversus aspergines Hutteni.*Traduction de M. Bataillon, *Erasme et l'Espagne*, Paris, 1937, p. 455.

2. *Summa nostrae religionis pax est et unanimitas.* L. 1334, p. 177 du texte latin et p. 220 de la traduction française.

3. Pour reprendre l'heureuse formulation de Jean-Luc Marion à propos de Descartes, dans sa préface à la traduction française de la polémique entre Descartes et Martin Schoock. (*La querelle d'Utrecht*, Paris, 1988, p. 14-15)

ment, ni par analogie, à savoir les mystères. *Contexte apologétique* ensuite, marqué par le souci constant d'aider amis et disciples à vivre plus authentiquement et plus aisément la vraie vie, tout autant que par le souci de prôner face aux Turcs un chemin de conversion plutôt qu'une soumission forcée ; car celui qui, sous l'emprise de la terreur, confesse de bouche une foi qui n'habite pas son cœur, est de toute façon perdu pour le salut, puisqu'il vit dans le mensonge et dans l'hypocrisie. *Contexte irénique* enfin, puisque malgré la vivacité de sa polémique avec Luther sur la question du libre arbitre, Erasme n'a cessé de dire que ces questions ne valaient pas la peine que l'on risquât sa vie pour elles.

Ce triple contexte, humaniste, apologétique, et irénique, se retrouve peu ou prou chez tous les penseurs du XVIe siècle qui proposent une formulation d'un credo minimum : c'est le cas par exemple d'Acontius, de Sébastien Castellion, de Philippe Duplessis Mornay. Ces auteurs, tous protestants[1], fixent d'ailleurs la méthode d'élaboration de ce credo : 1. Soit à la manière de Cicéron, en faisant dialoguer des partisans des Eglises ou des sectes rivales. C'était déjà le cas d'Abélard au XIIe siècle dans le *Dialogue entre un philosophe, un juif et un chrétien* de 1141 (où le philosophe représente le païen rationaliste et non superstitieux) ou de Nicolas de Cues au XVe siècle, dans le *De pace fidei* de 1453 [2] ; ce sera la méthode de Jean Bodin dans le *Colloquium heptaplomeres* de 1593. Soit à la manière d'Erasme, en cherchant dans ce que l'Evangile affirme clairement partout, les points de doctrine dont il n'y a lieu ni de douter, ni de disputer et qui peuvent donc être proposés à la créance commune. C'est là la façon de procéder d'Acontius, dans les *Satanae stratagemata* de 1565, ou celle de Sébastien Castellion dans le *De arte dubitandi...* de 1563. Cette double visée se retrouve encore bien évidemment au XVIIe siècle : la visée apologétique est incontestable dans le *De veritate religionis christiani* de Grotius, la visée irénique dans *La réunion du christianisme* d'Isaac d'Huisseau. Mais il s'y ajoute, nous semble-t-il un autre aspect qui, sans être totalement absent des siècles précédents, prend tout à coup une importance plus grande et donne en tout cas une tonalité particulière à la démarche proposée : c'est l'entrée sur la scène des débats théologiques de laïcs, et prenant position en tant que tels. Il nous semble en effet, que quelle que soit la pertinence des rapprochements possibles, il ne faut pas confondre cela avec les propos prêtés au profane par Nicolas de Cues par exemple. Lorsque Nicolas de Cues publie en 1450 l'*Idiota* [3], son profane ingénu, porteur de docte ignorance, est le porte-parole du vrai philosophe conscient des pouvoirs et des limites de la raison. Mais les laïcs dont nous parlons ici ne sont pas des fictions littéraires. Ce sont des individus de chair et d'esprit qui s'expriment en première personne dans cette question controversée du salut qui les concerne eux aussi en premier chef, et qu'on ne saurait résoudre par procuration. Médecin comme Louis Meyer, juriste comme Grotius, homme de cour et ambassadeur comme Cherbury, ils refusent donc qu'on règle sans eux ou

1. A dater de la naissance de la Réforme évidemment.

2. L'année même de la prise de Constantinople par les Turcs et dans la visée d'un dialogue avec l'Islam qui incite les musulmans à retrouver, jusque dans le Coran, les grands mystères chrétiens.

3. Traduit par M. de Gandillac sous le titre : *Le profane*, Paris, 1942.

pour eux, la question pourtant décisive de leur propre salut. Ayant appris à penser par eux-mêmes dans le domaine de la philosophie et des sciences profanes, ils refusent de faire à des clercs orgueilleux, vindicatifs et incapables de s'entendre, le sacrifice de leur intelligence et de leurs facultés de penser.

On n'a évidemment pas attendu le XVIIe siècle pour voir des laïcs se lancer dans l'arène théologique. Tout le courant de la Réforme est plein de leurs interventions. Mais il y a tout de même une notable différence. Lorsque, parlant de Sébastien Castellion, Michelet s'écrie : « un pauvre prote d'imprimerie, Sébastien Chatellion, posa pour tout l'avenir la grande loi de la tolérance »[1], il feint d'oublier que Castellion ne vécut de son travail de correcteur que faute d'avoir pu obtenir, en raison de son conflit avec Calvin, le poste de pasteur qu'il désirait. Raymond de Sebond, quoique médecin, théologien et laïc, consacrait le chapitre CCCXIII du *Liber creatorum* à la « comparaison de la part laïque à la part cléricale » et les distinguait de la sorte : les clercs sont nobles parce qu'ils donnent, les laïcs le sont moins parce qu'ils reçoivent. Leur rapport est analogue à celui de l'âme et du corps ; « de même que l'âme se porte envers le corps influant et infondant en lui la vie corporelle, de même se porte la part cléricale envers la part laïque, infondant et inspirant en elle la vie spirituelle »[2]. Ce qui conduit d'ailleurs Sebond, au chapitre suivant, à prôner la parfaite soumission du pouvoir corporel (ou temporel) au pouvoir spirituel. Montaigne, dans l'essai sur les prières (I, 56), oppose ce qui est matière de foi, et dont l'établissement doit être laissé aux clercs et aux théologiens, et ce qui est matière d'opinion, susceptible de doute et discussion. De cette dernière catégorie relèvent ses Essais.

> « Je propose les fantaisies humaines et miennes, simplement comme humaines fantaisies, et séparément considérées, non comme arrêtées et réglées par l'ordonnance céleste, incapables de doute et d'altercation ; matière d'opinion, non matière de foi ; ce que je discours selon moi, non ce que je crois selon Dieu, comme les enfants proposent leurs essais ; instruisables, non instruisants ; d'une manière laïque, non cléricale, mais très religieuse toujours »[3].

Si laïc s'oppose bien chez Montaigne à clérical, il ne signifie pas non religieux, irreligieux ou indifférent au religieux, mais seulement non dogmatique. Au XVIIe siècle par contre, un certain nombre de penseurs refuseront ce statut de soumission et de minorité de la pensée laïque et réclameront que la vérité, surtout la vérité religieuse, soit accessible de façon simple, claire et intelligente, aux femmes, aux enfants et aux paysans, puisque tous sont également dotés de raison[4]. On voit poindre ici une revendication, sinon égalitaire, du moins anti-hiérarchique, qui correspond, *mutatis mutandis*, à l'affirmation du sujet individuel dans le droit naturel subjectif dont la naissance est contemporaine. Ce refus de la hiérarchie sacerdotale n'implique pas la revendication d'une extension des

1. Cité par F. Buisson : *Sébastien Castellion*, 1892, en exergue.
2. Traduction Montaigne, in O.C. de Montaigne, Paris, 1932, T. X, p. 404.
3. Pléiade, p. 308-09. C'est moi qui souligne.
4. Ce thème d'une vérité accessible aux femmes, aux enfants, et aux paysans, se retrouve quasiment dans les mêmes termes chez Malebranche et d'Huisseau, qui revendiquent l'héritage cartésien, et qui écrivent d'ailleurs leur traité en français.

fonctions sacerdotales aux laïcs[1], ni le rejet de toute différenciation fonctionnelle dans l'organisation institutionnelle des Eglises. Il signifie le rejet des murs cléricaux et des procédures d'exclusion. Tout se passe comme si la hiérarchie clerc / laïc était perçue comme solidaire de l'exclusion des hétérodoxes et de l'extermination des hérétiques. Pour lutter efficacement contre la dernière, il faut aussi s'en prendre à la première, ce qui a pour effet induit, mais d'importance non négligeable, de restituer à la pensée son droit de recherche et de libre examen sans tomber dans l'indifférence sceptique. C'est en ce sens qu'un esprit libre, mais viscéralement opposé au scepticisme, tel que Lord Edward Herbert, baron de Cherbury, revendiquera hautement ce titre de laïc, de profane ou de voyageur[2]. D'où le titre de son opuscule de 1645 : *De religione laïci*, et son préambule :

> « Cerné par les terreurs des Eglises militantes qui s'opposent sur toute la terre, quel parti prendra le laïc sur la question de la meilleure religion ? Il n'en est point qui n'exhale de menaces, presqu'aucune qui n'affirme qu'hors de ses murs, il n'est point de salut »[3].

Le scandale d'un salut réservé ou dirigé

La recherche d'un credo minimum est née d'une réaction devant un double scandale : le scandale de la division fratricide des Eglises et le scandale d'un salut réservé ou dirigé. Les deux se recoupent d'ailleurs. Car comment admettre qu'il n'y a de salut qu'à l'intérieur d'une Eglise déterminée (salut réservé), et en obéissant scrupuleusement à ses chefs (salut dirigé[4]), s'il n'y a rien de plus commun que ce cri de guerre repris par chaque secte ou Eglise : Hors de nos murs, point de salut[5] ! Et d'ailleurs que faut-il entendre par salut ? Nous aurons

1. Donc ne s'accompagne pas d'une théologie du sacerdoce, ni même d'une réflexion sur le sacerdoce comme sacrement. Le sacerdoce, comme on le verra, n'est pas rejeté, mais il est envisagé seulement d'un point de vue fonctionnel, comme moyen indispensable, mais subordonné puisque sa valeur n'est que de moyen, dans l'organisation institutionnelle des Eglises historiques. Il disparaît dans l'évocation de l'Eglise universelle.

2. Les deux termes de laïc et de voyageur sont très souvent associés, non seulement chez Cherbury, mais chez d'Huisseau et d'autres, pour désigner et justifier une pensée qui cherche sa voie, qui dispose de plus de questions que de certitudes, et qui refuse d'admettre sans examen et sans assentiment des facultés rationnelles, des réponses multiples et contradictoires, imposées par voie d'autorité. On peut donc se demander, en raison de ce rapprochement des termes de voyageur et de laïc, si ce dernier terme, qui signifie autant anti-dogmatique que non-clérical, ne désigne pas ce qu'il y a de plus caractéristique dans le scepticisme, à savoir l'esprit de recherche et de libre-examen, en évitant d'évoquer un terme à connotation souvent péjorative.

3. RL, p. 127 de l'édition latine, 167 de la traduction française, (cité dorénavant RL, 127/167).

4. Je forge cette expression par analogie avec le terme de 'directeur de conscience'.

5. L'expression « Hors de l'Eglise, point de salut ! » remonte au IIIe siècle, et se rencontre dans l'Epitre IV de saint Cyprien : « Maintenant que la circoncision spirituelle existe pour les serviteurs de Dieu, c'est avec le glaive spirituel qu'on tue les orgueilleux et les révoltés, en les rejetant hors de l'Eglise. Ils ne peuvent en effet vivre dehors, puisqu'il n'y a qu'une maison de Dieu, et que hors de l'Eglise, il n'y a de salut pour personne ». (*Correspondance*, trad. M. Bayard, Paris, 1925, I, p. 12).

l'occasion de revenir sur cette question. Notons cependant que le salut évoque à la fois l'idée de santé ou de régénération, et celle de rachat ou de rédemption. D'où *deux modèles du salut* : un modèle quasi *militaire* (dans son principe sinon dans ses modalités) dans lequel un être supérieur vient délivrer le prisonnier et payer sa rançon, et un modèle *médical* où celui qui était malade est guéri soit par un changement de régime de vie (conversion), soit par la prise de remèdes ou une intervention chirurgicale (pénitence). Or il semble bien qu'au XVIIe siècle le modèle médical (purgation, changement de régime) prenne le pas sur le modèle militaire, ce qui correspond à la fois à la volonté de réforme et de purification insufflée par la Réforme et à la mise entre parenthèses du mystère de la Rédemption. C'est très net en tout cas chez Grotius[1], chez Meyer ou chez Spinoza[2]. Ce modèle médical permet de penser de façon convergente deux modes de guérison, l'un qui résulte de la force thérapeutique d'une nature bonne, l'autre qui provient de l'intervention d'un médecin compétent. Ce qui autorise aussi à imaginer comme possible le salut de ceux qui ont ignoré la révélation, à savoir les sauvages et les païens[3]. Car, à la suite d'Erasme et en compagnie de La Mothe Le Vayer, il semble difficile d'admettre la damnation des païens vertueux, tels Socrate et Cicéron. Ce dernier point suppose que soit reconnu un primat de la pratique droite sur l'exactitude de la théorie, ce qui correspond effectivement à l'affirmation constamment répétée des théoriciens du credo minimum[4].

Reste à déterminer comment il serait possible de dépasser le scandale de la division fratricide des sectes sur le plan théorique, et par voie de conséquence sur le plan pratique. La méthode du dialogue entre les sectes, à la manière de Cicéron, pour mettre à jour ce sur quoi elles s'accordent toutes, ou pour dégager les points fondamentaux à partir desquels pourrait s'inaugurer une démarche apologétique en direction de la vraie religion, est encore pratiquée par Grotius dans son livre sur *La vérité de la religion chrétienne*[5] mais ce n'est pas la plus suivie. D'un côté on cherchera ce que les hommes ont toujours cru (Herbert de Cherbury) ou ce que l'Ecriture enseigne toujours et partout (Spinoza), de l'autre on tentera de sortir des polémiques interprétatives en proposant une nouvelle grille de lecture directement inspirée de la science : ce sera le cas de l'herméneutique cartésienne, c'est-à-dire de la tentative d'appliquer à l'interprétation de l'Ecriture Sainte les règles et certains résultats de la méthode cartésienne, telle qu'on la trouve proposée par Louis Meyer ou par Isaac d'Huisseau. Mais dans tous les cas, quelles que soient les accusations d'athéisme, de déisme portées contre nos auteurs, c'est bien la même intention de renforcer, et non pas de dissoudre, la vérité et la force salvifique de la religion qui prévaudra.

1. Cf. *De imperio Summarum Potestatum circa sacra*, IV, 9, qui met en parallèle « le médecin qui veille sur la santé et le pasteur qui fraye les voies du salut » .

2. Où le salut par la connaissance passe préalablement par l'*emendatio* (purification, purgation) de l'entendement.

3. A l'opposé de cette position qualifiée de latitudinaire se situe la position théologique d'Arnauld qui, en réponse à La Mothe Le Vayer, refusait d'admettre le salut de ceux qui meurent sans baptême.

4. Par exemple Grotius : *Mel.* § 2 & 89.

5. Mais seulement de façon indirecte, en faisant se succéder, et non véritablement dialoguer, les positions des diverses religions.

CORPUS DE RÉFÉRENCE
PRINCIPES DE CHOIX

La détermination d'un corpus de référence est toujours une œuvre périlleuse, surtout lorsqu'il s'agit comme ici de le constituer en fonction d'une problématique déterminée : à la question de la pertinence s'ajoute en effet celle de l'exhaustivité. Nous assumons cependant ce risque en fonction de quelques principes ici précisés. Le premier principe de détermination est d'ordre chronologique : nous avons retenu des œuvres qui se situent essentiellement entre 1610 et 1680, période qui voit la lutte entre les Eglises rivales perdre du terrain politique[1] et militaire, pour se recentrer sur le plan intellectuel qu'elle n'aûrait jamais dû quitter si l'on admet avec Grotius et Platon que « la peine dûe à un homme qui est dans l'erreur, c'est d'être instruit »[2]. Cette époque est aussi celle où se préparent et s'élaborent ces philosophies nouvelles (Hobbes, Descartes, Spinoza, Leibniz, Locke...) qui entendent répondre, par un discours rationnel pertinent et neuf, aux questions radicalement nouvelles que pose à la philosophie l'avènement de la nouvelle physique mathématique, la naissance du droit rationnel subjectif, et aussi, pensons-nous, les nouvelles questions religieuses adressées par des esprits qui ne se sont pas libérés d'une autorité ecclésiastique pour aller s'inféoder immédiatement à une autre.

C'est ainsi que la période qui va de 1570 à 1670 voit se développer, comme l'a bien exposé François Laplanche aux analyses duquel nous renvoyons[3], une multitude de traités apologétiques, essentiellement en milieu protestant, ou de traités sur les rapports de la foi et de la raison, traités qui fondent le parcours apologétique sur la recherche de principes ou de propositions faisant déjà l'objet d'un assentiment commun. De cette longue série de traités, l'ouvrage de Philippe Duplessis Mornay : *De la vérité de la religion chrétienne*, de 1581, constitue le premier maillon que le traité homonyme de Grotius, en 1627, reprend et développe. Toutefois, si nous préférons prendre comme point de départ la date de 1611, qui marque la rédaction par Grotius de son *Meletius*, c'est que, plus que le traité de Duplessis Mornay, cet opuscule, qui ne fut jamais publié, constitue la première entreprise philosophique pour fonder une apologétique chrétienne sur la recherche d'un credo minimum, élaboré et développé quant à ses conséquences, selon des méthodes stoïciennes. La date de 1680, celle du traité de Wissowaty, est celle de l'ultime entreprise pour proposer une apologétique fondée sur la méthode cartésienne. A partir de 1680, en raison du nombre et de l'importance des réfutations du *Traité théologico-politique* de Spinoza, l'argumentation et sa visée vont se modifier sensiblement, en se centrant davantage sur le débat exégétique (mosaïcité du Pentateuque, principes de canonicité, etc...). Les traités "De la vérité de la religion chrétienne" de cette époque, (par exemple celui de Jacques Abbadie de 1684) ou les pamphlets, comme *L'impie confondu*

1. Ce qui ne signifie pas qu'elle disparaisse totalement de ce terrain. Cf. ce qui se passe entre catholiques et protestants en Angleterre, entre arminiens et gomaristes aux Pays-Bas.
2. Grotius, *DGP*, II, XX, 50.
3. Cf. *L'évidence du Dieu chrétien*, en particulier l'introduction et le chapitre I de la première partie.

d'Aubert de Versé ou le *Traité des trois imposteurs* de Kortholt, ne chercheront plus à dégager un noyau commun dogmatique susceptible d'éclairer une pratique juste, mais à réfuter Hobbes, Spinoza ou Cherbury.

Le second principe est d'ordre thématique : si l'on veut analyser les enjeux philosophiques de la position d'un credo minimum et le statut de la raison impliqué par ce retour de la religion naturelle, il est logique de privilégier des œuvres qui posent la nécessité de ce credo et s'efforcent de l'expliciter, en dehors du contexte du scepticisme chrétien ou du libertinisme.

En fonction de ces deux principes, nous avons donc choisi de privilégier cinq auteurs : Hugo Grotius, Edward Herbert de Cherbury, Isaac d'Huisseau, Louis Meyer et Andreas Wissowaty. Mais l'examen philosophique de leurs œuvres ne peut prendre sens que par une double référence. Référence tout d'abord aux penseurs du credo minimum du siècle précédent ou à ceux qui ont posé le retour à la religion naturelle comme préalable à un christianisme purifié : Raymond de Sebond (*Liber creatorum* 1648), Sébastien Castellion (*De arte dubitandi*...1560), Philippe Duplessis-Mornay (*Vérité de la religion chrétienne* 1581), Jean Bodin (*Colloquium heptaplomeres* 1596), pour ne citer que les principaux. Référence ensuite aux grands philosophes du XVIIe siècle qui se sont souvent (sauf Descartes) engagé dans ce terrain, mais chez qui la théorie des vérités religieuses est immédiatement inscrite dans une théorie spécifique de la connaissance, et articulée de façon plus décisive à la pensée du politique.

AUTEURS ET ŒUVRES

Grotius (1583-1645)

Hugo de Groot, dit Grotius, « l'un des plus grands hommes de l'Europe » aux dires de Bayle, naquit à Delft en 1583. Il étudia les humanités et le droit à La Haye puis à Leyde auprès de Scaliger et François Du Jon. « Les progrès de ses études furent si prompts qu'il fit des vers avant l'âge de neuf ans et qu'à l'âge de quinze ans il savait beaucoup de philosophie, beaucoup de théologie, et beaucoup de jurisprudence[1] ». En 1607 il est nommé avocat général auprès des Etats de Hollande et Zélande, et publie en 1610 son traité sur la liberté de la mer. De retour d'un voyage en Angleterre en 1615 qui lui permit de faire la connaissance de Casaubon, il prend le parti des Arminiens dans le débat sur la grâce et la prédestination. Chargé de préparer un édit pour mettre fin aux disputes ecclésiastiques, il fut arrêté en août 1618, en même temps que Barnevelt. Condamné à la prison perpétuelle en 1619, il mit à profit ce séjour pour rédiger en vers flamands un traité sur la vérité de la religion chrétienne. Il s'évada de sa prison en 1621 pour s'enfuir à Paris, (où le traité fut traduit et publié en latin) ville où il demeurera désormais quasiment toute sa vie[2] et où il publia en 1625 le traité *De jure belli ac pacis* qui devait faire sa gloire.

1. Bayle, *Dictionnaire*, article Grotius.
2. Sauf de 1631 à 1634 où il séjourne aux Pays Bas, puis à Hambourg.

Nos œuvres de référence seront :

Meletius : Cet opuscule manuscrit rédigé en 1611 et quasiment oublié du vivant de Grotius, puisqu'il n'en est plus fait mention après 1612, a été retrouvé en 1984, par Guillaume H. M. Posthumus Meyjes qui en a donné en 1988 une édition critique suivie d'une traduction anglaise et de nombreuses notes historiques et philologiques. Si ce manuscrit nous intéresse, quoique son auteur l'ait abandonné à la critique rongeuse des souris, c'est qu'il constitue un des premiers traités en faveur de la tolérance réciproque entre les Eglises (tolérance intra-religieuse) et qu'il a été discuté par les amis de Grotius, Johan Boreel, Antoine de Waele, Apollonius Schotte, Pierre Cunaeus, tous penseurs et théologiens que l'on retrouve à l'horizon des discussions théologiques des œuvres de Descartes, Hobbes ou Spinoza. Or le but de Grotius dans cet opuscule était de faire réfléchir ses contemporains sur ce qu'ils ont en commun pour que tous, non seulement chrétiens, mais encore juifs, musulmans et païens, y trouvassent une *Eisagogè ad christianismum*. En multipliant les citations des auteurs de l'antiquité, Grotius entend montrer que la sagesse humaine et la révélation divine ont une relation éminemment harmonieuse parce que la rationalité est leur trait commun[1]. Par ailleurs le plan de l'ouvrage divisé en quatre parties : 1. l'évidence de la religion; 2. son but = le souverain bien; 3. son contenu théorique (*dogmata*) ; 4. son contenu pratique (*praecepta*), reprend très explicitement le schéma d'un traité stoïcien. Il constituera donc pour nous une référence privilégiée, avec l'espoir de contribuer ainsi à le faire mieux connaître.

De la vérité de la religion chrétienne (1627 pour l'édition latine de référence) d'abord rédigé en hollandais à l'intention des marins, et en vers pour faciliter sa mémorisation, a connu de très nombreuses éditions et traductions (en allemand en 1631, anglais 1632, français 1636[2]) et suscité un intérêt constant dans toute l'Europe, tant du côté catholique que du côté protestant.

De imperio Summarum Potestatum circa sacra, rédigé entre 1614 et 1617 (mais publié seulement en 1647[3]), dans les années mêmes où Grotius rédigeait l'ordonnance des Etats de Hollande et de West-Frise, *De servanda per mutuam tolerantiam Ecclesiarum concordia* (1614), interdisant aux pasteurs d'aborder en chaire les questions doctrinales controversées et imposant ainsi par un décret public la tolérance aux arminiens et aux gomaristes[4]. C'est pour justifier ce texte qui, comme on pouvait s'y attendre, suscita force remous chez les magistrats d'Amsterdam, que Grotius rédigea le *De imperio*... Nous montrerons comment Grotius s'appuie sur le credo minimum tout autant que sur une analyse de la souveraineté fondée sur le droit naturel, pour justifier l'attribution au Prince du *Jus circa sacra*.

1. Cf. L'introduction de G.Meyjes à l'édition de *Meletius*.

2. Sur ces questions Cf. F. Laplanche : *L'évidence* ... p. 29-38.

3. Cité ici dans la traduction française de l'Escalopier, Londres (=Paris), 1751, (reprint Caen, 1991).

4. Cf. J. Lecler, *op.cit.* T. II, p. 263-271.

Enfin les paragraphes 45 à 48 du chapitre XX du livre II du *De Jure Belli ac Pacis*, (1625) présentent un résumé du premier livre du *De veritate* et un exposé particulièrement clair et concis des thèses de Grotius sur la religion naturelle.

Edward Herbert de Cherbury (1582-1647)

Herbert de Cherbury, diplomate anglais, ambassadeur auprès de Louis XIII en France, fréquenta Grotius à Paris dans les années 1620. Devenu pair d'Angleterre (en 1629) mais dépourvu de nouvelles charges publiques, il se consacra ensuite à des travaux d'histoire (sur l'expédition de l'île de Ré et le règne d'Henri VIII) et de comparatisme religieux. Sur sa vie et sa philosophie, nous nous permettons de renvoyer à la présentation que nous en avons donné dans *Le salut du laïc*. Les ouvrages qui serviront ici de référence sont les suivants :

De veritate 1624; traduction Mersenne : *De la vérité*, 1639. Mersenne envoya cette traduction en Hollande à Huyghens, à Descartes, à Boreel qui la transmit à Voét, de même qu'à Comenius. Il semble que Hobbes ait lu le livre en latin, lors de son séjour à Paris [1].

De religione laïci, 1645 : *De la religion du laïc*, (notre traduction, 1989).

De religione Gentilium 1663 : *De la religion des Gentils*.

A dialogue between a tutor and his pupil, publication posthume en 1768.

Isaac D'Huisseau (?, 1685)

Nous disposons de fort peu de renseignements biographiques sur Isaac d'Huisseau bien qu'il ait été l'une des figures les plus importantes de l'Ecole de Saumur, puisqu'il en fut recteur à trois reprises et qu'il rédigea la *Discipline des Eglises réformées de France* qui servit de charte disciplinaire à ces Eglises et connut plusieurs éditions de 1650 à 1710. En 1669 il composa un opuscule : *La réunion du christianisme* dont la publication, sous le voile de l'anonymat, semble être due à l'helléniste Tanneguy Lefebvre [2]. Le livre fut condamné pour socinianisme et d'Huisseau, qui refusa toujours de s'en reconnaître l'auteur, fut excommunié malgré ses protestations, et en infraction aux règlements disciplinaires de l'Eglise réformée de France. Le livre et la condamnation suscitèrent défenses et critiques en grand nombre. Dès 1671, le livre de D'Huisseau était bien connu en Hollande, grâce à sa traduction par Glazemaker, et il suscitait intérêt et sympathie auprès de tous les défenseurs de la philosophie cartésienne. Stouppe notait dans *La religion des Hollandais* [3] que les Etats Généraux de la République

1. Sur toutes ces données Cf. La correspondance de Mersenne, *passim*.

2. Sur cette question Cf. Richard Stauffer : *L'affaire d'Huisseau*, Paris, 1969. René Voeltzel a également consacré quelques pages à D'Huisseau (pp. 45-50) dans *Vraie et fausse Eglise selon les théologiens protestants français du XVIIe siècle*, Paris, 1956.

3. *La religion des Hollandais*, Cologne, 1673, p. 91-2. Sur l'intérêt porté à ce texte en milieu spinoziste, Cf. Wiep van Bunge : *Johannes Bredenburg (1643-1691), een rotterdamse collegiant in de ban van Spinoza*, EUR, Rotterdam, 1990 et *les premiers pas de Bredenburg vers le spinozisme* , *Cahiers Spinoza* 6, printemps 1991, p. 229-246.

mettaient en pratique depuis longtemps les idées de D'Huisseau, dont les théologiens dénonçaient le caractère scandaleux. La critique la plus acerbe et la plus importante fut l'*Examen du livre de la réunion du christianisme* ou traité de la tolérance en matière de religion..., du pasteur Pierre Jurieu, qui inaugurait là une féconde carrière de polémiste[1], particulièrement contre les défenseurs de la tolérance, tous rangés, y compris Grotius, sous le titre infamant de sociniens[2]. Après le scandale suscité par son livre, et son exclusion de l'Eglise, D'Huisseau se retira en Angleterre où il mourut en 1685.

Louis Meyer (1630-1681)

Médecin hollandais et l'un des plus proches amis de Spinoza[3], luthérien, auteur d'un célèbre dictionnaire néerlandais, directeur du théâtre d'Amsterdam et fondateur de la société littéraire *Nil volentibus arduum,* il publia en 1666 un traité intitulé *Philosophia S. Scripturae interpres* : *La philosophie interprète de l'Ecriture Sainte,* qui connut une traduction néerlandaise dès l'année suivante. La polémique suscitée par ce livre est évoquée par Leibniz[4] au paragraphe 14 du *Discours préliminaire de la Théodicée* qui rappelle que c'est à partir de là qu'on parla en Hollande de « théologiens rationaux et non-rationaux ».

Andrzej Wissowaty (1608-1678)

André Wissowaty était le petit-fils de Fauste Socin. Il fit ses premières classes à Rakow (haut lieu du socinianisme) puis à Leyde, tandis qu'il nouait amitié avec les Arminiens, dont Simon Episcopius, lors de séjours à Amsterdam. Plusieurs voyages à l'étranger, en Angleterre, en France, en Allemagne lui donnèrent l'occasion de nouer des relations avec Grotius, Mersenne, Gassendi, Sorbière[5], Du Jon et Comenius. De 1642 à 1655 il exerce les fonctions de pasteur dans différents centres sociniens de Pologne, mais à la suite des lois de 1658 interdisant le socinianisme, il doit fuir la Pologne pour l'Allemagne, la Hongrie et enfin la Hollande où il meurt, à Amsterdam, âgé de 70 ans. Wissowaty est l'auteur d'une dissertation *De sancta trinitate objectiones quaedam* qui démontre à l'aide de syllogismes l'absurdité du dogme de la Trinité et à laquelle Leibniz prit la peine de répondre dans sa *Defensio trinitatis* de 1669[6].

1. Laquelle s'exerça abondamment contre Pierre Bayle, en particulier.
2. Cf. *Le tableau du socinianisme*, La Haye, 1690.
3. Sur la vie de Louis Meyer voir l'introduction à la traduction de *La philosophie interprète de l'Ecriture Sainte* par J. Lagrée et P.F. Moreau, Paris, 1988, pp. 1-17.
4. Leibniz évoque également le livre de Meyer dans son jugement sur la *religio rationalis* de Wissowaty : « Es ist vor etliche vierzig jahre ein buch in Holland in 4° heraus kommen, genant *philosophia scipturae interpres*, gegen welches damals viele geschrieben, und ist darueber unter den refutatoribus selbst streit entstanden. Dieses buch haben einige dem Spinozae zugeschrieben, es hat es aber gemacht (ein guther freund des spinozae) Ludwig Meyer medicus zu Amsterdam. Dieses buch waere gegen den Sophianum zu halten. » Grua, I, p. 71-72. (Sophianus est le pseudonyme du traducteur de Wissowaty).
5. Sur Wissowaty, cf. A. Jobert : *De Luther à Mohila*, pp. 233-240.
6. *Philosophische Scriften*, I, p. 518-530 ; Cf. aussi l'analyse critique de la *Religio rationalis* par Leibniz in Grua, I, p. 69-72.

La *Religio rationalis* fut écrite entre 1676 et 1678 et publiée à Amsterdam en 1685. Les spécialistes du socinianisme discutent aujourd'hui du caractère cartésien de sa référence rationaliste[1]. Quoiqu'il en soit, le traité a le mérite d'exposer fort clairement la position socinienne quant au rôle de la raison dans la religion. La qualité du livre n'échappa d'ailleurs pas à Leibniz qui le lut dans une traduction allemande (sans en reconnaître l'auteur) et en recommanda la réédition, expurgée de certains arguments sociniens[2].

1. Cf. Z. Ogonowski, *Le rationalisme dans la doctrine des sociniens*, in *Movimenti ereticali in italia et in Polonia nei secoli XVI-XVII. Atti del convegno italo-polacco*, Firenze settembre 1971, Firenze 1974, Istituto nazionale di Studi sul Rinascimento, pp. 141-158.

2. « Unser Autor scheinet ein gelehrter man zu seyn, und der guthe buecher gelesen. <...> man solte es wieder auflegen, etliche socianische sachen muessten aus, so wuerde ein ueberaus schoen buechlein daraus werden, so die Evangelissche Theologi wuerden billigen koennen ». Grua, I, p. 72.

CHAPITRE III

LES SOURCES DU FAUX

STRATÉGIE

Un discours sur la vérité religieuse n'est pas un discours neutre comme un traité de logique. Il constitue une prise de parti qui a des implications théoriques (concernant le statut de la vérité), des effets religieux (touchant à la vie des Eglises et au rôle de ses pasteurs), et souvent des effets politiques concernant le droit du Prince et la liberté des sujets. Sans être forcément adressé à un public bien déterminé[1], un traité de théologie, fût-il limité à la théologie naturelle, a des destinataires et des adversaires particuliers. Il fonctionne en tout cas comme s'il privilégiait soit ses destinataires, soit ses adversaires. L'analyse des sources du faux met en jeu la détermination des adversaires ; celle des moyens du vrai présuppose certains destinataires : aussi avant d'entrer dans le détail de cette analyse importe-t-il de préciser quelle stratégie intentionnelle se met en place, quelles sont les positions théoriques dont ce type de discours tient à se démarquer, quel est le public auquel il s'adresse. Bien que les uns et les autres partagent à peu près adversaires et destinataires, il est préférable, pour des raisons de clarté et pour mieux mettre en évidence la stratégie argumentative, ici plus polémique et là plus iréniste, de traiter des adversaires avant l'examen des sources du faux, et des destinataires avant celui des moyens du vrai.

A l'exception de Herbert de Cherbury qui leur consacra un livre, le *De veritate*, les penseurs que nous présentons ici n'ont pas examiné pour elles-mêmes les questions de la vérité et de l'erreur ; ils ne les ont abordées qu'incidemment, à l'occasion d'autre chose. Ce n'est donc pas une théorie épistémologique en forme qu'il nous faut d'élucider, mais plutôt des présupposés communs ou une attitude devant la question des sources de l'erreur et des moyens de la vérité : confiance en la raison commune, méfiance envers les institutions censées détenir la vérité, espoir de la paix. Ce qui explique peut-être que ce soient plus des essayistes que des philosophes. Même si leurs modèles théoriques diffèrent assez sensiblement, allant d'un modèle analogique à un modèle

1. Ce ne sont pas tant les marins hollandais à qui le *De la vérité de la religion chrétienne* (cité : *VRC*) était adressé, qui firent le renom et justifièrent les nombreuses rééditions du livre, mais bien les pasteurs et les fidèles protestants de l'Europe entière.

mathématique, les penseurs du credo minimum partagent une même confiance en la raison, refusent absolument toute théorie de la double vérité[1], et ne séparent pas la question de la détermination de la vérité de celle de son partage, ou si l'on prend les choses dans l'autre sens, la question du conflit dogmatique de celle de la désunion. Aussi, avant d'entrer plus avant dans l'analyse de leurs conceptions épistémologiques, faut-il souligner de quelle sorte de vérité il est question et quels sont les destinataires ou les adversaires de ce discours, donc aussi quelle est la stratégie communicationnelle mise en place.

Nos auteurs, sans être à proprement parler des philosophes, se sont intéressés à la philosophie. Ils l'intéressent en retour par cette volonté de mettre de l'unité et de l'ordre dans leur pensée et dans leur vie. Cela les conduit à rencontrer et à traiter des questions qui relèvent du domaine philosophique. Chacun d'entre eux pourrait reprendre à son compte le mot de Descartes dans la lettre préface aux *Principes* : « C'est proprement avoir les yeux fermés sans tâcher jamais de les ouvrir, que de vivre sans philosopher et <...> cette étude est plus nécessaire pour régler nos mœurs et nous conduire en cette vie que n'est l'usage de nos yeux pour guider nos pas ». Cette conduite de la vie ne concerne pas simplement la prudence dans les affaires, la conservation de sa santé ou même seulement le règlement de nos mœurs, mais bien la question la plus importante et la plus décisive qui est celle du salut et de la béatitude[2].

Aussi la vérité dont il sera question n'est pas la vérité en général, mais une vérité bien particulière : la vérité sotériologique envisagée sous son double aspect individuel et politique, car la guerre de la foi met ces deux formes de salut en péril. Or cette vérité est immédiatement pensée dans un double rapport et dans une perspective discriminative bien déterminée : rapport entre vérité théologique et vérité philosophique d'une part, entre propositions dogmatiques et règles pratiques d'autre part. Une vérité proposée par la théologie (qu'elle porte sur Dieu, sur l'âme ou sur le monde) ne doit pas être contradictoire avec une vérité par ailleurs bien établie de la science ou de la philosophie, puisque deux vérités ne peuvent être contraires et que Dieu est l'auteur et la source de toutes les vérités. Ce qui conduira à reposer, plus ou moins nettement, le problème de l'équivalence ou de la hiérarchie des vérités. D'autre part la question de la vérité théologique ne peut pas être séparée de la question de la règle pratique (règle morale ou cultuelle) puisqu'il ne s'agit pas de connaître pour connaître, mais de connaître pour être sauvé. Une multiplicité de propositions dogmatiques tellement embrouillées qu'elles ne permettent pas de dégager des règles de conduites claires et faciles à comprendre, sinon à suivre, sont par là-mêmes grevées de suspicion.

1. C'est à dire la thèse selon laquelle une proposition peut être vraie en philosophie (par exemple *ex nihilo nihil fit*) et fausse en théologie (création *ex nihilo*).

2. On pourrait distinguer la question du bonheur de celle de la béatitude en montrant que la béatitude est un absolu qui excède la durée et ne comporte plus en elle aucune trace d'inquiétude ou d'instabilité. La béatitude, c'est la jouissance absolue de l'absolu, la *fruitio Dei*, qu'elle ait lieu dans ou hors le temps.

« C'est bien assez que ce qui est nécessaire au salut soit difficile à accomplir mais fort beau certes, et digne des âmes les plus remarquables, sans que ce soit en outre difficile à accomplir ou caché à nos yeux ! »[1]

Cette dernière exigence débouche d'ailleurs sur l'horizon irénique dans lequel est pensée la question de la vérité. La vérité unit, l'erreur divise. Et pas seulement l'erreur, mais aussi une bonne partie du vraisemblable et de l'incertain. Aussi ne suffit-il pas de trouver des marques du vrai et du faux, il faut encore, sans toujours aller jusqu'à élaborer une logique (ou une zététique) du vraisemblable[2], discriminer entre l'essentiel et l'accessoire, lesquels ne sont pas déterminés par leur degré de vérité (ou de véri-similitude) mais par leur importance eu égard à la pratique. Pour justifier cette réduction épistémologique du nombre et du contenu des vérités, lequel semblera toujours scandaleux aux théologiens de tous bords, Grotius prend l'exemple[3] des marins néerlandais : ceux-ci se sentent tous concitoyens quand ils se retrouvent dans des contrées éloignées ; à peine revenus sur le sol natal ils se distinguent (par la dénomination) et se divisent en hollandais, zélandais, frisons, bas et haut allemands et ils s'entre-déchirent de province à province ou pire, entre grandes familles. La même chose se produit dans l'ordre religieux où les chrétiens deviennent aussi étrangers d'Eglise à Eglise qu'ils le sont à l'égard des autres religions. Ce que le goût du commerce et la nécessité imposée de l'extérieur par l'insécurité de la vie à l'étranger parviennent à produire dans le monde des affaires, ne pourrait-il pas se retrouver entre les familles chrétiennes dès lors qu'elles mettraient l'accent sur les vérités fondamentales qui les unissent plutôt que sur les interprétations dogmatiques qui les divisent ?

Tel est en tout cas le pari de Grotius, et ce qui justifie, avant même qu'il n'écrive une apologie du christianisme, la recherche des vérités partagées par toutes les religions, quel que soit leur degré d'erreur et de fausseté. Grotius renonça à publier ce premier traité théologique, parce que les amis auxquels il avait adressé le manuscrit, et notamment le théologien de Waele, lui contestèrent le caractère inessentiel des divergences sur la Grâce et sur la Trinité. Ils estimèrent que ce livre risquait de faire plus de tort que de bien à la défense du christianisme. Mais cette perspective irénique de la discrimination entre vérités essentielles et secondaires (quoique non superflues) est toujours présente à l'horizon du credo minimum. Elle induit accessoirement un partage entre les auteurs : les plus rationalistes (L. Meyer, Wissowaty) s'attacheront davantage aux sources du faux et à pourfendre leurs adversaires ; les irénistes (Grotius, Herbert de Cherbury) insisteront sur la pluralité des moyens pour atteindre le vrai et sur leur accessibilité à tous.

1. Herbert de Cherbury *RL* 137/173.
2. Projet de Cherbury repris par Leibniz.
3. *Mel.* § 1 & 2.

ADVERSAIRES

Les adversaires ne sont pas toujours nommément désignés (sauf les théologiens dogmatiques), mais ils apparaissent cependant fort clairement à la lumière des positions gnoséologiques récusées. Ce sont principalement les théologiens dogmatiques, l'hermétisme (avec toutes les variantes 'enthousiastes' ou gnostiques) et le fidéisme sceptique. Une absence est particulièrement notable : celle de la foule. Inversement, c'est à la multitude, aux simples, aux non-doctes que s'adresse le discours du credo minimum, qui retrouve là un accent évangélique et qui préfigure les remarques de Rousseau et de Kant selon lesquels il n'est nullement besoin d'être savant pour être moral et sage, ici pour être sauvé. La référence fréquente, sinon constante, au critère du *consensus omnium* exclut d'emblée que ce qui est cru de tous puisse être tenu pour erreur probable. Pourtant la critique des préjugés, de l'imagination comme source d'erreur, etc., pourrait conduire par-delà la critique de la crédulité populaire, à dénoncer dans la pensée de la multitude, sinon un adversaire, au moins un obstacle sérieux à la découverte de la vérité. Or nous constatons qu'il n'en est rien et que sur ce point se fait donc le partage entre la pensée du credo minimum et le libertinage érudit [1]. On ne retrouve nullement en effet le clivage constant chez les érudits libertins entre le peuple et les sages, le discours *ad usum sapientum* et *ad usum vulgi*. Même lorsque le discours s'adapte à un public ignorant, (*ad captum vulgi loqui* [2]) il ne le méprise nullement. Ce qui se marque aussi dans le vocabulaire, lequel emploie plutôt les termes de profane (*idiotus*), de laïc (*laïcus*) ou de peuple, que de foule. Rien à voir avec le « sot et vulgaire populaire » des libertins, même lorsque les thèmes de la critique des préjugés, de la superstition, de la croyance naïve aux oracles prétendus et aux prédictions imaginaires en viennent à se recouper.

Les théologiens dogmatiques

Les théologiens dogmatiques sont les premiers adversaires nommément désignés puisque ce sont eux qui, par leur obstination et leur zèle, sont les principaux responsables de la division des Eglises.

> « De la même façon que l'antique classe des philosophes dogmatiques n'était pas unie, mais se séparait sur des thèses diverses, discordantes et contradictoires, en sectes comme celle des Pythagoriciens, des Platoniciens, des Epicuriens, des Stoïciens, des Péripatéticiens, etc., de même en notre temps, les théologiens dogmatiques sont fort divisés sur l'essentiel de la religion chrétienne. Ils ont développé et soutenu des thèses diverses et contradictoires, et cela avec tant de chaleur et de ferveur que le monde chrétien en a été divisé et déchiré en parties et Eglises opposées et que ses habitants ne sont pas

1. Sur ce courant, voir les travaux de R. Pintard, J. Spink, G. Paganini, J-C. Margolin, et J. Wirth.

2. L'expression signale d'ailleurs, comme chez Spinoza, l'adaptation du locuteur à la différence des langages, des modes du parler, et non une quelconque concession à l'ignorance ou à l'erreur. Le credo minimum s'expose dans un langage simple et clair, ce n'est pas une vérité au rabais.

seulement en désaccord d'esprit et de mœurs, mais sont devenus des ennemis mortels, comme sont en Europe (pour ne rien dire de l'Asie) les Catholiques, les Réformés, les Luthériens, les Anabaptistes, les Sociniens, les Arminiens et autres du même genre »[1].

Un danger menace le théologien : faisant profession d'enseigner une vérité qui porte sur l'absolu, il confond aisément l'absolu de son objet avec l'absolu de sa connaissance et tend à multiplier les articles de foi pour mieux imposer l'autorité de son enseignement. Le théologien risque en effet de confondre la nature de sa discipline avec celle de la science ou de la révélation : la multiplication des théorèmes ou des propositions de la science est sous-tendue par la fécondité du vrai; la richesse ontologique de Dieu est telle que d'une certaine manière, il n'aura jamais fini de se révéler. Mais la position du théologien n'est ni celle de Dieu, ni celle du géomètre euclidien. Le credo explicite et manifeste une révélation qui a déjà eu lieu, il n'a pas à la compléter. La logique perverse du dogmatisme, c'est que l'inflation indue des dogmes et leur imposition forcée conduit à la discrimination entre ceux qui pensent bien et mal, les 'orthodoxes' et les 'hétérodoxes', et constitue donc une logique de l'exclusion. C'est de cette logique ruineuse pour la paix et la charité fraternelle qu'il convient de prendre le contre-pied.

L'hermétisme

La tradition hermétiste ne renvoie pas seulement à la gnose des premiers siècles, mais à une tradition pythagoricienne revivifiée par les traducteurs arabes et la tradition alchimiste. Elle nous intéresse ici simplement par l'opposition qu'elle introduit entre un savoir exotérique divulgable à la foule et un savoir ésotérique réservé aux initiés. Apollonios de Tyane, pythagoricien du Ier siècle de notre ère justifiait le terme de 'révélation' donné par les philosophes à l'enseignement dispensé à leurs disciples sous forme symbolique, par la remarque suivante : « L'intention des philosophes en agissant de cette manière était de maintenir ces hautes sciences cachées au profane qui n'en est pas digne, parce que si ces connaissances étaient divulguées publiquement il s'ensuivrait du désordre dans les affaires humaines, du début jusqu'à la fin »[2].

Ce risque de désordre lié aux mésinterprétations du populaire a justifié[3] la thèse, souvent discutable, d'un double discours, ésotérique et exotérique, des philosophes, de Spinoza notamment. Nous ne rentrerons pas ici dans ce débat interprétatif. Ce qui est sûr, c'est que cette idée, partagée par le libertinage érudit, d'indignité congénitale du profane ou de la foule, est ici totalement récusée. Il n'y a pas plus de savoir réservé que de salut réservé[4]. Pour ces mêmes

1. L. Meyer, Prologue, p. 23-4. Propos analogues, quoique moins virulents chez Grotius et d'Huisseau.

2. *Le livre des sept statues* transmis à l'occident par une traduction arabe du VIIIe siècle, trad. française d'Henri Corbin, *L'alchimie comme art hiératique*, Paris, l'Herne, 1986, p. 90.

3. Cf. les travaux de Léo Strauss, et notamment *Persecution and the art of writing*, 1952.

4. Dans le même ordre d'idées, à savoir qu'un salut offert à tous présuppose un savoir accessible à tous, cf. les remarques de Kant dans *La religion* (VI, 165 & VI, 181, III, p. 217; les premiers chiffres correspondent à l'édition classique de référence ou édition de l'académie de

raisons de méfiance envers toute forme d'incommunicabilité dans l'ordre du savoir, l'expérience mystique, pourtant si présente dans la littérature du XVIIe siècle sera également ignorée. [1]

Le fidéisme sceptique

Une tentation beaucoup plus forte, induite par le refus des polémiques théologiques, est celle du fidéisme sceptique. C'était la position adoptée par F. Sanchez dans le *De nihil scitur*[2], qui date de l'année même où Montaigne composa l'*Apologie de Raymond de Sebond.* Cette position s'appuyait, comme on le voit chez Montaigne, sur une lecture sceptique des propos de saint Paul (I *Cor.* I, 19-21) : « Où est le sage, où est le scribe, où est le disputeur de ce siècle » ? Elle sortait renforcée de la présence d'éléments anti-intellectualistes chez certains Pères de l'Eglise mais aussi d'un certain courant humaniste : Henry Estienne avait fait de la publication de l'œuvre de Sextus Empiricus une arme de guerre contre « cette maladie de l'impiété » contractée auprès des dogmatiques. Par ailleurs, en même temps que le stoïcisme, la lecture des œuvres de Cicéron[3] véhiculait les arguments probabilistes et sceptiques de la nouvelle Académie. D'où la naissance au XVIe siècle d'un scepticisme de type religieux, fort sensible chez Montaigne : « C'est à l'avis de Socrate, et au mien aussi, le plus sagement jugé du ciel que de n'en juger point[4]» et qui se retrouve au XVIIe siècle[5]. C'est contre ces sceptiques brutalement qualifiés d'« insani » que Cherbury écrit son *De Veritate*[6] et que Wissowaty, comme Cherbury, défend l'intégrité de la raison humaine laquelle, quoique susceptible de se tromper ou d'être trompée ne justifie pas pourtant le pyrrhonisme :

> « Néanmoins quoique plusieurs hommes se trompent en plusieurs choses, ils ne se trompent pas tous en toutes ni en tout temps. Il y a des choses qui sont d'une vérité si évidente que tous ceux qui n'ont pas perdu l'esprit et qui ne

Berlin, les seconds à la traduction française parue dans la Pléiade) : « Il est équitable et raisonnable de penser que ce ne seront pas seulement les « sages selon la chair », les savants ou les méditatifs qui seront appelés à la lumière sur leur vrai salut – car le genre humain tout entier doit être apte à cette foi – mais « ce qui est fou devant le monde » ; même l'ignorant ou l'homme le plus dépourvu d'idées doit pouvoir prétendre à un tel enseignement et à l'intime conviction ».

1. Sur ce thème, cf. Kolakowski : *Chrétiens sans Eglise*, et Michel de Certeau : *La fable mystique*.

2. Première édition, Lyon, 1581 ; traduction française d'Andrée Comparot, Paris, Klincksieck, 1984.

3. Laquelle avait lieu de manière intégrale (*perlegere*) et non en diagonale ou en morceaux choisis. Les étudiants du XVIIe siècle, comme l'ont montré les travaux de F. Akkerman, composaient bien des recueils de citations pour mémoriser des tournures de phrases latines correctes et élégantes, mais ils lisaient intégralement les ouvrages philosophiques et ne se contentaient pas de morceaux choisis. La *Manuductio* et la *Physiologia Stoïcorum* de Juste Lipse sont un exposé du système appuyé sur de très nombreuses références et citations et qui renvoie aux œuvres complètes auxquelles ils servent de prologue.

4. *Apologie*, p. 517.

5. Par exemple chez Huet.

6. « Il s'est formé une nouvelle secte inconnue aux siècles précédents qui a tâché d'établir ses doctrines contre l'ordre de la raison sur une certaine foi enveloppée et implicite, en s'approchant de l'opinion de ceux qui tiennent qu'on ne peut rien savoir ». *DV* 2/3.

sont pas furieux ou entêtés, peuvent facilement recevoir, comme celles qu'on nomme des notions communes »[1].

On aura reconnu là (*omnes omni tempore, notiones communes, convenire*) le vocabulaire stoïcien du *consensus omnium* sur lequel nous aurons bientôt l'occasion de revenir plus longuement. Toutefois, même lorsqu'ils posent que le discours sur Dieu est condamné à « bégayer »[2], nos auteurs postulent qu'un discours théologique vrai, quoique partiel ou incomplet, peut être tenu. Le scepticisme, même à visée religieuse, est pour eux une position philosophique qui abaisse démesurément l'homme et fait fi de sa dignité propre, laquelle réside d'abord dans la pensée.

LES SOURCES DU FAUX

La détermination des sources du faux, telles qu'on les trouve évoquées ça et là, n'a rien de spécifiquement original puisqu'elle relève d'une triple tradition apparemment juxtaposée sans heurts : une tradition cartésienne qui met l'accent sur les préjugés, une tradition stoïcienne qui porte sur les passions, une tradition néo-sceptique qui s'attache aux effets de l'imagination et dénie aux miracles et aux prédictions la qualité de sources de vérité. Ce qui est plus spécifique c'est le peu d'accentuation des sources de l'erreur, leur caractère inessentiel eu égard au but poursuivi : Oui, les hommes se trompent et se laissent tromper, mais comme le disait Wissowaty, pas toujours, pas sur tout, pas tous à la fois. Et ces maladies de l'esprit que sont préjugés, passions, excès de l'imagination, crainte superstitieuse, se laissent guérir dès lors qu'on revient à un régime naturel, dès qu'on accepte la purgation. Ce modèle médical de l'enflure et de la purge se retrouve très souvent. Il renvoie sans doute à l'analyse platonicienne de « la cité gonflée d'humeurs » que le roi-philosophe doit ramener à la juste mesure; mais il témoigne aussi d'une confiance sereine dans la bonté de la nature.

Les préjugés

S'il n'est guère étonnant de voir le cartésien L. Meyer faire du préjugé une des premières sources de l'erreur et réclamer en théologie une sorte d'*analogon* du doute cartésien[3], il n'est pas le seul à insister sur ce point. Lui-même cite maint Père de l'Eglise ou Docteur réclamant qu'on n'aborde pas l'Ecriture Sainte,

1. Wissowaty, p. 94. « At quamvis multi homines errent in multis, tamen non omnes in omnibus omni tempore errant. Sunt quaedem ita evidentis veritatis, ut de iis inter omnes homines, qui non sunt amentes ac furiosi vel pertinacia dementati, facile possit convenire. Cujusmodi liquet esse ea quae communes notiones vocantur ».

2. « Il n'y a que Dieu seul qui nous puisse déclarer les choses qui sont de Dieu, parce qu'il n'y a que Dieu qui connaisse Dieu, comme a fort bien dit un excellent auteur de ce siècle. Tout ce que les hommes en disent ce n'est qu'en bégayant » D'Huisseau, p. 127.

3. Qui conduise à la découverte d'un principe absolument premier, celui que toute vérité théologique se fonde sur l'Ecriture Sainte.

l'esprit grevé de préjugés. D'Huisseau revient longuement sur ce thème dans sa troisième partie :

> « Ces dangereux préjugés qui sont dans la religion comme un bandeau épais qui obscurcit l'entendement »[1].

> « Ce sont autant de voiles qui couvrent l'entendement et l'empêchent de voir distinctement les objets sur lesquels il doit former son jugement. C'est un verre coloré qui nous représente tout ce que nous voyons au travers comme teint de sa propre couleur »[2].

Ce qui frappe ici, c'est que la référence aux préjugés et aux passions fonctionne comme un *topos*[3] (avec des références optiques obligées : l'aveuglement, le bandeau, ou induites : le verre coloré) sans être l'objet d'une analyse philosophique portant sur leurs causes. La source ou l'origine en est spécifiée, non la cause ou la raison. D'où viennent les préjugés ? De l'enfance[4] et de l'éducation. Pourquoi ? On ne sait. Chacun répète à l'envi qu'il faut se délivrer de ses préjugés pour pouvoir remonter à un principe commun, mais sans offrir de théorie du préjugé : ni une théorie métaphysique tenant au rapport de l'âme et du corps, ni une théorie pneumatologique tenant compte de l'activité ou de la passivité de l'esprit dans la connaissance (alors qu'une telle théorie existe pour rendre compte de la formation des notions communes), ni une théorie politique de la manipulation des foules par l'inculcation d'idées préconçues. Bien plutôt la critique du préjugé comme discours de l'autre, fonctionne-t-elle souvent pour expliquer ce phénomène déroutant du non partage des évidences. Ainsi chez Wissowaty :

> « Tout homme de bon sens qui entend ce que signifient les termes de ces maximes[5] ou de ces propositions et qui ne fait pas de violence à son esprit et ne ferme pas volontairement ou malitieusement les yeux, ou ne nie pas qu'il voit ce qu'il voit, en se laissant surprendre aux opinions de l'enfance et aux préjugés qui offusquent et qui obscurcissent la lumière de la raison connaîtra facilement que ces propositions sont d'une vérité évidente »[6].

1. *Op. cit.*, p. 99.
2. *Ibid*, p. 117.
3. Dont on trouve encore la trace chez Leibniz : « La droite raison est un enchaînement de vérités, la raison corrompue est *mêlée de préjugés et de passions* ». DP, 62 (souligné par moi).
4. « Instruit par l'expérience, j'avais remarqué que dans toutes les sectes chrétiennes, aussi bien les chefs et les prêtres que le peuple et les laïcs tiennent tellement aux opinions qu'ils ont reçue dans leur enfance ou par l'enseignement, qu'il serait plus facile de toucher le ciel de la main que d'ôter de leur esprit une seule de leurs opinions, même s'ils ne l'ont jamais examinée sérieusement et moins encore comprise. » L. Meyer, p. 237. Cf. aussi Grotius : « Ici encore il faut penser combien il est difficile de déraciner des opinions dont on a été longtemps prévenu et combien l'attachement que chacun a pour son parti diminue la liberté de jugement. *Il n'y a point de gale si incurable*, selon la pensée de Galien ». (*DGP*, II, XX, § 50, 2).
5. Il s'agit d'une liste de notions communes.
6. *Op. cit.*, p. 82.

Les passions

Les passions sont des maladies qui empêchent l'âme de bien juger, et notamment de bien juger de son devoir. Dans la mesure où la question de l'erreur a été posée dans la perspective de ses effets sectaires, il est assez naturel de rencontrer fréquemment la dénonciation des passions de la division. On peut même reconnaître dans les passions anti-religieuses une partie du système passionnel qui constitue chez les penseurs politiques du temps, plus particulièrement Hobbes et Spinoza, le noyau des passions anti-politiques[1], car ce sont là précisément les passions qui nuisent à la concorde et à la paix. Ici encore, on sera déçu de ne pas trouver une anthropologie bien spécifique. Toutefois le vieux thème stoïcien des passions-maladies leur permet d'échapper à la thèse calviniste de la corruption de la nature humaine, tout en restant dans le même registre de l'altération, plus ou moins grave, de la santé. Ce qui apparaît, c'est une description à valeur de mise en garde contre les passions les plus fréquentes et les plus nocives qui sont : la passion de la nouveauté, l'opiniâtreté (ou l'obstination), l'orgueil et le zèle intempestif.

La passion de la nouveauté et l'opiniâtreté forment un couple dont chaque membre renforce les effets négatifs de l'autre. L'amour de la nouveauté[2] qui correspond aussi à un goût de la diversité tout à fait naturel, devient pernicieux lorsqu'il est relayé par l'opiniâtreté avec laquelle les docteurs défendent comme vérité indiscutable la moindre de leurs interprétations. Ce danger avait déjà été souligné par Erasme dans la *Lettre à Jean Carondelet* à propos des discussions avec les Ariens sur ὁμο-ούσιος et ὁμοιο-ούσιος :

> « Nous définissons tellement de choses qui, sans dommage pour notre salut, pourraient être soit ignorées, soit laissées dans le doute. <...> Une dangereuse curiosité est comme née en nous d'un engouement pour la philosophie. <...> Non que j'estime condamnable en bloc les enquêtes de la philosophie tripartite[3] ou celle sur les phénomènes de l'au-delà[4], pourvu qu'un esprit fécond y préside et pourvu que soit absente l'outrecuidance de vouloir définir, que soient absents l'entêtement et ce fléau de la bonne entente, l'opiniâtre besoin d'avoir raison »[5].

Il est repris avec virulence et vigueur par Castellion :

> « Les passions empêchent l'âme de bien juger. Aussi doit-on affirmer qu'il faut fuir toutes les passions, et en premier lieu l'obstination. Car ce vice empêche de juger non d'une chose, mais de toutes ; l'obstiné est comme celui qui ferme les yeux ou se bouche les oreilles de sorte qu'il lui devient impossible d'entendre ou de voir, non pas telle sonorité ou telle couleur, mais bien toutes.

1. A savoir le désir de gloire, la préférence donnée au plaisir sur le travail, l'amour de l'argent, la passion de la nouveauté, TTP, XVII.

2. Invoqué par Grotius pour expliquer l'apparition de quelques athées à chaque siècle (VRC, I, 1, p. 7.)

3. « Philosophiae in tres partes dissectae » : c'est-à-dire *rationalis, naturalis, et moralis.*

4. « Rerum ultramundanarum vestigationem ».

5. « Absit pervicacia et concordiae pestis, vincendi pertinax libido ». L. 1334, p. 177/220.

Ainsi l'obstiné, dès qu'il a une fois affirmé quelque chose, ne souffre plus de rien voir ou de rien entendre qui y contredise, et il tient à son opinion avec un tel acharnement, que si Dieu lui-même, avec tous ses saints et tous ses anges, venait dire le contraire, il aimerait mieux condamner Dieu, tous les saints et tous les anges, que de démordre de son opinion. Fuyez donc ce vice comme la mort elle-même, et pour cela aimez la vérité »[1].

Contre cette peste[2], le remède n'est pas d'interdire la nouveauté, ce qui ferait du tort à l'intelligence humaine, mais de prendre modèle sur Socrate. La sagesse consiste à savoir reconnaître les limites de son savoir et le lieu de son ignorance. Contre ces deux passions qui sont spécifiquement des maladies de doctes et nullement d'esprits simples ou de profanes, il faut développer un *art de douter et de croire, d'ignorer et de savoir*, comme l'avait bien vu Castellion[3] :

« J'ai donné pour titre à ce livre « De l'art de douter et de croire, d'ignorer et de savoir » car ce que j'entends avant tout enseigner s'exprimerait ainsi : quelles choses faut-il tenir pour douteuses et assurées ? Qu'est-il permis d'ignorer et que convient-il de savoir ? Plus d'un, je pense, s'étonnera de ce titre et trouvera ridicule de proposer un art de douter et d'ignorer, car ce sont choses qui paraissent si bien données dans la nature de l'homme qu'elles n'ont pas besoin, pense-t-on, d'être apprises par l'art. Mais <...> ces attitudes sont parfois nécessaires et il est besoin d'un grand art pour persuader à l'homme de les garder. A tel point qu'un des péchés les plus opiniâtres où il arrive aux hommes de tomber, c'est de croire où il faut douter, de douter où il faut croire, c'est qu'ils ignorent ce qu'ils devraient savoir et qu'ils veulent ou pensent savoir ce qu'ils ignorent et peuvent ignorer sans nul danger pour leur salut »[4].

Le principe même de la détermination d'une liste courte de points fondamentaux de la foi, réclamée par Erasme et proposée par Castellion et bien d'autres, est donc bien une réponse, et comme une thérapie douce, à ces deux passions qui suscitent tant de « troubles dans les Etats et dans l'Eglise »[5].

Il pourrait sembler paradoxal de voir ranger parmi les passions antireligieuses ce qui paraît être la passion religieuse par excellence, à savoir *le zèle*. Et pourtant le thème du danger spécifique pour la vérité et pour la paix, que constitue la haine des théologiens attisée par un zèle intempestif, revient comme un leitmotiv dans les préfaces : celle de L. Meyer, de L. A. Constans[6], du *Traité théologico-politique* de Spinoza, par exemple. Cette passion multiplie et renforce la division. Quand il ne recouvre pas un désir de domination, ce « zèle inconsidéré et turbulent » qui se flatte de n'avoir que la piété pour règle, n'est que le masque de la « pure obstination et (d')une opiniâtreté qui ne peut

1. *De l'art de douter*...I, 32, p. 117.
2. Même image, reprise de Galien (*Nat. Fac.* I, 34), chez Grotius in *Mel.* § 90 et *DGP*, II, XX, § 50.
3. Le *De arte dubitandi et confitendi, ignorandi et sciendi* est un texte manuscrit autographe de 1563, conservé à la Bibliothèque des Remontrants de Rotterdam, (où F. Buisson alla le lire après tant d'autres), qui fut publié par les soins de Mme E. Feist en 1937, et traduit par Ch. Beaudoin en 1953. C'est cette traduction que nous avons utilisée.
4. Castellion : *De l'art de douter*...p. 29-30.
5. D'Huisseau, p. 47, titre du chapitre VI de la Ière partie.
6. *De Jure Ecclesiasticorum*, de 1665.

démordre de ce qu'elle a une fois reçu[1]». Comme Grotius, citant Salvien, le dit des Ariens : « ils errent par un mouvement de piété ». Cette prise en compte de la passion religieuse comme passion nocive à la paix, à la charité et donc à la Cité comme à la religion, a pour conséquence une relativisation de la notion d'hérésie. Ne peuvent être considérés comme hérétiques que ceux qui « pour quelque intérêt temporel et surtout pour s'acquérir de la gloire et pour s'ériger en chefs de sectes, inventent ou suivent des opinions fausses et nouvelles[2] ». Ceux que nous considérons comme hérétiques parce qu'ils ne pensent pas comme nous, mais qui sont de bonne foi, se considèrent eux-mêmes comme orthodoxes et nous tiennent pour hérétiques. En aucune façon le zèle et la piété ne sont des critères d'authenticité et de vérité de la croyance. La conclusion qui s'impose n'est évidemment pas qu'il faille rejeter la piété, mais bien qu'il faut distinguer entre

> « les dogmes importants, essentiels, fondamentaux, et nécessaires à salut et d'autres moins importants, que l'on peut ignorer, où même il se peut glisser quelque erreur, sans que cela préjudicie au salut, à la paix des consciences et au repos de l'Eglise »[3].

L'orgueil, le désir de dominer, l'ambition, la vaine prétention sont des passions constamment rapportées aux Docteurs et aux théologiens. L. Meyer dans le prologue de l'*Interpres*, d'Huisseau dans la première partie de *La Réunion du Christianisme*, Grotius dans le § 50 du chapitre XX du deuxième livre du *Droit de la Guerre et de la Paix*, tous répètent à l'envi après Montaigne[4] et sur divers tons :

> « Comme la passion la plus universelle et qui domine le plus entre les hommes est la vanité et l'orgueil, aussi a-t-elle donné les premières atteintes à la Doctrine Chrétienne. On a jugé qu'elle était trop simple, et trop rampante pour des esprits qui passent le commun. Chacun de ceux qui croient avoir quelque degré de lumière par dessus les autres l'a voulu revêtir à sa mode. Plusieurs ont cru avoir le droit d'interposer leur jugement dans les plus grands mystères. Il y en eu même d'assez téméraires pour ajouter du leur ce qu'ils estimaient nécessaire à sa perfection. Et c'est ce qui a donné commencement à cette grande diversité de sentiments qui se rencontrent aujourd'hui dans la religion »[5].

Enfin toutes ces passions se renforcent mutuellement. Une interprétation dogmatique hasardeuse présentée par goût de la nouveauté, par cette sorte d'orgueil, qualifié de rabbinique[6], qui refuse de laisser une question sans réponse, est défendue ensuite opiniâtrement par zèle intempestif de la part du

1. *Ibid*, p. 113.
2. Grotius, *DGP* II, XX, 50, 3.
3. D'Huisseau p. 150.
4. *Apologie*, p. 478 : « La curiosité est un mal naturel et originel en l'homme ... L'orgueil est sa perte et sa corruption : c'est l'orgueil qui jette l'homme à quartier des voies communes, qui lui fait embrasser les nouvelletés et aimer mieux être chef d'une troupe errante et dévoyée au sentier de perdition, aimer mieux être régent et précepteur d'erreur et de mensonge que d'être disciple en l'école de vérité, se laissant mener et conduire par la main d'autrui à la voie battue et droiturière ».
5. D'Huisseau, p. 61.
6. Par Erasme.

peuple qui ne la comprend pas, et par passion de vaincre et de dominer de la part des doctes. Ces mêmes passions enfin, animent ceux qui combattent cette thèse comme hérétique de telle sorte que les sectes rivales se laissent enfermer dans la spirale ascendante de la violence. D'Huisseau, qui aime les images fortes, compare ce mouvement « à la vipère, qui par une étrange dilacération, fait sortir un grand nombre de serpenteaux qui font aussitôt paraître et leurs dents, et leur venin »[1].

Effets de langage

Les querelles théologiques ne sont bien souvent que des querelles de mots, comme le remarquait Grotius à la fin du *Meletius* (§ 90) : « Dans les principes bien des controverses ne portent que sur les mots ; si on les évite, le consensus apparaît ». Même remarque chez d'Huisseau, et qui plus est, pour un pasteur de l'Eglise réformée, à propos des querelles sur la Grâce : « Combien même y a t-il de disputes qui n'ont pour fondement que des termes et des expressions diverses, pendant que tous conviennent au fond et ne sont en contestation que de mots[2]». Encore faut-il comprendre d'où naissent ces contestations verbales. De deux confusions semble-t-il : tout d'abord des interprétations imaginaires inscrites dans l'usage commun de la langue[3]. Cela est de règle pour les affaires ordinaires de la vie, mais devient périlleux dans des matières qui excluent l'imagination :

> « L'immense foule des hommes d'où provient l'usage commun de la langue se trompe, a des opinions défectueuses et monstrueuses sur Dieu et les choses divines et nourrit des idées telles que si on les rapportait à l'Ecriture Sainte et les y appliquait pour l'exposer et la comprendre, on ne pourrait forger et proposer que des explications extrêmement éloignées du sens de Dieu et des Saintes Ecritures »[4].

La seconde confusion regarde la connaissance d'un signe linguistique et celle de son signifié conceptuel. C'est L. Meyer, dont on sait par ailleurs l'intérêt qu'il portait aux questions linguistiques, qui a le mieux développé ce point. Non seulement il consacre deux longs chapitres de l'*Interpres*[5] à dégager les différents niveaux de sens (sens littéral ou *sensus simpliciter dictus*, sens vrai ou authentiquement visé par l'auteur : *sensus verus* ou *genuinus*, vrai sens ou sens conforme à la vérité de la chose), et les diverses causes possibles d'obscurité et donc d'inintelligibilité d'une phrase, mais il revient encore sur ce thème dans l'Epilogue.

> « Aucun mot, pris à part et sa signification demeurant ignorée, ne peut jamais produire dans l'intellect l'idée des choses qu'il signifie. En effet, même si l'on entendait ou lisait cent fois et plus les mots 'Dieu' et 'omniscience', jamais on

1. *Ibid*,p. 15.
2. *Op. cit.*, p. 71.
3. Cf. Grotius : « en parlant comme le peuple, qui est le maître des langues » (*DGP*, II, XX, 23.).
4. L. Meyer, *Interpres*, chap. XI, p. 170.
5. Les chapitres II et III.

n'en pourrait déduire une connaissance de Dieu ou de l'omniscience. Ensuite, bien qu'ils soient conjoints dans une phrase et que des choses qu'ils désignent nous ayons quelque connaissance sensible et assez grossière, cependant ils ne peuvent engendrer une connaissance purement intellectuelle : car la première ne suffit pas à engendrer la seconde »[1].

Puisque l'usage commun de la langue ne nous fournit que cette connaissance immédiate, grossière et confuse, insuffisante pour comprendre et traiter convenablement des connaissances théologiques spéculatives, et que l'usage raffiné, complexe et subtil, qui est le *modus loquendi* des doctes, aggrave le problème loin de le résoudre, deux solutions sont possibles : ou bien laisser à une autre instance (philosophie chez L. Meyer, pouvoir politique chez Hobbes) le soin de fixer exactement le sens des mots qui donnent matière à controverses, ou bien limiter les propositions dogmatiques au petit nombre dont les termes ne sont pas contestés, même s'ils ne sont pas entièrement compris (ex. Dieu existe, il est bon et provident); enfin, assurer aux règles de vie le primat sur les propositions spéculatives, bref chercher dans l'Ecriture beaucoup moins des dogmes vrais que des dogmes pieux.

Imagination

La dénonciation de l'imagination comme maîtresse d'erreur et de fausseté est plus un thème sceptique que stoïcien. Chez les Stoïciens, la φαντασία désigne la représentation, qui est une affection de l'âme, significative ou expressive à la fois de l'âme et de la chose même qui est autre que l'âme[2]. C'est le degré de tension de l'âme, ou de cohésion entre les représentations, qui distingue la représentation la plus solide, qui est la représentation compréhensive, de la représentation la plus lâche, qu'est la représentation imaginaire (φάντασμα). Aussi sous ce terme générique d'imagination comme source du faux, faut-il moins entendre les passions de l'imaginaire que sont la peur et l'espérance vaines (encore qu'elles interviennent dans la constitution de la superstition) que les divers aspects et objets de la crédulité. Ce qui suppose que l'on distingue entre croire et savoir et, dans la créance, entre foi et crédulité :

> « Croire et savoir sont des choses si différentes qu'elles ne sauraient s'accorder. Il est vrai qu'on croit proprement les choses qui sont proposées par l'autorité d'un témoignage digne de foi; et que la science a pour objet des choses que l'on prouve par des causes prochaines et nécessaires »[3].

A l'intérieur de la créance, comme nous le verrons au prochain chapitre, il faut déterminer des motifs de crédibilité ou des raisons de croire, qui mettent en jeu une démarche de type historique et rationnel à la fois. Ce qui a pour conséquence aussi d'écarter, et même d'éliminer, du champ de la religion naturelle certaines attitudes mystiques ou certains phénomènes traditionnellement considérés comme religieux, tels que miracles et prophéties.

1. *Op. cit.*, p. 246.
2. Cf. Sextus Empiricus : *Adv. Math.* VIII, 397.
3. Wissowaty, p. 99-100.

Ce qui est ici tout à fait remarquable, c'est le retournement sur les phénomènes du christianisme, mais à des fins stratégiques opposées, de l'argumentation développée par les Pères de l'Eglise, et particulièrement Lactance, contre les miracles et les oracles païens. Mais il importe toutefois d'être tout à fait prudent et nuancé dans l'interprétation de cette méthode d'analyse, car la même argumentation peut changer complètement de sens selon la stratégie militante, libératrice ou apologétique, dans laquelle elle est employée. On sait que Celse avait attaqué le christianisme sur l'invraisemblance de ses miracles et de ses prophéties. Après la contre-attaque d'Origène dans le *Contre Celse* Lactance, dans les *Institutions divines*, élabore une stratégie plus subtile et ambivalente : elle consiste à montrer 1. que les oracles païens sont faux ou tellement ambigus qu'on peut leur faire dire n'importe quoi ; 2. que les miracles païens sont des supercheries, par exemple ceux d'Hermes Trismégiste ou d'Apollonios de Tyane ; 3. que la théologie astrale des Stoïciens et son dérivé, la divination astrale, est absurde puisque le mouvement des astres est un mouvement naturel et nécessaire qui n'a rien de libre et de volontaire comme devrait l'être celui d'un esprit influençant d'autres esprits[1] ; 4. que le culte idolâtre des statues s'explique par des mécanismes projectifs anthropomorphes[2]. Mais dans ce même livre II des *Institutions*, Lactance n'hésite pas à faire appel au témoignage des livres des Sibylles qui affirment le monothéisme et la ressemblance de l'homme à Dieu : « Il y a un Dieu, qui commande seul, plus grand que tout, inengendré »[3] et « L'homme est à son image, doté de la droite raison »[4].

Cette stratégie est ici reprise mais dirigée contre le christianisme cette fois : le temps des miracles et des prophètes est passé, ce qui est un thème assez présent dans le protestantisme et qu'on retrouvera chez Hobbes et Spinoza ; miracles et prédictions posent le même type de difficultés pour discerner les vrais des faux. Ou bien ce sont des fruits de l'imagination populaire ou des phénomènes mal interprétés – et alors il conviendra de rectifier l'interprétation, par exemple en proposant une explication naturaliste du miracle de Josué, comme le fait Wissowaty – ou bien ils ont existé aussi bien chez les Juifs et les Païens que chez les Chrétiens et alors, ou ils ne sont pas pertinents comme raisons de croire (Herbert de Cherbury), ou encore ils se confirment mutuellement pour donner le même message qui est d'ordre moral plus que spéculatif (Grotius). Quelle que soit la stratégie adoptée, cela aboutit à disqualifier miracles et prophéties comme raisons de croire ou du moins à les situer en un rang fort subordonné. Si Christian Kortholt, dans la préface à son *De tribus impostoribus*[5], put appliquer à Herbert de Cherbury, Hobbes et Spinoza le qualificatif de Celses modernes et se présenter lui-même comme un nouvel Origène pourfendant ces imposteurs, n'est-ce pas d'abord à cause de cette critique des miracles, qui, à la différence de la critique libertine, ne les présente pas comme des supercheries montées par les

1. Critique reprise par Bayle dans les *Considérations sur les comètes*.
2. Lactance : *Institutions divines*, livre II, intitulé : de l'origine de l'erreur.
3. « εἷς θεὸς ὃς μόνος ἄρχει, ὑπεργενέτης, ἀγένητος » cité en *ID*, I, ch. VI, 6.
4. « εἰκὼν ἔστ' ἄνθρωπος λόγον ὀρθὸν ἔχουσα » cité en *ID*, II, ch. X.
5. Publié à Cologne en 1680. La deuxième édition qui comporte la préface de Sébastien Kortholt, consacrée à Spinoza et qui est de ce fait la plus connue date de 1700.

princes ou les prêtres, mais comme des phénomènes mal interprétés par les contemporains, dont on peut rendre raison par les voies ordinaires de la nature et qui donc ne permettent rien de conclure sur Dieu[1]. Une telle position était finalement plus insupportable aux esprits pieux que l'ironie libertine dont l'exagération porte avec elle son antidote.

Les miracles

Qu'appelle t-on miracle? Un phénomène de la nature qui est « au dessus et outre le cours ordinaire de la nature »[2] ou bien « un effet qui excède la force naturelle des moyens qu'on y emploie »[3]. A partir de là jaillissent toute une série de questions : le phénomène miraculeux est-il bien contraire au cours de la nature, ou ses apparences seulement, ou nc s'agit-il que d'un phénomène insolite mal interprété? Pourquoi ne voit-on plus aujourd'hui de vrais miracles? Ou si l'on en voit, quelles sont les marques qui permettraient de distinguer avec certitude les vrais des faux? Cette question des marques qui a tant d'importance dans la méditation de Pascal : « Les miracles discernent la doctrine et la doctrine discerne les miracles[4] » est absente ici et l'on voit bien pourquoi : c'est qu'ils sont trop facilement l'objet de contestations et que, n'étant pas indispensables à la religion naturelle, ils en peuvent être exclus. Il y a là un véritable déplacement de la problématique par rapport au siècle précédent : la question ne porte plus sur la possibilité intrinsèque du miracle. Si le miracle est possible – et de fait, bien des événements dépassent ce qui est pour nous l'ordre naturel des choses – il relève de l'ordre général de la nature, qui ne nous est pas toujours connu. Mais la question pertinente pour la religion naturelle est autre : quel intérêt, pour la religion universelle, comporterait la croyance au miracle? Nul, ou du moins très faible, puisque le miracle ne valide jamais que des croyances imperméables à la raison et que les dogmes et règles de la religion universelle, s'ils ne sont pas déduits de la raison, sont toujours aisément reconnus par elle et n'ont pas besoin d'une justification externe d'ordre surnaturel.

Bodin, dans le *Colloque*[5], rappelait que les mages égyptiens ont changé leurs bâtons en serpents, qu'Apollonios de Tyane[6], aux dires de Philostrate son biographe, a ressuscité des morts, et Vespasien guéri des malades. Quelles conclusions en tirer? Faut-il dire comme les apologètes, et comme redira

1. Spinoza, *TTP*, ch. VI
2. Wissowaty, p. 96.
3. Pascal : *Pensées*, B 804.
4. *Pensées* B 803.
5. p. 395-99.
6. Il semble, selon P. Bayle (note I de l'article Apollonios de Tyane), que Herbert de Cherbury ait annoté la *Vie d'Apollonios de Tyane* par Philostrate, et que son manuscrit fut 'pillé' par son disciple Charles Blount qui les joignit à sa traduction et s'en attribua la paternité (Cf. sur ce sujet les travaux de M. Rossi et G. Gawlick). La référence à ce sage philosophe pythagoricien, faiseur de miracles (notamment la résurrection d'une fillette qui ressemble fort, jusque dans le détail, à la résurrection de la fille de la veuve de Naïm), est en tout cas très fréquente chez Cherbury, sans ironie ni volonté de ridiculiser, bien plutôt pour souligner le fond commun des religions et le désir de Dieu de se révéler à tous les hommes droits.

Pascal[1], que les faux miracles prouvent la puissance du démon[2], et les vrais celle, plus grande, du vrai Dieu? Ou faut-il poser, ce qui est la réponse ici, que si des miracles ont été possibles autrefois, la foi aux miracles passés relève de la critique historique, non de la foi religieuse; aujourd'hui on en peut donner une explication naturaliste qui sauve le changement des apparences sans renverser pour autant le cours de la nature. C'était déjà la solution de Galilée dans une *lettre à B. Castelli* du 21 décembre 1613. Pour expliquer le miracle de Josué – miracle exemplaire en ces temps où l'astronomie est la discipline scientifique de pointe – Galilée suggère que Dieu n'a pas « perturbé tout le cours de la nature <...> mais il est croyable qu'il arrêta tout le système des sphères célestes lesquelles après ce temps de repos, sont revenues à leurs activités toutes ensemble sans la moindre confusion ou altération[3]». Même modèle explicatif chez Wissowaty :

> « Lorsque le soleil s'arrêta sur l'horizon, du temps de Josué plus longtemps qu'il n'avait accoutumé et qu'il recula de douze degrés, il n'y eut rien de contraire à la raison puisqu'il n'est pas impossible que comme un horlogeur avance ou recule une aiguille d'une montre quand il veut, Dieu qui est l'ouvrier de cette grande machine du monde, ait aussi arrêté la sphère du soleil ou l'ait fait rétrograder, ou plutôt, ce qui est vraisemblable, qu'il ait tellement disposé le globe mobile de la terre que cela ait paru tel aux hommes à l'égard du soleil »[4].

La conclusion qui s'impose est la suivante : les miracles ne sont pas nécessairement impossibles et faux; mais ils sont tellement « grevés de suspicion[5] », particulièrement quand ils sont liés à des buts politiques (établir une nouvelle loi ou un nouvel Etat) qu'ils relèvent davantage de l'imposture, donc des sources du faux, que des marques de la vraie religion. Quelle différence alors avec la tradition libertine? C'est qu'ils sont tenus pour inutiles, dépassés et relégués dans le passé plutôt que rejetés :

1. B 817. Chez Pascal, la multiplicité même des faux miracles prouve qu'il y en a de vrais, car s'il n'y en avait jamais eu de vrais, on n'aurait pu croire aux faux, comme on ne se fierait pas aux guérisseurs s'ils n'avaient jamais guéri personne. Le discernement entre vrais et faux miracles ne relève pas de la doctrine, comme le disent les jésuites, mais de la charité car il est essentiel à la pédagogie spirituelle d'un Dieu caché que les miracles ne soient pas absolument convaincants. Dieu « se cache à ceux qui le tentent et se découvre à ceux qui le cherchent » (B 557). La problématique du miracle, comme de toutes les preuves de la religion chez Pascal, est inscrite dans une problématique de la grâce et de la concupiscence, et non pas des degrés de vraisemblance, de l'interprétation des signes et non de la vérité. Du fait de la mise à l'écart de la problématique de l'élection, point névralgique dans le protestantisme, une telle perspective qui fait dépendre l'acceptabilité du miracle de la qualité religieuse de l'âme est impensable dans la problématique du credo minimum.

2. C'est là la position de Grotius dans *VRC*, IV, ch. 2 où il critique les miracles de Simon le magicien et d'Apollonios et les explique par l'action d'esprits malins ou de démons. Ou ces miracles sont faux, ou ils sont démoniaques et permis seulement par Dieu pour un autre dessein : ainsi les miracles de Vespasien parce que Dieu avait choisi cet empereur « pour être le ministre de ses vengeances contre les Juifs » (T. II, p. 84).

3. *Lettres choisies*, p. 390.

4. *Op. cit.*, p. 96.

5. Herbert de Cherbury, *DV* 234/300 & *RL* 134/172.

« Il n'est pas besoin de nouveaux miracles pour persuader à un esprit raisonnable qu'il y a un Dieu qui gouverne le monde. Ceux qui se sont faits du temps de nos Pères sont plus que suffisants pour prouver cette vérité ; et comme il était de la sagesse de Dieu de faire éclater alors ces merveilles, croyons qu'il n'agit pas moins sagement aujourd'hui qu'il ne les fait plus paraître à nos yeux. Il a donné des lois à la nature, c'est pour en régler le cours : de quelle utilité seraient-elles s'il renversait sans cesse l'ordre qu'elles maintiennent »[1] ?

Oracles et prophéties

Le même type d'argumentation fonctionne pour les oracles, les prédictions et les prophéties. Notons d'emblée cependant une différence : si prédictions et prophéties sont sources de faux plus que de vrai en raison de leur caractère énigmatique et de la variété infinie de leurs interprétations possibles (ce qui vaut aussi bien pour les prédictions de la Pythie que pour les prophéties du livre de Daniel ou de l'Apocalypse), cependant la convergence des livres sibyllins[2] ou d'autres livres sacrés avec l'Ecriture Sainte sur certains points fondamentaux de doctrine (l'existence de Dieu, l'homme image de Dieu, l'immortalité de l'âme, la récompense *post mortem*) est tenue pour une marque de vérité. Prises en particulier, prédictions et prophéties relèvent de la conjecture, non de la doctrine certaine, et sont davantage susceptibles d'erreur que de vérité[3]. La seule parole de Dieu aujourd'hui, c'est la parole écrite dans l'Ecriture Sainte[4].

Une des conséquences immédiates en sera le rejet absolu de ceux qu'on appelle les « Enthousiastes », possédés de Dieu ou inspirés, Quakers ou disciples de Montanus[5]. Le terme d'enthousiaste qui, étymologiquement ne signifie que la présence de la divinité en nous[6], en vient à signifier une forme de dérèglement d'esprit renforcé par la paresse, la vanité, l'opiniâtreté et le zèle[7]. Descartes, accusé d'enthousiasme par Voet, lui répondait en assimilant les enthousiastes à

1. Grotius, *VRC* p. 80-81.

2. On appelle livres sibyllins un recueil de prophéties des sept Sibylles ou prophétesses antiques, censé contenir le destin de Rome; il était conservé depuis Tarquin dans le temple de Jupiter Capitolin et consulté en cas de calamité publique, sur ordre du Sénat. Au XVIIe siècle on commençait à mettre en doute l'antiquité et l'authenticité de ce recueil dont on sait aujourd'hui que c'est une compilation du Ier ou IIème siècle. Mais l'Eglise catholique a souvent associé dans l'iconographie, comme dans le chant du *Dies irae* (*teste David cum Sibylla*) les Sibylles et les prophètes de l'Ancien Testament, comme on le voit dans le pavage de la cathédrale de Sienne ou dans les admirables peintures de la Sixtine.

3. Cf. D'Huisseau, p. 146-8 ; Cherbury, *RL* p. 131/170.

4. Wissowaty, p. 31.

5. L. Meyer, p. 204 & 207. Or Hermann Montanus, prédicant collégiant clandestin, condamné par l'Eglise d'Amsterdam était un ami de Boreel, proche des collégiants de Rijnsburg, et donc très proche du cercle de L. Meyer et de Spinoza. (Kolakowski, p. 243) Voir aussi Wissowaty, p. 92.

6. La référence classique étant ici celle au « démon de Socrate ». Par exemple, Leibniz, *NE*, IV, XIX : « Socrate prétendait qu'un dieu ou démon lui donnait des avertissements intérieurs de sorte qu'*enthousiasme* serait un instinct divin ».

7. Cf. Leibniz *NE*, IV, XIX.

des fous[1]; Wissowaty les qualifie d'« esprits fanatiques et fantastiques, tombant dans des absurdités et embrassant toutes sortes d'erreurs et de folies pour la vérité sous le titre de mystères ». Locke et Leibniz (*Essai* et *Nouveaux Essais*, IV, XIX) leur consacreront un chapitre fort critique[2]. Le péché originel des Enthousiastes est de séparer la raison qui, selon le mot de Locke, est « une révélation naturelle » et la révélation qui est une « raison surnaturelle » (Leibniz), et subséquemment de confondre leur fantaisie avec une illumination et une autorité divine. Comme le remarque Wissowaty, et plus clairement encore Locke[3], lorsqu'un inspiré allègue une révélation divine il faut bien distinguer et vérifier trois choses : s'agit-il bien d'une vérité ? Cette vérité provient-elle bien d'une révélation ? Cette révélation est-elle bien d'origine divine ? Puisque « la force de nos persuasions n'est nullement une preuve de leur rectitude »[4] et qu'il faut savoir distinguer entre « les illusions de Satan et les inspirations du Saint Esprit », il faudra bien consulter sa raison pour examiner par son moyen si cette prétendue révélation vient ou non de Dieu[5]. Il ne suffit pas de se dire prophète pour l'être et « Dieu n'éteint point la lumière naturelle d'une personne lorsqu'il vient à éclairer son esprit d'une lumière surnaturelle[6] ». La prophétie réclame donc des signes d'authentification interprétables par la lumière naturelle.

Il est évident que les excès avérés des Enthousiastes ont fait que ce seul qualificatif en est venu à fonctionner comme repoussoir ; il permet de rejeter dans le territoire de la folie ceux qui ne font pas de leur raison le même usage que moi[7]. Mais cela dépasse la simple tactique polémique. Dans la mesure où les tenants de la religion naturelle ou rationnelle prétendent à une connaissance de Dieu qui se passe au maximum des médiations habituelles, celles d'une révélation authentifiée par une tradition, (donc par une histoire et une communauté), ils s'exposent à cette critique d'enthousiasme, c'est-à-dire de prétendre à une révélation immédiate. Il leur est donc essentiel de se démarquer de ce courant comme de toute forme de mysticisme[8] dont ils sont les adversaires résolus. Mais alors

1. *Lettre à Voet*, IXème partie, AT, VIII, 171.

2. La critique des Enthousiastes se rencontre encore, et tout aussi sévèrement, sous la plume de Kant (critique de la *Schwärmerei*) : Cf. *Religion*, VI, 174 / III, p. 208 sq. où Kant lie enthousiasme et superstition : « Vouloir percevoir en soi des influences célestes est une forme d'illusion <...>, une illusion personnelle nuisible pour la religion » et « l'illusion religieuse enthousiaste est la mort morale de la raison sans laquelle cependant il ne peut y avoir de religion qui comme toute moralité en général doit être fondée sur des principes ». A. Phinonenko justifie dans une note, sa traduction de 'Schwärmerei' par 'enthousiasme' par la référence aux textes de Locke et de Leibniz que nous évoquons.

3. *Essai*, IV, XIX, § 10 & 11.

4. *Ibid*, § 11.

5. « Si cette lumière intérieure ou quelque proposition que ce soit qui sous ce titre passe pour inspirée dans notre esprit se trouve conforme aux principes de la raison ou à la Parole de Dieu qui est une révélation attestée, en ce cas nous avons la raison pour garant et nous pouvons recevoir cette lumière pour véritable et la prendre pour guide tant à l'égard de notre croyance qu'à l'égard de nos actions ». Locke, *Essai*, IV, XIX, 15.

6. *Ibid*, § 14.

7. Cela vaut surtout pour Wissowaty.

8. Cf. Kolakowski, *Op. cit.*, le chapitre IV sur Bredenburg et l'irrationalisation de la religion comme produit du rationalisme.

qu'on attendrait d'eux une analyse de ce que signifie exactement la « Parole de Dieu » et du statut du prophète [1], ces analyses, qui tiendront tant de place dans la philosophie religieuse de Hobbes et de Spinoza, sont singulièrement manquantes. Faute d'un accord facile sur les marques d'authenticité, prophétie et révélation sont reléguées au rang des sources annexes, et à la limite accessoires, de vérité salvifique. Mais la question reste posée et il appartiendra à la philosophie de prendre le relais de la théologie pour y répondre.

Superstition et politique

La critique de la superstition est aussi ancienne que la réflexion sur la religion. Déjà dans le *De natura Deorum*, Cicéron distinguait la superstition : « timor inanis Deorum [2], vaine crainte des dieux » d'avec la religion : « Deorum cultus pius » ou la piété : « justitia adversum Deos » [3], c'est-à-dire l'exactitude à rendre aux Dieux le culte qui convient [4] ou une justice qui acquitte les hommes de leur dette envers les dieux. On n'avait pas attendu le libertinage érudit pour dénoncer comme superstition une bonne partie, sinon la totalité, de ce qui se cache sous le titre spécieux de mystères. La nouvelle Académie avait déjà accompli cette tâche d'assainissement et les théologiens eux-mêmes avaient repris cette distinction. Par contre la tradition libertine mettait l'accent sur le caractère naturellement superstitieux du peuple, et plus encore des femmes, caractère exploité par les politiques, comme le montre l'exemple d'Alexandre rapporté par Quinte Curce [5]. D'Huisseau souligne l'ambivalence de ce mouvement dont le peuple est toujours l'unique victime : si les politiques jouent du caractère naturellement ignorant et superstitieux des peuples pour asseoir leur politique, les chefs de parti (religieux)

> « essayent ordinairement d'engager les Politiques dans leurs intérêts. Ils font croire que leur doctrine est plus propre à retenir les peuples dans la sujétion et dans l'obéissance à leurs supérieurs ; qu'elle va au devant de toutes sortes de mouvements, de séditions et de révoltes » [6].

Pour les tenants du credo minimum, critiquer la superstition, ce n'est pas se moquer du peuple, c'est lui ouvrir un chemin de libération et là encore, en un sens, de salut. Lorsque Herbert de Cherbury écrit que « le peuple estime plus sûr d'errer avec ses supérieurs que d'adhérer aux doctrines solides et fondées des

1. Il n'est jamais question, d'ailleurs, que de prophétie et non de prophète.
2. *DND*, I, 42.
3. *DND*, I, 41.
4. *DND*, II, 28 : « On appelle religieux des gens exacts à remplir tous les devoirs qui ont trait au culte divin ».
5. Quinte Curce : *Histoire d'Alexandre le grand*. Cf. Spinoza *TTP*, préface : « La cause d'où naît la superstition, qui la conserve et l'alimente, est donc la crainte ; que si, outre les raisons qui précèdent, on demande des exemples, je citerai Alexandre... » ; P. Bayle : *Pensées sur la comète*, ch. 81 : « Que les politiques ont fomenté la superstition des présages » cite aussi Quinte Curce : « Rien n'est si puissant que la superstition pour tenir en bride la populace. Quelqu'effrénée et inconstante qu'elle soit, si elle a une fois l'esprit frappé d'une vaine image de religion, elle obéira mieux à ses devins qu'à ses chefs. » (L. IV, ch. 10).
6. *Op. cit.*, p. 65 sq.

philosophes[1] », il n'exprime là nul mépris pour le peuple, mais bien un appel à rejeter la voie de l'autorité, cet « unique asile de l'ignorance »[2]. Ce qui manque par contre, c'est une théorie des passions qui rende compte de la superstition, de son origine, et du mécanisme de sa perpétuation. Là encore nous retrouvons le même procédé philosophiquement déficient : la superstition est une erreur dangereuse ; il est difficile de faire une distinction claire entre vraie religion et superstition ; limitons donc le culte au minimum, c'est-à-dire aux exigences morales indubitables, et admettons-y une certaine latitude de variété tout en excluant ce qui offense manifestement la dignité divine (ex. des cultes priapiques) et en veillant à ce qu'il favorise la concorde entre les citoyens. La question de la superstition (comment l'éviter ?) débouche donc sur une exigence pratique : limiter le culte à la morale et privilégier le culte intérieur sur le culte extérieur. Il manque une analyse de son fonctionnement ou de sa logique interne, ou encore une analyse claire et cohérente des marques du vrai et du faux.

LES MARQUES DU VRAI ET DU FAUX

La question des sources de l'erreur : préjugés, passions, imagination a conduit à mettre à l'écart ou à rejeter dans un passé désormais dépassé, des marques traditionnelles de la vérité religieuse comme les miracles et les prophéties. Mais du même coup cela rend problématique, ou non pertinentes, toutes les marques traditionnelles de la « vraie religion » comme l'antiquité, la perpétuité, l'unité, l'universalité, ou les divers signes de la parole ou de la puissance divines. « Il faut répondre à celui qui vante l'antiquité d'une Eglise ou qui reproche sa nouveauté à une autre que la doctrine des vérités universelles n'a jamais été nouvelle et que les rites n'ont pas toujours été anciens »[3]. De ce fait la problématique des marques de l'erreur est abandonnée au profit d'une démarche de remontée vers le principe commun, en deça de la division. Il ne s'agit pas là d'une remontée temporelle vers le plus archaïque, mais d'une décantation qui ramène à l'essentiel, au principe source d'unité qui tient à l'unité de la nature, nature extérieure et nature de l'homme, et qui est toujours déjà là et toujours encore présent quoique caché derrière les sujets de controverse et de dispute. Si l'unité de créance, ou ce qui fait l'objet d'un consentement universel, est bien une marque de vérité, chez Grotius comme chez Cherbury, à l'inverse la diversité n'est pas nécessairement marque du faux, puisqu'elle peut constituer une des multiples façons qu'a la nature de donner forme à une vérité ou à une règle pratique car la nature par essence combine l'unité du principe à la multiplicité des formes. Menée à son terme, la logique de cette pensée aboutirait à un relativisme presqu'absolu et à l'équivalence de toutes les religions. Aussi n'est-elle jamais poussée jusqu'à cette extrémité. Après avoir affirmé l'unité de toutes

1. *RG* 230/385.
2. *DV* 160/208.
3. Cherbury, *RL* 138/174.

les religions dans la religion naturelle, et l'interdit subséquent de violenter quelqu'un pour fait de religion, Grotius consacre tout un livre à montrer la vérité de la religion chrétienne et en quoi elle surpasse toutes les autres. Herbert de Cherbury, qui est sans doute allé le plus loin dans cette logique, fait de la plus ou moins grande proximité par rapport aux notions communes religieuses fondamentales (ses cinq articles) le critère de validité de la religion et y voit avec satisfaction la confirmation de la suprématie du christianisme sous sa forme anglicane. Mais ce qui frappe là encore, c'est que la question des marques (ou du critère) a un sens pour le vrai, non pour le faux. Il faut bien qu'il y ait des marques véridiques, théoriques (les notions communes) ou pratiques (justice et charité[1]), de la créance et de la pratique pour pouvoir reconnaître un chemin de salut et ne pas s'égarer dans le labyrinthe. Mais ces marques doivent fonctionner au rassemblement, non à l'exclusion, dès lors que la question de la vérité religieuse est pensée dans l'horizon de la concorde et non pas de la science. Ces marques seront donc des signaux de route, des indications et non pas des bornes.

Il ne suffit pas de récuser le scepticisme et de mettre l'accent plutôt sur la capacité de l'homme à trouver une vérité suffisante pour son salut que sur les multiples sources d'erreur; encore faut-il expliquer deux choses : pourquoi l'homme n'est-il pas susceptible de se tromper toujours, ce qui implique une conception de la bonté de la nature humaine et de sa non-corruption; pourquoi l'homme ne va-t-il pas directement à la vérité, ou pourquoi celle-ci ne lui est-elle pas immédiatement donnée sans effort, ce qui implique une conception de l'articulation de la nature et de la culture, de l'intelligence et de la volonté, conception qui n'attende pas le salut entièrement de la Grâce divine, mais qui veut que l'homme y mette du sien. Ceci passe par une réflexion sur la méthode, méthode de découverte du vrai, certes, mais aussi méthode de discrimination de l'inessentiel et de l'accessoire, c'est-à-dire précisément d'un art de douter et de croire, d'ignorer et de savoir. Or bien qu'il soit resté manuscrit, le petit traité de Castellion de 1563 a le mérite de poser fort clairement des thèmes qui seront ensuite présupposés par tout le courant iréniste du credo minimum. Pourquoi Dieu n'a-t-il pas donné à l'homme de voir le vrai et de faire le bien par instinct et sans effort[2] alors qu'on voit les animaux – les hirondelles, les grues, les abeilles, les fourmis – « sans recevoir aucun enseignement <...> faire leur devoir en suivant la nature, former entre elles une société et posséder une sorte de république »[3]? La réponse est qu'il en va ici comme des biens matériels : La nature a donné aux animaux le vivre et le vêtement tout prêts. Mais à l'homme elle a donné

> « le blé et le raisin, la laine, le bois et la pierre, afin qu'il en tire pour son usage pain, vin, vêtements, maisons, par sa raison et par sa main. Bien plus ces matières elles-mêmes, elle n'a pas voulu les donner toutes à l'homme sans travail de sa part : ni le blé ni la vigne, ni les troupeaux ne prospèrent sans

1. Soit explicitement posées, comme ce sera le cas chez Spinoza, soit induites par la règle de réciprocité.

2. On retrouvera cette même interrogation chez Hobbes et Kant.

3. *Op. cit.*, p. 38.

> l'œuvre et la culture humaines; les pommiers, les poiriers et les divers autres arbres ne donnent pas vraiment de bons fruits sans la greffe, qui est chose de l'art et non de la nature »[1].

Il en va de même pour l'âme. La production de beaux fruits est le résultat conjoint de la nature propre de l'arbre sauvage (l'homme naturel), de la greffe (qui relève de l'art) et de la Nature qui parachève l'art du paysan. L'agriculture et la médecine des âmes, c'est la justice (p. 40) et l'art de cultiver sa raison. Cette métaphore de la greffe se poursuit dans tout le livre de Castellion avec des prolongements théologiques pour donner un sens humainement recevable à la théorie de la justification[2]. Elle permet surtout de rendre compte à la fois de la bonté de la nature humaine – en précisant que si la volonté a pu être atteinte par le péché d'Adam, les sens et l'intelligence eux, sont restés parfaitement sains – et de la nécessité de la travailler, c'est-à-dire d'adjoindre la doctrine aux semences de la nature. Pour trouver la vérité et le bien, il n'est que de suivre la nature, mais suivre la nature pour un paysan, cela n'a jamais été se contenter de cueillir les maigres fruits des arbres sauvages, cela signifie la cultiver.

> « Il fait tout en effet par la force de la raison qui est naturelle, et si par hasard il fait quelque chose contre la nature (comme de greffer les arbres que la nature elle-même ne saurait greffer) cela-même lui est dicté par raison naturelle et la nature ensuite prend soin de son œuvre et la parachève non moins que si c'était la sienne propre »[3].

Avant de cultiver un terrain, il faut le défricher et choisir les essences à cultiver. C'est alors qu'intervient l'art d'ignorer. Castellion s'autorise de l'exemple de Salomon qui dit dans l'Ecclésiaste : « Il y a un temps de naître et un temps de mourir; un temps de planter et un temps d'arracher ce qui est planté » (*Eccl.* III, 2). « Je dis de la même manière : il y a un temps de douter et un temps de croire; il y a un temps d'ignorer et un temps de savoir »[4]. Il s'agit moins là d'ailleurs d'une théorie des temps que d'une théorie des lieux de certitude et d'incertitude, qui débouche sur une *permission d'ignorer* beaucoup plus que sur une *obligation de croire*. Contre Calvin, Castellion rappelle que la foi n'est pas science, non pas parce que la science serait œuvre de l'intelligence et la foi opération de la volonté, mais parce que la science ne peut porter que sur le vrai tandis que la foi peut se porter au vrai comme au faux[5]. Il est donc permis d'*ignorer* tout ce qui n'est pas nécessaire au salut; il est permis de *douter* de tout

1. *Op. cit.*, p. 38-39.

2. L'arbre sauvage, c'est l'homme qui n'a pas connu Jésus-Christ; l'arbre greffé, c'est l'homme qui a connu Jésus-Christ; l'arbre greffé adulte qui porte du fruit, c'est l'homme qui vit de l'esprit du Christ. Mais pour porter du fruit, donc pour être sauvé il faut trois choses : la greffe (= la grâce), la culture de l'arbre (= les œuvres), et des circonstances favorables à la maturation des fruits. Ce qui permet à Castellion, en développant une parabole biblique, de concilier la doctrine du salut par les œuvres avec la théorie de la justification par la foi et par la Grâce. Cf. deuxième partie, ch. 27-29, pp. 208-217.

3. *Op. cit.*, I, 4, p. 39.

4. *Ibid*, I, 18, p. 76.

5. Thèse scandaleuse pour un théologien, mais parfaitement recevable dès lors que la science c'est l'ἐπιστήμη et la foi une forme de l'assentiment, c'est-à-dire en langage stoïcien, κατάθεσις ou συνκατάθεσις selon la force de l'évidence.

ce qui fait l'objet d'interminables controverses; il faut *croire* tout ce qui importe au salut (c'est-à-dire ce qui, dans l'Ecriture, est vraiment Parole de Dieu); il faut *savoir* finalement très peu de choses puisque dans le chapitre XX du livre I, Castellion réduit ce savoir indispensable à deux propositions : connaître Dieu et son devoir. Or ce savoir de Dieu n'est pas savoir de son essence mais de son existence, établie à partir de la connaissance ordinaire de l'existence du monde comme œuvre de Dieu; le savoir de son devoir consiste dans la règle d'or de la charité, règle si évidente et familière à l'homme

> « que même les impies et ceux qui ne veulent pas y obéir les connaissent bon gré mal gré; et si vous les leur énoncez, ils ne peuvent y refuser leur assentiment. En voici entre beaucoup d'autres une seule preuve convaincante; dites à l'homme, même le plus pervers, qu'il faut aimer Dieu et qu'il ne faut pas faire à autrui ce que vous ne voudriez pas qu'il vous fît; il en sera d'accord. Car ces préceptes sont inscrits, comme par le doigt même de Dieu, dans le cœur de tous, et ne peuvent pas davantage être détruits que les autres notions communes de l'esprit humain. Je puis donc affirmer sans crainte que ce qu'il est nécessaire à l'homme de connaître, peut être très facilement connu. Telle est la voie du salut : il est besoin de peu de temps pour l'apprendre, mais il faut passer sa vie entière à la parcourir »[1].

La conséquence de ce thème qu'on retrouve chez Cherbury, à savoir que la voie du salut est aisée à connaître quoique difficile à pratiquer est la suivante : la méthode de recherche de la vérité religieuse nécessaire au salut portera sur une vérité à la fois limitée dans son objet et étendue à l'extrême quant à ses destinataires, lesquels englobent finalement l'humanité toute entière. Savoir où croire et où douter (ou ignorer) c'est faire de la foi minimale commune une étape, un préambule (nos auteurs parlent plus volontiers de fondement ou de fondations), non un bâtiment achevé. Ce qui veut dire aussi que si cette foi atteint bien une vérité, et une vérité absolument certaine et indubitable, elle est loin d'atteindre toute la vérité ou même d'épuiser le contenu de vérité de ce qu'elle atteint. Le chemin du credo minimum ouvre donc sur divers prolongements : le prolongement de la science ou de la philosophie cartésio-spinoziste chez L. Meyer, celui de la science d'une part et de la religion chrétienne d'autre part chez Herbert de Cherbury, celui des diverses religions rangées selon un ordre de perfection chez Grotius ou D'Huisseau. Mais en aucun cas, comme on le verra, cela n'autorise à chercher dans la Bible des vérités d'ordre spéculatif. En libérant la théologie d'une tâche philosophique de connaissance spéculative pour la réorienter toute entière vers la pratique, ce sont à la fois la philosophie et la théologie qui se sont trouvées libérées pour leur tâche propre : la connaissance spéculative pour l'une, l'orientation juste de la pratique pour l'autre.

1. *Op. cit.*, p. 83-4. Même thème chez Rousseau et Kant : la connaissance du devoir est aisée et naturelle à l'homme, ce qui est rare et difficile, c'est de l'accomplir. Cf. par exemple l'analyse de la conscience morale que fait Kant dans la *Doctrine de la vertu*.

CHAPITRE IV

LES MOYENS DU VRAI

« Mais en vérité de quelles facultés doit-on être doté, de quels secours doit-on être favorisé, de quelle norme et de quelle méthode doit-on être instruit, pour être capable d'expliquer véritablement l'Ecriture Sainte »[1] ?

Cette question ouvre le chapitre dans lequel L. Meyer défend la thèse selon laquelle seule la philosophie satisfait à toutes les exigences requises à l'intelligence de l'Ecriture; mais elle pourrait s'appliquer plus généralement à la quête de la vérité religieuse. La réponse était déjà donnée dans la tradition : par la nature et les lumières naturelles de la raison, l'autorité de la révélation garantie par un magistère, ou l'inspiration de l'Esprit Saint. Mais le crédit respectif à accorder à chacune de ces sources, ou la hiérarchie à établir entre elles, était l'objet de controverses infinies. Il fallait donc reposer la question de leur hiérarchie autrement, en ne s'appuyant pas sur leur ordre supposé d'éminence mais sur leur capacité à fonder un consensus durable; ce qui explique la revalorisation du critère consensuel, et le regain d'intérêt pour les catégories stoïciennes de la théorie de la connaissance. Mais cette focalisation sur une vérité plus limitée dans son contenu, excluant d'emblée certains moyens d'approche trop contestés, imposait aussi la détermination préalable des destinataires de ce type de recherche, plus explicite encore que celle de ses adversaires.

DESTINATAIRES

Les destinataires sont généralement précisés dans les préfaces. Ils sont de deux sortes, qui correspondent à la double visée, apologétique ou irénique des traités : ce sont d'abord des mal-croyants qu'on ne saurait convaincre que par le raisonnement, mais dont il faut montrer la vérité relative de la croyance ou plus exactement les principes qu'elle partage avec la nôtre, afin d'enrichir et de raffermir cette communauté de pensée : « Au reste, s'il faut persuader les Déistes, les Payens, les Juifs et les Mahométans, qu'il faut embrasser la religion chrétienne préférablement à toutes les autres, par quelle voie s'y prendra-t-on si

1. L. Meyer, *Interpres*, ch. 5, p. 104.

ce n'est par des arguments tirés par le raisonnement »[1] ? Mais ces destinataires, également évoqués par Grotius dans la Préface[2] de *la vérité de la religion chrétienne* ne sont peut-être pas les plus importants. Le premier destinataire, c'est l'auteur lui-même, et en lui, à la fois le lecteur philosophe et l'homme doté de raison.

> « Comme je sais qu'il ne faut pas d'autre secours pour soutenir le parti de la vérité que la vérité même, et que je ne devais point employer de raison dont mon esprit n'eut le premier éprouvé toute la force, persuadé enfin qu'inutilement je travaillerais à convaincre les autres, si je n'étais moi-même convaincu, j'ai fait un choix des plus solides preuves »[3].

On pourrait penser qu'il s'agit là d'une unique catégorie, car la catégorie de l'homme doté de raison inclut celle du lecteur philosophe. La différence porte donc sur le degré d'instruction requis pour entendre ce propos. Le destinataire initial du discours du credo minimum est l'homme quelconque qui n'est « ni insensé, ni abruti »[4], le « profane (*idiotus*) doté de sens commun et de jugement »[5], « l'homme de cœur qui aime la vérité et la probité »[6], et même chez D'Huisseau, la « personne du commun », c'est-à-dire « les simples, les femmes, les enfants et les paysans »[7] ou encore le marin néerlandais de Grotius. Pourtant, si l'on admet qu'avant de chercher à convaincre les autres, l'auteur cherche à mettre de l'ordre dans sa pensée et à sortir des chemins tortueux et dangereux de la controverse, il faut reconnaître que derrière le destinataire quelconque se cache le lecteur-philosophe, seul susceptible d'accepter de faire l'effort préalable de libération des préjugés ou de remise en cause de ses évidences. Pour autant les deux figures de l'homme de bon sens et du lecteur philosophe ne sont pas ici distinguées. Il y a là une différence sensible avec Spinoza par exemple : quand, à la fin de la préface du *Traité théologico-politique*, Spinoza s'adresse explicitement au seul lecteur-philosophe il ne récuse pas l'homme sans instruction, mais ce lecteur non philosophe agité des passions du vulgaire et plus encore de la passion haineuse née du zèle théologique. Ce n'est point là mépris de la multitude, mais connaissance lucide de l'obstacle des passions et plus particulièrement des passions nées de la culture :

> « Aux non-philosophes je n'ai cure de recommander ce traité, n'ayant pas de raison d'espérer qu'il puisse leur convenir en aucune façon. Je sais en effet combien sont enracinés dans leur âme les préjugés auxquels sous couleur de piété ils ont donné leur adhésion. Je sais aussi qu'il est également impossible d'extirper de l'âme du vulgaire la superstition et la crainte. Je sais enfin qu'en lui l'insoumission tient lieu de constance et qu'il n'est pas gouverné par la

1. Wissowaty, p. 35/76.
2. Les Païens de Chine et de Guinée, les Mahométans de l'empire turc et de la Perse, les « Juifs qui sont errans par toute la terre » *Op. cit.*, Préface, p. LXXV.
3. *Ibid*, p. LXXI.
4. Formule qui revient constamment chez Cherbury.
5. *Confession des Remontrants*, ch. 1, sect. 14, cité par L. Meyer, p. 224.
6. « homini cordato et veritatem et probitatem amanti » Wissowaty, p. 35 ; Le Cène traduit : l'homme sage...
7. *Réunion*, p. 18.

Raison mais emporté par la Passion à la louange et au blâme. Je n'invite donc pas à lire cet ouvrage le vulgaire et ceux qui sont agités des mêmes passions que lui »[1].

Or s'il y a bien une évocation des passions comme obstacle à la saisie de la vérité chez nos auteurs, il y manque une analyse du complexe structurel Raison-Passions par le biais d'une théorie des rapports de l'âme et du corps, ou bien de la nature de l'idée correspondant aux affects. Du même coup, l'obstacle des passions est minimisé parce qu'il est toujours rapporté à une origine extérieure et que son emprise n'est pas expliquée par la structure même de l'esprit et de ses modes du connaître. La métaphore du bandeau qui voile les yeux, qui revient constamment pour désigner les préjugés, est ici fort significative : un bandeau (ou un verre coloré) est d'une autre nature que l'œil; il ne s'agit pas d'une maladie, d'une déficience interne de l'organe de vision, ou d'un mauvais exercice (erreur de visée ou de perspective) mais bien d'un empêchement d'origine externe. Il suffit de l'enlever pour bien voir, sans qu'il soit besoin de rééduquer le regard. Aussi ces textes (sauf chez Grotius) gardent-ils toujours un caractère programmatique et inachevé. Une fois qu'on a expliqué pourquoi les croyances partagées sont plus fondamentales que les divergences, et appelé les hommes de bon sens à se réunir sur ce noyau commun, que reste-t-il à faire? A développer un corps de vérités. Mais pour cela, il faut affiner davantage l'analyse de la méthode et quitter le terrain du credo minimum pour entrer dans celui de la philosophie. Le destinataire ultime est donc bien le philosophe : le lecteur, mais plus encore le penseur.

PRÉSUPPOSÉS

Avant même d'exposer les moyens d'accès à la vérité privilégiés par la tradition du credo minimum, il faut rappeler quelques présupposés sans lesquels cette recherche même perdrait tout son sens. Le premier, c'est l'existence de la vérité et son unité foncière; le second, c'est la commune participation des hommes à la raison; le troisième, la présence de la raison dans toutes les opérations ou les moyens qui donnent accès à la vérité religieuse; ce qui conduit enfin à une définition de la philosophie.

Unité de la vérité

Le premier présupposé est évidemment que la vérité existe et qu'elle est une. Seul, Cherbury a consacré un traité à exposer sa conception de la vérité. Cette théorie, au demeurant fort complexe et confuse, des moyens de l'atteindre veut tenir compte de la diversité des objets auxquels elle s'applique et de la diversité des sujets qui exercent leurs facultés[2]. L Meyer est plus soucieux, eu égard à son

1. *TTP*. préface, G. III, p. 12, Ap. p. 27.
2. Cf. *Le salut du laïc*, ch. III.

objet, (l'interprétation de l'Ecriture), de bien distinguer entre la vérité du sens (c'est-à-dire la saisie de l'authenticité d'un vouloir-dire) et la vérité de la chose :

> « Quiconque a reçu une légère teinture des disciplines de l'Ecole sait qu'on trouve chez les philosophes plusieurs acceptions de la vérité, et entre autres, deux attribuées au discours externe. <...> La première est l'accord de la phrase avec les choses mêmes, en tant qu'elles existent dans la nature hors de l'entendement du locuteur, la seconde est la conformité de la phrase avec les idées et les concepts qu'a eus dans l'esprit celui qui la proféra oralement ou par écrit, sans qu'on tienne compte de son accord avec les choses »[1].

Si l'on s'en tient donc au sens propre et usuel de la vérité comme accord du discours et de la chose, chacun de nos auteurs explicite son refus de la solution padouane de la double vérité, c'est-à-dire d'une juxtaposition de deux thèses contraires sur le même objet, l'une étant tenue pour vraie théologiquement et l'autre pour vraie philosophiquement. Cette solution, outre qu'elle est logiquement insoutenable, est tenue pour attentatoire à la dignité divine. Dieu est en effet la Vérité même, la source ultime et la caution de toute vérité, et le garant de notre capacité à atteindre le vrai. D'où la faiblesse de la thèse qui veut que

> « soient non seulement subordonnées quant à la certitude, mais même opposées, la nature à la grâce, la science à la révélation, la vérité dévoilée par les voies ordinaires à la vérité dévoilée par les voies extraordinaires, alors que l'une et l'autre doivent être considérées au même rang. La vérité en effet, quoiqu'engendrée et acquise de diverse façon ne peut pas s'opposer à elle-même ou se dépasser elle-même »[2].

La raison

Le deuxième présupposé qui peut paraître d'une évidence telle qu'elle n'a pas besoin d'être réaffirmée, c'est que la raison est partagée par tous, étant le propre de l'homme. Pourtant la réaffirmation d'une évidence a toujours une signification polémique, ou à tout le moins signale une difficulté inaperçue. Lorsque Descartes ouvre le *Discours de la méthode* en écrivant que « le bon sens est la chose du monde la mieux partagée », c'est pour ajouter aussitôt que « ce n'est pas assez d'avoir l'esprit bon, mais le principal est de l'appliquer bien », bref pour présenter l'urgence de la méthode afin d'user au mieux et en tout de sa raison et pour justifier que ce discours écrit en français puisse s'adresser à tous, même aux femmes. Lorsque Grotius évoque les peuples barbares chez qui « la raison, quoique demi éteinte laisse briller encore quelques étincelles »[3], D'Huisseau les « personnes du commun », laboureurs ou artisans qui ne disposent que des lumières naturelles de l'esprit, ou plus encore Meyer la force de la lumière naturelle et « ce que peut, dans l'investigation des choses, la raison ou l'esprit humain[4] », c'est pour dénoncer immédiatement la main-mise de l'autorité sur

1. *Interpres*, ch. III, § 6, p. 48.
2. L. Meyer, *Interpres*, ch. IV, § 7, p. 112.
3. *VRC*. I, 1.
4. *Op. cit.*, V, 4, p. 109.

l'accès au savoir ou rejeter la solution qui consiste, pour sortir des controverses, à complexifier les doctrines au lieu de les simplifier[1]. Cette exigence de simplicité est particulièrement requise lorsque la théologie est envisagée sous un angle sotériologique. Descartes l'avait dit fortement :

> « Les moines ont donné occasion à toutes les sectes et hérésies avec leur théologie, je veux dire avec leur théologie scolastique qu'il faudrait bannir avant tout. Et quel besoin de se donner tant de mal puisque nous voyons que les simples d'esprit et les paysans (*idiotas ac rusticos*) peuvent gagner le ciel aussi bien que nous ? Ceci devrait certainement nous avertir qu'il vaut bien mieux avoir une théologie aussi simple qu'eux que de la tourmenter dans maintes controverses et ainsi de la corrompre et de donner occasion à des querelles des rixes, des guerres »[2].

Tout le projet du credo minimum, (comme théologie simplifiée) pourrait se tirer de ce texte, mais l'on sait que là n'est pas la perspective de Descartes pour qui la vraie théologie est la théologie scripturaire. Le rappel de la communauté de la raison, comme moyen, règle ou norme de vérité entre les hommes, n'est pas seulement un topos du discours philosophique ; cela sert aussi à écarter d'emblée la nécessité d'un discours docte, intelligible seulement à quelques uns, et cela conduit à fonder sur la nature humaine et ses forces natives la possibilité d'atteindre la vérité religieuse. De la mise à l'écart provisoire de la grâce et de la révélation jusqu'à une conception strictement immanente de la norme du vrai, il y a, sinon un pas, au moins une continuité repérable.

Il ne suffit pas de poser que, la raison étant commune à tous les hommes, le discours qui ne requiert que ses seules lumières est intelligible à tous. Il faut encore montrer que son usage est présupposé par toutes les autres sources de vérité, ce qui conduit, contre l'argument de l'autorité, à développer un vibrant éloge de la raison, et à limiter l'examen des sources à celles qui mettent en œuvre un assentiment raisonnable. On peut le montrer rapidement sur l'exemple du témoignage historique et de la révélation.

Sur quoi s'appuient les théologiens lorsqu'ils ne font pas, explicitement et principalement, appel à la raison commune ou à l'expérience de chacun ? Ils renvoient à des récits auxquels on doit accorder foi eu égard à l'autorité et à la sagesse du narrateur ; ou bien ils font appel à une révélation qui leur serait faite en personne, ou plus généralement qui leur a été transmise et dont ils sont les interprètes. Or l'histoire ne relève pas de la catégorie du vrai mais du vraisemblable, et cela à double titre : parce qu'elle dépend de l'autorité du témoin et du narrateur ; l'autorité, quand elle n'est pas « l'asile de l'ignorance »[3] ne produit au mieux que du vraisemblable[4] ; d'autre part l'histoire fait nécessairement l'objet d'une interprétation et l'interprétation des obscurités d'un récit relève

1. D'Huisseau, p. 107 ; L. Meyer, p. 110 : « Chaque fois que j'ai trouvé un théologien mauvais philosophe et usant mal de la raison naturelle, je l'ai trouvé d'autant plus contempteur de la raison naturelle et de la philosophie ».

2. *Entretien avec Burmann*, AT V, p. 176. Traduction d'H. Gouhier (*La pensée religieuse de Descartes*, p. 304.)

3. Cherbury, *DV*, 160/208.

4. *Ibid*, 231/296.

aussi du vraisemblable, même si son contenu est globalement tenu pour vrai[1]. « De sorte qu'on doit laisser à chacun la liberté de les[2] examiner pour les recevoir ensuite ou les rejeter sans préjudice de salut, et sans rompre l'union qu'on a avec ceux qui sont de sentiment contraire[3] ».

Témoignage historique, récit de miracle, prophétie, transmission d'une révélation, tout cela demande à un moment ou à un autre un acte de foi. Mais s'agit-il bien d'une foi en Dieu ou d'une foi en un médiateur humain ? Et d'ailleurs qu'est-ce que la foi ? La foi n'est pas la science[4]. C'est un acte de volonté, l'assentiment donné à une proposition invérifiable directement, appuyé sur la confiance accordée à celui qui nous l'a proposée et finalement « assensus firmus testimonio divino adhibitus[5] ». Or si la foi ne procède pas d'abord de l'intelligence mais de la volonté, elle ne va jamais sans l'intelligence, sinon ce ne serait qu'une crédulité aveugle. Comme le dit avec force Wissowaty : « Facessat ab hominibus rationalibus fides asinina, bruta, irrationalis. Arrière des hommes dotés de raison, une foi asinine, brute et irrationnelle »[6] !

Il faut bien discriminer pour ne pas accepter n'importe quoi et comprendre, fut-ce imparfaitement, ce à quoi l'on dit croire, sinon cette foi serait vide et vaine. Comme le disait Comenius, cité par Wissowaty : « Il n'y a rien dans la foi qui n'ait été auparavant dans l'entendement puisqu'il faut que celui qui croit sache ce qu'il faut croire[7] ». Enfin il faut bien user de sa raison pour déterminer la fiabilité des témoignages et chercher un critère discriminant entre vrais et faux miracles ou vrais et faux prophètes. Que ce critère ne soit pas nécessairement d'ordre rationnel (par exemple un critère de cohérence entre vie et doctrine, ou entre enseignement particulier et enseignement général de l'Ecriture) n'empêche pas que son élucidation et sa justification ne mettent en jeu des procédures rationnelles, comme le montre longuement Wissowaty en ne réfutant pas moins de dix-huit arguments contre l'usage de la raison dans les matières de religion.

La question de la *révélation* comme source de vérité religieuse est une question qui ne peut guère être éliminée en contexte de culture chrétienne. Or l'étendue et le contenu de la révélation font partie des questions qui divisent ; aussi ce thème va-t-il être réduit ou marginalisé. Dans l'*Elenchus verborum* placé en tête du *De Veritate*, Cherbury définit la révélation comme « une

1. D'Huisseau : « Je demande que nous acquiescions tous avec un profond respect à la vérité des saintes Histoires, laissant la liberté aux Doctes de dire leurs sentiments sur les difficultés qui s'y rencontrent, pour suivre sans contrainte tel parti que l'on jugera plus vraisemblable » p. 158.

2. Et plus particulièrement les questions de chronologie.

3. D'Huisseau, p. 145-46.

4. « Certains <=Calvin> assurèrent que la foi est une connaissance, autrement dit une science, en quoi ils montrèrent qu'ils en savaient moins long que les illettrés, que les femmes et pour tout dire les enfants. Toutes ces personnes comprennent ce que c'est que croire ». Suit un exemple tiré de l'expérience la plus familière pour illustrer la différence de sens entre 'je sais que' et 'je crois que'. Castellion : *De l'art de douter*..., I, 18, p. 80. Et un peu plus loin : « Là où la science commence, la foi atteint son terme, et celui qui disait je crois dit désormais je sais ».

5. Wissowaty, p. 32/72.

6. *Ibid*, p. 34/75.

7. *Ibid*, p. 48/92.

indication immédiate faite à quelqu'un ou à plusieurs par la divinité qui montre par un moyen surnaturel quelque vérité ou bien éminent[1] ». Cette définition extrêmement large permet d'englober dans cette catégorie aussi bien la révélation judéo-chrétienne que les révélations d'Apollon aux Sibylles ou à Apollonios de Tyane. En même temps elle fournit un critère de discrimination entre vraies et fausses révélations par le biais de la manifestation d'un bien éminent, critère plus unanimiste que celui du vrai. Chez Cherbury tout au moins, la révélation est à la fois diminuée dans son importance et étendue dans sa manifestation possible puisqu'une authentique révélation de l'unique divinité suprême n'est pas, par principe, refusée aux païens. Cela étant, l'usage de la raison est nécessaire pour discerner entre vraies et fausses révélations. Les inspirés, ceux qui se vantent « d'avoir attrapé la révélation intérieure des mystères par la lumière de l'esprit divin »[2] doivent donc accepter de se servir de leur raison pour présenter et justifier cette révélation ; sinon,

> « ils ne sauraient réfuter ceux qui les contredisent ou qui se vantent d'avoir des révélations qui leur sont contraires et opposées à celles qu'ils avancent ou il faut qu'ils extravaguent comme des fanatiques et des fantastiques déraisonnables, et qu'ils embrassent toutes sortes d'erreurs et de folies pour la vérité, sous le titre de mystères »[3].

Bref qu'il s'agisse d'admettre ou de rejeter une prétendue révélation, de juger d'un témoignage ou d'interpréter les Livres Sacrés[4], la garantie de vérité qu'offre le présupposé généralement admis de la véracité divine et de la vérité de ce qui nous vient de Dieu, n'empêche point qu'il faille déterminer par des procédures rationnelles ce qui vient vraiment de Dieu. Le sentiment vif interne de la présence divine n'y suffit pas, et ce sentiment lui-même reçoit de la part de L. Meyer, une interprétation en termes strictement rationnels : la « dictée, témoignage et inspiration de Dieu ou de l'Esprit Saint » y sont en effet interprétés comme la certitude qui accompagne la perception claire et distincte ou comme la conscience intime de cette perception[5]. Pour L. Meyer, ces procédures rationnelles propres à déterminer ce qui vient de Dieu sont les démonstrations de la philosophie, mais c'est là inféoder la théologie à la philosophie. Pour Grotius c'est l'accord interne de toute l'Ecriture, pour D'Huisseau l'examen de la conformité avec le symbole des Apôtres.

1. « Revelatio est indicatio quaedam a Numine immediate alicui vel aliquibus facta unde vel verum vel bonum aliquod eximium supernaturali quodam prorsus modo commonstratur et ostenditur ».

2. Wissowaty, p. 48/92.

3. *Ibid.* Cf. également la critique lockienne de l'enthousiasme (*Essai* IV, XIX), citée au chapitre précédent.

4. Nous reviendrons plus en détail sur cette question de l'Ecriture sainte dans le chapitre suivant.

5. « Puisqu'il n'est pas de perception claire et distincte qui n'engendre en nous la conscience intime de cette perception et puisque, comme on l'a dit, Dieu est cause de toute perception claire et distincte, il sera cause aussi de cette conscience intime ; puisque cette conscience intime nous persuade indubitablement, nous dicte, nous atteste et nous inspire que la chose perçue est vraie, c'est à juste titre et à bon droit qu'on peut l'appeler persuasion, dictée, témoignage et inspiration de Dieu ou de l'Esprit Saint » L. Meyer, *Interpres*, V, 6, p. 111.

Cette hésitation même est significative : les procédures rationnelles mises en œuvre fonctionnent plutôt *pour écarter* – un dogme superflu ou douteux, un rite inutile etc. – que pour établir et fonder. Il faudra en réalité attendre Kant pour trouver clairement exposée la théorie de cette pratique. Dans la remarque générale qui clôt la première section du *Conflit des facultés*, Kant fait l'analyse suivante : admettons que Dieu parle véritablement à l'homme (dans la Bible ou de toute autre façon). L'homme ne possède aucun moyen assuré, sensible ou rationnel, pour savoir si et quand c'est vraiment Dieu qui parle ; en revanche il dispose d'une procédure aisée pour savoir à coup sûr *quand ce n'est pas Dieu* : quand le discours attribué à Dieu entre en contradiction avec la loi morale qu'il reconnaît immédiatement.

> « Mais que ce puisse ne pas être Dieu dont il croit entendre la voix, il peut s'en persuader fort bien dans quelques cas ; car si ce qui lui est proposé par l'intermédiaire de cette voix, est contraire à la loi morale, le phénomène peut bien lui sembler aussi majestueux que possible et dépassant la nature toute entière, il lui faut pourtant le tenir pour une illusion »[1].

Sans que cela soit aussi clairement thématisé que chez Kant, l'examen de la conformité des dogmes proposés comme partie intégrante de la foi salvifique avec les articles fondamentaux fonctionne comme cette procédure rationnelle qui nous permet de dire ce qui vient de Dieu et, avec plus de certitude et d'assurance encore, ce qui n'en vient pas : par exemple ce qui contredit l'idée d'un Dieu bon et provident, comme la damnation des enfants morts sans baptême ou des hommes justes qui ont vécu avant la venue du Christ.

L'expérience personnelle

Si l'expérience personnelle de l'enthousiaste qui se prétend inspiré sans accepter de s'expliciter sous des formes raisonnables est rejetée comme « fantastique », toute expérience personnelle n'est pas récusée, bien au contraire. La raison confirme ce que l'expérience enseigne et ce, de deux façons. D'une part un enseignement externe ne devient mien que par l'assentiment interne de l'esprit et par le sens interne, comme chez Cherbury pour qui le sens interne est un sens universel, le sens commun[2] ; d'autre part parce que cette universalité potentielle du sens commun se manifeste dans la possibilité de construire une expérience fictive immédiatement intelligible et recevable par tous.

C'est ce que fait D'Huisseau avec cette curieuse histoire de la Magellane[3] : Supposons un voyageur chrétien ignorant des subtilités théologiques, qui soit poussé par la tempête dans une île où vivent des sauvages qui n'ont jamais enten-

1. *Conflit des facultés*, VII, 63 / III, 871-2. Kant en donne en note une exemplification par le cas du sacrifice d'Isaac, qui étant en contradiction avec la loi morale n'a pu être commandé à Abraham par une voix divine authentique. « Abraham aurait dû répondre à cette prétendue voix divine : 'que je ne doive pas tuer mon bon fils, c'est parfaitement sûr ; mais que toi qui m'apparais, tu sois Dieu, je n'en suis pas sûr et je ne peux pas non plus le devenir' ».

2. Cf. *DV* 104/138 sq. où Cherbury assimile sens interne, sens commun, conscience morale et sens de la liberté.

3. D'Huisseau, *Réunion*, p. 160-162.

du parler du christianisme. Il leur enseigne « les premiers et les plus simples rudiments de la religion chrétienne contenus dans son Credo » : l'existence d'un Dieu créateur, le péché de l'homme et l'exigence d'un salut, la venue du Fils de Dieu mort pour nos péchés et ressuscité pour notre justification, la loi de la piété envers Dieu et de la charité envers le prochain. Si ces peuples, touchés de la beauté de cet enseignement et persuadés de sa vérité, y conforment leur vie, chacun n'avouera-t-il pas que « ces gens peuvent être vraiment chrétiens et sont dans la voie du salut ».

Ce qui est intéressant ici, outre la validation de cet enseignement par sa beauté, ce n'est pas seulement le contenu du credo qui reprend le Symbole des Apôtres, mais son mode de validation par une expérience fictive; celle-ci permet de se reconnaître proche de ceux qui nous sont éloignés quand les troubles du temps ont fait que nous nous sentons éloignés de ceux qui nous sont les plus proches : les chrétiens d'autres confessions, qui ne partagent pas les mêmes thèses sur la question de la grâce et de la prédestination, du salut par la foi ou par les œuvres, ou encore de la Trinité.

La philosophie

Si les philosophes, – entendons par là ceux d'autres sectes ou d'autres écoles – sont taxés à l'occasion de fauteurs de troubles et de « patriarches des hérétiques qui ont changé l'école du chrétien en une école de chicane »[1], la philosophie, elle, fait l'objet d'un éloge appuyé, plus particulièrement chez L. Meyer et Wissowaty. Même si l'on ne peut tirer de la seule raison tout l'enseignement de la révélation chrétienne, la philosophie reste l'instrument indispensable et indépassable de son intelligence, l'alphabet de la révélation[2]. Mais qu'est-ce que la philosophie? La définition générale en est assez bien donnée par L. Meyer :

> « Sous ce nom de philosophie, nous n'entendons pas les opinions ou conjectures sur la nature mises à jour par le divin Platon ou le grand Aristote : mais bien la connaissance vraie et tout à fait certaine que la raison, libre de tout voile de préjugés, soutenue par la lumière naturelle et la pénétration de l'entendement, cultivée et secondée par l'étude, l'application, la pratique, l'expérience et l'usage des choses, découvre et place dans la lumière très certaine de la vérité en partant de principes immuables et connus par soi et en passant par des conséquences légitimes et des démonstrations apodictiques perçues clairement et distinctement »[3].

La tonalité générale est bien cartésienne et n'est que cartésienne chez L. Meyer, même si les pages finales font sans doute allusion aux recherches de Spinoza. Mais dans la détermination de ces « principes immuables et connus par soi » va se glisser, par le biais de la théorie de l'assentiment (qui entre dans la définition de la foi), et des notions communes, tout un pan de la philosophie stoïcienne permettant non seulement de fonder l'universalité de la croyance sur

1. D'Huisseau, p. 86.
2. Joachim Stegman cité par Wissowaty, p. 31/71.
3. L. Meyer, *Interpres*, V, 2, p. 106.

le consentement, mais de défendre une conception active, volontariste, libérale et consensuelle de la foi salvifique.

DE L'ASSENTIMENT AU CONSENTEMENT UNIVERSEL

LA FOI COMME ASSENTIMENT RAISONNABLE

> « Fides nihil aliud est quam assensus firmus testimonio divino adhibitus »[1].

> « C'est le consentement de vous à vous-même, et la voix constante de votre raison et non des autres qui doit vous faire croire. <...> Nier, croire et douter bien sont à l'homme ce que le courir est au cheval »[2].

Une lecture superficielle tendrait à rapprocher ces deux formulations par le biais de la notion de consentement. Si la foi est un acte de volonté, cette volonté s'exprime dans l'assentiment donné au témoignage ou dans l'approbation à la vérité proposée. Il y a cependant bien de la différence, comme on le devine, entre Pascal et Wissowaty : c'est que pour Pascal « la foi est un don de Dieu[3] », non de raisonnement, tandis que Wissowaty met l'accent sur l'activité de l'entendement (*intellectus*) ou de la raison (*ratio*), puisqu'un assentiment aveugle n'est pas proprement assentiment[4]. Ce qui le conduit à la genèse inverse de celle de Pascal : « Ratio igitur ad fidem requiritur, quia sine ratione non fit assensus, id est ipsa fides ». On ne saurait forcer l'assentiment, puisqu'assentir par force n'est pas assentir, mais dire de bouche ce que le cœur ne croit pas. Si l'on met de côté l'origine des lumières qui inclinent la volonté à accorder ou à refuser l'assentiment, on tombe d'accord pour faire de l'assentiment le mouvement propre de la foi. Or la théorie de l'assentiment nous renvoie à la théorie antique de la représentation et de la formation des notions, particulières ou communes, qu'il importe donc d'analyser de plus près.

LES NOTIONS COMMUNES

L'expression de notion commune revient très fréquemment sous la plume des auteurs du XVIIe siècle, particulièrement pour désigner certaines conceptions théologiques assez rudimentaires et communément partagées. Cela ne signifie pas pour autant que l'expression soit toujours parfaitement claire et univoque. La

1. Wissowaty, p. 32.
2. Pascal, *Pensées*, B 260.
3. *Ibid*, B 279 : « Ne croyez pas que nous disions que c'est un don de raisonnement. Les autres religions ne disent pas cela de leur foi ; elles ne donnaient que le raisonnement pour y arriver, qui n'y mène pas néanmoins ». Pour Pascal, prendre la raison naturelle pour guide, ce qui est le propre de toutes les religions sauf du christianisme, au lieu de s'informer des règles laissées par Jésus-Christ, c'est là le masque d'un autre désir, celui de suivre librement son imagination (B 903). Toutes les religions, sauf le christianisme, ne sont donc que des variations libres (au sens d'imaginaires), sur la religion naturelle.
4. « Assensus caecus non est vere et proprie assensus » Wissowaty, p. 32.

catégorie de notion commune ressemble même à première vue à une catégorie attrape-tout. C'est qu'elle renvoie à une double origine bien souvent confondue : la tradition aristotélicienne des premiers principes d'une science, et la tradition stoïcienne des **κοιναὶ ἐννοίαι** Par ailleurs, comme le remarqueront Descartes et Leibniz, on confond souvent notion commune et notion primitive, notion commune et notion adéquate.

Ce qui est clair dans les notions communes, c'est qu'il s'agit bien de notions; ce qui est obscur, c'est l'origine et l'application du caractère commun : commun en quoi, à qui ou à quoi? Mais cette catégorie est si prégnante dans le discours du credo minimum et dans toute l'apologétique protestante des XVIe siècle et XVIIe siècle[1] qu'elle demande à être élucidée.

Avant d'exposer la théorie stoïcienne des notions communes rappelons ce que Descartes entend sous ce terme. Dans l'*Entretien avec Burman*[2] Descartes assimile vérités éternelles et notions communes et donne comme exemple le principe de contradiction. Il faut bien distinguer, précise-t-il, entre les notions simples, comme pensée, certitude, existence qu'on obscurcit en voulant les définir (*Principes*, I, 10), les notions générales, comme substance, durée, ordre, nombre (*Principes*, I, 48), et les notions communes qui sont des maximes telles que « il est impossible qu'une même chose soit et ne soit pas en même temps » ou « pour penser il faut être » (*Principes*, I, 49). A la question : comment se fait-il que ces notions communes ne soient pas clairement et distinctement aperçues de tous? Descartes répond, à l'article suivant : à cause des préjugés. Mais dans la liste d'exemples de notions communes, c'est-à-dire innées, proposées à l'article 49 du livre I des *Principes*, il ne range aucune notion ou proposition religieuse. Cette absence est cohérente avec son système car Descartes a soigneusement distingué entre le traitement des idées métaphysiques et des notions de la théologie[3].

Si la théologie naturelle du XVIIe siècle n'hésite pas, en revanche, à s'appuyer sur des notions communes religieuses et à en dresser la liste, c'est qu'elle se nourrit en ce domaine du stoïcisme, de sa théorie de la représentation et même de sa théologie.

Théorie stoïcienne des notions communes

La connaissance du stoïcisme chez les auteurs du XVIe comme du XVIIe siècle passe essentiellement par la lecture de Sénèque et de Cicéron. Calvin, qui commenta le *De clementia*, considérait Sénèque comme un maître en éthique et

1. Cf. F. Laplanche : *L'évidence du Dieu chrétien,* IIème partie, ch. II, religion et culture dans l'apologétique protestante.

2. Sur *Principes*, I, 48.

3. Cf. *Principes*, I, 76 : « Que nous devons préférer l'autorité divine à nos raisonnements et ne rien croire de ce qui n'est pas révélé que nous ne le connaissions fort clairement ». Et tout le corps du paragraphe, notamment le début : « Surtout nous tiendrons pour règle infaillible que ce que Dieu a révélé est incomparablement plus certain que le reste, afin que si quelque étincelle de raison semblait nous suggérer quelque chose au contraire, nous soyons toujours prêts à soumettre notre jugement à ce qui vient de sa part ».

par ailleurs le rigorisme de l'éthique protestante s'accordait assez bien avec le formalisme stoïcien. Déjà certains Pères de l'Eglise, notamment Lactance et Augustin, avaient considéré la morale stoïcienne comme une phase préparatoire au christianisme[1], et utilisé l'argumentation stoïcienne contre la théologie épicurienne. Mais ce qui explique le déplacement de l'intérêt, à la fin du XVIe siècle et au début du XVIIe siècle, de la morale à la théologie (et à l'épistémologie) des Stoïciens, c'est non seulement l'énorme impact[2] du *De natura Deorum* de Cicéron mais la relecture de Sénèque à la lumière du stoïcisme ancien, celui de Zénon et de Chrysippe. Pour introduire à la lecture de Sénèque et en faciliter l'intelligence, Juste Lipse avait publié en 1604 deux traités pédagogiques, la *Manuductio* et la *Physiologia Stoïcorum*. C'était un exposé remarquablement précis et bien informé de toute la théorie stoïcienne, et donc aussi du lien intrinsèque entre logique, physique (et théologie) et morale, puisque les Stoïciens avaient développé une théorie organique et synergique de ces différentes disciplines. C'est donc vers Juste Lipse qu'il faut se tourner pour comprendre à la fois où les classiques ont appris à lire le stoïcisme et avec quelle précision ils l'ont lu. Le premier traité, la *Manuductio*, veut conduire par la main, comme son nom l'indique, le débutant, le προκόπτων ou *proficiens*, le *studiosus*, jusqu'à la sagesse ou art de la vie guidée par la raison. Après un bref voyage dans l'histoire (et la géographie) de la philosophie, destiné à mieux souligner l'excellence du stoïcisme et particulièrement de Sénèque, Juste Lipse présente les diverses divisions de la philosophie, et notamment le rapport entre ses différentes disciplines ainsi qu'entre le savoir minimal initial du *proficiens* et le savoir achevé du sage. Il faut en effet montrer que la sagesse peut s'enseigner parce que la nature a mis en nous des semences et des étincelles de pensée vraie que la doctrine développe et parachève[3].

La onzième dissertation du livre II de la *Manuductio* constitue un remarquable traité stoïcien sur la formation des notions et leur rôle dans le processus de connaissance. Non seulement parce que Juste Lipse connaît et cite précisément les meilleurs textes[4] mais parce qu'il fait bien la différence, beaucoup mieux que Cicéron, entre la formation des notions communes et la formation des idées générales à partir de la perception répétée, mémorisée, et interprétée par l'expérience et par l'art (selon le modèle aristotélicien). Que sont pour les Stoïciens les κοιναὶ καὶ ἐμφύται ἐννοίαι, ces notions communes à tous les hommes, inscrites en leur esprit sous forme de semences ou d'étincelles de raison et mises à jour par l'expérience? Ce sont des représentations anticipatives, des προλήψεις ou *anticipationes*. Tout vivant a des représentations mais l'homme a en

1. Sur ces questions cf. L. Zanta, *Op. cit.*, M. Spanneut : *Le stoïcisme des Pères de l'Eglise*, Paris, 1957, et les remarques de J. Jehasse sur Lipse et les Pères de l'Eglise..

2. Mesurable au nombre d'éditions, de traductions et à la fréquente des citations et cryto-citations.

3. *Manuductio*, II, 10. L'image des semences et des étincelles de vérité inscrites en nous par la nature et développées par l'expérience et par la raison revient constamment dans le discours du credo minimum, comme d'ailleurs chez Descartes.

4. *Sur les notions communes* de Plutarque; de Cicéron : *Leg.* I, 9; *Top.* IV *Acad.*, *Fin.* III; Sénèque *Ep.* 120.

lui une étincelle de la raison divine qui transforme certaines de ces représentations en notions. La représentation est une empreinte (τύπωσις) dans l'âme ou une modification de l'âme (ἀλλοίωσις) qui est significative de l'âme et de la chose qui est autre que l'âme[1]. La notion est une représentation stable mais les Stoïciens[2] distinguent entre les notions produites par la nature (*naturales*) et celles produites par l'art (*artificiales*). Seules les notions naturelles ou prénotions constituent les notions communes. Or, quoiqu'en un sens innées, les notions communes sont cependant formées et de façon analogue par tous les hommes, car ce qui est inscrit naturellement dans l'âme ce n'est pas la notion commune mais la possibilité de sa formation par les sens et la raison. Comme l'écrit Cicéron, cité par Lipse : « Quant à l'homme, la nature ne s'est pas contentée de le douer d'un esprit prompt, elle lui a encore départi des sens comme autant de gardiens et de messagers, elle a mis en lui pour servir de fondement à la science, la connaissance encore incomplète d'un grand nombre de choses »[3].

Les notions se forment donc dans l'âme par rencontre de l'expérience, conjonction, similitude, et pour les notions communes par analogie rationnelle (*collatio rationis*)[4]. Quoique d'origine empirique, les notions communes sont entièrement rationnelles puisqu'elles sont produites spontanément et naturellement par tous les hommes dotés de la raison divine, par un processus d'induction rationnelle. Toutefois les notions communes ne constituent qu'une ébauche de connaissance et de sagesse, sinon les premiers hommes auraient d'emblée été tous des sages; c'est à la doctrine et à la pratique de les transformer en science, vertu et sagesse[5].

On voit par là quel opérateur conceptuel extrêmement commode et fécond constituait pour l'irénisme religieux la théorie des notions communes : en tant que communes et manifestées par le consentement universel, elles justifiaient cette unité de croyances religieuses et de lois morales qu'ils cherchaient à mettre en évidence en-deçà des divisions; elles constituaient ces principes communs à partir desquels on pouvait discuter ensemble. Le rapport de la notion commune comme ébauche (par exemple l'idée de providence) et de la doctrine comme développement plus contestable (l'explication de la providence, ses limites, ses

1. Zénon Cf. Cicéron I *Acad.* II, 77 et Chrysippe in Sextus Empiricus, *Adv. Math.* VII, 228 (=SVF I, 484).

2. Cf. SVF II, 82-89; Aetius, *Placita*, IV, 11 , (SVF, II, 83) : « Parmi les notions les unes naissent naturellement et non par l'effet de l'art. Les autres se produisent en vertu de notre apprentissage scolaire et de notre éducation. Celles-ci s'appellent seulement notions, celles-là prénotions ».

3. *De Leg.* I, 9. Ce texte précède le célèbre texte sur le fondement naturel du droit, qui est la loi ou la droite raison considérée dans ses prescriptions et interdictions.

4. Cicéron : « Cumque rerum notiones in animis fiant, si aut usu aliquid cognitum sit aut conjunctione aut similitudine aut collatione rationis, hoc quarto, quod extremum posui, boni notitia facta est. Cum enim ab iis rebus quae sunt secundum naturam ascendit animus collatione rationis, tum ad notionem boni pervenit ». (*Fin.* III, 33) et Sénèque : « Quomodo ad nos boni honestique notitia pervenisset ? Hoc nos docere naturam non potuisse. Sed nobis videtur observatio collegisse, et rerum saepe factarum inter se collatio, per analogiam nostro intellectu et bonum et honestum judicante » (*Ep.* 120, 4). Les deux textes sont cités et commentés par Juste Lipse.

5. Cf. Sénèque, *Ep.* 90.

modes opératoires) permettait de rendre compte de la diversité conflictuelle des croyances et de les relativiser sans tomber dans le relativisme, puisqu'on disposait avec la notion commune d'un critère ferme et assuré de vérité universelle. On le voit bien chez Epictète[1] :

> « Tel est le conflit qui oppose Juifs, Syriens, Egyptiens et Romains : qu'il faille avant tout respecter la sainteté et la rechercher en tout, ce n'est pas en question ; mais on se demande s'il est ou non conforme à la sainteté de manger du porc ».

Ce type d'exemple, qui associe l'universalité de la quête de la sainteté et de la distinction de choses pures et impures avec la relativité des contenus distingués sera repris abondamment par Cherbury dans le *De Religione Gentilium* et occasionnellement par Grotius.

Les notions communes ont une double fonction : elles sont le principes des sciences et de la sagesse et elles servent de critère de vérité :

> « Nous avons coutume d'accorder grand prix à une prénotion propre à tous les hommes et le fait que quelque chose soit généralement admis passe auprès de nous pour un argument de vérité. De même que nous formons par analogie rationnelle la notion de l'existence des dieux, cette opinion sur les dieux est imprimée chez tout le monde et il n'est pas de peuple si sauvage qu'il ne croie pas qu'il existe des dieux. Lorsque nous dissertons de l'éternité des âmes, ce n'est pas pour nous un argument de peu de poids que le consentement des hommes craignant les êtres infernaux ou leur rendant un culte »[2].

Les notions communes sont donc critères de vérité, principes heuristiques à l'occasion, échantillon et ébauche de savoir et de sagesse, source et moyen, entre les hommes, de reconnaissance mutuelle de leur commune humanité. Fonds commun de la sagesse universelle, elles favorisent la paix entre les peuples. Seul Herbert de Cherbury développe toute une théorie des notions communes qui s'appuie sur la théorie stoïcienne et la prolonge par la détermination de six critères, ou marques distinctives, qui sont : l'antériorité ou la qualité de principe, l'indépendance, l'universalité, la certitude, la nécessité, et le mode de conformation (c'est-à-dire le rapport immédiat à l'objet)[3]. Mais chez tous, leur validité est telle que, par exemple, les miracles seront dits être au-dessus et outre le cours ordinaire de la nature, mais sans pouvoir renverser les notions communes[4].

Si tous s'accordent bien sur l'universalité des notions communes et sur leur valeur de vérité, comme sur leur statut de principe au double sens de commencement et de norme, on ne met pas cependant toujours exactement le même contenu, ni le même type de propositions sous cette catégorie. Les notions communes sont des propositions plutôt que des idées simples : par exemple la notion commune de bien ou de justice porte sur la règle du bien et de la justice

1. *Entretiens* I, XXII, intitulé : les prénotions sont communes à tous les hommes mais ils les appliquent différemment. Le texte cité est au § 4.
2. Sénèque : *Ep.* 117, 6.
3. *DV* 60 sq./80 sq. Cf. J.Lagrée : *Le salut du laïc*, p. 34-36.
4. Wissowaty, p. 51/96.

donnée dans la règle d'or ; la notion commune de Dieu ne nous procure pas de connaissance précise de la nature de Dieu mais pose seulement son existence, une unité au moins de suprématie, le soin et le souci qu'il a du monde et des hommes, et l'obligation de lui rendre un culte.

Quand on se tourne maintenant vers les listes de notions communes, quand elles existent, on constate une grande variété de types. Cherbury et Grotius s'en tiennent à un très petit nombre de notions théologiques et morales : les cinq articles pour Cherbury, l'existence de Dieu, la providence, l'immortalité de l'âme, la règle du bien pour Grotius. Il s'agit là, sur le modèle stoïcien de l'articulation *notiones communes / doctrina*, de connaissances ou de thèses communément partagées, quoique diversement explicitées par les différentes cultures, et non d'axiomes. Au contraire lorsque Wissowaty dresse une liste de 83 « notions ou connaissances communes absolument et universellement véritables »[1] ou lorsque L. Meyer en énumère quelques unes[2] il s'agit de principes logiques (ex. le principe de non-contradiction), métaphysiques (ex. principe universel de causalité), physiques (concernant la génération ou l'état des morts), d'axiomes plus que de premières vérités. Leur position a d'ailleurs moins une visée unanimiste qu'une portée polémique : le rappel de leur universelle nécessité servira ensuite à récuser des élaborations théologiques qui leur sont opposées : par exemple l'interprétation créationniste de la Genèse chez L. Meyer récusée à partir de la reconnaissance de la validité universelle du principe « ex nihilo nihil fit ». On comprend donc pourquoi, lorsque le terme de notion commune et l'énoncé d'un credo minimum sont repris par des philosophes plus exigeants quant à la rigueur terminologique, ceux-ci veillent à distinguer entre image, notion commune et idée adéquate. Ce que fait précisément Spinoza au chapitre IV du *TTP*. lorsqu'il évoque l'enseignement du Christ[3].

LE CONSENTEMENT UNIVERSEL

Si le consentement universel est bien considéré par les Stoïciens comme un argument de poids[4], il s'agit plus d'une certitude morale que d'une preuve décisive, le critère absolu étant la représentation compréhensive. Le texte le plus souvent cité par la tradition philosophique ultérieure lorsqu'elle recourt à l'argument du consentement, est le passage de Sénèque, (*Ep.* 116, 6) que nous avons cité un peu plus haut. Ce texte a le mérite de montrer clairement le lien entre la formation de la notion commune et le consentement universel : toute

1. *Op. cit.*, p. 37/78.
2. *Op. cit.*, VIII, 3, p. 141.
3. « L'amour de Dieu naît de sa connaissance et la connaissance de Dieu doit se puiser dans des notions communes, certaines et connues par elles-mêmes. <...> Le Christ a été envoyé pour enseigner non seulement les Juifs, mais tout le genre humain, de sorte qu'il ne suffisait pas qu'il eût une âme adaptée aux opinions des Juifs seulement ; elle devait l'être aux opinions communes à tout le genre humain et aux enseignements universels, c'est-à-dire en rapport avec les notions communes et vraies ». G. III, p. 61, l. 31 & p. 64, l. 31 et Ap. p. 89 & 92.
4. « Non leve momentum apud nos habet consensus hominum » Sénèque, *Ep.* 116, 6.

notion, même commune, a pour les Stoïciens une origine empirique ; la nature ne nous a pas donné la science mais les moyens de former les notions qui sont les semences de la science. Par un processus spontané que l'art renforce, l'âme d'un vivant raisonnable forme les notions communes à partir de certaines représentations par transfert ou analogie rationnelle. Une fois formées, ces notions servent de critère de vérité pour les notions formées par l'art et l'enseignement. La communauté évoquée par l'expression de notion commune a valeur de nécessité plus encore que d'universalité : une notion commune est une notion qu'un être raisonnable ne peut pas ne pas forger, par exemple que les dieux existent ; une notion conventionnelle (ou culturelle) est une notion dérivée, formée de façon plus ou moins adéquate selon le degré de civilisation et de science dans laquelle elle est formée : par exemple les conceptions, monstrueuses ou sages, que les différents peuples se sont faites des dieux. Le consensus qui se fait sur les notions communes est donc autant de droit que de fait puisqu'il tient moins à l'histoire qu'à la différence entre les vivants non raisonnables (plantes et animaux) et les vivants raisonnables (hommes et dieux)[1].

Cette double source, expérientielle et rationnelle, de la formation des notions communes et du consentement universel explique, nous semble-t-il, la double interprétation qui est faite du *consensus omnium* : chez Grotius, il se confond avec la tradition venue des premiers hommes et ininterrompue depuis lors ; chez Cherbury il renvoie à une structure universelle de l'esprit humain. Chez Grotius le recours au consentement universel est un argument très fréquent, plus puissant que la démonstration dans l'ordre persuasif. Dans *Mel.* § 5, il lui donne son sens grec : τὰ ὁμολογουμένα; mais dans le *De Jure*, II, xx, 4, il interprète le consentement comme tradition[2] continuée, constante et unanime, et de ce fait non cléricale ni même ecclésiale[3].

> « Mais comme tout le monde ne comprend pas la force de ces raisons[4], il suffit que de tout temps et par tout pays, à la réserve d'un très petit nombre de gens, les idées dont il s'agit aient été très généralement reçues tant de ceux qui étaient trop grossiers pour vouloir tromper que de ceux qui étaient trop éclairés pour se laisser imposer. Car un consentement si universel, dans une aussi grande diversité de lois et d'opinions en matière d'autres choses, montre assez que celle-ci est fondée sur une tradition venue des premiers hommes et dont on n'a jamais pu prouver solidement la fausseté ce qui suffit pour nous en persuader la certitude ».

1. « Car la représentation, lorsqu'elle est venue frapper une âme raisonnable, porte alors le nom de notion (ἐννόημα) qui lui vient du mot « νοῦς ». C'est pourquoi tout ce qui vient frapper les animaux dépourvus de raison n'est que représentation (φάντασμα) ; en revanche, ce qui vient nous frapper, nous et les dieux, c'est justement des représentations quant au genre et des notions quant à l'espèce ».(φαντασματα κατὰ γένος καὶ ἐννοήματα κατὰ εἶδος) Aetius, *Placita*, IV, 11.(SVF II, 83)

2. Sur l'appel à la tradition chez Grotius, cf. Voltzel : *La méthode théologique de Grotius*, p. 131.

3. A la différence de la définition célèbre de la tradition proposée par Vincent de Lérins au Ve siècle : « Ce que tous les chrétiens de tous temps et de tous lieux ont cru et tenu pour véritable l'est aussi. Le consentement unanime vaut comme démonstration ».

4. La démonstration par des raisons tirées des principes spéculatifs de la religion.

D'autres textes cités en note par Grotius, notamment un texte de Tertullien[1], renvoient précisément à la thèse stoïcienne et à la distinction *natura / doctrina*; mais dans *De la Vérité* (I, 1) ce consentement s'appuie sur « une tradition successive descendue des pères aux enfants »[2]. Cette conception non ecclésiale de la tradition, puisqu'elle inclut les Païens, lui permet ensuite de justifier l'accord des livres de Moïse avec ceux du paganisme, avec l'enseignement des Brahmanes, des Egyptiens, des philosophes grecs[3]. Cet accord de fait est testé sur des thèmes comme le déluge, dont la mémoire ne s'est pas éteinte, aux dires des Espagnols, chez les sauvages de Cuba ou de Nicaragua[4], ou comme la chute d'Adam et Eve causée par la séduction du serpent qui, selon Maïmonide, « n'était pas ignorée par les Idolâtres habitants des Indes »[5]. Une telle conception historique du consensus est cependant bien fragile. Cicéron, par le truchement de Cotta[6], et Montaigne[7] l'avaient déjà fortement souligné : le consentement n'a de valeur de vérité que s'il est nécessaire et non fortuit, et donc, comme l'a bien vu Cherbury, s'il est de droit plus que de fait. Condition qui permettrait peut-être de faire la distinction entre les authentiques notions communes et les préjugés, et d'éviter de tomber sous le coup de la critique du préjugé[8].

Chez Cherbury en effet, l'accord sur les notions communes est énoncé au futur, non au présent ou au passé : « Nous n'appelons pas ces notions communes à cause qu'elles se font paraître en tout homme bon gré mal gré qu'on en ait, mais parce qu'elles seront communes pourvu qu'on ne leur ferme pas les passages

1. « Nos definimus Deum primum natura cognoscendum, deinde doctrina recognoscendum : natura ex operibus, doctrina ex praedicationibus ». *Adv. Marcionem*, I, 18.

2. « Consultons l'antiquité la plus reculée; rapprochons-nous de notre siècle; examinons les sentiments de tous les peuples qui nous ont précédés ou de ceux qui vivent aujourd'hui; partout où nous verrons quelque trace d'humanité, partout aussi nous trouverons la connaissance d'un dieu établie. C'est une lumière éclatante qui a lui également chez les nations les plus stupides et chez les plus polies. Or que l'on me réponde est-il croyable que l'erreur se soit universellement emparée des savants et pour les ignorants auraient-ils pu inventer des moyens capables de séduire les autres ? » *VRC*. I, 1, p. 5-6.

3. *VRC*. I, 8.

4. *Ibid*, p. 65.

5. *Ibid*, p. 60.

6. Cf. *DND* I, 23 « Je ne trouve dans cette preuve ni solidité ni vérité » et *Div*. II, 39 : « Comme s'il n'y avait rien de plus répandu que l'extravagance et que le grand nombre dût servir de règle à nos jugements ! Combien peu de gens nient que la volupté soit un bien ! La multitude la regarde comme le souverain bien ».

7. « Le fortuit consentement de la voix populaire » *Essais*, II, XII, p. 536.

8. Comme toutefois, les notions communes religieuses invoquées sont bien censées faire l'objet d'un consentement universel de facto, elles n'échappent pas à cette critique comme on le voit par l'exemple des critiques adressées par Gassendi et Locke à Herbert de Cherbury. Cf. aussi Bayle : « Il ne faut pas compter les voix, il faut les peser, et la méthode de décider une controverse à la pluralité des voix est sujette à tant d'injustice qu'il n'y a que l'impossibilité de faire autrement qui la rende légitime en certains cas ». (*Pensées sur la comète*, 48). Bayle vise ici le livre d'Arnauld sur la fréquente communion, mais la critique a une portée générale contre l'argument tiré du consentement universel : « La vérité perdrait hautement sa cause, si elle était décidée à la pluralité des voix ». (*Continuation des pensées diverses*, 4) Bayle emploie d'ailleurs l'expression de *pluralité des voix* et non celle de *consentement universel*, car il nie l'existence effective d'une telle universalité de consentement.

pour les en empêcher »[1]. Du même coup le consentement universel « pierre de touche de la vérité » est une confirmation historique et non une preuve à proprement parler. C'est un indice, une marque de vérité mais aussi l'affirmation que la reconnaissance des notions communes ne requiert pas une sagesse particulière, qu'elle est possible au païen comme au chrétien, au sauvage comme au civilisé. La même thématique se retrouve chez Leibniz : « Pour moi, je me sers du consentement universel non comme une preuve principale, mais comme d'une confirmation »[2]. Enfin cet unanimisme postulé autant que constaté, et fondé sur la Providence dont il porte témoignage[3], fonde en retour l'appel au témoignage intérieur de la conscience pour attester de la vérité (= *summa veritatis norma*) des notions communes fondamentales. Mais ce consentement immédiat ne se veut pas aveugle ; il cherche à être éclairé, et pour ce faire il requiert l'usage de la raison. Consentement universel et démonstration ne s'opposent pas. Ce sont les deux axes complémentaires du chemin de la vérité.

ÉLOGE DE LA RAISON NATURELLE

> « La raison est la voix naturelle de Dieu, et ce n'est que par elle que la voix de Dieu révélée se doit justifier à fin que notre imagination ou quelque autre illusion ne nous trompe point. Autrement *sua cuique fit dira cupido.* Cependant il y a bien de la différence entre la raison et l'érudition et les études ; la raison n'est autre chose qu'une connaissance de la vérité qui procède par ordre. <...> Quand il n'y aurait ni révélation publique ni Ecriture, les hommes suivant les lumières internes naturelles (c'est-à-dire la raison) auxquelles l'aide de la lumière du S. Esprit ne manquerait pas au besoin, ne laisseraient pas de venir à la vraie béatitude. Mais comme les hommes usent mal de leur raison, la révélation publique du Messie a été nécessaire »[4].

Quoique légèrement postérieur aux textes que nous avons choisi d'examiner, ce texte de Leibniz nous paraît offrir en quelques phrases un excellent résumé de la conception de la raison qui prévaut chez les tenants de la religion naturelle au XVIIe siècle : la raison y est en effet présentée à la fois comme l'enchaînement ordonné de vérités et comme la lumière naturelle égale en tout homme, comme source et comme résultat. Mais selon ces deux aspects un risque existe de confondre la raison avec ses rivales : comme source du vrai avec ces sources d'erreurs que sont imagination et désir, comme suite ordonnée de vérités avec

1. *DV* 48/64.

2. *Nouveaux Essais*, I, II, 20. Leibniz poursuit d'ailleurs par un parallèle entre la culture de l'esprit chez les civilisés et la morale pratique des sauvages qui tourne à l'avantage de ces derniers : « on peut dire qu'à certains égards leur morale pratique est meilleure que la nôtre, parce qu'ils n'ont point l'avarice d'amasser ni l'ambition de dominer...Il y a chez nous plus de bien et plus de mal que chez eux : un méchant Européen est plus méchant qu'un sauvage : il raffine sur le mal ». De tels textes évoquent irrésistiblement Rousseau.

3. *DV* 127/167, cité in *Le salut du laïc*, p. 36.

4. Leibniz : *Lettre à Morell* du 29 sept. 1698 (Grua, I, p. 138-9).

l'accumulation érudite d'informations, qu'il s'agisse des apports de la tradition ou de la glose des textes.

La raison est en l'homme un foyer de connaissance qui s'étend à tout mais qui peut être affaibli, si les hommes en usent mal, c'est-à-dire s'ils contaminent cette source par le mélange de l'imagination et du désir, donc s'ils laissent la bride à la subjectivité passionnelle. C'est pourquoi elle a besoin d'être renforcée par la lumière surnaturelle divine. Cette dernière est ainsi évoquée comme un supplément toujours disponible, mais non absolument nécessaire : elle « ne manquerait pas au besoin ». De même la révélation du Messie n'est-elle pas présentée comme nécessaire absolument, eu égard à l'insuffisance naturelle des lumières humaines pour reconnaître Dieu, mais comme indispensable de fait, parce que de fait, les hommes ont mal usé de leur raison[1]. La finalité ultime d'exercice de la raison n'est pas le savoir mais la vraie béatitude, laquelle est dite vraie pour la distinguer de la fausse ou inauthentique : le bonheur illusoire et apparent fondé sur les biens sensibles, l'honneur, les richesses etc., selon une rhétorique bien classique. Ces remarques de Leibniz construisent donc une hiérarchie des voies accessibles à l'homme pour connaître Dieu : la première, la plus naturelle, la plus fondamentale et dont les autres ne sont que des adjuvants, est la raison : voix naturelle de Dieu, lumière naturelle interne, source de vérités et instrument critique des autres sources. Ensuite viennent à titre d'adjuvants ou de suppléments destinés à pallier une déficience conjoncturelle et contingente, la lumière interne surnaturelle de l'Esprit Saint et les lumières naturelles externes de la transmission d'une tradition ou de la lecture d'un livre sacré.

DÉFINITION DE LA RAISON

A première vue, rien de plus évident que la raison, pour un lecteur philosophe. N'est-elle pas « la chose du monde la mieux partagée » ? N'a-t-il pas été instruit de la valeur de la raison, de sa capacité à atteindre l'essence, à « sauver les phénomènes », depuis l'aube de la philosophie et la première réflexion de la pensée sur elle-même, et sur ses modes de fonctionnement ? La misologie, la haine de la raison, ou tout simplement son mépris, ne sont-elles pas le péché irrémissible du penseur depuis Platon ?

Tout cela est vrai et, en un sens, dans l'antiquité comme à l'âge classique, la raison peut être une notion dont beaucoup se réclament, et en des termes fort proches, sans être pour autant une notion simple et immédiatement claire. C'est que, comme le remarque G.G.Granger, « la raison évoque à la fois un idéal, une attitude et une méthode[2]». Or non seulement cette attitude, la méthode de référence privilégiée, les applications possibles varient culturellement, selon l'état du savoir à une époque donnée, mais cet ensemble change aussi en fonction de ce qui est considéré comme son opposé, ou comme son autre. Si la raison s'oppose en un sens à la connaissance sensible, comme l'un au multiple, la raison

1. De façon analogue, Kant présentera la révélation de l'Evangile comme un « moniteur de la raison ». Cf. *Lettre à Jacobi* du 30 / 08 / 1789.

2. G. G. Granger : *La raison*, Paris, PUF, (QSJ ?), 1974, p. 5.

est aussi ce qui l'unifie, ce qui saisit dans l'essence, la forme de l'un dans le multiple. D'où la division de la ligne de la *République* et la continuité entre les deux domaines du sensible et de l'intelligible, marquée par l'égalité, mathématiquement démontrable, entre le deuxième et le troisième segment. De même, s'il y a bien une différence et même une opposition entre la représentation imaginative et la représentation rationnelle, cette dernière, chez les Stoïciens tout au moins, est une forme particulière, plus cohérente et consistante de la représentation (ce qui distingue comme φαντασία la φαντασία καταληπτικὴ du φάντασμα). Entre la connaissance instable et déceptrice des apparences et la connaissance stable et vraie il peut ainsi y avoir à la fois rupture et continuité. A ce stade de l'analyse, il paraît bien difficile de saisir l'originalité, si elle existe, de la pensée de la raison au XVIIe siècle. Et pourtant, quitte à simplifier quelque peu, une différence notable dans sa conception, sépare la pensée classique des âges précédents, et constitue l'unité non seulement des différents systèmes de ce temps, mais encore des pensées de moindre cohérence, qui constituent leur entourage et leur horizon.

Pour la pensée antique, la raison est ce pouvoir d'unification du multiple qui intègre dans l'unité du concept, les différentes informations qui nous viennent d'un même objet[1] et qui saisit dans cet objet sa forme stable, ce qui fait qu'il est ce qu'il est. Elle s'oppose donc à la connaissance sensible et à l'opinion qui accordent trop à la saisie immédiate de l'objet[2]. De ce fait même, la raison comporte toujours une dimension réflexive, un examen des thèses, « un dialogue intérieur de la pensée avec elle-même », d'où dérivent aussi bien son aspect discursif d'enchaînements de jugements vérifiés que sa dimension pratique de « prudence ». Saint Thomas aborde la pensée rationnelle en la comparant moins à d'autres modes imparfaits de saisie du réel qu'à d'autres modes de pensée plus parfaits, celui des anges ou de Dieu. Dieu et les anges connaissent immédiatement, par simple vue. Mais les hommes eux, ont besoin pour saisir la vérité intelligible de passer d'un élément intelligible à un autre, d'enchaîner sous forme discursive leurs diverses connaissances. Il faut à l'homme du temps, de la peine, et de la méthode, pour faire le parcours de l'intelligible, que Dieu et l'ange font instantanément[3].

Des changements notables apparaissent dans la pensée classique qui donnent au rationalisme de cette époque son unité et sa différence par rapport aux époques précédentes[4]. D'une part concernant son idéal : la forme de rationalité que Thomas reconnaissait aux anges, à savoir l'intuition immédiate du réel en ce qu'il a d'intelligible, est mise au compte de la raison humaine, mais comme une visée jamais totalement remplie et dont la saisie requiert pour l'homme le passage

1. Lesquelles sont préalablement liées dans l'unité d'une perception par l'âme, selon le modèle proposé par Platon dans le *Théétète*.

2. C'est là la leçon aussi bien du *Théétète* de Platon, que des *II Analytiques* d'Aristote.

3. Cf. saint Thomas, *Somme théologique*, 1a, qu. 79, art. 8.

4. La différence avec l'époque postérieure, tient nous semble-t-il d'une part dans la détermination de limites internes à la raison, et d'autre part dans le rôle constitutif que vient désormais jouer l'histoire de et dans la raison.

préalable par la discursivité[1]. Concernant la méthode : les mathématiques nouvelles, par leur rigueur et leur fécondité, comme par l'unité du savoir qu'elles mettent en place, servent de modèle et d'instrument, voire de norme à toute connaissance qui se veut rationnelle. La raison est donc susceptible de s'appliquer à tout type d'objet. Concernant le sujet rationnel enfin : la raison n'est pas seulement la forme commune de l'humanité, mais elle est la puissance que chaque individu possède et s'approprie également, quoiqu'il la mette en œuvre inégalement, avec plus ou moins de vigueur, de rigueur et d'efficacité.

La raison cesse donc d'être déterminée d'abord par un rapport conflictuel aux sens, à l'opinion, à l'autorité, à la lumière surnaturelle, c'est-à-dire à ce qui est tenu pour diverses sources possibles de connaissance. Elle est, dans le sujet connaissant et agissant lui-même, la forme de l'universel par rapport à ce qui, en lui, est principe de diversification, d'hétérogénéité, d'opposition aux autres sujets, à savoir la complexion singulière (l'*ingenium*) et la diversité de l'expérience interprétée par l'imagination. Du même coup, qu'elle soit présentée comme faculté de discernement[2], « enchaînement inviolable de vérités »[3] et particulièrement « de celles où l'esprit humain peut atteindre naturellement sans être aidé des lumières de la foi »[4], ou bien encore comme mode d'argumentation qui déduit des notions communes une connaissance vraie et nécessaire[5], la raison ne renvoie pas seulement à l'universalité dans la forme de connaissance (saisie de l'objet réel par opposition à l'objet apparent par exemple), mais à l'universalité d'une attitude des individus face au réel, attitude qui leur permet d'unifier les résultats d'expériences irréductiblement singulières dans un enseignement commun.

Les penseurs du credo minimum, si soucieux de retrouver l'unité d'un langage commun sans sacrifier la richesse de la diversité des expériences singulières, se situent bien dans cet éclairage du rationalisme classique, envisagé non tant dans ses objets (possibles, prohibés, obligés, etc...), que dans une *attitude du sujet* face au monde, à son expérience et à la confrontation dialogale des expériences, de leurs interprétations, et de leurs normes. Leurs définitions de la raison sont généralement des variations ou des reprises sur le mode mineur, des déterminations cartésiennes de la raison comme déduction de vérités à partir de premières vérités ou de notions communes :

> « Cet homme incomparable <Descartes> montre par son exemple ce que peut, dans l'investigation des choses, la raison libérée des obstacles à l'intelligence, instruite par ses propres forces, si elle n'accepte rien qui ne soit clairement et

1. Cf. chez Descartes la récapitulation des différents moments d'une démonstration afin de la transformer autant que faire se peut en saisie immédiate du rapport de la conclusion aux prémisses, et chez Spinoza, l'articulation du second et du troisième genre de connaissance.

2. « la puissance de bien juger et distinguer le vrai d'avec le faux qui est proprement ce qu'on nomme le bon sens ou la raison, est naturellement égale en tous les hommes » Descartes : *Discours de la méthode*, Ière partie, (A. T., VI, 2).

3. Leibniz : *Théod.*, DP § 23.

4. *Ibid*, DP § 1.

5. « De ce que nous avons des notions communes et des idées adéquates des propriétés des choses, j'appelerai ce mode <de connaissance> raison et connaissance du deuxième genre » Spinoza, *E.* II, P. XL, sc. 2.

distinctement perçu et si elle progresse pas à pas des choses les plus simples et les mieux connues aux choses composées et moins connues, selon la vraie méthode de direction de l'entendement. Vraiment, si la lumière ou la raison naturelle était aussi petite ou nulle, qu'est-ce qui, je vous le demande, nous ferait hommes et nous distinguerait des animaux dépourvus de raison » ? [1]

« La raison est une certaine déduction des notions communes qu'elle étend aussi loin que possible [2] ».

L'essentiel est ici dans l'accentuation particulière donnée à la formule consacrée selon laquelle la raison est le propre de l'homme et le don le plus éclatant dont Dieu ait doté la nature humaine. Ce qui signifie aussi que des individus singuliers qui se savent et s'admettent comme divers, retrouvent un terrain commun dans la mise en œuvre de la raison. Le refus de cet usage serait à la fois absurde et indigne de l'homme comme de son créateur. Absurdité attestée par le fait qu'il faudrait encore user de la raison pour prouver qu'on devrait s'en passer, y compris dans les controverses théologiques, comme le montre abondamment Wissowaty. De même que pour réfuter le négateur du principe de contradiction, il suffit de lui demander de prononcer quelque propos sensé, de même pour réfuter les contempteurs de la raison, il suffit de leur demander d'avancer quelque *argument* : pour comprendre le sens d'une parole de l'Ecriture, admettre l'autorité d'un témoignage ou la validité d'une thèse, il faudra bien se servir de sa raison et du même coup reconnaître raisonnablement sa validité [3].

Aussi, avant d'analyser ses fonctions et usages, ses modèles, et ses limites, il conviendrait de s'arrêter moins sur les définitions que sur les *qualificatifs préférentiels* accolés à la raison : *recta*, *sana*, *communis*. Ils sont significatifs d'une attitude intellectuelle faite à la fois de confiance en la dignité de l'homme et d'assurance d'une communauté dans la diversité. Que signifient-ils positivement et polémiquement ?

La *raison commune* s'oppose à la raison érudite ou raison des doctes. Commune équivaut donc ici doublement à naturelle : la raison commune est la lumière naturelle de l'entendement, non éclairé par la lumière surnaturelle de la révélation ; c'est aussi la raison commune à tous, faculté innée et donc naturelle à tout homme, quoiqu'elle puisse être diversement développée et affermie par les lumières de l'instruction et de la science. L'objection de l'ignorance, par les simples, de l'art de la logique tombe donc.

« Quelqu'un dira peut-être que s'il faut raisonner et argumenter des choses de la foi, les ignorants ne pourront, sans l'art de la logique et sans la connaissance de la philosophie, avoir celle des matières de la théologie qui regardent la foi et la religion chrétienne, ni par conséquent obtenir le salut. Mais on répond qu'il suffit à ceux qui ne sont pas savants et qui peuvent néanmoins avoir

1. L. Meyer, *Int.*, V, § 4, p. 109-110.

2. Herbert de Cherbury, *DV*. 42 / 56.

3. Wissowaty : « Ceux qui nient qu'il faille écouter la raison dans les questions de théologie, lorsqu'ils disputent à ce sujet, tâchent à le prouver par quelques raisonnements, mais qui ne sont pas assez raisonnables ». *Op. cit.*, p. 42 / 84.

quelque usage de la logique naturelle, s'ils ne possèdent pas l'artificielle, de connaître ce qui est nécessaire à salut »[1].

Le qualificatif de *recta* accolé à *ratio*, la *raison droite*, désigne traditionnellement l'argumentation conduite avec méthode, selon les règles. Mais l'expression a aussi une connotation stoïcienne marquée : chez les Stoïciens l'expression de *recta ratio* constitue pratiquement un pléonasme : la raison ne saurait être courbe. Si la ligne droite symbolise aussi bien l'enchaînement continu des représentations vraies dans la science que l'unité des vertus ou la forme du droit, c'est qu'une ligne droite ne saurait être plus ou moins droite, et que la vertu et la science sont ou ne sont pas. Il n'y a pas de milieu. D'où les paradoxes de l'égalité des vertus et de celle des fautes : celui qui pèche plus et celui qui pèche moins sont également éloignés de la rectitude[2]. La raison droite, c'est donc la raison pleine et entière[3] avec un rappel discret de la philosophie stoïcienne et particulièrement du Cicéron du *De legibus* et du *De Republica*.

> « On appelle *raison saine* la faculté de l'entendement qui est libre et repurgée de la domination et du trouble des passions immodérées et des vices, ainsi que des fausses opinions préconçues et des préjugés qui empêchent et perturbent le droit jugement, comme des maladies de l'esprit »[4].

Le modèle médical, très fréquent à l'époque[5], est ici parfaitement explicite. Il a, nous semble-t-il, un double sens : le premier sens renvoie à la théorie stoïcienne des passions comme maladies de l'âme : la raison saine est alors la raison expurgée des affects. L'autre sens est polémique : saine s'oppose alors à corrompu (par le péché originel).

> « Si en raison du péché originel, les facultés de l'âme sont totalement viciées, comment la foi seule ferait-elle exception ? Mais si, par leur nature propre[6], ou plutôt grâce à la rédemption rapportée dans l'Ecriture Sainte, elles jouissent de leur intégrité, pourquoi la raison n'aurait-elle pas toute sa force ? Ou alors est-ce que certaines facultés sont restaurées et pas d'autres ? Serait-il donc possible de mal raisonner et de bien croire »[7] ?

1. Wissowaty, p. 56 / 101. « Hominibus ineruditis (qui tamen possunt aliquam, etsi non artificialis, saltem naturalis, ut sic dicam, logicae aliquam habere peritiam) sufficit, si cognoscant scitu ad salutem necessaria ».
2. Diogène Laerce, VII, 120.
3. Cf. Sénèque : « ratio recta, perfecta et consummata ». *Ep.* 76.
4. « Ratio sana dicitur facultas intellectionis, quae ab affectuum immoderatorum et vitiorum dominio ac perturbatione, a praeconceptis pravis opinionibus, a praejudiciis judicium rectum impedientibus ac turbantibus, veluti morbis animi, libera et repurgata ». Wissowaty, p. 31 / 71. Trad. modifiée. Cf. aussi la définition meyérienne de la philosophie, *Int.*, p. 106.
5. Cf. Spinoza, *Tractatus de intellectus emendatione*; Tschirnhaus : *Medicina mentis*; Clauberg : *Logica vetus et nova*, passim ; D'Huisseau, *Op. cit.*, préface ; Grotius : *De imperio Summarum Potestatum circa sacra*, IV ; Castellion : *De l'art de douter*...p. 40-42.
6. Ce qui est la bonne hypothèse pour Cherbury : certaines facultés sont bonnes en soi et ne peuvent pas devenir mauvaises. *DV.* p. 98 / 131. Même thème chez Castellion, *Op. cit.*, p. 104-105, où Castellion démontre que ni les sens ni l'intelligence de l'homme n'ont été corrompus par le péché d'Adam.
7. Herbert, *RL.* p. 128 / 168.

Fonctions et usages de la raison

Il y a plusieurs façons de justifier l'usage de la raison en matière théologique : Wissowaty n'en dénombre et présente pas moins de dix-huit, mais sans aller jusqu'à cette prolixité, deux s'imposent d'elles-mêmes : montrer que les opérations les plus simples de l'intelligence, comme comprendre le sens des phrases ou donner son assentiment à une proposition qui n'est pas absolument évidente, supposent l'usage de la raison naturelle ; multiplier les arguments opposés des différents controversistes, et les faire jouer les uns contre les autres, ce qui est proprement la méthode de L. Meyer dans *l'Interpres*[1], pour montrer que la raison seule pourra nous sortir de cet embrouillement.

Dans le *Discours Préliminaire* de la *Théodicée*, Leibniz remarquait « qu'il y a souvent un peu de confusion dans les expressions de ceux qui commettent ensemble la philosophie et la théologie, ou la foi et la raison ; ils confondent expliquer, comprendre, prouver, soutenir »[2]. Essayons donc de ne pas céder à cette contagieuse confusion et de discerner les fonctions et usages de la raison principalement invoqués ici.

Interpréter

La raison, non moins que l'usage de la langue, est utile pour comprendre et interpréter le sens d'un discours, en s'appuyant sur un principe de cohérence et de convenance. Si la position de L. Meyer qui fait de la raison la norme unique de l'interprétation de l'Ecriture Sainte apparaît comme une position extrême, d'autres que lui remarquent que, pour comprendre en un sens métaphorique les expressions bibliques qui parlent de Dieu de manière anthropomorphe[3], il faut bien faire usage de la raison. C'est là le quatorzième argument[4] de Wissowaty. Il ajoute que l'Ecriture emploie aussi des termes métaphysiques ou 'transnaturels', tels que unité, vérité, bonté, perfection, nécessité, principe, propre, etc., qui ne peuvent être compris sans recourir à la raison, puisque l'Ecriture n'explique ni leur sens ni leur usage, et n'en décide pas d'autorité.

L'acte de foi, comme consentement ferme à une proposition non évidente, présuppose lui aussi un minimum de compréhension, car consentir aveuglément à quelque chose dont on ne comprend rien, pas même le sens des mots qui l'expriment, serait ne consentir à rien[5], donc ne pas consentir. Un consentement totalement aveugle serait ainsi un consentement totalement vide, même s'il est vrai que l'acte de foi accepte de reconnaître une existence, qu'il s'agisse de Dieu

1. Qui critique les protestants avec des arguments empruntés aux controversistes catholiques, Bellarmin et Stapelton, et les catholiques par les raisonnements des protestants, par exemple Daniel Chamier contre Bellarmin. Ou encore qui oppose, sur la question de l'Eucharistie, réformés et luthériens, pour soutenir, par la physique nouvelle, la thèse des réformés.

2. Leiniz, *Théod. DP* § 5.

3. Wissowaty, 10ème argument, p. 36 / 77. L'usage de la raison est encore nécessaire pour interpréter le sens d'un passage obscur par la collation des passages, l'examen des circonstances et des temps. Le principe même de l'analogie de la foi est un principe de cohérence et donc un principe rationnel. Cf. 9ème argument p. 35 / 76.

4. Wissowaty, *Op. cit.*, p. 41 / 83.

5. *Ibid*, p. 32 / 72.

ou d'un mystère, sans prétendre élucider complètement ses attributs ou ses propres.

Discerner

La raison comme faculté de discernement est requise en de multiples façons : avant de pouvoir porter un assentiment de foi, chacun doit pouvoir discerner entre un vrai et un faux témoignage, entre une révélation authentique ou fallacieuse, distinguer des degrés et des motifs de crédibilité, hiérarchiser les sources de connaissance. Même l'argument pris d'une autorité suppose le discernement de l'autorité crédible par rapport à l'autorité usurpée, et donc la justification rationnelle du caractère raisonnable de la confiance accordée à cette autorité. Mais ceci limite aussi drastiquement la portée de ce discernement : le jugement qui distingue entre vrai et faux témoignage, autorité fiable ou douteuse, révélation authentique ou inauthentique, est un jugement strictement personnel, que chacun doit faire pour son propre compte et dont nul ne saurait être dispensé par la démarche d'un autre. Herbert de Cherbury et Wissowaty le redisent fermement :

> « Ce jugement ne doit pas être un jugement d'autorité mais de discernement; en sorte que chacun en juge pour lui-même et non pas pour prescrire le même jugement aux autres, qui ne sont pas obligés de le suivre à moins qu'ils ne reconnaissent eux-mêmes qu'il est véritable en se servant de leur propre raison »[1].

Cet acte de discernement doit donc toujours être repris par chaque croyant. Ce point est bien reconnu par les diverses Eglises puisqu'en toutes des docteurs qui font autorité ont su recommander l'usage de la raison pour éclairer, soutenir, trancher en matière de foi. Wissowaty cite ainsi successivement : Lactance, Tertullien, Augustin, Vives, le cardinal Baroni, Suarez, Valérien Magni, Thomas Jorz, Balthazar Meisner, Kesler, Dannhauer, Comenius, auteurs également cités, pour la plupart, par L. Meyer. Cette pratique est caractéristique de leur éclectisme méthodologique : dans le moment même où ils tentent d'établir par voie argumentative le primat de la raison, ils n'hésitent pas à recourir, à des fins de persuasion, à l'argument des autorités, mais en faveur de la raison.

Connaître

La principale fonction de la raison devrait être de connaître et de comprendre. L'expression mérite d'être écrite au conditionnel car la démarche même du credo minimum tend à relativiser cette fonction, à la situer en position seconde ou tierce, et toujours subordonnée. La raison sera éventuellement convoquée pour prouver l'existence de Dieu, ou plus encore ses perfections (sagesse, bonté, véracité, unité), et surtout pour justifier la confiance accordée à l'Ecriture Sainte convenablement interprétée. Mais on doit bien voir que si la

1. Wissowaty, p. 31 / 72. et Cherbury, *DV.* p. 226-8 / 196-7: (sur les conditions d'acceptabilité d'une révélation) : « Que le prêtre le prouve avant que le laïc ne croie totalement en sa révélation. Sinon le laïc prudent n'embrassera pas cette révélation à moins qu'elle n'amène une purification de la vie ».

croyance commune fondamentale repose sur un très petit nombre de vérités spontanément et universellement reconnues, il n'est guère besoin de prouver ce sur quoi tout le monde s'accorde déjà. Quoique la preuve de l'existence de Dieu par l'ordre du monde se retrouve fréquemment[1], elle n'apparaît jamais que comme confirmation ou position de repli, au cas où l'on rencontrerait un esprit assez « abruti » pour être aveugle aux notions communes. L. Meyer et Wissowaty font une totale confiance en la raison pour démontrer l'impossibilité, ou au contraire la vérité, de tel ou tel mystère, notamment celui de la Trinité[2]. Mais plus encore que de connaître, la raison a pour office de *réfuter* les croyances insoutenables (par exemple la damnation éternelle d'un juste) ou les conséquences absurdes tirées de mauvaises interprétations de l'Ecriture Sainte, telles que les projections anthropomorphes[3].

Quel sera donc, en définitive, le statut de la raison ? Norme de toute vérité et critère unique de l'interprétation, comme chez L. Meyer ? Alphabet et grammaire de la théologie comme chez Wissowaty[4] ? Source de vérité parmi d'autres, comme chez Grotius, Herbert et D'Huisseau ? Nous reviendrons à la fin de ce chapitre sur ces divergences et notamment sur les problèmes posés par ce qu'on pourrait appeler l'hyperrationalisme d'un Meyer ou d'un Wissowaty. Cela vient aussi de ce que, sous ce même mot de raison, on n'entend pas toujours exactement la même chose, et notamment parce que le modèle suivant lequel est pensée la nature de la raison comme faculté est double, ce qui provoque des effets induits quant à son statut.

Modèles de la raison

La double référence au Logos johannique et à la raison cartésienne explique sans doute le double modèle, organique et mathématique selon lequel est présentée la raison. Le premier modèle, fortement métaphorique, renvoie à la raison en tant que faculté, le second, plus directement inspiré de la science nouvelle, se rapporte plutôt aux procédures rationnelles d'investigation du réel.

1. Grotius, *VRC.*, I, 4, bien après la preuve par le consentement universel ; Wissowaty, 8ème argument, p. 34 / 75 ; Herbert, référence allusive à cette preuve en *DV* 210 / 187.

2. En se référant toujours à une démonstration qu'en aurait donnée Kekkermann, mais que nous n'avons pu retrouver.

3. L. Meyer, *Int.*, VI, 3, p. 119. Cf. même réflexion, et dans le même sens polémique, chez Kant : « Dans l'exégèse des passages des Ecritures où l'expression contredit notre concept rationnel de la nature divine et de sa volonté, les théologiens bibliques se sont depuis longtemps donné la règle que ce qui est exprimé de façon humaine (ἀνθρωποπαθῶς) doit être interprété en un sens digne de Dieu (θεοπρεπῶς) ; ce par quoi ils faisaient ainsi tout à fait clairement l'aveu que la raison est, dans les questions religieuses, l'interprète suprême de l'écrit ». *Conflit*, VII, 41 / III, p. 843.

4. *Op. cit.*, p. 56 / 102. L'image de l'alphabet des docteurs, constitué par la raison est peut-être reprise de Raymond de Sebond qui l'employait dans la préface du *Liber creatorum* pour désigner les vérités tirées du livre de nature.

Le modèle organique

La double référence au *Prologue* de Jean et à la tradition stoïcienne suffit à expliquer la prégnance des métaphores organiques pour servir à l'éloge de la raison :

> « La raison est l'instrument que Dieu a donné à l'animal raisonnable pour voir et pour apercevoir la vérité comme la lumière intelligible et pour la discerner de la fausseté comme un œil intérieur et pour la prendre en quelque manière comme une main spirituelle »[1].

La raison est donc bien l'instrument ou mieux l'*organe naturel de la vérité*, c'est-à-dire de la vision intellectuelle. Si l'on peut retrouver dans ce texte un écho de la formule selon laquelle «les démonstrations sont les yeux de l'esprit » plus encore doit-on y repérer un écho des très belles pages que Castellion a consacrées à ce thème : rappelant que selon le mot de Salomon, la raison est « fille de Dieu »[2], Castellion met en parallèle la raison et la main, les deux principaux dons de Dieu pour que l'homme apprenne à tirer de la nature le bien qui lui est propre, qu'il s'agisse des biens matériels que sont pain, vin, vêtements et maison, ou des biens spirituels que sont le discernement de la vérité et le sens de la justice[3]. Les deux images organiques de l'œil intérieur et de la main spirituelle (cette dernière mettant davantage l'accent sur le travail opéré par la raison, tandis que la première évoque une saisie immédiate des vérités) prennent ainsi le relais de l'image antique du germe et de la semence, qui s'appliquent désormais davantage aux premières vérités[4] qu'à l'instrument d'aperception des vérités.

Le modèle mathématique

Le second modèle, qu'on attendrait davantage à cette époque, est le modèle mathématique. Il est certes présent, principalement chez Meyer[5], mais plus sous une forme incantatoire que sous celle d'une mise en œuvre effective. Il est d'ailleurs frappant de remarquer que dans la page même où il évoque la puissance « des disciplines mathématiques qui pénètrent vraiment, comme le savent bien ceux qui les cultivent, dans l'essence même des choses qu'elles traitent, et dans les propriétés qui en découlent nécessairement et qui les démontrent de manière apodictique » L. Meyer multiplie les métaphores :

> « Certains théologiens font de la raison humaine quelque chose de si mince, de si ténu et de si médiocre qu'elle en devient aveugle quand il s'agit de

1. Wissowaty, p. 33 / 74 : « Ratio est instrumentum animali rationali homini datum a Deo ad verum, ut lumen intellectuale, videndum atque cernendum et a falso discernendum, velut oculus internus, et ad idem quodammodo apprehendum velut manus quaedam spiritualis ».

2. « Car la raison (Cf. *Prov.* VIII, 23) est, si j'ose dire, la fille de Dieu ; elle fut avant toutes les Ecritures et cérémonies, avant même la création du monde ; elle sera toujours après toutes les Ecritures et cérémonies et après même le bouleversement et le renouvellement de l'état de ce monde et Dieu ne peut pas plus l'abolir que lui-même. La raison, dis-je, est comme un discours éternel de Dieu, de beaucoup plus ancien et plus sûr que les Ecritures et les cérémonies ». Castellion, *Op. cit.*, I, 25, p. 99.

3. *Ibid*, p. 37-40.

4. Comme on le voit chez Descartes.

5. *Int.*, V, 4, p. 109.

percevoir et connaître l'essence et la nature des choses; si bien qu'au lieu de moelle et d'amande elle doit cueillir écorces et coques et se repaître d'une nourriture si pauvre, qu'elle ne peut guère satisfaire la réputation de connaissance solide »[1].

Lorsque L. Meyer argumente pour son propre compte, loin de procéder *more geometrico*, il use de la méthode scolastique au plus mauvais sens du terme, accumulant référence sur référence et faisant jouer les autorités les unes contre les autres. On retrouve quelque chose de ce procédé chez Wissowaty qui juxtapose force arguments en faveur de la raison, sans les hiérarchiser, de telle sorte que ce traité écrit contre le poids du magistère ecclésiastique et de l'autorité religieuse, apparaît finalement relever des mêmes procédés, opposant autorité à autorité et donnant seulement la préférence aux théologiens proches des sociniens, c'est-à-dire aux autorités de sa secte.

Modes argumentatifs dominants

Ce que nous venons de souligner concernant les modèles selon lesquels est présentée la défense ou l'éloge de la raison, peut encore être confirmé par l'examen des modes argumentatifs dominants. L'importance accordée au consentement universel et à la mise en évidence de vérités ou de règles pratiques toujours déjà admises par tous, a pour conséquence de privilégier le raisonnement comparatiste et l'argumentation analogique, qui, quoique moins rigoureuse que la démonstration, a le mérite d'être plus facilement accessible aux simples. Si le comparatisme religieux a été systématiquement pratiqué par Cherbury dans la *Religion des Gentils*, on le retrouve aussi chez Grotius (*VRC*). Le raisonnement analogique, déjà sous-jacent à la métaphore de la raison comme main spirituelle, est employé par Cherbury pour justifier la croyance universelle en une vie *post mortem* :

> « L'espérance d'un état plus heureux après la mort, que la miséricorde divine fait luire au for interne, n'est pas fermée à ceux qui usent de la droite raison. Car celui qui est passé sans le savoir de la semence parentale à une seconde vie dans le sein de sa mère peut être élevé de cette troisième vie (puisque tel est le nombre d'étapes que notre voyageur a déjà parcourues) à une vie nouvelle et meilleure, cela se conclut très aisément. Surtout lorsqu'on a tiré de ces mutations de la vie qui s'engendrent mutuellement la remarque qu'on trouve dans la suivante quelque chose de plus éclatant, et qu'on abandonne toujours dans la précédente quelque chose de rudimentaire et de grossier comme l'uterus, les suites de couche etc. »[2].

Assurément ce mode d'argumentation ne prouve rien. Il ne sert qu'à persuader, ou à raffermir une croyance qu'on partage déjà. De même l'argumentation finaliste qui infère l'existence d'un dieu cause du monde et provident à partir de la perfection du corps humain, et particulièrement de la main et de l'œil[3], est empruntée à l'apologétique stoïcienne et notamment au second livre du *DND* de

1. *Ibid.*
2. *RL* 140 / 175-6.
3. Cf. Grotius, *VRC.*, I, 4. avec référence à Galien.

Cicéron. Rien d'étonnant donc à ce qu'on la retrouve chez Grotius ou Cherbury, sans qu'il soit tenu compte des critiques adressées à cette preuve dès l'antiquité, et déjà dans ce même *DND* [1]. On peut certes s'étonner de cette superbe indifférence à la critique : tout en louant « la fin hardie et courageuse » d'un Sebond d'« établir et vérifier contre les athéistes tous les articles de la religion chrétienne » [2], Montaigne avait souligné la vanité de l'entreprise, la faiblesse des raisonnements avancés et critiqué l'anthropomorphisme de l'argumentation finaliste [3]. Montaigne [4] et Gassendi [5] ont dénoncé bien avant Bayle, la faiblesse de l'argument du consentement universel. Pascal, qui pourtant emprunte à Grotius bien des thèmes sur la continuité du judaïsme au christianisme, se moque dans les *Pensées* d'une de ses démonstrations :

> « C'est une chose admirable que jamais auteur canonique ne s'est servi de la nature pour prouver Dieu. Tous tendent à le faire croire. David, Salomon etc. n'ont jamais dit : « il n'y a point de vide, donc il y a un Dieu ». Il fallait qu'ils fussent plus habiles que les plus habiles gens qui sont venus depuis qui s'en sont tous servis. Cela est très considérable » [6].

Au L. I, ch. 4 de *La vérité de la religion chrétienne*, juste après une preuve de l'existence de Dieu tirée de la structure du corps humain [7], Grotius avait complété un argument emprunté au géographe stoïcien Strabon sur la disposition providentielle de l'eau sur la terre, par la remarque suivante :

> « Chaque chose n'est pas seulement ordonnée pour une fin particulière mais aussi pour le bien commun de l'univers. L'eau nous présente un exemple sensible de cette vérité ; elle remonte en haut contre sa propre nature, de peur qu'il ne se trouve du vide dans l'assemblage du monde, qui ne peut se soutenir que par la liaison étroite et continuelle de ses parties. Or je soutiens qu'il n'y a qu'une intelligence suprême maîtresse de cet univers qui ait pu diriger toutes choses à une fin générale et imprimer dans chacune ce penchant qui la porte, qui l'entraîne vers cette fin » [8].

1. Au livre III.
2. *Apologie*, p. 417.
3. *Ibid*, p. 425-27. Ironisant sur la vaine prétention de l'homme de se croire maître du monde, quand il n'est même pas capable d'être maître de soi ; Montaigne retourne tous les arguments par lesquels Sebond entendait établir la place privilégiée de l'homme dans la nature et de ce fait sa destination divine : par exemple en soulignant l'existence d'une intelligence animale et même d'une forme de pitié chez l'animal, c'est-à-dire en réintégrant l'homme dans l'ordre naturel commun.
4. *Ibid*, p. 545 : « Mais ce, qu'il ne se voit aucune proposition qui ne soit débattue et controverse entre nous, ou qui ne le puisse être, montre bien que notre jugement naturel ne saisit pas bien clairement ce qu'il saisit ».
5. *Lettre sur le livre De la vérité*, § XIII intitulé : « Que l'accord entre les hommes ne se rencontre jamais ».
6. *Pensées*, B. 243.
7. « La disposition si admirable de ces mêmes parties, qui a toujours étonné les plus grands philosophes, disposition à laquelle ni le soin ni l'industrie de nos pères n'a rien contribué, tant de merveilles ne nous crient-elles pas que l'auteur de la nature est une intelligence sublime ? »
8. *VRC.*, I, 4, p. 22 (et non pas I, 7 comme l'écrit L. Brunschvicg dans son édition des *Pensées*, note 5, p. 446).

Certes Grotius n'est pas un éminent physicien comme Pascal; on pourrait cependant le supposer sensible à la faiblesse d'un tel mode d'argumentation. Faiblesse aggravée par la multiplication redondante d'arguments hétérogènes juxtaposés. Nous sommes bien loin ici d'un « Et derechef, de Dieu, qu'il existe » c'est-à-dire d'une démarche métaphysique qui approfondit la connaissance d'une essence.

Reprenons en effet l'ordre argumentatif du livre I du *VRC* de Grotius, consacré aux dogmes de la religion naturelle, c'est-à-dire l'existence de Dieu et la providence. L'ouvrage commence apparemment comme un traité de métaphysique :

—Démonstration de l'existence d'une cause nécessaire de l'existence à partir de l'existence du contingent, immédiatement suivie de l'argument du consentement universel (I,1).

—Démonstration de l'unicité de Dieu à partir de sa qualité d'être nécessaire suivie d'une deuxième preuve de son unicité à partir de l'unité du monde (I,2).

—Démonstration de son infinité à partir de sa perfection et du caractère infini de ses perfections (I, 3).

—Preuves d'un Dieu provident, cause de tout, à partir de cinq arguments : la structure du corps vivant, la disposition de l'eau, l'instinct animal, le cours ordonné des astres, la domination de l'homme sur la nature. Le tout conduit à l'affirmation que le monde a été fait pour l'homme et que Dieu prend soin de tout.

Comme on le voit, chaque preuve de type métaphysique est doublée par une autre preuve (elle-même au besoin démultipliée) de type « populaire » copiée de l'apologétique stoïcienne. Ceci peut nous laisser penser que dans ce type de discours, ce n'est pas tant la preuve qui importe – puisque sa conclusion est supposée déjà admise par tout homme doté de bon sens – que la focalisation de ces preuves multiples et hétérogènes sur un très petit nombre de vérités, dont on s'assure ainsi qu'elles ne peuvent être raisonnablement niées. Plus que de démonstration et de découverte, les modes argumentatifs utilisés par Grotius ou Herbert de Cherbury ont valeur d'*exposition* et d'*élucidation* des différentes sortes d'analogie rationnelle, de « collatio rationis » par lesquelles tout homme, à partir d'une expérience commune, peut former les notions communes religieuses.

Lieu et limites de la raison

> « Si les dieux ont fait aux hommes un présent utile en leur donnant la raison, cela ne regarde que ceux qui ont reçu en partage une raison bien réglée, lesquels supposé qu'il y en ait, sont en fort petit nombre »[1].

Le propos sceptique par lequel Cicéron concluait le *DND* renvoyait à l'urgence de la méthode : « Les dieux ne nous donnent que la faculté de penser, si pourtant ils nous la donnent, mais d'en user bien ou mal, cela dépend de

1. Cicéron, *DND*, III, 27.

nous »[1]. Reste que, supposé ce problème réglé, ce qui est loin d'être simple, il faudrait encore déterminer le domaine de validité de la raison. S'étend-elle absolument à tout ou y a-t-il des choses qui la dépassent et lui échappent ?

Au delà ou contre la raison.

La première distinction qui s'impose sépare ce qui est au-delà et de ce qui est contre la raison. Leibniz, qui y insiste longuement dans le *Discours préliminaire* de la *Théodicée*, rappelle qu'il s'agit là d'une distinction classique[2] :

> « J'ai déjà dit que les théologiens distinguent ordinairement entre ce qui est au-dessus de la raison et ce qui est contre la raison. Ils mettent au-dessus de la raison ce qu'on ne saurait comprendre, et dont on ne saurait rendre raison. Mais contre la raison sera tout sentiment qui est combattu par des raisons invincibles ou bien dont le contradictoire peut être prouvé d'une manière exacte et solide »[3].

Les théoriciens du credo minimum s'accordent pour refuser qu'il y ait quelque vérité théologique contraire à la raison et qu'il faille « captiver l'entendement sous l'obéissance de la foi »[4]. Mais, sauf L. Meyer, ils admettent l'insuffisance de la raison seule pour construire une religion chrétienne : « On ne pourrait bâtir qu'une théologie ou une religion purement naturelle, telle qu'est celle de ceux qu'on nomme aujourd'hui Déistes, avec des principes naturels, observés ou recueillis par la raison humaine, et non pas une religion chrétienne »[5] écrit le très rationaliste Wissowaty. A quoi fait écho la mise en garde de D'Huisseau déjà citée, de ne pas donner « à l'homme et à la raison une autorité qui n'appartient qu'à Dieu seul et à sa parole »[6].

Cela étant, deux questions restent posées : Comment avons-nous accès à ce qui est au delà de la raison ? Comment savons-nous qu'un dogme s'accorde avec la raison ? Et ce critère est-il suffisant pour distinguer entre les dogmes fondamentaux et les autres ? La réponse à la seconde question est la plus aisée. La raison est divine : Dieu est raison et la raison ou *Logos* est fille de Dieu. Dieu nous a donné une raison saine et puissante : l'argument de la corruption ne vaut rien[7] et celui de la faiblesse ou de l'impuissance de la raison, qui favorise le scepticisme, est balayé par l'existence des notions communes et des sciences : « Il y a des choses qui sont d'une vérité si évidente que tous ceux qui n'ont pas perdu l'esprit et ne sont pas furieux ou entêtés, peuvent facilement recevoir, comme

1. *Ibid*, III, 28.
2. Leibniz, *DP*, 23.
3. *DP*, 63.
4. Formule inspirée de saint Paul (*II Cor*. X, 5 : *in captivitatem redigentes omnem intellectum in obsequium Christi*) défendue par Bayle, après tout le courant du scepticisme chrétien, niée par Wissowaty (p. 53 / 98).
5. Wissowaty, p. 31 / 71.
6. D'Huisseau, *Réunion*, p. 154.
7. Wissowaty, *Op. cit.*, « Les hommes sont encore des hommes, c'est-à-dire raisonnables, et doués de la faculté de raisonner, consentants tous dans les notions communes, même après le péché d'Adam ». p. 50 / 94.

sont celles qu'on nomme des notions communes »[1]. Un dogme qui serait complètement absurde et dont on pourrait démontrer la contradiction manifeste avec un des principes communs connus avec évidence, serait par là-même convaincu de fausseté. Un dogme incompréhensible mais non point absurde, donc susceptible de vérité ou de fausseté, peut être reçu de certains mais ne saurait être compté au nombre des notions communes ou des dogmes fondamentaux. Une proposition ou une règle morale admise par le consentement universel, quelle que soit la force de la démonstration qui vise à la confirmer ou à l'élucider, devra être tenue pour une notion commune ou une vérité essentielle de la religion, c'est-à-dire une vérité commune à toute religion.

Ce qui est au delà de la raison n'est donc pas exclu de la religion, et plus particulièrement de la religion chrétienne. Cette délimitation du domaine de validité de la raison fournit bien un critère de distinction des vérités essentielles et des vérités secondes, sinon secondaires. Leibniz témoignera pour sa part d'une confiance bien plus grande dans la vérité du christianisme et dans la force de la raison puisqu'il posera non seulement qu'en soi ou pour Dieu, un dogme, nous fût-il incompréhensible, s'accorde toujours avec la raison, mais que l'homme peut rendre raison de cet accord « en repoussant les objections de ceux qui prétendent que ce dogme est une absurdité »[2].

Reste la première question : qu'y a-t-il au-delà de la raison et comment y avons nous accès? D'une manière générale on peut bien évidemment répondre qu'au-delà de la raison il y a les mystères devant lesquels l'esprit humain s'incline. Mais le mystère surpasse la raison, il ne la renverse pas; il parachève sa lumière sans l'éteindre. Or si la raison est incapable par ses propres forces, d'atteindre le mystère, comment l'homme y accédera-t-il? Par la révélation, c'est-à-dire par l'histoire et les témoignages rapportés dans l'Ecriture Sainte. Pour le jeune Grotius, la tâche de la raison s'arrête devant les mystères[3], ce pourquoi dans le *Meletius*, il ne dit rien de la Trinité, de la double nature du Christ ou de la résurrection[4].

Mais pour Cherbury, L. Meyer et Wissowaty, l'histoire et l'Ecriture Sainte font l'objet de procédures rationnelles de validation et d'interprétation. Ce qui permet, notamment, d'évacuer à titre d'hypothèse fausse, ou de mésinterprétation, la thèse de la création *ex nihilo* : « C'est une merveille au dessus de la raison que Dieu ait créé la terre, les cieux les astres, etc. qui n'étaient pas auparavant; mais cela n'est pas contre la raison, surtout s'il les a créés d'une matière informe, comme l'auteur de la Sagesse l'a écrit (Sapience, XI, 18) et non pas d'un pur néant, ce que l'Ecriture ne dit en aucun lieu »[5]. Meyer est encore

1. Wissowaty, p. 49 / 93-4
2. Leibniz, *DP*, 60.
3. *Mel.* § 22.
4. Laquelle est justifiée dans le deuxième livre du *VRC*. par la validité des témoignages historiques qui l'attestent.
5. Wissowaty, p. 51 / 95. Sur cette importante question (importante quant au nombre et à l'étendue des débats qu'elle a suscités) de la *création ex nihilo*, on se rapportera au recueil d'études sur les interprétations des 3 premiers versets de la Genèse, *In principio*, publié aux Etudes augustiniennes, Paris, 1973. L'expression de création *ex nihilo* vient de la traduction latine du *Timée* par Chalcidius (IVème siècle). Pour Albert le Grand et saint Thomas, la raison

plus net : l'affirmation d'une création *ex nihilo* étant fausse philosophiquement est insoutenable théologiquement et les versets de la *Genèse*[1] allégués pour soutenir cette thèse ont été mal interprétés. Loin de jouer Platon contre Moïse, selon une pratique traditionnelle, L. Meyer avance les *notions communes* (dont fait partie le principe philosophique « rien ne vient de rien ») contre une certaine interprétation littérale, c'est-à-dire oppose la vérité de la raison à l'histoire (la tradition reçue) et à l'imagination (les élucubrations des cerveaux théologiques).

Cette position peut toutefois conduire à un hyperrationalisme qui ressemble fort à un délire de la raison[2]. Car en partant de l'apologie de la raison naturelle, on en vient à abolir la frontière entre discours philosophique et discours religieux, entre un discours persuasif qui entend fournir des règles à l'action commune et un discours scientifique qui entend démontrer des vérités spéculatives. D'un côté Meyer abandonne très vite l'instrument trop fruste de la raison naturelle pour demander à la raison instruite par la philosophie, à la raison savante donc, de donner la clé de lecture de l'Ecriture Sainte, privant de ce fait même la grande masse des ignorants d'un accès direct à la Bible ; de l'autre, Wissowaty se moque de la folie d'un François d'Assise prêchant aux oiseaux et conclut de la nécessité de la raison en matière de foi à l'impossibilité d'enseigner des vérités religieuses non seulement aux fous, mais même « aux enfants qui ne se servent point encore de la raison à cause de l'imperfection de leur âge »[3]. Si l'on abolit la différence entre persuader et convaincre, entre vérités spéculatives et connaissances utiles à la pratique, il y a bien, comme le dit Spinoza, de quoi douter du salut de presque tout le genre humain !

LA FOI PAR LA RAISON OU DE LA FOI À LA RAISON?

Le mouvement du credo minimum fait confiance à la raison et aux capacités naturelles de l'homme pour « réunifier les membres épars du christianisme disloqué »[4] et produire enfin cet âge d'or, « sans querelles, sans misère, dans la

peut défendre aussi bien l'éternité que la non éternité du monde, la création *ex nihilo* est donc l'objet d'une révélation, mais la matière à partir de laquelle Dieu a créé toutes choses a bien dû être elle-même créée puisque Dieu est la cause de l'être de tout ce qui est (Cf. *Somme contre les Gentils*, II, 15 & 16). En 1683 Henry de Boulainvillers écrivait : « Les anciens Pères n'ont conçu la création du monde que comme un arrangement nouveau de la matière, de sorte que la création faite de rien est véritablement une nouvelle découverte dans l'attribut de la toute puissance de Dieu. Il y a tout lieu de s'en étonner car elle coule naturellement de l'idée de l'Etre parfait ». (*Idée d'un système général de la nature*, dans le t. II des *œuvres philosophiques*, M. Nijhoff, La Haye, 1975, p. 270).

1. Meyer fait également référence à *II Mac.* VII, 28 qu'il déclare apocryphe et discute longuement la signification du verbe créer. (La discussion sur la polysémie du terme hébreu *bara* est un *topos* ancien de l'exégèse biblique). Cf. *Int.*, VIII, 2, p. 142.

2. Sur la notion paradoxale de « délire de la raison » Cf. Spinoza, *TTP*, XV, G. III, p. 180, l 32. « insinare cum ratione » et saint Paul *Rom.* I. 22 : « dicentes enim se esse sapientes, stulti facti sunt ».

3. *Op. cit.*, p. 34 / 74.

4. L. Meyer, *Int.*, I, p. 34. On retrouve cette même formule sous la plume de Pierre Jurieu.

plus grande paix et concorde et l'abondance des choses indispensables à chacun »[1] auquel correspond en vérité le christianisme.

Mais s'agit-il par là de conduire à la foi par la raison ou de mener à la raison seule par la foi ? La réponse à cette question n'est pas unanime et c'est sur ce point que se fait le partage entre quelqu'un qui se veut d'abord un apologète du christianisme comme Grotius et un défenseur inconditionnel de la philosophie nouvelle comme L. Meyer. Pour Grotius et D'Huisseau la raison est, par son universalité, le moyen privilégié de s'entendre sur quelques vérités fondamentales et c'est sur cet accord qu'on pourra bâtir la paix, condition de la prospérité comme de la vertu, c'est-à-dire moyen en vue du Souverain Bien. Pour Cherbury, la raison est un instrument parmi d'autres, pas le plus important ni le plus éminent : ce qu'il appelle l'instinct naturel, une faculté d'aperception immédiate des vérités, est un moyen plus aisé et plus court. Pour Meyer, la confiance accordée à l'Ecriture Sainte est un chemin oblique mais aisé pour conduire à la vraie vie : en effet, la Bible, telle qu'il la présente au terme de son livre, finit par n'être plus qu'un livre parmi d'autres qui, mieux que d'autres, nous donne l'occasion de réfléchir à la question du salut et de notre béatitude.

> « Il n'est nullement superflu de se référer à l'Ecriture et de la consulter. Non certes, pour qu'elle engendre par elle-même la vérité dans nos esprits ou qu'elle la rende plus claire et plus distincte, ou encore qu'elle la confirme; mais comme nous l'avons dit, pour qu'elle fournisse occasion et matériau à la réflexion, et notamment sur des thèmes auxquels nous n'aurions peut-être jamais réfléchi. Parmi ces thèmes : ce qui concerne la suprême béatitude des hommes et ce qui leur est utile avant toute autre chose »[2].

Chez L. Meyer s'instaure donc un *cercle herméneutique* entre Ecriture et philosophie : la Bible requiert la philosophie pour son déchiffrement rigoureux mais elle prépare aussi les esprits à l'interrogation philosophique. On peut donc se demander si, chez les derniers auteurs du credo minimum au XVIIe siècle, qui sont aussi ceux qui font la part la plus belle à la raison, le mouvement de la religion naturelle qui allait *à la foi par* la raison ne s'inverse pas en un mouvement symétrique qui irait *de la foi à* la raison et dont Spinoza, malgré sa critique de l'herméneutique meyérienne, serait l'héritier. Le mouvement du credo minimum laisserait donc à la philosophie un double problème : celui de la séparation et de l'articulation de la philosophie et de la théologie; celui de l'accession du plus grand nombre à une vie droite sous le commandement de la raison, c'est-à-dire du passage de la piété religieuse à la piété philosophique[3]. On peut en effet considérer que tant Leibniz dans la *Théodicée*, et particulièrement le *DP*, que Spinoza, dans le *Traité théologico-politique* et l'*Ethique*, ont cherché à rendre une réponse plus rigoureuse à ces questions sous-jacentes mais mal élucidées dans la tradition du credo minimum qui forma pour une part l'horizon

1. Grotius, *Mel.* § 88.
2. *Int.*, Epilogue, p. 247-8.
3. Nous forgeons cette expression en référence au sc. 1 de la P 37 d'*E.* IV où Spinoza écrit : « quidquid cupimus et agimus cujus causa sumus quatenus Dei habemus ideam, sive quatenus Deum cognoscimus, ad Religionem refero. Cupiditatem autem bene faciendi quae eo ingeneratur, quod ex rationis ductu vivimus, Pietatem voco ». (G. II p. 192, l 17-21).

de leur pensée. Présenter leur position ne saurait en aucune manière trancher ce débat fondamental de la religion naturelle sur lequel nous devrons revenir : la religion naturelle conduit-elle à la foi (mais quelle foi, foi en quoi sinon en qui ?) par la raison ou, sous couvert de pédagogie religieuse, n'exprime-t-elle pas la foi du philosophe en la raison, ne soutient-elle pas la conversion à la vie philosophie, la vie sous la conduite de la raison, par la propédeutique de la foi ? Redoutable question puisqu'elle n'appelle pas seulement une prise de position théorique mais une réorientation théorique et pratique de toute la vie.

Leibniz

Les *Essais de Théodicée* de Leibniz ne sont pas seulement une réponse au *Dictionnaire* de Bayle, mais encore une prise de parti dans le champ théologique, sur la question de la conformité de la foi et de la raison[1] ainsi qu'une réplique à Hobbes et à Spinoza[2]. Leibniz insiste longuement, en particulier dans le *Discours Préliminaire.* sur les nécessaires distinctions de vocabulaire, entre incompréhensible et insoutenable par exemple (*DP* § 41) ou entre expliquer, comprendre ou rendre raison de, prouver, soutenir contre des objections (*DP* § 58). Mais il ne suffit pas de lever ces confusions, ou ces incertitudes de vocabulaire, pour régler ce « grand problème » de la conformité de la foi et de la raison, et pour déterminer laquelle a préséance sur l'autre. La réponse de Leibniz est fort nette et fort claire : « La foi triomphe des fausses raisons par des raisons solides et supérieures qui nous l'ont fait embrasser[3] ». Leibniz remarque dans la préface que « la solide piété, c'est-à-dire la lumière et la vertu, n'ont jamais été le partage du grand nombre », ce qui s'explique aisément par la difficulté de la chose. Or, seule une vertu fondée en connaissance, c'est-à-dire rapportée à Dieu comme suprême raison des choses, constitue une vertu accomplie. Pour corriger les insuffisances de la religion, il faut donc corriger l'insuffisance de la connaissance philosophique des perfections divines, et donner le fil rouge par lequel sortir du labyrinthe de la liberté humaine et de l'ordre nécessaire du monde. Ce qui fait, comme on sait, avec la résolution du problème de la possibilité et de la nécessité du mal, la difficulté philosophique principale que cherche à résoudre la *Théodicée.*

1. Cf. le titre du *DP* : « Discours de la conformité de la foi et de la raison ».

2. Cf. Préface : « Je ne négligeais point les enseignements de nos théologiens et la lecture de leurs adversaires, bien loin de me troubler servait à me confirmer dans les sentiments modérés des Eglises de la confession d'Augsbourg. <...> Je n'ai point négligé d'examiner les auteurs les plus rigides, et qui ont poussé le plus loin la nécessité des choses, tels que Hobbes et Spinoza... » (Edition Aubier Montaigne, Paris, 1962, p. 44-5).

3. *DP*, 42. Cf. aussi § 29 : « La lumière de la raison n'est pas moins un don de Dieu que celle de la révélation. Aussi est-ce une chose sans difficulté parmi les théologiens qui entendent leur métier, que les *motifs de crédibilité* justifient une fois pour toutes l'autorité de la sainte Ecriture devant le tribunal de la raison, afin que la raison lui cède dans la suite comme à une nouvelle lumière et lui sacrifie toutes ses vraisemblances. C'est à peu près comme un nouveau chef envoyé par le Prince doit faire voir ses lettres patentes dans l'assemblée où il doit présider par après ». Parmi ces théologiens qui entendent leur métier, Leibniz cite Grotius et Du Plessis Mornay.

Leibniz distingue dans la préface entre trois formes ou trois niveaux de piété : une piété au sens fort, ou « solide piété » qui consiste dans l'union de la lumière (connaissance de Dieu) et de la vertu (amour éclairé du bien) ; une piété au sens faible ou « ombre de piété » qui allie des « formulaires de croyance » aux cérémonies ; et enfin une piété quasiment pervertie qui se contente de « façons » et d'opinions humaines[1]. Il distingue ensuite dans la religion entre diverses sortes de lois (lois ridicules des païens, loi mosaïque, loi du Christ) et deux régimes de gouvernement des esprits : un régime de gouvernement par la crainte et l'expérience des événements humains, et un régime de gouvernement par l'amour, affection que renforce la connaissance des perfections de l'objet aimé. Si « la véritable piété et même la véritable félicité consiste dans l'amour de Dieu, mais dans un amour éclairé dont l'ardeur soit accompagnée de lumière[2] », alors la philosophie qui augmente cette lumière vient soutenir la foi. Obéir à la raison (ou faire son devoir) c'est obéir à Dieu, qui est la suprême raison[3]. Il y a donc chez Leibniz à la fois continuité et perfectionnement continu de la religion naturelle à la loi de Moïse, et de cette dernière à la loi du Christ[4]. Si « le rôle de la philosophie est de tout comprendre même la religion », elle reste cependant subordonnée à la religion puisque « le but principal de la philosophie doit être une connaissance de Dieu et de l'âme qui puisse exciter l'âme à aimer Dieu et à pratiquer la vertu[5] ».

Il n'y a pas dans le fond de différence de nature entre foi et raison, entre philosophie et théologie : « Déclamer contre la raison comme si c'était un pédant importun, c'est en effet déclamer contre Dieu et la vérité. Car qu'est-ce que la raison que l'enchaînement des vérités ? Et il est de l'essence de Dieu d'être la source des vérités »[6]. Si Leibniz peut écrire « je commence en philosophe, mais je finis en théologien » c'est bien parce que pour lui, cultiver sa raison développe l'intelligence de la foi et donc que la raison est bien le chemin de la foi.

Spinoza

Le chapitre XV du *TTP* (qui cite à plusieurs reprises L. Meyer) traite à la fois de la séparation de la philosophie d'avec la théologie, et de la raison qui nous fait tenir l'Ecriture pour sacrée. Spinoza y renvoie dos à dos les sceptiques[7] qui soumettent la raison à l'Ecriture et les dogmatiques[8] qui soumettent le sens de l'Ecriture à la raison seule. Cette erreur 'astronomique'[9] résulte d'une confusion

1. Préface, p. 25-6.
2. *Ibid*, p. 28.
3. *Ibid.*
4. *Ibid*, p. 26-7.
5. Leibniz, (Gerhardt, P. S. VI, p. 548).
6. Lettre à Reuschenberg du 27 sept. 1702.
7. C'est-à-dire les théologiens chrétiens.
8. C'est-à-dire des philosophes comme Maïmonide et L. Meyer. Sur la démonstration de ces points nous renvoyons à notre étude : « Déraisonner avec et sans la raison, Commentaire du ch. XV du *TTP* » in *Mélanges en l'honneur de Sylvain Zac*, à paraître à l'ENS de Fontenay aux roses.
9. Traduction libre pour *toto coelo errare.*

entre piété et philosophie. Mais ne conviendrait-il pas, là aussi, de distinguer entre piété religieuse et piété philosophique, régime de gouvernement passionnel des esprits (par la crainte et l'espérance) et régime de gouvernement rationnel ? Spinoza distingue en effet entre deux régimes d'obéissance : un régime hétéronome d'obéissance à une loi extérieure (loi de Moïse, ou loi de réciprocité) et un régime autonome d'obéissance au *dictamen rationis*. La théologie, au sens précis où l'entend Spinoza en ce chapitre, ne détermine que les dogmes de la foi universelle, c'est-à-dire précisément le credo minimum du chapitre XIV ; elle est donc universelle et commune, et entièrement d'accord avec la raison quant à son objet (articles du credo minimum) et à sa fin (salut de la multitude par l'obéissance à la loi de justice et de charité). Mais elle ne rend pas raison de cet accord. Inversement, ce n'est pas la raison, mais bien la révélation seule, qui peut enseigner qu'il suffit pour le salut et la béatitude d'embrasser les décrets divins comme des commandements, sans qu'il soit nécessaire de les concevoir comme des vérités éternelles[1]. En obéissant à ces décrets présentés comme de source divine par les prophètes, on s'habitue à prendre en compte l'universel, à prendre en compte le point de vue d'un autrui quelconque, donc aussi le point de vue de la raison. Ainsi comme l'ont montré A. Matheron et G. Boss[2], la piété religieuse prépare l'accès à la 'piété philosophique' c'est-à-dire au « désir de bien agir qui naît d'une vie sous la conduite de la raison »[3]. Ici ce n'est plus la raison qui mène à la foi, mais bien plutôt la foi qui mène à la raison.

1. *TTP*, note XXXI. Thèse que l'on pourrait rapprocher de la définition kantienne de la religion : « La religion est la connaissance de tous nos devoirs en tant que commandements divins ». (*Religion*, VI / 153, Pl. III / 183).

2. Respectivement in *Le Christ et le salut des ignorants*, p. 141 sq. et *La différence des philosophies*, p. 854-5.

3. Spinoza, *E.* IV, P 37, sc. 1.

CHAPITRE V

L'ÉCRITURE SAINTE

SORTIR DES CONTROVERSES EXÉGÉTIQUES

Une des motivations principales de l'élaboration d'un credo minimum au XVIIe siècle a été le désir de sortir des controverses exégétiques et théologiques dont les effets pervers bien connus sont amplement soulignés : les doutes des fidèles et les « alarmes des pasteurs »[1] qui craignent toujours de se faire reprocher une thèse, et qui, de ce fait, se défient autant d'eux-mêmes que d'autrui ; la prédominance de l'intérêt particulier sur l'intérêt général et le danger de troubles civils, voire de guerres ; le développement des passions d'envie et de haine, et le danger pour la vie droite[2]. Or une des sources et un des lieux privilégiés de la controverse était alors constitué par l'Écriture Sainte. On se disputait en effet entre catholiques et protestants sur la clarté ou l'obscurité de son sens : les catholiques la tenaient pour obscure et, de ce fait, requérant une interprétation conduite et validée par le Magistère (Conciles ou papes) et garantie par la continuité d'une tradition. Les protestants, à la suite de Luther, la tenaient pour claire, au moins pour toutes les choses nécessaires au salut et de ce fait n'admettaient pour règle de l'interprétation que la *Scriptura sola*. Mais tous disputaient sur le rôle respectif de la raison et de l'inspiration de l'Esprit Saint dans ce travail d'élucidation. Car il fallait bien reconnaître l'impossibilité de se contenter d'une lecture littérale laquelle, outre les obscurités dues à l'éloignement dans le temps des rédacteurs, présentait au lecteur le moins prévenu un certain nombre de contradictions. La Bible donc, tenue pour le livre fondateur du christianisme et avec lui de la culture européenne, avait besoin d'être interprétée ; mais son interprétation, loin de lever les difficultés, en faisait sans cesse jaillir de nouvelles, au fur et à mesure que progressait, avec les connaissances historiques et critiques, le débat sur la norme et le critère de l'interprétation.

L'urgente nécessité de sortir du terrain miné des controverses exégétiques se double cependant de la conscience vive que l'Écriture Sainte est le livre

1. D'Huisseau, p. 202.

2. Tous ces dangers sont explicités dans la conclusion du livre de D'Huisseau, pour justifier les « utilités et avantages qu'on doit espérer de <son> projet ».

fondateur incontournable de la religion chrétienne et que, si l'on veut « rassembler les membres épars du christianisme », il faut réfléchir sur le statut et la validité de l'Écriture. Il semble bien que nous soyons au rouet ! On remarquera cependant que celui qui accorde le plus de soin à régler définitivement le problème de l'Écriture Sainte pour éradiquer la source ultime unique des controverses théologiques, à savoir L. Meyer, est aussi celui qui accorde le moins au credo minimum puisqu'il confie à la philosophie la tâche d'enseigner à l'homme le chemin de son salut et de sa béatitude. l'Écriture Sainte ne sert plus alors que de préalable incitatif à la réflexion. Les autres auteurs que nous avons choisi d'évoquer se situent en marge du débat exégétique – sans l'ignorer mais sans accepter d'y rentrer – et ils ont davantage le souci de *restituer aux livres saints l'universalité et l'unité de leur auditoire*, c'est-à-dire non pas un peuple ou une Eglise particulière, mais bien l'humanité toute entière. Ce souci est explicite chez Grotius[1] aussi bien que chez D'Huisseau :

> « On dirait que jusques ici il y a eu comme deux religions différentes dans une même religion : l'une celle des Doctes et de l'Ecole, et l'autre celle du commun, des femmes et des enfants. Cependant Jésus-Christ n'a jamais eu un double auditoire, il n'instruit point autrement les pharisiens et les docteurs de la loi que les plus simples du peuple »[2].

Ce même souci de revenir à une base de référence, unique entendue de la façon la plus simple possible et la plus accessible aux simples, se retrouve dans le *Christianisme raisonnable* de John Locke en 1695 :

> « Que l'on regarde seulement l'Écriture Sainte comme un recueil d'écrits que Dieu a destiné à l'instruction de tous les hommes sans distinction, des gens sans lettres, des plus simples et des plus idiots, dans la vue de les conduire par là au salut ; en sorte que cet ouvrage doive être entendu dans les choses absolument nécessaires selon le sens le plus simple et le plus direct que renferment les paroles et les phrases dont il est composé, tel en un mot que l'on peut supposer que ces paroles et ces expressions excitaient dans l'esprit de ceux qui s'en servaient alors suivant l'usage établi dans le pays où ils vivaient ; sans qu'il soit nécessaire de recourir à toutes ces explications savantes et peu naturelles qu'on y a cherché depuis et sur lesquelles on a bâti la plupart des systèmes de théologie, chacun selon les idées qu'il a reçues de ses maîtres »[3].

Mais on ne résout pas toutes les difficultés et on ne sort pas des controverses théologiques en rappelant simplement qu'il faut toujours revenir à l'Écriture Sainte qui est le fondement et la norme de la foi chrétienne, puisque de nouvelles controverses apparaissent alors que le laïc ou le profane est bien en peine de maîtriser et de trancher. Il faut donc montrer pourquoi l'Écriture Sainte est un livre homogène et privilégié, en quoi elle reste un livre actuel et non périmé, un livre qui nous parle et nous instruit encore et toujours, mais de quoi ? Il faut donc préciser pourquoi, et comment il faut la lire.

1. *Mel.* § 55.
2. *Op. cit.*, conclusion, p. 202.
3. Traduction Coste in Migne *D.E.* IV, p. 243.

La raison fondamentale alléguée par Meyer pour en revenir à l'Écriture Sainte et trancher définitivement la question de son interprétation est la suivante : l'énoncé théologique « les livres de l'Ancien et du Nouveau Testament sont le Verbe infaillible du Dieu très bon et très puissant » constitue le principe fondateur de tous les énoncés théologiques, plus particulièrement de théologie révélée ; ce principe joue un rôle analogue à la découverte du cogito chez Descartes ou du principe d'identité chez Aristote. Et il ajoute aussitôt :

> « De la même façon que la jurisprudence s'appuie sur le corpus du droit et que, sans la loi, le jurisconsulte rougit de parler, de même aussi la théologie est édifiée sur le verbe de Dieu et rien pour un théologien ne doit être allégué ou admis qui n'en soit tiré »[1].

Cette remarque apparemment anodine et faite en passant nous semble de plus grande portée qu'il n'y paraît d'abord. L. Meyer n'est pas en effet le seul[2] à rapprocher occasionnellement la situation de la théologie de celle du droit et ce rapprochement peut nous aider à mieux comprendre l'articulation qui est faite ici entre credo minimum, Écriture Sainte et théologie révélée. Devant la complexité et les contradictions croissantes du droit positif, ou pour régler les conflits entre les différents systèmes de législation qui entravent les échanges commerciaux et la concorde, un juriste comme Grotius est conduit à élaborer, concernant le droit de la mer ou le droit des gens, un droit naturel au sens moderne[3], c'est-à-dire rationnel et fondé sur la puissance de la raison en chaque individu. Ce fondement rationnel est complété par des systèmes de droit positif qui décident dans chaque pays de l'application du droit et de la jurisprudence. En cas de conflit juridique on doit remonter de la situation particulière au système de droit positif et éventuellement, quand la difficulté n'est pas encore levée, au droit naturel qui en est la norme rationnelle[4].

On pourrait penser qu'il en va de manière analogue dans le rapport entre religion naturelle, religion révélée et théologie révélée, d'autant que les termes juridiques ne sont pas absents du vocabulaire exégétique. Ainsi les rédacteurs de l'Écriture Sainte sont qualifiés de scribes[5], tandis que Calvin qui emploie ce terme d' « amanuenses » le traduit par le terme juridique de « notaires jurés du Saint Esprit » c'est-à-dire de « porte-plumes assermentés » en quelque sorte ! La religion naturelle ou le credo minimum joueraient donc, si notre comparaison est pertinente, le rôle du droit naturel, l'Écriture Sainte celui du corpus du droit ou d'un système de droit positif particulier quoique privilégié[6], et la théologie révélée celui de la jurisprudence. Le parallèle entre les deux domaines est même renforcé par la vivacité et l'importance des controverses dans les deux cas. On

1. *Int.*, prologue, p. 27.
2. Grotius et Leibniz le font aussi.
3. C'est-à-dire le droit naturel subjectif, fondé sur la nature de l'individu, et non pas le droit naturel objectif des Anciens fondé sur la nature des choses. Sur cette distinction Cf. les travaux de Michel Villey.
4. Cf. sur ce thème les analyses de René Sève dans *Leibniz et l'Ecole du droit naturel*, Paris, 1989, p. 26.
5. Meyer *Int.* IV, 5, p. 93.
6. Comme le système du droit romain pour le droit positif.

comprendrait alors à la fois la nécessité de poser le credo minimum pour sortir des controverses et l'impossibilité de se passer tout à fait d'une réflexion sur le statut et la validité de l'Écriture Sainte : on doit pouvoir retrouver le credo minimum dans l'Écriture, même si on l'a établi à partir d'une autre source, rationnelle. Il faut déterminer non seulement l'accord mais la continuité ou le perfectionnement du passage de l'un à l'autre. L'Écriture est-elle le balbutiement de la philosophie, comme le laisse entendre L. Meyer dans l'Epilogue de l'*Interpres* ou est-ce la théologie qui bégaie lorsqu'elle prétend parler de Dieu, comme le dit Isaac D'Huisseau ? La reprise de la même métaphore en des sens si diamétralement opposés, montre bien que l'accord sur l'importance de la Bible, ou sur sa position privilégiée à l'intérieur d'un corpus de livres religieux tenus à divers époques et par divers peuples pour sacrés, n'implique nullement un accord sur son statut ou sur sa validité.

STATUT DE L'ÉCRITURE SAINTE

La première question que posent les livres sacrés est celle de leur détermination comme sacrés. La distinction entre le sacré et le profane n'est ni claire ni constante. Bodin, dans le *Colloquium* la prétendait arbitraire quant à son contenu, Hobbes et Spinoza défendront la thèse selon laquelle est sacré ce qui se rapporte à Dieu, mais encore faut-il déterminer explicitement ce qui se rapporte à Dieu puisque « rien n'est, pris en soi ou absolument, sacré ou profane ou impur »[1]. Or la détermination du sacré est particulièrement urgente et difficile dans le cas des textes sacrés puisque ces livres fonctionnent comme principe de légitimation dans de multiples aspects de la vie, individuelle et collective. Comment discriminer entre les livres tenus pour saints par les diverses religions et, dans la Bible même, entre les différents livres qui la composent, puisque tous ne les tiennent pas également pour authentiques et qu'ils ne sont peut-être pas tous d'égale importance et valeur ? Qu'est-ce qui fait l'unité de ce livre tenu pour le livre par excellence, τὸ βιϐλίον, alors qu'il est composé de textes de nature fort diverse ? A ces questions qui renvoient à la question du canon ou de la règle de constitution de l'Écriture, s'en rattachent deux autres : La Bible est-elle intégralement parole de Dieu ? Ou tout n'y est-il pas « ipsissima Dei verba » ? Et dans ce cas où réside, en quel lieu, dans quelles limites et par quelle source la vérité de ce livre ?

Or on constate ici de bien curieuses absences : non seulement on n'y rencontre pas de théorie du texte biblique comme texte, mais on ne trouve pas davantage ce qui pourrait en tenir lieu, à savoir une théorie du canon de l'Écriture Sainte ou du sens vrai de l'expression de « Parole de Dieu », deux points qui au contraire, seront explicitement traités dans les philosophies de Hobbes et de Spinoza[2]. Chez Grotius, par exemple, le canon relève de l'histoire

1. Spinoza, *TTP*, XII. (Ap. p. 219).
2. Cf. J.P. Osier : L'herméneutique de Spinoza et de Hobbes, in *Studia Spinozana III*.

ou mieux de discipline ecclésiale; ce n'est pas une question théologique ni un point sur lequel il vaille la peine de se disputer :

> « Sont canoniques pour les hébreux, ceux que la Synagogue a fait connaître pour tels; sont canoniques pour les Chrétiens ceux que l'Eglise a fait connaître pour tels »[1].

Dès lors qu'on reconnaît la diversité des types de textes constitutifs de l'Écriture et qu'on admet que certains passages doivent être interprétés allégoriquement pour éviter qu'ils ne parlent indignement de Dieu, on s'attendrait à ce que soit posée la question de l'unité de la Bible et celle du canon. Le canon est la règle qui détermine quels textes doivent être tenus pour authentiquement inspirés et sacrés, et quelle est la hiérarchie des textes religieux : Torah écrite et tradition orale dans le monde juif, rapport de l'Ancien et du Nouveau Testament, des Epîtres et des commentaires patristiques en milieu chrétien. Aussi bien Hobbes que Spinoza, quoique de façon différente, seront ainsi amenés à proposer une théorie du canon et à distinguer différents sens, propres ou métaphoriques de l'expression « parole de Dieu ». Pour Hobbes la parole de Dieu est triple : parole de la raison « le secret instinct de la droite raison », parole des sens (révélation immédiate à quelqu'un par la voie des sens : vision, voix, songe), parole prophétique[2]. Pour Spinoza la parole de Dieu désigne proprement « la religion universelle et catholique commune à tout le genre humain » c'est-à-dire la loi divine universelle qui commande la vraie manière de vivre, et métaphoriquement l'ordre de la nature ou le commandement d'un prophète[3].

Or les penseurs du credo minimum admettent, avec la plus grande part des Eglises de la Réforme, que le temps des prophètes est passé depuis la venue du Christ et que la Parole de Dieu, désormais, c'est pour nous la parole écrite dans la Bible, ainsi que la loi morale gravée dans le cœur. Pour autant, si l'on trouve bien chez les cartésiens, une théorie de l'interprétation par des méthodes rationnelles, c'est-à-dire une théorie du sens et de la vérité du texte, la problématique de l'authenticité / autorité manque tout à fait. La volonté d'éviter au maximum le débat sur les questions controversées pour se centrer sur ce qui fait toujours déjà l'objet d'un accord aboutit en ce domaine à des pratiques d'occultation ou de déplacement. Occultation des conditions historiques de la fixation du canon et de son rapport avec une tradition : lorsque Grotius évoque la tradition, il entend par là la continuité ininterrompue de l'humanité, d'Adam aux hommes d'aujourd'hui, et non pas une tradition particulière, historiquement et culturellement déterminée, comme l'est la succession des chefs et Docteurs de l'Eglise dans la conception de l'Eglise romaine. Déplacement du principe de légitimation vers une norme éthique assez large pour englober d'autres textes que les textes bibliques : l'individualisme herméneutique[4] se joint ici à la

1. *Rivenati apologetici discussio*, *OT*. III, p. 723a, cité par H. von Reventlow, *L'exégèse humaniste de Hugo Grotius*, BTLT 6, p. 147.
2. Hobbes, *Ci.*, XV, 3. et *Lev.* XXXVI.
3. Spinoza, *TTP.*, XII.
4. Pour reprendre une expression de J.-P. Osier dans l'article cité ci-dessus.

prétention universaliste pour ignorer tant la légitimation par le savoir des doctes[1] que par une autorité habilitée à donner à un texte valeur de loi[2].

L'unité et la garantie de vérité des écrits bibliques est à la fois intra et extra-textuelle[3] : unité extra-textuelle qui leur vient de leur auteur et source transcendante, Dieu, source de toute vérité mais de celle-ci plus immédiatement ; unité intra-textuelle aussi par leur conformité avec le credo minimum, comme on le voit chez Cherbury. Mais le caractère très vague et englobant de cette double validation aboutit nécessairement à gommer les ruptures entre l'Écriture Sainte et les autres livres sacrés des autres religions –d'où le recours occasionnel aux Sibylles ou aux oracles païens – de même qu'entre le livre de la Nature et le livre de l'Écriture. La volonté d'unité maximale qui préside à la recherche d'un accord sur le noyau didactique et pratique essentiel de la religion aboutit donc à intégrer dans cette unité la diversité la plus grande, qu'il s'agisse de la pertinence des textes ou de l'extension du salut effectif, mais au détriment d'une analyse de la parole divine.

Pluralité des livres sacrés

La première objection faite par le voyageur cherburien à la détermination de la foi par référence à un livre sacré est celle de la pluralité de ces livres ainsi que la prétention de chaque Eglise à posséder le livre unique où se fait entendre authentiquement la parole de Dieu. Le débat sur les livres saints répète le paradoxe de l'universel anathème que les Eglises s'adressent mutuellement en affirmant « qu'hors de leurs murs il n'est point de salut » et hors de leur livre point de vérité. Refusant cet exclusivisme ecclésial, les irénistes sont donc conduits non pas à « refermer tous les livres »[4], mais à les relativiser (en conservant à la Bible la primauté sur tous les autres), à insister sur leurs points de convergence, l'unité du message dans la pluralité des discours.

D'où deux démarches qui présupposent un rapport différent du critère d'authenticité à l'histoire, rapport traditionnel de dépendance dans un cas, rapport d'indifférence dans l'autre. La première position, celle de Grotius, consiste à présupposer la plus grande antiquité de la Bible puis à expliquer par la théorie classique de l'emprunt les convergences abondamment soulignées entre l'Ancien Testament et les textes des poètes et des philosophes. Dans le même mouvement, il se sert de cette convergence pour justifier la vérité de la Bible et écarter l'accusation d'imposture et de fausseté[5]. L'autre démarche, beaucoup

1. Cf. la fixation du canon juif par les pharisiens du second temple, Spinoza, *TTP.*, X.

2. Donc l'autorité politique souveraine : Cf. Hobbes, *Lév.*, XXXIII.

3. Cf. sur ce problème le très bel et stimulant article de Michel de Certeau : *L'idée de traduction de la Bible au XVIIe siècle : Sacy et Simon*, in RSR 66/1, 1978, p. 73-92.

4. Cf. Rousseau : « Je n'ai jamais pu croire que Dieu m'ordonnât, sous peine de l'enfer, d'être savant. J'ai donc refermé tous les livres. Il en est un seul ouvert à tous les yeux, c'est celui de la nature. C'est dans ce grand et sublime livre que j'apprends à servir et à adorer son divin auteur ». *Emile*, IV (OC IV p. 624).

5. Cette démarche n'est pas nouvelle ; elle correspond à une pratique fréquente chez les humanistes érudits de la fin du XVIe siècle. Voir de nombreux exemples cités par J. Jehasse, *Op. cit.*

plus audacieuse est celle de Cherbury. Elle rompt ce rapport d'authentification par la continuité linéaire d'une histoire pour lui substituer une légitimation tabulaire qui relève du comparatisme religieux : s'inspirant des travaux récents des érudits (Selden, Colli, Vossius), Cherbury recherche dans la confrontation des diverses religions qui existent et ont existé une thématique commune, parce qu'inhérente à la nature même des choses, masquée sous un vocabulaire et une mise en forme différente. Mais dans les deux cas, le caractère absolument singulier de l'Écriture Sainte est gommé puisqu'elle est envisagée dans un rapport constitutif avec les livres saints des autres religions.

Continuité ou correspondance des livres sacrés

Entre tous les livres saints de toutes les religions y a-t-il donc continuité ou rupture? La position continuiste est assez bien représentée par Grotius. On remarquera d'abord la faible importance qu'il accorde, tout compte fait, à l'Écriture Sainte dans son apologie. Elle n'est évoquée que dans cinq § (sur quatre vingt onze) du *Meletius* et n'apparaît qu'au livre III de *la Vérité de la religion chrétienne*. Plus intéressant encore est le fonctionnement de cette référence : la prééminence de la Bible n'est pas attestée par la divinité de son auteur mais par l'excellence de la religion chrétienne (justifiée par son contenu, sa beauté et sa moralité, ainsi que par la rapidité et l'extension de sa diffusion) ou encore par son complet accord avec ce qu'enseignent de plus noble et de plus élevé les croyances antiques, les poètes (Homère, Virgile) et les philosophes – poètes, philosophes, apôtres étant les trois sources concordantes de la vérité pratique selon Grotius[1]. Dans la *VRC*., il s'attache à montrer l'antiquité et l'authenticité des livres de Moïse, démontant, par un examen des mobiles et des effets immédiats de son action, l'accusation d'imposture portée contre Moïse en ce siècle[2]. Le plus fascinant dans le chap. 8 du livre I de ce traité, c'est la multiplicité étourdissante de références empruntées à la tradition antique (poètes et philosophes) que Grotius connaissait admirablement (il fut le meilleur élève de Scaliger), complétées par des évocations plus générales et plus allusives des traditions égyptiennes et indiennes. Grotius consacre de longues pages à défendre la thèse que les anciens peuples, autres que juifs, ont connu l'histoire d'un chaos initial et de la création en sept jours, la simplicité du premier âge[3], l'empire de l'homme sur l'animal, la chute (ou la dégradation des premiers temps), le déluge, Babel, les géants et les multicentenaires, et même les aventures de Jonas dans le ventre du gros poisson attribuées, comme il se doit, à Hercule. Jamais Grotius, qui pourtant fréquenta Du Jon à Leyde, et qui fut, avec R. Simon un des plus grands exégètes de son siècle, ne met ici le moins du monde en question la validité de ces récits, la possibilité d'une source mythique commune, ou ne s'interroge sur le statut textuel de ces textes. C'est encore une fois que la Bible (et plus

1. Cf. *Mel.* § 18 et ce même thème de l'accord entre poètes, philosophes et apôtres in *VRC*., II, 4-6.

2. Il serait peut-être imprudent de penser immédiatement ici au *Traité des trois imposteurs* mais on peut songer à un des *topoï* de la critique libertine.

3. Paradis = âge d'or.

particulièrement d'ailleurs le NT.) n'est pas tant la *preuve* de la vérité du christianisme que le *lieu* privilégié de son *exposition*. Quant à sa vérité, elle peut se trouver aussi exposée ailleurs, sous des formes plus opaques certes, mais non totalement dévalorisées : ce qui met en définitive singulièrement en question l'idée d'élection d'un peuple ou de privilège d'une Eglise. Si l'on peut ainsi rapprocher les philosophes présocratiques et Ovide de Moïse, ou les vers orphiques des propos des patriarches, c'est que la voie du salut a bien été annoncée à tous, même si cet enseignement s'est pour certains obscurci ou quasiment perdu.

Le cas de Herbert de Cherbury est quelque peu différent. Il est à la fois fort averti des exigences de l'exégèse moderne : collation des textes, prise en compte des circonstances et de la place du passage controversé, nécessité de connaître les langues originales [1], et très instruit des derniers travaux des historiens des religions. Mais tandis qu'il souligne pesamment l'impossibilité pratique pour le laïc de sillonner la vaste mer exégétique [2], Lord Herbert se plaît à entraîner son disciple fictif [3] dans les méandres du comparatisme religieux. L'emploi même de l'abréviation *Opt. Max.* accolée au nom de Dieu est un symptôme de ce quasi syncrétisme religieux puisque cette expression (*Optimus Maximus*) servait chez les latins à désigner Jupiter, le Dieu suprême. Il s'agit là chez Cherbury beaucoup moins d'une marque de cicéronianisme [4] que d'une volonté affirmée de dégager le noyau identique de la vérité religieuse fondamentale (dans ce cas : il existe une divinité suprême) dans le travestissement divers des religions particulières. Ainsi peut-on retrouver l'adoration du vrai Dieu dans tout culte du dieu suprême ou même dans l'adoration du soleil [5] qui semble être une forme quasi universelle de la religion primitive. Tout comme Grotius, Herbert cite les poètes et les philosophes présocratiques qui ont su reconnaître l'unité, la grandeur et la toute puissance de Dieu. Mais ce n'est pas exactement dans le même sens, car si « le Dieu suprême des païens est le même que nous adorons » [6] cela ne signifie pas

1. *RL*. p. 134/172.

2. Cf *RL*. 136/173. « Ne faut-il pas apprendre toutes les langues et parcourir la totalité du globe ? ne faut-il pas lire tous les auteurs et visiter soigneusement toute chaire et bibliothèque ? Passer en revue tous les siècles et peser avec soin toute foi ? Comparer toutes les explications et résoudre toutes les contradictions ? Qui disposera d'assez d'esprit, de loisir, de richesse et de temps pour faire cela, surtout quand tout manque sauf l'intention, pour entreprendre cette œuvre immense. <...> C'est pourquoi, sauf à préférer s'engager d'un labeur infatigable dans les controverses des peuples en tout lieu, le Voyageur devra retourner aux vérités éternelles et de là se tenir avec confiance devant le tribunal divin ».

3. Cf. *Dialogue between a tutor and his pupil* et *De religione gentilium*.

4. Erasme s'est moqué dans le *Ciceronianus*, de la manie de ses contemporains, de vouloir transcrire tout le vocabulaire spécifiquement chrétien dans des termes qui se trouvent tous explicitement chez Cicéron, ce qui donnait lieu à des périphrases alambiquées ou à des rapprochements douteux (par exemple entre Jésus et Apollon ou entre la Vierge et Diane). Cf. trad. P. Mesnard : *Erasme, la philosophie chrétienne*, Vrin, 1970, p. 304-5.

5. Cette interprétation syncrétique a sans doute été préparée par l'image platonicienne du soleil, image et rejeton du Bien, et par la lecture humaniste des textes attribués à Hermes Trismégiste faisant du soleil le symbole d'un Dieu de feu. Cf. Jehasse, *Op. cit.* p. 491.

6. *DRG* p. 166/267.

que les uns aient emprunté aux autres ou copié sur eux [1], mais que tous les peuples sont tombés d'accord, non sur le nombre des dieux, mais sur Dieu avec une majuscule, c'est-à-dire le Dieu souverain et sur ses principaux attributs. De ce fait, les livres sacrés des autres peuples ne sont pas totalement dénués d'enseignement dès qu'on sait faire la part de ce qui relève de la superstition populaire et des manigances sacerdotales. C'est ainsi qu'on comprendra que ce qui est vraiment important dans les rites expiatoires, c'est la volonté de se repentir de ses fautes et non le sacrifice, et qu'on pourra mettre en parallèle, au grand scandale de Mersenne qui omettra de traduire ce passage, le Carême des Chrétiens et le Ramadan des Musulmans [2]. S'il y a bien chez Cherbury une précellence des Écritures saintes « de chez nous » [3], ce n'est pas en raison du contenu de leur révélation sur la nature de Dieu, mais seulement parce qu'elles enseignent « les lois les meilleures pour vivre droitement et heureux ». On ne saurait plus nettement écarter le caractère d'exclusivité d'un texte sacré.

LE LIVRE DE LA NATURE ET LE LIVRE DE L'ÉCRITURE

La Bible ou tout autre livre écrit de main d'hommes est-elle d'ailleurs le seul texte où s'écrive le message divin? A la suite de la spiritualité médiévale -saint Bonaventure notamment [4]- puis de Raymond de Sebond [5], l'apologétique protestante avait fait sienne le thème du parallèle des deux livres de la nature et de l'Écriture [6], écrits tous deux de la main de Dieu et donnés à l'homme successivement. Sebond ou Duplessis Mornay soulignent l'universalité des destinataires du livre de nature, livre immédiatement accessible à tous, tant laïcs que clercs, doctes ou savants. Ce livre est infalsifiable; il ne requiert pas de savoir préalable et donne à chacun les rudiments de son salut.

> « Doctrine convenable, naturelle et utile à tout homme, par laquelle il est illuminé à se connaître soi-même, son créateur et presque tout ce à quoi il est tenu comme homme. Doctrine contenant la règle de nature par laquelle aussi un chacun est instruit de ce à quoi il est obligé naturellement tant envers Dieu qu'envers son prochain et non seulement instruit mais ému et poussé à faire de soi-même par amour et par une allègre volonté. En outre cette doctrine apprend à tout homme de voir à l'œil sans difficulté et sans peine la vérité autant qu'il est possible à la raison naturelle pour la connaissance de Dieu et de soi-même et de ce quoi il a besoin pour son salut et pour parvenir à la vie éternelle » [7].

1. Encore qu'à l'occasion, Herbert laisse entendre que Juifs et Grecs se seraient tous fournis à la même boutique égyptienne. Cf. *Dialogue, passim.*

2. *DV.*, p. 217/191.

3. *Ibid*, p. 151/182.

4. Et plus lointainement des réminiscences augustiniennes.

5. *Theologia naturalis seu liber creatorum.* 1436.

6. Cf. J.Lagrée : « Le thème des deux livres de la nature et de l'Écriture » in *Spinoza et l'Écriture Sainte,* Travaux & Documents 4 du Groupe de Recherches Spinozistes, PUPS, 1991.

7. *Le livre des créatures*, Préface (cité dans la traduction de M. de Montaigne).

Non seulement le livre de nature est plus aisé, et serait le plus sûr si n'était survenue la « maculle originelle » qui en a faussé la lecture, mais il est aussi le plus « catholique ».

> « Cette doctrine est commune aux laïcs, aux clercs et à toute manière de gens : et si se peut comprendre en un mois et sans peine. Il ne la faut apprendre par cœur ni en avoir des livres, car depuis qu'elle est conçue elle ne se peut oublier. Elle rend l'homme constant, humble, gratieux, obéissant, ennemi du vice et du péché, amoureux de vertu, sans l'enfler pourtant ou l'enorgueillir par sa suffisance. Elle ne se sert d'arguments obscurs qui aient besoin de profond et long discours car elle n'argumente que par choses apparentes et connues à chacun par expérience »[1].

Alors que Sebond mettait l'accent sur la gradation hiérarchisée des êtres, sur l'échelle des créatures qui témoigne de la place privilégiée de l'homme et enseigne ses devoirs particuliers, Philippe Duplessis-Mornay y voit plutôt un terrain commun sur lequel tous les hommes, juifs, païens, sauvages d'Amérique, peuvent s'entendre. La nature humaine commune est un de ces principes élémentaires, comme sont les axiomes mathématiques, d'où se peuvent tirer de grandes et utiles conséquences. Le Monde ou la Nature est comme « un livre ouvert et déployé à tous, jusques aux enfants, pour y lire et appeler une divinité »[2]. Non seulement la Nature physique, par le mouvement ordonné des corps célestes, mais la nature humaine, par le consentement universel et la présence en toute culture de quelque forme de religion, manifestent Dieu tout aussi bien que le livre de la révélation. Nature physique, nature et histoire humaine, surnature présentée par la révélation se laissent déchiffrer par la raison, instrument universel de lecture, commune à tous, de l'enfant au sage, et vraie fille de Dieu. A l'inverse de ce qu'on peut lire chez Spinoza[3], c'est du livre de nature que nous avons besoin pour ne pas douter du salut de presque tout le genre humain.

Au XVIIe siècle cependant, la référence au livre de nature s'affaiblit, pour n'être plus qu'un lieu commun rhétorique, ou bien change complètement de signification[4]. C'est que le déchiffrement du monde a changé de sens dès lors que la grille de lecture est devenue mathématique, et qu'entre le livre de la nature et l'Écriture s'est interposé le modèle du livre des *Eléments* d'Euclide. Si la nature est encore invoquée dans l'apologétique – et ce, jusques à Kant – c'est au sens de référent universel commun ou d'ordre immuable des choses ou bien encore selon l'équivalence stoïcienne entre nature et raison. L'appel à la nature est alors l'appel à l'expérience commune et, notamment chez Cherbury, à l'expérience intime. Dès lors, la métaphore du livre de nature est trop marquée comme métaphore pour être pertinente, et l'on ne saurait se dispenser de préciser les règles de lecture du seul vrai livre, à savoir l'Écriture Sainte.

1. *Ibid*.
2. Préface.
3. « Nisi hoc Scripturae testimonium habemus, de omnium fere salute dubitaremus ». *TTP*., XV, G.III, p. 188.
4. Comme on le voit chez Galilée et Spinoza. Cf. notre étude sur *Les deux livres de la nature et de l'Écriture*.

STATUT PRIVILÉGIÉ DE LA BIBLE

Ainsi donc, même en admettant une continuité entre les livres de la Nature et de l'Écriture, ou entre les livres sacrés des différents peuples, la Bible garde au XVIIe siècle un statut privilégié. Encore faut-il s'interroger sur le principe et les critères qui lui confèrent ce statut de livre à part : est-ce, pour reprendre le vocabulaire de Michel de Certeau, en tant que *livre-sujet*, expression d'une Parole qui fait communiquer avec un Esprit, et qui, à ce titre est irréductiblement singulier? Ou en tant que *livre-objet* qui dans la diversité de ses *modi loquendi* transmet un message comparable à d'autres, et donc susceptible d'entrer dans une hiérarchie de documents moraux ou sapientiaux? La seconde réponse nous paraît devoir s'imposer. Non seulement, nous l'avons déjà noté, toute théorie de la Parole de Dieu est absente, mais la nécessité de recourir à l'Écriture Sainte est justifiée par deux types d'arguments seulement : un argument de fait, que c'est l'unique source à laquelle *tous* les chrétiens se réfèrent, et des arguments de droit, d'ordre éthique ou esthétique.

L'argument de fait, en pays chrétien, est que tous les énoncés théologiques peuvent être objet de controverse, y compris l'unicité de Dieu (Cf. les débats sur la Trinité) mais un seul résiste au doute méthodique et radical qui écarte les points de doctrine controversés : l'Écriture Sainte est le fondement ultime et absolu de toute théologie chrétienne, ou encore l'Écriture Sainte est parole authentique de Dieu et le principe commun à toutes les Eglises[1]. Le second type d'arguments ne renvoie pas à la qualité suréminente de l'auteur de l'Écriture, donc à l'excellence de sa source, mais à son contenu, ce qui suppose que l'on considère l'Écriture Sainte comme un texte parmi d'autres. « Les unes et les autres <Eglises> conviennent en ce point que l'Écriture est infaillible, qu'elle est le fondement de la vérité et la souveraine règle de toute sainteté »[2]. Trois sortes de critères 'profanes' interviennent ici : un critère logique, un critère moral, un critère esthétique ou rhétorique.

le critère 'logique' est un critère de cohérence interne présenté par Grotius (*Mel.* § 52) : L'Écriture peut être tenue pour vraie parce que, dans ses récits comme dans ses règles pratiques, elle ne dit rien d'inconvenant[3] sur Dieu et qu'elle s'accorde avec les poètes et les philosophes pour enseigner la meilleure règle de vie. Le critère moral est plus insistant : nous l'avons déjà signalé chez Cherbury qui reconnaît une « éminente autorité » aux Saintes Écritures des Juifs et des Chrétiens parce qu'elles enseignent « les lois les meilleures pour

1. Cf. Meyer, *Int.*, Prologue; D'Huisseau, *Réunion*, p. 118 & 122; Wissowaty, p. 31/71 pour distinguer entre la religion purement naturelle des Déistes et la religion chrétienne.

2. D'Huisseau, p. 80.

3. Ce point est loin d'être unanimement admis comme évident, puisqu'au contraire la mise en relief de manières de parler de Dieu inconvenantes (dans le langage anthropomorphe du corps humain et des passions) est l'argument décisif pour refuser d'entendre l'Écriture à la lettre. Mais il faut ici faire la distinction entre la manière de parler (le *modus loquendi*), plus ou moins appropriée, et le contenu de ce qui est dit. Jamais l'Écriture ne prête à Dieu un comportement immoral (comme l'est celui des dieux du paganisme). Incompréhensible parfois certes, mais dont la justice se découvre après coup.

vivre droitement et heureux»[1]. Nous le retrouvons chez Grotius et D'Huisseau sous deux formes : l'Écriture contient plus d'exhortations à la vertu que de doctrines; alors que les mystères, les récits et les prédictions sont souvent obscurs et vraisemblables[2] seulement, l'enseignement moral est parfaitement clair et incontestable. On peut certes souligner la difficulté qu'il y a à le mettre en pratique, mais non contester que toute l'Écriture enseigne la justice et l'amour du prochain comme soi-même, ou la règle de la réciprocité. Enfin, l'exemple de la perfection morale du Christ est l'argument le plus fort. La philosophie stoïcienne a souligné le rôle pédagogique de l'exemple en morale : quand le débutant hésite sur la conduite à tenir, le maître le renvoie à l'exemple de Socrate, de Caton, voire d'Hercule et d'Ulysse. Mais les sages et les héros antiques n'ont pas mené une vie en tout point exemplaire[3], à la différence du Christ qui n'ayant ni péché, ni usé de violence (contrairement à Mahomet) est le seul dont la vie nous montre clairement le chemin du salut[4]. Le dernier argument est de type rhétorique ou esthétique : l'Écriture Sainte se distingue par la beauté de son contenu (ce qui la fait adopter par les sauvages de la Magellanne), par la clarté, la simplicité et la majesté de son mode d'expression. « La simplicité, outre qu'elle entre dans une grande part dans la majesté du style, convient encore ici en ce qu'elle permet à tous, même les non-doctes, d'atteindre sans détour la voie du salut»[5]. Même ton chez D'Huisseau :

> « Si on ramène une fois la religion chrétienne à la simplicité naturelle de ses dogmes, elle découvrira toutes ses grâces et sa beauté, et elle sera aimée pour ce qu'elle n'aura plus rien que d'aimable »[6].

PRINCIPES DE L'INTERPRÉTATION DE L'ÉCRITURE

UNITÉ ET PLURALITÉ DE L'ÉCRITURE

La pluralité des types de textes qui constituent la Bible, de leurs modes d'écriture comme de leur contenu, est une évidence sensible même au lecteur le moins prévenu des méthodes de l'exégèse. Personne ne songe à le nier et d'ailleurs en un sens la Bible le dit aussi, puisqu'en certains de ses passages elle affirme qu'il y a (ou aura) de faux-prophètes, que certains textes doivent se lire

1. *RL*. p. 134/172 & 151/182.
2. D'Huisseau, p. 144-6.
3. On voit ici fonctionner un double *topos :* celui d'Hercule chrétien et des vices de Platon ou d'Aristote.
4. Je résume ici le § 56 du *Mel.*
5. Grotius, *Mel.* § 55 « Simplicitas autem praeterquam quod magna pars est majestatis etiam huc pertinet ut omnes, etiam indocti, ibi sine circuitu inveniant id quod saluti pariendae sufficiat ».
6. D'Huisseau, *Réunion*, p. 186.

selon plusieurs niveaux de sens[1], qu'elle distingue entre récits, prières, textes de lois... Reste donc à déterminer ce qui fait l'unité de cette diversité, et si cette unité est donnée dans le texte ou doit être construite. Or nous avons vu que cette unité n'est pas suffisamment constituée par l'unité de l'inspiration ou de la source divine puisque celle-ci, quoiqu'affirmée, est voilée par la multiplicité des médiations humaines, des rédacteurs. L'absence d'une théorie du Canon et de la Parole de Dieu rend également impossible une réponse de type catholique ou de type hobbesien où c'est une autorité légitimée (Magistère s'appuyant sur une tradition ou autorité politique) qui constitue le canon et précise ce qui, dans la Bible, peut et doit être entendu comme parole authentique de Dieu. D'ailleurs, même si l'on s'entendait sur l'hypothèse d'une inspiration divine unique et constante, toutes les difficultés ne seraient pas levées puisque l'Écriture ne parle pas que de Dieu mais rapporte aussi « des paroles de criminels, de femmes, de bêtes, et qui plus est, du diable lui-même »[2]. Même les Apôtres et les prophètes, de leur propre aveu, ne parlent pas toujours de manière divinement inspirée, mais souvent de façon humaine et rien qu'humaine. « Il vaut donc la peine de chercher, ce qui dans les Écritures Saintes, fait entendre la parole authentique et incontestée de Dieu »[3].

La réponse ici, situe l'unité de cette parole authentique dans l'unité d'un noyau dogmatique et moral. Ce faisant, elle est conduite à conjuguer cette question avec deux autres : celle de la clarté et celle de la séparation de l'essentiel et de l'accessoire.

Obscurité de l'Écriture et interprétation

Sur la question de la clarté ou de l'obscurité de l'Écriture Sainte, l'opposition est nette et tranchée entre Catholiques et Réformés : pour les Catholiques l'Écriture est obscure et doit être interprétée ; mais cette interprétation ne relève pas seulement de ce que nous appellerions aujourd'hui la critique textuelle ; elle doit être validée par le Magistère et, en cas de désaccord, par un concile ou par le Pape. Tandis que L. Meyer se moque abondamment dans le chapitre IX de l'*Interpres* des erreurs des conciles, du zèle partisan qui les anime et de l'indignité des papes, ce qui empêche qu'on les puisse considérer comme des interprètes infaillibles, Isaac D'Huisseau qui a une longue expérience des débats des conciles protestants remarque que ces assemblées sont plutôt des écoles de chicane que de concorde[4].

1. Notamment les paraboles. Cf. « Que celui qui a des oreilles pour entendre, entende » !

2. Herbert, *RL*. p. 135/172. On appréciera selon son sexe, la saveur ironique de cette progression.

3. Les « ipsissima Dei verba », *Ibid*, p. 135/172.

4. *Réunion*, III, 1, p. 109 : « on voit que ces mêmes assemblées ne se forment guère que sous l'autorité d'une des sectes de chrétiens et que ce qu'elle se propose en cela c'est pour se fortifier davantage contre les autres et s'affermir de plus en plus dans ses premiers sentiments. C'est ce qui a fait que plusieurs ont rejeté absolument toutes assemblées de cette sorte et qu'on dit ordinairement que *tout concile engendre la guerre* ».

Pour les Protestants, l'Écriture Sainte est nécessairement claire pour tout ce qui est nécessaire au salut, sinon Dieu nous aurait donné un instrument décepteur, ce qui est contraire à sa nature[1]. Le noyau salvifique de l'Écriture est non seulement clair mais cohérent et consistant, de telle sorte que tous les passages qui s'y rapportent se renforcent et s'éclairent mutuellement et que, partant de ce principe de l'analogie de la foi et assurés de l'aide de l'Esprit Saint, le croyant peut lire l'Écriture et l'interpréter par elle-même. Le principe de la *Scriptura sola* ne vaut pas que comme principe exégétique ; il marque aussi l'entrée des laïcs dans l'âge de la majorité religieuse[2] et il ouvre la voie à une forme d'individualisme herméneutique, chaque croyant pouvant proposer sa propre lecture. Bossuet soulignera abondamment dans son *Histoire des variations des Eglises protestantes* le danger de dissémination du sens et d'affaiblissement de la vérité qui en résulte :

> « Lorsqu'on a mis dans la tête d'un peuple ignorant que tout est si clair dans l'Écriture qu'il y entend tout ce qu'il faut entendre et qu'ainsi il peut se passer du jugement de tous les pasteurs et de tous les siècles, il prend pour vérité constante le premier sens qui se présente à son esprit et celui auquel il est accoutumé lui paraît toujours le plus naturel. Mais il faudrait lui faire entendre que c'est là souvent la lettre qui tue et que c'est dans les passages qui paraissent les plus clairs que Dieu a souvent caché les plus grandes et les plus terribles profondeurs »[3].

Le protestantisme ne nie pas que les préjugés et les habitudes de pensée ne puissent faire tenir pour sens vrai le sens qui pour nous est le plus usuel. C'est pourquoi il faut étudier les langues originales pour bien entendre la Bible. Mais il y a plusieurs strates de lecture possibles, et le peuple ignorant peut et doit la lire au niveau d'intelligence qui est le sien, car il est requis d'être juste et non point savant pour être sauvé. D'où la position d'une série d'équivalences : ce qui fait l'unité de l'Écriture est ce qui en elle est essentiel et clairement exprimé. Clair = essentiel = authentique = unitaire. Inversement ce qui est obscur est inessentiel c'est-à-dire soit inutile, soit accessoire et laissé à l'appréciation de chaque communauté humaine. C'est le cas notamment des rites et des cérémonies. Certains sont nocifs (sacrifices sanglants, condamnés par la raison et d'ailleurs proscrits dans l'Ancien Testament), d'autres inutiles quoiqu'admissibles (circoncision), d'autres accessoires et donc légitimement multiples dans leurs formes d'extériorisation (les rites de pénitence). Car la clarté de l'Écriture ne joue pas seulement comme critère en ce qu'elle dit, mais également en ce qu'elle ne dit pas. L'Écriture dit clairement ce qui est nécessaire au salut. Ce qu'elle tait clairement est par là-même indiqué comme inessentiel, et donc susceptible de mises en forme variées. Or c'est là précisément le domaine de ce qui fait l'objet de querelles interminables entre les Eglises. Une formulation des plus nettes de

1. Le même argument est employé par Descartes pour justifier la confiance qu'on peut et qu'on doit avoir dans la lumière naturelle.

2. Inversement, au ch. IX, § 2 de l'*Int.*, L. Meyer se gausse de l'Eglise catholique qui « ne permet même pas <aux laïcs> la lecture des textes saints, encore moins leur interprétation, alors que ce sont eux qui constituent la plus grande partie de l'Eglise » (p. 150).

3. Bossuet : *Histoire des variations...*, II, 26, T.1, p. 409.

cette thèse se rencontre chez un adversaire résolu des positions irénistes, globalement taxées de socinianisme, à savoir Pierre Jurieu[1] :

> « L'Écriture est claire dans les choses qu'elle dit et qu'elle affirme, au moins dans les choses fondamentales et capitales parce que les chrétiens, malgré la diversité de leurs intérêts et la violence de leurs passions les uns contre les autres en conviennent. Elle est encore plus claire dans les choses qu'elle ne dit pas (les images des saints, le sacrifice de la Messe), de sorte qu'il ne tient qu'aux chrétiens que l'Écriture Sainte ne leur soit un lien d'union aussi parfait qu'on le peut concevoir. Ils n'auraient qu'à recevoir les choses qu'elle dit clairement comme ils le font déjà et rejeter toutes celles dont elle ne dit rien. C'est la clé de la réunion que l'on cherche et il est indubitable que c'est par là que les chrétiens se réuniront un jour avant que le monde finisse »[2].

LES MODI LOQUENDI DE L'ÉCRITURE

Les travaux érudits de l'herméneutique humaniste, ceux d'un Erasme, d'un Casaubon, d'un Cappel, appliquant à la Bible considérée comme un texte, un livre-objet, les acquis des méthodes élaborées pour restituer les textes de l'antiquité classique dans leur authenticité (collation des manuscrits, détection des erreurs de copistes, interprétation du sens littéral en fonction d'un état historique changeant de la langue, détermination du *sensus verus*, prise en compte des destinataires du texte, etc.) avaient conduit à prendre soigneusement en compte les manières de parler propres à une époque, à un auteur, à un contexte ou à un milieu de réception déterminé. Une plaidoirie d'avocat diffère en ce sens d'un discours politique et plus encore d'un poème. Rien de surprenant donc à ce que cette considération des *modi loquendi* soit si présente dans la critique historique. Tout auteur sait que s'il veut que son discours soit entendu, c'est-à-dire non seulement écouté mais compris, il faut qu'il s'adapte à son auditoire. Ce qui implique un rapport complexe – mais pas toujours conscient – de proportionnalité entre l'intelligibilité du message et l'intelligence, la capacité de comprendre, de l'auditoire visé.

Alors que l'exégèse médiévale distinguait des modes de lecture (sens littéral, allégorique, moral, anagogique[3]) en fonction d'un « itinéraire » de l'âme croyante vers Dieu[4], puisque le même texte pouvait parfois se lire selon plusieurs sens à mesure que l'on s'élevait du sens littéral au sens spirituel en ses diverses formes, l'exégèse humaniste distinguait des modes d'écriture en fonction du milieu social ou culturel du rédacteur humain, du contexte historique (exil ou royauté par exemple) et du type de texte : une prière comme un psaume ne se rédige pas comme un texte législatif ou un récit historique. Pour déter-

1. P. Jurieu avait critiqué *De la vérité de la religion chrétienne* de Grotius dans son *Tableau du socinianisme* de 1690.

2. P. Jurieu, *Le Vrai système de l'Eglise et la vraie analyse de la Foy*, p. 624. (Ce sont les dernières lignes du livre).

3. Cf. Thomas : *Somme théologique*, Ia, qu.1, art.10.

4. Cf. le titre de l'ouvrage de saint Bonaventure : *Itinéraire de l'âme à Dieu*.

miner le sens exact d'un texte, il faut donc tenir compte de son genre littéraire et du public auquel il était primitivement adressé et adapté.

Les penseurs du credo minimum, quoiqu'avertis de l'existence, et parfois de façon précise, des méthodes de l'exégèse humaniste[1] ne font cependant pas porter leur réflexion sur ce point. Voulant restituer à Jésus-Christ l'unité et l'universalité de son auditoire, comme disait D'Huisseau[2], ils inscrivent sous le thème des *modi loquendi* tout autre chose que ce que l'exégèse historico-critique entend par là, en élargissant au maximum le champ ou l'horizon de la communication. Admettons en effet, à titre d'hypothèse, que le locuteur authentique qui s'exprime par la médiation de scribes humains soit Dieu et que l'auditoire auquel est potentiellement destiné son message soit l'humanité toute entière, tous les hommes de tous pays, de tous temps, de tout savoir, de tout âge, sexe ou condition. Qu'en résulte-t-il concernant les modes d'expression de ce message? Deux réponses sont possibles selon que l'on met l'accent sur la nature du destinateur[3] ou du destinataire :

La première est centrée sur l'universalité des destinataires : Dieu a parlé le plus simplement du monde pour être compris de tous et c'est pourquoi clarté et simplicité du message ainsi que consentement universel sont les marques de l'enseignement essentiel ou de la parole authentiquement divine. C'est là la position de D'Huisseau : « Tout ce qui est clairement proposé en la parole de Dieu et qui aussi est reçu par un aveu général, est un point fondamental du christianisme »[4] car « la religion chrétienne est également proposée à tous et dans la distribution de ses grâces elle ne fait point de distinction entre le docte et l'ignorant, l'esprit sublime et celui qui rampe parmi le commun »[5]. Même thème chez Grotius[6] :

> « Ce qu'il est nécessaire de savoir apparaît clairement au premier regard en termes explicites afin que personne à condition d'être capable de raison, ne soit privé d'une vérité si obvie par la lenteur de l'esprit, l'obligation de subvenir d'abord à ses besoins qu'impose la pauvreté, par le sexe ou par l'âge ».

Il faut donc articuler ensemble le *modus loquendi* le plus général de l'Écriture et l'auditoire le plus universel. Dans ce contexte « ad captum vulgi loqui » ne signifie pas se mettre à la portée de la foule en lui parlant le langage de l'imagination, même si ce langage lui est le plus immédiatement accessible car

1. Que l'on songe notamment à l'importance de l'Ecole de Saumur où D'Huisseau fut pasteur; Grotius a été l'élève de Scaliger; Cherbury a habité chez Casaubon; Meyer et Wissowaty se montrent très informés des discussions exégétiques les plus 'en pointe' de leur temps, par exemple sur la question de la ponctuation massorétique.

2. Cf. p 207 : « Cependant Jésus-Christ n'a jamais eu un double auditoire ».

3. Nous empruntons ce terme à la sémiologie de Greimas : le destinateur désigne l'instance qui envoie le message, même si ce n'est pas elle qui s'exprime directement dans le récit, le destinataire, celui qui la reçoit.

4. *Réunion*, p. 152.

5. *Ibid*, p. 19-20.

6. *Mel.* § 55 : « planis verbis primoque intentu patefecit quicquid didicisse est necessarium, ita ut nec tarditas ingenii nec quaerendo victu occupata paupertas nec sexus aut aetas, dummodo rationis capax, quemquam secludat a veritate tam obvia ».

l'imagination est par essence multiplement diversifiée en fonction de la complexion propre du locuteur et du récepteur et ne constitue en aucune façon un langage *commun* toujours accessible à tous. Même s'il existe bien une forme générale des procédés imaginatifs (métaphores, analogies, correspondances, etc.), le style est nécessairement spécifié par les interlocuteurs concrets. Le seul point véritablement commun à la diversité indéfinie de cet immense auditoire est d'être « capax rationis ». Le *modus loquendi* du noyau salvifique doit donc être de type rationnel, ou du moins tel qu'il soit immédiatement accessible à la raison commune.

La deuxième solution à ce problème, proposée par L. Meyer, n'est plus axée, comme la première, sur la « catholicité » des destinataires mais sur les propriétés singulières du destinateur. Dieu, auteur des livres saints, est à la fois absolument vérace, omniscient et omniprovident. Du premier caractère découle que tous les sens vrais de l'Écriture sont aussi des vérités et que toutes les vérités qu'on peut découvrir dans l'Écriture sont autant de sens véritablement intentés par l'auteur divin. Or nous savons que bien des expressions de l'Écriture sont équivoques et susceptibles de plusieurs sens, qui peuvent être également vrais, puisqu'un auteur très intelligent est capable de « dire et écrire beaucoup en peu de mots »[1]. Parce qu'il est plus que très intelligent, à savoir omniscient, Dieu a prévu toutes les vérités possibles susceptibles d'être comprises et signifiées dans les phrases de l'Écriture ; parce qu'il est omniprovident, il a fait en sorte que tous ces sens vrais se présentassent progressivement à l'esprit des lecteurs, au fur et à mesure que croîtrait leur science et leur capacité de compréhension, mais de telle sorte que même le niveau d'aperception de la vérité la plus modeste soit déjà interprétation d'un sens vrai.

> « Le lecteur ou l'auditeur ne peut rencontrer aucune vérité de l'Écriture sans que l'Esprit Saint ne l'ait prévue et bien plus n'y ait pourvu. Pour cette raison, et parce qu'il peut les rencontrer toutes, il s'ensuit que toutes ces vérités ont été visées et signifiées par Dieu en ce passage et donc aussi qu'elles sont autant de sens vrais »[2].

La première solution accentue la simplicité du message, la seconde sa complexité en multipliant les stratifications de sens vrais. Elle implique une « lecture feuilletée » qui écarte comme faux sens tout ce qui n'est pas susceptible de vérité, mais démultiplie les niveaux de sens vrais, partout où une vérité se complexifie sous l'effet de l'accroissement du savoir. Deux points communs cependant, une présence et une absence, réunifient ce qui semblerait d'abord relever de méthodes interprétatives radicalement divergentes : la présence de la raison comme *organon* commun de l'interprétation, parce que la raison seule est véritablement commune à tous et qu'elle est l'instrument de l'intelligence au premier degré des simples, et au n^ème^ degré des savants. Le second trait est une absence commune : celle de la prise en compte des *modi loquendi* historiquement déterminés de l'Écriture.

1. *Int.*, IV, 8, p. 97.
2. *Int.*, IV, 8, p. 96-7.

On voit mieux alors en quoi Spinoza s'inscrit à l'intérieur de cet horizon, tout en subvertissant des deux côtés ses postulats et ses méthodes : comme Grotius, D'Huisseau, etc. Spinoza pose que l'Écriture Sainte est accessible à tous et que tous peuvent y lire les « dogmes de la foi universelle » ; mais il souligne aussi la diversité de ses modes d'expression en fonction de ses auditoires particuliers. Aussi présente-t-il une théorie des modes d'expression imaginatifs et de leur adaptation à un public déterminé. Le *modus loquendi* se comprend en corrélation avec la visée communicationnelle, le « ad captum vulgi loqui ». Comme Meyer, Spinoza accorde un rôle décisif à la raison dans l'interprétation de l'Écriture, mais elle n'est pas la norme unique, puisqu'elle requiert d'abord des connaissances historiques sur la langue, la culture, la situation historique concrète des rédacteurs et de leur public. Cela se voit de façon particulièrement nette dans la différence de leur façon de réfuter la règle d'Alpakhar[1] : tous deux soulignent la difficulté de dégager à première lecture ce que l'Écriture enseigne clairement et expressément et qui doit être entendu littéralement et non pas métaphoriquement. Mais tandis que, pour Meyer, seule la raison peut conseiller une lecture métaphorique quand le sens obvie est contraire à la raison, pour Spinoza, ce peut être ou la raison, ou la nature de la langue ou les circonstances du passage, c'est-à-dire des critères internes autant qu'externes. Ceci suppose donc que soient soigneusement distingués dans la Bible ce qui relève du document ou d'une archéologie de l'Écriture, et ce qui relève de l'enseignement (exclusivement moral et non scientifique ou spéculatif) ou d'une didactique de l'Écriture [2]. Il faut donc réfléchir sur ce que signifie « lire l'Écriture Sainte » pour ne pas y aller chercher ce qu'elle ne saurait donner, mais pour y trouver tout ce qu'elle peut offrir et ce, de fait, à l'auditoire le plus large.

QUE SIGNIFIE LIRE LA BIBLE ?

Se demander ce que signifie « lire la Bible » n'est pas une question aussi naïve qu'il semblerait d'abord. Parce que pendant très longtemps, aussi longtemps au moins que l'accès direct n'en était pas autorisé ni facilité par des traductions en langue vernaculaire, la Bible n'a pas tant été considérée comme un livre que comme une parole, et pas n'importe laquelle puisque c'était LA parole, celle de Dieu. On sait que les travaux érudits de l'exégèse biblique du XVIe et du XVIIe siècles ont eu pour effet à la fois de désacraliser partiellement le texte biblique considéré comme relevant du même type de traitement que tout autre

1. Meyer *Int.*, XI,9 p. 174 sq. et Spinoza, *TTP*. XV. Cette règle dit qu'il faut entendre l'Écriture au sens propre partout où elle enseigne quelque chose clairement et ouvertement, et au sens figuré là où elle enseigne, indirectement ou à titre de conséquence, quelque chose de contraire à ce qu'elle enseigne par ailleurs clairement et ouvertement. Cf. J.Lagrée : « Déraisonner avec ou sans la raison » in *Mélanges offerts à S.Zac,* à paraître aux Presses de l'ENS de Fontenay aux roses.

2. Cf. J.Lagrée et P.F.Moreau : La lecture de la Bible dans le cercle de Spinoza, in *Le grand siècle et la Bible*, Paris, Beauchêne, 1989 et P.-F. Moreau : « Les principes de lecture de l'Écriture Sainte chez Spinoza » in Spinoza et l'Écriture Sainte, T&D 4 du GRS, PUPS 1991.

texte ancien, et de redonner un nouveau départ aux recherches sémantiques et à ce qu'on pourrait appeler une herméneutique généralisée dont le troisième livre de la *Logica vetus et nova* de J. Clauberg offre un des plus beaux exemples[1]. Tout le mouvement de la Réforme s'était constitué comme un mouvement de retour au texte, dont la clarté et la puissance, puissance de vérité et dynamisme de vie, devait redonner force et vigueur à des communautés et des institutions corrompues par le temps. Or cet espoir a été déçu puisque le texte aussi a révélé sa corruption par le temps et que les débats interprétatifs, loin de souder les Eglises, ont provoqué ces dissensions dont Bossuet se raille dans son *Histoire des variations des Eglises protestantes.* Au début du XVIIe siècle, il est clair pour tous que la Bible est un « texte effondré et opaque » comme l'écrit Michel de Certeau. Est-ce pour autant un texte mort ou périmé? Certes pas! Bien au contraire, la Bible est considérée comme un texte-source, comme un texte-lien, comme le texte de référence par excellence. S'il faut toujours en revenir à l'Écriture parce que c'est le fondement universellement reconnu par toutes les Eglises qui vivent en Europe[2], il faut encore déterminer qui peut lire la Bible, comment la lire, et ce qu'on peut y chercher.

A la question : *qui* peut et doit lire la Bible? la réponse de la Réforme est : tout homme ou femme qui sait lire. Le principe de libre accès au livre et de libre examen peut être ici considéré comme l'équivalent de l'individualisme juridique.

La question *comment* lire renvoie à la question de la science et de l'érudition. Comment trouver son chemin dans le dédale des manuscrits, des leçons, traductions et commentaires? Le fil rouge pour sortir de ce labyrinthe est donné par un principe d'authentification variable mais qui est toujours à la fois un principe de simplification et de retour à l'essentiel[3] : tout recentrer sur les articles fondamentaux (Cherbury; D'Huisseau); remonter d'une vérité déjà connue à un sens vrai. Pour L. Meyer : les trois derniers avantages de la méthode d'interprétation proposée dans *l'Interpres* sont de « servir pour saisir les mutilations et altérations des manuscrits, <...> étudier les différentes variantes de l'Écriture et décider lesquelles sont altérées, lesquelles sont authentiques » et « pour ceux qui ignorent les langues originales et n'ont pas l'occasion de les apprendre <...> découvrir les traductions fausses ou faites à partir de textes erronés »[4].

Que chercher dans la Bible? Un enseignement salutaire et certainement pas des connaissances qui relèvent des capacités de la seule raison naturelle ou de la science. Tout comme Descartes, chacun admet que « c'est appliquer l'Écriture Sainte à une fin pour laquelle Dieu ne nous l'a pas donnée et par conséquent en

1. Ou encore la *Logique* de Port-Royal.

2. Duplessis Mornay soulignait que puisqu'on ne peut discuter avec quelqu'un qu'à partir des principes qu'on partage avec lui, il faut discuter avec les Juifs à partir de l'Ancien Testament. Cf. préface *De la vérité de la religion chrétienne.*

3. Pour cette raison l'expression de credo minimum, consacrée par l'usage, met trop unilatéralement l'accent sur l'aspect de simplification, alors que celle de « points fondamentaux » laisse dans l'ombre l'aspect de synthèse simplifiée. Peut-être l'expression de « credo fondamental » conviendrait-elle mieux.

4. *Int.*, Epilogue, p. 240.

abuser que d'en vouloir tirer la connaissance des vérités qui n'appartiennent qu'aux sciences humaines et ne servent point à notre salut»[1]. Chercher dans la Bible ce qui est nécessaire au salut implique qu'on laisse de côté un certain nombre de passages considérés comme périmés (ceux qui valent exclusivement pour le peuple juif considéré comme un peuple historique), qu'on en interprète d'autres pour leur donner un sens recevable (les passages marqués par l'anthropomorphisme) qu'on dégage enfin un noyau didactique à la fois théorique et pratique. Lire la Bible n'est donc pas tant ici comprendre ce qu'elle dit que déterminer ce qu'elle enseigne, sous la forme à la fois de contenus et de modèles d'application de cet enseignement. C'est en ce sens que la Bible demeure un livre actuel et non un livre périmé : parce qu'il nous fait réfléchir à notre utile propre, parce qu'il nous présente des modèles de vie droite, particulièrement en la personne de Jésus, parce qu'il nous instruit de ce qui nous est le plus nécessaire de connaître, bref, parce qu'il nous parle autant de nous que de Dieu.

DIFFÉRENTS TYPES D'INTERPRÉTATION

Interpréter la Bible, ce n'est pas seulement l'activité professionnelle de l'exégète érudit : c'est le devoir et le droit de tout chrétien puisque c'est sur l'enseignement de l'Écriture que tous admettent que l'on doit régler sa foi et ses mœurs. Mais on peut se demander si le fait de considérer la Bible comme un livre'ouvert', immédiatement accessible à tous, ne rend pas désormais inutiles les procédures d'interprétation. En fait il n'en est rien. Ce qui est récusé dans la polysémie biblique, c'est la pertinence d'un sens allégorique mystique ou le caractère délibérément cryptique du document. Si la Bible est bien polysémique et parfois obscure, cette polysémie accidentelle peut être levée. Qu'est ce qui alors garantit la possibilité d'une compréhension immédiate et suffisante du texte ? C'est que le sens à décrypter est un sens moral qui renvoie et à l'expérience commune et à une règle morale innée. De façon analogue, Kant distinguera dans le *Conflit des facultés*[2] entre l'interprétation de la Bible comme foi historique, laissée à « la sagacité des Docteurs de la loi », et la lecture de la Bible laissée « à la raison naturelle des laïcs » comme « organe de religion universelle et intérieure de la raison[3] ». Si le lecteur laïc peut rentrer de plain-pied dans l'intelligence du sens de la Bible, simplement guidé par sa raison naturelle, c'est qu'il la lit au niveau de sens le plus immédiatement accessible après le sens littéral, à savoir le sens moral. Mais ce sens moral n'est pas le seul

1. Descartes, Lettre à août 1638, AT II, 347-8. Pléiade, p. 1018-19.

2. *Conflit*, VII / 61 ; III / 869.

3. *Conflit*, VII / 64; III / 873. Kant ajoute un peu plus loin : « La divinité de son contenu moral dédommage suffisamment la raison de ce qu'a d'humain le récit historique qui, illisible ici ou là comme un vieux parchemin, doit être rendu compréhensible par des accomodations et des conjectures en accord avec le tout et par là en tout cas est légitimé l'énoncé que la Bible, exactement comme si elle était une révélation divine, mérite d'être conservée, moralement utilisée et donnée à la religion comme moyen de la guider ».

qui soit ici explicitement visé et il nous faut prendre garde aux nuances entre les divers courants, ainsi qu'à ne pas lire rétrospectivement la thématique de la religion naturelle du XVIIe siècle avec des verres de lunettes kantiennes, même s'il nous paraît y avoir là une filiation peu contestable. L'herméneutique biblique peut ainsi être envisagée, nous semble-t-il, en un sens fort et un sens faible. Au sens faible, interpréter c'est comprendre le texte, lui donner un sens intelligible pour soi sans prétendre à l'infaillibilité ni à l'unicité de l'interprétation. En un sens fort, interpréter c'est dégager le vrai sens du texte, celui qui a été effectivement visé par l'auteur et déterminer si ce sens vrai correspond à la vérité de la chose dont il parle. A ces deux types de sens, fort ou faible, correspondent les deux principaux courants herméneutiques du credo minimum : au sens fort celui de l'herméneutique cartésienne qui entend dégager le vrai sens pour tous, et définitivement :

> « A celui seul qui peut dégager le sens vrai et authentique des lettres divines, il est permis d'établir quelque chose de fixe et d'inébranlable concernant la foi et les mœurs, et de réfuter et de convaincre ceux qui se rangent à une autre thèse »[1].

Le sens faible renvoie à un courant qu'on pourrait qualifier de para-herméneutique, et qui correspond à la manière de Herbert de Cherbury, c'est-à-dire une interprétation symbolique plus soucieuse d'efficacité morale pratique que de vérité historique ou spéculative. Or ces deux voies aboutissent également à une impasse. Ce qui explique aussi l'exigence pour les philosophes de déplacer la question pour tenter de la résoudre sur un autre terrain : celui de la distinction de la science historique et de l'enseignement moral pour Spinoza[2], celui de l'institution politique dans la philosophie de Hobbes.

L'HERMÉNEUTIQUE RATIONALISTE

Parler d'herméneutique cartésienne pourrait paraître constituer un abus de langage dans la mesure où Descartes s'était soigneusement interdit de trancher de questions exégétiques et théologiques, ce qui ne l'empêchait pas de souligner la différence entre les façons de parler de Dieu dans l'Écriture « qui sont accommodées à la capacité du vulgaire et qui contiennent bien quelque vérité mais seulement en tant qu'elle est rapportée aux hommes »[3] et les idées vraies de l'entendement pur[4]. Il est historiquement avéré que le modèle de la méthode cartésienne et de sa réussite a inspiré tout un courant exégétique à Saumur comme en Hollande[5]. Mais la référence à ce modèle fonctionne ici moins comme règle zététique que comme norme de vérité (celle des vérités mathématiques), et

1. L. Meyer : *Int.*, ch.I, 1, p. 33.
2. Et après lui Kant, comme on le voit dans le *Conflit des facultés* et le partage de territoire ou de compétence entre les différentes facultés.
3. Descartes : *Secondes réponses aux Méditations*, AT. IX, p. 112; Pl. p. 377.
4. Cf. sur ces points H. Gouhier : *la pensée religieuse de Descartes* et V. Carraud : *Descartes et l'Écriture sainte*, BTLT 6 et T&D 4 du GRS.
5. Cf. F. Laplanche : *L'Écriture, le sacré, l'histoire*, IIème partie.

comme défense d'un mode d'approche strictement rationaliste lequel tend à évacuer complètement la démarche historique d'interprétation. D'où aussi le primat des considérations logiques sur les analyses sémantiques ou culturelles. Cette démarche s'enracine, aussi bien chez L. Meyer que chez Wissowaty, dans la critique de l'anthropomorphisme et des façons trop humaines de parler de Dieu comme d'un homme atteint de passions (colère, jalousie, tristesse, repentir).

Or on n'a pas attendu le christianisme pour dénoncer ces façons de parler indignes de la divinité. C'est même un lieu commun de la critique philosophique de la religion depuis l'Antiquité. Xénophane déjà prétendait que les hommes forgent les dieux à leur image, et que si les chevaux avaient des mains et savaient modeler avec art, ils forgeraient des dieux chevalins[1]. Cette critique de l'anthropomorphisme théologique avait donné naissance chez les Stoïciens à une interprétation allégorique et rationnelle des mythes pour en dégager la vérité physique ou la signification morale cachée sous le voile mythique. Ce sont ces deux traditions, réduction allégorique des mythes à la stoïcienne et recherche d'un principe sûr de vérité, qui se conjuguent dans le rationalisme religieux du XVIIe siècle de manière originale.

L'interprétation allégorique des mythes

L'interprétation allégorique des mythes pratiquée par les Stoïciens avait été préparée par les philosophes présocratiques qui interprétaient la diversité des noms des dieux comme autant d'allégories des éléments physiques. Métrodore de Lampsaque expliquait que Zeus représente l'intellect, Athéna l'art, Achille le soleil, Hector la lune, etc. « Héra, Athéna et Zeus ne sont nullement ce que pensent ceux qui leur bâtissent des temples et leur élèvent des autels. Ce sont en réalité des principes de la nature et des dispositions d'éléments »[2]. Prenant la suite de l'école d'Anaxagore, les stoïciens Zénon et Chrysippe pratiquèrent aussi l'interprétation allégorique : Zénon explique la *Théogonie* d'Hésiode en prétendant que ni Jupiter, ni Junon, ni Vesta ne sont de vrais dieux, mais seulement des noms qui, « sous prétexte de quelque allusion, furent donnés à des êtres inanimés et muets »[3]. Chrysippe dit que « la divinité consiste dans la raison, dans l'intelligence et dans l'esprit de toute la nature » et que « ce que nous appelons Jupiter, c'est l'éther, Neptune la mer, Céres la terre, et ainsi des autres dieux »[4]. Diogène de Babylone enfin reprend et affine cette thèse, faisant de Zeus un principe d'ordre universel, et des autres dieux (Poséïdon, Déméter, Héra, Athéna) des avatars ou des métamorphoses de Zeus[5]. Dès lors il peut

1. Cité par Clément d'Alexandrie : *Stromates*, V, 110. Traduction Jean-Paul Dumont des *Présocratiques*, Pléiade, p. 118.
2. Tatien, *Contre les grecs*, 21. *Présocratiques*, p. 693. Voir aussi p. 694.
3. Cicéron, *DND*, I, 14.
4. Cicéron, *DND*, I, 15.
5. Cf. l'analyse du fragment *De pietate* de Diogène de Babylone in Philodème par Jean-Paul Dumont : « Diogène de Babylone et la déesse raison » *Bulletin de l'association G. Budé*, oct. 1984, p. 265-6.

« expliquer physiquement et d'une manière qui ne sente point la fable, l'enfantement de Jupiter et la naissance de Minerve »[1]. Zeus c'est le principe actif, le principe d'ordre du monde; le mythe de la naissance d'Athéna, figure de la sagesse et de la raison, est la figure allégorique de la naissance du discours rationnel ou de la formation des notions communes chez l'enfant de sept ans, la transformation de l'expérience en notion[2].

Non seulement les auteurs du XVIIe siècle avaient pu lire ces textes chez Cicéron, mais ils en connaissaient la reprise par Lactance à des fins de critique du paganisme[3]. Or les libertins reprennent l'argumentation de Lactance, mais pour la retourner contre le christianisme, dénoncer des pratiques idolâtres, des cultes superstitieux, des croyances absurdes. C'est sur cet arrière-plan d'histoire de la critique de la superstition qu'il faut entendre la critique des anthropomorphismes et l'appel à la raison :

> « Si on prend à la lettre toutes les paroles sacrées sans employer pour les bien entendre le jugement de la raison saine, combien croira-t-on d'inconvénients, d'absurdités et de choses qu'il ne faut pas croire? <...> ce qui a donné lieu aux anthropomorfites de s'imaginer qu'il (Dieu) a une forme humaine parce qu'ils ne l'ont pas entendu raisonnablement »[4].

Mais, pour autant, les tenants du credo minimum n'entendent pas rejeter toute vérité d'une croyance aussi mal exprimée. Certes les multiples divinités ne sont que des noms (*numina = nomina*) mais ces noms renvoient à quelque aspect de l'unique divinité :

> « dans leur idoles mêmes ils ont révéré une parcelle de la bonté ou de la justice <...> ainsi se peut-il qu'en Mars ils aient reconnu la Providence de Dieu en cas de guerre, en Vénus celle qui regarde la génération, en Mercure celle qui concerne le commerce »[5].

Comme on le voit, l'interprétation allégorique ne vise pas à dénoncer une illusion ou une fraude, mais à récupérer un noyau de vérité, lequel n'est plus d'ordre physique mais moral (référence à la bonté et à la justice) ou métaphysico-religieux : la providence ou l'ordre du monde vaut dans tous les domaines, dans la guerre et le commerce comme dans la transmission de la vie.

Herméneutique cartésienne : Meyer et Wissowaty.

Nul doute que par son inspiration, la démarche de L. Meyer mérite d'être qualifiée de cartésienne. Non seulement parce que la figure emblématique de

1. *DND, Ibid.*
2. J-P.Dumont, article cité, p. 271-75. « De même que la naissance d'Athéna à l'intérieur de Zeus, mais à partir de Métis et sa sortie culminante par la tête de Zeus, symbolisent la naissance de la raison qui gouverne le monde et le protège, de même la voix se transforme en support de concepts et s'élaborent à partir des expériences vécues les notions communes, conformes peut-être à la liberté du sujet qui a donné son assentiment, et en tout cas accordées à sa tendance propre ».
3. *ID.*, II, « Des origines de l'erreur ».
4. Wissowaty, p. 36 / 77.
5. Cherbury, *RL.* p. 138 / 174.

Descartes est évoquée dans ce livre comme celle qui ouvre l'espoir de faire surgir le vrai « loin des ombres hideuses des épaisses ténèbres »[1], mais parce que le *Discours de la méthode* lui fournit le modèle de la recherche d'un premier principe et d'une norme absolue de vérité, qu'il s'efforce ensuite de reproduire analogiquement dans le champ théologique. La pratique cartésienne du doute radical qui s'achève sur la découverte d'une vérité absolument certaine a permis en philosophie de dépasser l'opposition stérile entre dogmatiques et sceptiques, et de fonder la science nouvelle. Or L. Meyer trouve, dans la référence obligée de tout discours théologique à l'Écriture Sainte, l'équivalent théologique du *cogito*, du moins quant à sa forme ou à sa fonction, « quelque chose de ferme et de stable sur quoi prendre pied en sûreté »[2]. Le fondement de toute théologie est le principe selon lequel « les livres de l'Ancien et du Nouveau Testament sont le verbe infaillible de Dieu »[3]. Malheureusement, si ce principe est bien fondateur, il n'est pas immédiatement opératoire puisque les théologiens se disputent pour fonder leurs thèses sur des interprétations opposées des mêmes passages de l'Écriture. La découverte du principe n'emporte donc pas avec elle celle de la méthode et ne comporte pas de critère immanent de vérité ou de certitude. D'où la nécessité subséquente de partir à

> « la recherche de la méthode par laquelle on pourrait découvrir le vrai sens de l'Écriture, et démontrer qu'on l'a fait, mettre à nu les interprétations erronées des autres et prouver leur fausseté, et tout cela de manière certaine et infaillible »[4].

On sait que L. Meyer croit trouver cette méthode dans la subordination totale de l'interprétation scripturaire à la philosophie, c'est-à-dire à la vérité scientifique découverte par les seules voies de la méthode rationnelle. Ce sera la thèse centrale et paradoxale du traité :

> « La philosophie est la norme certaine et infaillible pour interpréter les Lettres sacrées, comme pour examiner leurs interprétations, et celui qui est instruit par la philosophie et sur qui brille sa lumière pure et vraie, peut remplir dignement et droitement tout le rôle de l'interprète du verbe divin »[5].

L. Meyer va donc ici beaucoup plus loin que les simples défenseurs d'un credo minimum et il conduit à ses ultimes conséquences l'une des logiques possibles de ce credo : celle qui lui donne un contenu et une source strictement philosophiques, en excluant donc toute révélation et qui aboutira, chez Hume, à faire de la religion naturelle, non plus la religion primitive, mais la religion savante, propre et nécessaire à l'« ingenium » philosophique. L. Meyer ne se contente pas, comme D'Huisseau, d'espérer de l'application de la méthode cartésienne la fin des disputes et l'accord sur un principe fondateur[6]; ou, comme Wissowaty, de défendre l'usage de la raison en théologie, de montrer en quoi elle

1. *Int.*, Prologue, p. 25.
2. *Ibid.*
3. *Ibid*, p. 27.
4. *Ibid*, p. 28.
5. *Ibid*, ch. V, p. 116.
6. *Réunion*, p. 117-8.

est un instrument indispensable, conforme à la dignité de la nature humaine, lumière qui n'est pas éteinte mais perfectionnée par la lumière supérieure de l'Esprit Saint[1]. Il entend éprouver cette hypothèse méthodologique, en montrer la nécessité, la suffisance, la facilité et la fécondité[2]. Ainsi en vient-il à assimiler complètement les deux domaines de la philosophie et de la théologie vraie, retraduisant dans les termes de la philosophie cartésienne les expressions théologiques traditionnelles[3] : l'inspiration de l'Esprit divin par exemple, est comprise comme l'expression symbolique et imagée du sentiment vif et indestructible de certitude que la saisie de la vérité produit dans l'esprit de celui qui connaît.

> « Si par la révélation interne de l'Esprit saint et par l'inspiration interne ils entendent la perception claire et distincte produite dans l'esprit des fidèles par l'Esprit Saint au moyen de la lumière naturelle de l'entendement, et si par la persuasion efficace et la foi ferme, ils entendent la conscience intime de cette perception et la pleine adhésion à cette conscience, ils pensent la même chose que nous »[4].

Si ce n'est pas le cas, les théologiens n'apportent en réponse que des dénominations externes c'est-à-dire des mots vides. L. Meyer est donc conduit par la logique même de cette thèse à subordonner le point de vue sémantique et rhétorique à une perspective logique, et cette dernière à une norme extérieure, philosophique ou scientifique de validation. C'est ainsi que l'étonnant chapitre III qui énumère toutes les causes possibles d'obscurité ou d'ambiguïté de la phrase (unité sémantique minimale) ou du texte, n'aboutit pas à la prise en compte des caractères propres des langues originales de rédaction de l'Écriture, ni des usages linguistiques qui sont pourtant la règle de la circulation du sens.

L'invention du langage est bien pour Meyer purement conventionnelle et humaine. Le langage est une invention compensatoire d'un défaut de maîtrise, celle de la saisie immédiate de l'idée et celle du temps : les signes linguistiques servent à la fois de marques (*notae*) et de signes, c'est-à-dire de substitut à la mémoire et à la présence immédiate de l'idée à l'esprit. Mais le postulat fondamental selon lequel l'Ancien et le Nouveau Testament sont le verbe infaillible de Dieu, ou pris dans l'autre sens que Dieu est l'unique auteur de l'Écriture dont les rédacteurs humains ne sont que les porte-plumes, aboutit à évacuer toutes ces médiations linguistiques et à rabattre la perspective sémantique sur la perspective logique, ou la visée signifiante sur la visée référentielle. Ce qui était déjà la tendance de la linguistique cartésienne qui est plutôt une logique cartésienne, comme on le voit chez Johannes Clauberg[5], ou

1. Wissowaty, *Op. cit.*, p. 35 / 76.
2. Cf. J. Lagrée : Louis Meyer et Spinoza devant la lecture de la Bible, *Bulletin de l'Association des amis de Spinoza*, n° 21 (1988).
3. Spinoza se livre aussi à une réinterprétation du vocabulaire théologique dans le vocabulaire philosophique, par exemple dans le *Court-traité*, mais cela n'est pas systématique et surtout laisse subsister à côté le langage religieux qui s'exprime dans le registre de l'imaginaire.
4. *Int.*, XIV, 3, p. 207.
5. Cf. *Logica vetus et nova*, (citée et plagiée par Meyer). Dans la logique de Clauberg, l'herméneutique analytique ou la recherche du sens vrai, est subordonnée à la *Logique*

bien encore chez Géraud de Cordemoy. Dans tout discours humain remarque Meyer, il faut soigneusement distinguer entre sens littéral (*sensus genuinus*), sens vrai (*sensus verus*) et vérité (ou conformité du discours à la réalité de la chose signifiée). Mais, dans le seul cas de l'Écriture, en raison de la perfection de son auteur, on peut admettre que vérité et sens vrai se confondent et que l'équivalence peut se lire dans les deux sens : tout sens vraiment visé par l'auteur correspond à une vérité (Dieu ne peut ni mentir, ni se tromper) et toute vérité découverte avec certitude correspond nécessairement à un sens vrai : Dieu omniscient et omniprovident a prévu tous les sens possibles des phrases qu'il prononçait et fait en sorte de viser et signifier toutes les vérités correspondantes qui sont donc autant de sens vrais[1]. Ce postulat méthodologique qui semble d'abord multiplier les sens et les vérités recevables aboutit en réalité à une réduction drastique : puisque la vérité scientifique, une fois bien établie, renvoie dans les ténèbres de l'erreur ou de l'illusion les vérités partielles antérieures mal fondées et exclut toute pluralité de modes d'expression adéquats, il n'y aura de vérité dans l'Écriture que ce que la philosophie aura par ailleurs démontré. La Bible n'aura plus qu'une fonction protreptique, celle d'introduire à la philosophie, en faisant réfléchir aux grandes questions qui concernent la béatitude des hommes et leur utile propre. Non seulement elle ne livre plus de vérités spéculatives, ni sur le monde, ni sur Dieu, mais elle ne donne même pas les règles de la pratique, puisque c'est encore à la philosophie que revient la tâche de trancher et de valider les règles des mœurs.

A la différence de Cherbury, D'Huisseau ou La Mothe Le Vayer pour qui « la nature se plaît en la diversité » et pour qui donc, la recherche d'une vérité fondamentale d'ordre éthico-religieux va de pair avec l'acceptation de mises en formes variées, la démarche meyerienne vise à réduire la prolifération du sens, à nier l'histoire (comme genèse et comme processus) et à *trancher* des questions controversées au lieu de les écarter. D'une certaine façon, l'assimilation du sens vrai et de la vérité, et la découverte du sens vrai à partir de la vérité découverte philosophiquement, réintroduit dans la Bible une dimension spéculative, mais exprimée en un discours équivoque, au moment même où le courant cartésien dont il se réclame prétend l'éliminer. Le renversement anti-copernicien qui fait aller immédiatement de la vérité au sens vrai au lieu de passer d'un sens vrai à une vérité lentement déchiffrée et savourée implique un mouvement d'aller et retour entre philosophie et théologie qui, loin de libérer les deux disciplines d'une tutelle importune, donne naissance à un dogmatisme d'un nouveau type comme le souligne Spinoza dans le *TTP* :

> « Puisque la plus haute autorité appartient à chacun pour interpréter l'Écriture, il ne doit y avoir d'autre règle d'interprétation que la lumière naturelle commune à tous ; nulle lumière supérieure à la nature, nulle autorité extérieure[2]. Cette méthode ne doit donc pas être ardue au point que seuls des

strictement dite (Ière partie) et à l'*herméneutique génétique* (IIème partie) c'est-à-dire à l'interprétation des *cogitationes*.

1. *Int.*, IV, 8, p. 96-97.

2. Cette autorité extérieure pouvant être celle du théologien comme du philosophe.

philosophes à l'esprit très aigu puissent la suivre; elle doit être en rapport avec la complexion naturelle et commune des hommes et leur capacité »[1].

Dès lors que la philosophie annexe la théologie, elle ne se contente pas d'éclairer la lecture des textes bibliques, elle permet – du moins est-ce la thèse de Meyer – de trancher définitivement dans les controverses théologiques les plus vives du temps : contre la création *ex nihilo*[2], pour l'interprétation symbolique calviniste du « ceci est mon corps »[3], contre la résurrection des mêmes corps[4], pour la Trinité[5]. Ce ne sont là pour Meyer que des échantillons destinés à prouver l'excellence de sa méthode, et lui-même n'entend pas jouer ce rôle d'interprète mais seulement aplanir le chemin qui mène à la philosophie. Cependant, la tendance qui est la sienne de centrer l'examen de la Bible sur la question du savoir plutôt que sur celui de la pratique[6], conduit à une impasse : la Bible y perd sa valeur d'enseignement de salut, (sinon dans la conversion de la pratique, au moins dans son contenu), et elle ne peut être convenablement lue que quand on n'a déjà plus besoin d'elle. Du Vaucel n'a donc pas tort en ce sens d'accuser le cartésianisme et plus précisément L. Meyer[7], de porter dangereusement atteinte à la religion. Mais ce qu'il ne peut pas voir, c'est que ce faisant, L. Meyer porte aussi atteinte à la philosophie en lui demandant de trancher de questions qui ne sont pas de son ressort; et donc qu'il succombe au préjugé proprement philosophique, celui de la toute puissance de la raison. Les deux excès symétriques « exclure la raison, n'admettre que la raison[8] » relèvent de la même impuissance à penser l'unité de la vérité dans la pluralité de ses modes d'appréhension, l'unicité d'une référence et la cohérence globale du sens dans la multiplicité des perspectives et des modalités signifiantes. Dans le débat religieux de l'un et du multiple auquel correspond le courant du credo minimum, L. Meyer représente la position la plus réductrice, celle qui réduit au maximum le multiple à l'un. Herbert de Cherbury occupe lui, la position symétrique, celle qui ouvre au maximum la visée de l'Un sur la multiplicité de ses modes d'appréhension et qui fait converger sur l'unité du credo minimum le chatoiement indéfini des croyances et des pratiques. Entre les deux, Grotius occupe une position médiane.

1. Spinoza, *TTP.*, fin du ch. VII.

2. *Int.*, VIII, 2, p. 142.

3. *Int.*, VI, 3, p. 120. Descartes au contraire, pensait que sa théorie du corps et du lieu était la plus à même à défendre la thèse catholique de la transsubstantiation. Cf. sur ces questions l'étude de J. R. Armogathe : *Theologia cartesiana.*

4. *Int.*, VIII, 2 p. 143.

5. *Int.*, VI, 3, p. 120. Ce dernier cas est peut-être le plus intéressant quoiqu'il ne soit que fort allusivement traité car c'est au nom des exigences de la raison précisément, que les sociniens, dont Meyer est tout de même bien proche, avaient adopté la position anti-trinitaire.

6. Cf. notamment l'Epilogue, p. 248-249, où Meyer prie les théologiens de se mettre à l'école de la philosophie pour établir de nouveaux enseignements et confirmer les anciens qui sont vrais.

7. Cf les *Observations sur la philosophie de Descartes* publiées par G. Lewis dans *Descartes et le cartésianisme hollandais.*

8. Pascal, *Pensées*, B 253.

LE MOUVEMENT PARA-HERMÉNEUTIQUE

L'exégèse érudite décrypte le sens d'un passage obscur en collationnant les versions, en tenant compte de ce qui précède et de ce qui suit, du genre littéraire du texte, en s'appuyant sur le principe théologique de l'analogie de la foi, c'est-à-dire sur le présupposé de la cohérence théologique et dogmatique de toute l'Écriture. L'herméneutique cartésienne telle que la rêve L. Meyer, tranche entre des interprétations également possibles littéralement, en s'appuyant sur le critère externe de la vérité de la chose découverte philosophiquement. Mais ces deux types de lecture sont également impossibles aux simples ou même aux laïcs engagés dans la vie publique et ses obligations diverses. Or la réforme protestante a posé comme règle fondamentale de la vie religieuse le retour au texte biblique, l'exigence pour tout croyant de s'instruire directement de la parole divine pour en faire sa règle de vie. Le simple croyant, à peine libéré de l'autorité du Magistère doit-il retomber sous la coupe de nouveaux maîtres, exégètes et philosophes ?

> « Le vulgaire, qui ignore le plus souvent les démonstrations ou est incapable de s'y appliquer devrait ne rien pouvoir admettre au sujet de l'Écriture que sur l'autorité ou par le témoignage des hommes philosophant, et il lui faudrait par suite supposer que les philosophes sont infaillibles dans l'interprétation de l'Écriture ; ce serait en vérité, une nouvelle autorité ecclésiastique, un nouveau sacerdoce ou une sorte de pontificat qui exciterait dans le vulgaire le rire plutôt que la vénération »[1].

L'ironie cinglante de Spinoza ne joue pas seulement ici contre Maïmonide ; elle vise très certainement aussi L. Meyer, puisque dans la lettre du 24 janvier 1671, adressée à Jacob Ostens, Lambert de Velthuysen écrit (en parlant de Spinoza) :

> « l'auteur pense qu'on s'écarte beaucoup de la vérité en voulant expliquer le texte sacré par la raison, faire de la raison l'interprète de l'Écriture ou interpréter un docteur sacré par un autre, puisqu'ils ont tous une égale autorité et que le langage dont ils ont usé doit s'expliquer par la forme du discours et les particularités propres à chacun d'eux : il ne faut donc pas s'attacher dans la recherche du vrai sens de l'Écriture, à la nature de la chose exposée, mais seulement au sens littéral[2] ».

Non seulement la forme d'exégèse préconisée par Meyer risque de donner naissance à une nouvelle caste de clercs, mais elle aboutirait à ruiner la liberté de jugement sans laquelle il n'y a pas de foi authentique. Telle est du moins la position de Cherbury, et à un moindre degré de Grotius. Tous deux écrivent pour le public le plus large, un public de profanes, plus ou moins instruits, mais désireux d'assumer en première personne la responsabilité de l'itinéraire de leur salut. Tous deux sont amenés, par la logique même de leur position, à prendre modèle sur l'éclectisme philosophique des premiers chrétiens. Mais, plus important encore, ils sont conduits à déplacer la ligne de partage entre ce qu'il faut garder et ce dont on peut se passer, entre l'essentiel et l'ἀδιάφορον, afin de

1. Spinoza, *TTP.*, VII, G.III, p. 114 & GF II p. 155.
2. *Ep.* XLII. GF.IV, p. 268.

mettre l'accent sur ce qui réunit et non sur ce qui divise, c'est-à-dire sur la pratique éthique. Dans le prologue du *Droit de la guerre et de la paix*, Grotius fait cet aveu :

> « Pour ma part, ici comme ailleurs, je suis la liberté des premiers chrétiens, qui ne juraient allégeance à aucune secte de philosophes, non qu'ils assentissent avec ceux qui disaient que rien ne peut être connu, car il n'y a rien de plus stupide, mais parce qu'ils pensaient qu'aucune secte philosophique n'avait perçu le vrai dans sa totalité, et qu'il n'y en avait pas qui n'ait pas perçu quelque chose du vrai. Aussi pensaient-ils que réunir en un corps la vérité dispersée chez plusieurs auteurs [1] et disséminée dans les sectes n'était rien d'autre qu'enseigner véritablement la doctrine chrétienne » [2].

Le deuxième aspect de ce mouvement – que nous qualifions de para-herméneutique pour signifier par là qu'il se situe en marge des débats exégétiques du temps sans les ignorer, mais sans vouloir s'y inscrire et devoir prendre position sur les questions les plus épineuses – consiste à *déplacer l'accent de la dogmatique à la didactique pratique*. Dans une lettre du 11 janvier 1612 à son ami le théologien Antoine de Waele, Grotius, pour justifier le *Meletius*, écrivait ceci :

> « Quoique je comprenne bien l'importance et la difficulté de concilier les points qui font l'objet de controverse entre les Chrétiens, et particulièrement entre les papistes et nous, je n'ai pas voulu cependant exposer l'importance et la difficulté de cette controverse. Car mon projet était d'exhorter les Chrétiens à la charité en raison de ce qui leur est commun et d'inciter les autres à embrasser les croyances professées par tous les chrétiens, en laissant de côté ce qui fait l'objet de disputes, car il est certain que sinon, ils sont choqués par nos dissensions au point de penser qu'il n'y a que le nom < de chrétiens > qui nous unisse » [3].

La méthode et l'objectif sont dès lors fixés : le *Meletius* se veut une introduction, une *Eisagogè* au christianisme [4] et c'est pourquoi, même pour parler d'un mystère comme celui de la Trinité, Grotius n'hésite pas à employer les mots adaptés au public le plus large, « aperta, plana, popularia » [5] au risque de passer pour socinien et antitrinitaire. Quoique le *Meletius* soit divisé en deux parties, l'une qui traite des *dogmata*, l'autre des *praecepta*, toute l'analyse est centrée sur la perspective morale : c'est en raison de son caractère éminemment intégrateur et de sa perfection, que le souverain bien chrétien doit être préféré aux autres présentations du souverain bien, et le christianisme aux autres religions. Dans

1. « veritatem sparsam in singulos » est une crypto-citation de Lactance : *ID.*, VII, 7. Cf. G. P. Meyjes, Edition de *Mel.* p. 67, n. 179.

2. « disciplina ». *De Jure*, prol. § 42.

3. *Correspondance sur le Meletius*, Edition Meyjes, p. 177 : « Quanquam autem ego ea quae inter Christianos controversa sunt, ac praecipue quae nos inter ac papistas agitantur, quam sint gravia atque conciliatu difficilia facile intelligo, tamen eam gravitatem atque difficultatem ante oculos ponere non erat eius instituti, in quo et Chritianos, ob ea quae sunt inter eos communia, ad charitatem hortari volui et caeteris auctor esse, ut omissis quae disceptantur, ea quae inter Christianos confessa sunt, ipsi quoque amplectantur, quos alioqui certum est offendi dissensionibus nostris, ita ut ferme putent praeter nomen nihil esse quod nobis conveniat ».

4. Lettre du 11 nov. 1611 à A. de Waele, *Op. cit.*, p. 172.

5. *Ibid*, l. 50.

l'Epilogue du livre, le patriarche éponyme du traité, Meletius, se demande d'où vient que des gens qui s'accordent sur un nombre incontestable de points puissent vivre dans un tel climat conflictuel, et il répond :

> « En cherchant la cause de ce mal, il me semble que cela tient surtout à ceci : on prétend que les principes théoriques constituent la partie la plus importante de la religion et l'on relègue les règles pratiques au second rang. Or ceci est tout à fait faux car les principes sont au service des règles pratiques et y conduisent »[1].

Aussi quand Grotius aborde la question de la lecture de la Bible, il se préoccupe essentiellement de montrer que ce qu'elle rapporte ne peut être une imposture[2], puisque cela est confirmé par d'autres textes antiques, et que les rédacteurs du Nouveau Testament plus encore que de l'Ancien, n'auraient eu aucun intérêt à une telle fraude. Dès lors l'accent peut être mis sur les vérités morales puisque ce sont elles qui importent au salut[3] et que sur elles les hommes s'accordent plus facilement. C'est pour cette raison que Grotius refuse de trancher sur les questions de la Trinité, de la Grâce (et de la liberté humaine, ou de la prédestination). Il ne répugne pas à courir le risque de l'ambiguïté par un langage analogique, métaphorique, à la suite de l'Écriture elle-même. Mieux vaut appeler l'Esprit feu, lumière ou force qu'hypostase, ou employer à l'usage des lecteurs cultivés par la philosophie antique, l'analogie de la division tripartite de l'esprit que de répéter des articles des confessions de foi des Eglises[4].

On retrouve des thèmes analogues chez Herbert de Cherbury mais inspirés par une autre exigence : celle de garantir la responsabilité propre de chacun dans la quête du salut, ainsi qu'un rapport immédiat au divin. Un salut conditionné par de multiples médiations livresques, institutionnelles et cléricales, ou bien encore un salut octroyé et passivement reçu, serait de fort peu de prix. Puisque l'anthropologie montre que le désir de béatitude est un désir fondamental en l'homme et un moteur de son activité, et que l'ordre de la nature est ainsi fait que toute faculté trouve un jour son objet et toute fin son moyen, le désir de béatitude éternelle si profondément enraciné dans la nature de l'homme ne saurait être vain et illusoire. Non seulement il doit pouvoir atteindre son accomplissement, mais il ne le peut que s'il s'en donne lui-même les moyens. Ce moyen par excellence, Cherbury le rencontre dans sa théorie des cinq articles dont la découverte le rendit plus heureux qu'Archimède, ce qui n'est pas peu dire ! Parmi ces moyens du salut on range traditionnellement les livres sacrés des religions et parmi eux, l'Écriture Sainte des chrétiens et des juifs. Livre privilégié, certes, mais non exclusif puisqu'à l'occasion oracles d'Apollon, livres des Sibylles, ou la vie de saints personnages comme Apollonios de Tyane nous

1. *Mel.* § 89.

2. Dans la *VRC.* l'impossibilité d'une imposture est exposée en I, 8 dans le cas de Moïse, en III,1, dans le cas des apôtres et en III, 3 pour l'Ancien Testament en général.

3. « La droite raison comme la religion chrétienne montrent que le souverain bien de l'homme est de jouir parfaitement de ce qui est par soi le bien souverain, qui est Dieu ». (*Mel.* § 13). Le chemin qui conduit à cette fruition suprême est l'action droite, conforme au bien.

4. Lettre à Antoine de Waele, 11 / 1 / 1612, p. 178.

indiquent aussi le même chemin de piété et de vertu. Mais l'Écriture Sainte est le livre « le plus pieux de tous », celui qui parle le plus directement au cœur[1] :

> « C'est pourquoi nous embrassons ce livre avec un grand respect et nous ne trouvons nulle part une consolation et une aide si ferme et si solide ; car tandis que la science s'établit par les notions communes, dont il est tout plein, comme la foi se nourrit par les miracles, tout l'homme intérieur se réveille et se prépare pour l'état qu'il espère à l'avenir dont ce livre parle expressément »[2].

Double avantage donc de ce livre sacré parmi d'autres : l'homme s'y reconnait plus immédiatement (tout l'homme intérieur se réveille) et il y est mieux parlé de la béatitude éternelle. Ce sont là des caractères d'adéquation à l'anthropologie, non des caractères proprement théologiques. On remarquera, par parenthèse, ici, qu'on peut donc demander à la Bible ce que la *devotio moderna* allait chercher ailleurs, dans des livres édifiants par exemple (Vies de saints, *Imitation de Jésus-Christ*...), à savoir des règles et des modèles pour bien vivre, en même temps qu'on recherche dans d'autres livres (Oracles sibyllins, Vie d'Apollonios de Tyane...) la présence du sacré. Il y a là une redistribution surprenante, épuration et élargissement tout à la fois, de la littérature religieuse. Cherbury ne nous dit pas que la Bible parle mieux de Dieu que les autres livres sacrés, mais qu'elle parle mieux de l'homme. De Dieu, au contraire, elle parle souvent fort mal et mêle des propos de « criminels, de femmes, de bêtes et pire, du diable » au propos sur la divinité. Tout n'est donc pas dans la Bible « ipsissima dei verba ». Mais, pour autant, Herbert ne propose pas de théorie, ni même d'exemples d'interprétation. Il se contente, comme bien d'autres, de dénoncer les anthropomorphismes, de rappeler quelques règles traditionnelles d'exégèse : rechercher l'intention de l'auteur du passage, tenir compte de l'analogie de la foi... Surtout il déplace la question sur le terrain de la reconnaissance des cinq articles fondamentaux de la religion universelle. Solution fort expéditive et lecture économe de moyens : ne seront reconnues comme parole authentique de Dieu que les vérités qui font l'objet d'un consentement universel et d'un acquiescement immédiat du for interne. Quant au reste, les livres, canoniques ou non, la créance à accorder aux récits de miracles ou de prophéties, le sens à donner aux passages les plus obscurs, le laïc gardera entière liberté de jugement. S'il y a bien chez Cherbury une sorte de myopie herméneutique, elle est parfaitement consciente et volontaire : « Juge que ton regard s'est porté assez loin quand tu trouveras, d'où que tu viennes et où que tu ailles, l'affirmation de nos vérités universelles qui ne valent pas simplement pour les siècles futurs, mais pour l'éternité »[3]. Dans l'estimation du rapport entre l'investissement exigible (en temps d'apprentissage et d'étude, en efforts, vu la difficulté de l'entreprise) et les résultats attendus (certitude, facilité et rapidité

1. A rapprocher de Kant : « La Bible contient en elle-même un motif suffisant, pratiquement, de son authentification comme (moralement) divine dans l'influence que de tout temps elle a exercée sur le cœur des hommes ». *Conflit des facultés*, VII, 64 / III, 873.

2. *DV*, p. 233 / 299.

3. *RL*. p. 137 / 173.

d'accès au salut), l'exégèse érudite sort perdante de la comparaison avec la religion naturelle que présente la religion du laïc.

CONCLUSION

Ni Louis Meyer ni Herbert de Cherbury, ni même Grotius ne se veulent d'abord théologiens, quoiqu'ils ne refusent pas d'entrer à l'occasion dans l'arène théologique. Pas plus que les grands philosophes de leur siècle, ils n'entendent régler ces questions sur lesquelles se déchirent les docteurs des Eglises, même s'ils ne peuvent pas ne pas les rencontrer. La question qui suscite et anime leur réflexion est autre, leur est commune avec les grands systèmes du temps, et peut prendre trois formes. Question essentiellement pratique et tout d'abord politique au sens large : Comment sortir des querelles qui troublent la paix civile et échapper à la haine théologique? Comment bâtir sur la concorde publique les moyens d'accroître le savoir, la puissance et le bien-être des hommes? D'où aussi, leur intérêt pour la médecine[1]. Question personnelle ensuite, qui sous des formes diverses, de Descartes à Wissowaty, reprend à son compte et sérieusement la question du poète Ausone[2] : « Quod vitae sectabor iter » ? Question méthodologique aussi : sachant ce que nous savons des voies de la connaissance humaine, comment résoudre le mieux possible, avec le plus de certitude et de facilité, ces deux premières questions ?

Ce qui donne naissance à une pensée, c'est que le traitement de ces questions passe par la position d'un certain nombre de postulats, ce qui constitue en même temps une prise de position dans le champ théologico-politique. Dès lors une comparaison devient possible et pertinente avec les grands systèmes du temps, car la différence entre les types de réponses ne tient pas tant au contenu, à la cohérence des réponses particulières, à leur degré de vérité, qu'à la puissance du postulat initial, à sa capacité d'engendrer des effets théoriques et pratiques.

La première conséquence que nous avons pu noter tout au long de ce chapitre est la relative dévalorisation de l'Écriture Sainte, qui est plutôt une sous-valorisation. Elle est d'ailleurs moins forte chez ceux qui assimilent le credo minimum au symbole de Nicée, comme D'Huisseau. La Bible est un des lieux privilégiés, mais non pas unique où se dit l'accord des hommes sur quelques vérités et règles pratiques fondamentales. Ce discours obscur n'est qu'un balbutiement, balbutiement de la vérité philosophique à venir pour L. Meyer, bégaiement de la révélation divine destinée à être enfin connue face à face pour le pasteur de Saumur. Dans tous les cas, l'Écriture est affectée de l'opacité du signe. En tant que système de signes, elle renvoie à un sens qui peut aussi s'exprimer dans un autre système signifiant et la pluralité sémiotique témoigne de la fécondité du sens qui s'y exprime plus que de l'impuissance à le signifier. Mais

1. Particulièrement Cherbury qui dans son autobiographie regrette de ne pas avoir consacré plus de temps à cette étude.

2. Cf. les rêves de Descartes

cette relative dévalorisation de la Bible engendre elle-même des effets théoriques qui sont le passage d'une religion du laïc à une religion éthique, annonçant déjà la religion dans les limites de la simple raison.

> « Dieu qui parle par notre propre raison (moralement pratique) est un interprète infaillible universellement compréhensible de sa propre parole, et il ne peut y avoir aucunement encore un autre interprète légitimé de sa parole (par exemple un interprète procédant de façon historique) : car la religion est purement une affaire de raison »[1].

Si la seconde partie de cette réflexion est une thèse qui serait assurément récusée par un Grotius ou un Cherbury, la première, l'affirmation de la raison morale comme voix divine et interprète infaillible de la parole divine révélée pourrait à coup sûr, quoiqu'en d'autres termes, être contresignée par eux. La première démarche de la religion du laïc qui refusait de se soumettre sans examen à l'autorité d'une Eglise consistait à comparer toutes les confessions pour en dégager l'homologie doctrinale et constater son accord avec les exigences pratiques de la raison. L'universalité des croyances en l'existence de Dieu, l'immortalité de l'âme, le salut par la pratique de la vertu, l'exigence du repentir et la possibilité du pardon, atteste que ces croyances ne sont pas tributaires d'une révélation ou d'une tradition particulières mais divinement gravées dans l'esprit et le cœur de l'homme. Tandis que la fixation sur le passé met en lumière la cacophonie des traditions et des croyances, la conversion du regard vers le futur fait converger les hommes vers le même pôle, qui est la béatitude gagée sur la pratique de la vertu. Elle légitime une pratique polyphonique où l'unité mélodique des notions communes s'harmonise avec la diversité des dogmatiques particulières dès lors qu'elles acceptent de s'accorder avec ce chant fondamental qui n'est autre que la religion éthique, véritable religion de la raison.

La deuxième conséquence est la déqualification de la coupure entre orthodoxes et hétérodoxes. Dès lors qu'une certaine latitude est laissée au jugement de chacun dans l'interprétation des passages obscurs ou équivoques de la Bible, et que les échafaudages dogmatiques ne sont pas confondus avec la maison commune des croyants, la notion d'hérésie perd de sa pertinence. Toute hérésie est relative et du même coup, l'orthodoxie l'est aussi ; l'accent se déplace du premier : *ortho*, au second membre : *doxa*, de ce mot composé. Ce qui compte, ce n'est pas d'avoir tort ou raison, et l'on peut faire son salut dans toute communauté qui reconnaît les points fondamentaux, même si les superstructures dogmatiques qu'elles édifient sont des plus diverses. Car ce ne sont là que des constructions secondaires. Ce qui importe, ce sont les effets pratiques, de charité, de justice, de concorde et de paix, des croyances fondamentales ou de l'infrastructure. L'hérétique n'est un errant que pour nous, qui ne partageons pas toutes ses vues ; il ne l'est pas pour lui, puisqu'il avance de bonne foi[2]. La persécution des hérétiques est donc une « souveraine injustice »[3]. Ce ne sont pas les erreurs

1. *Conflit des facultés*, VII, 67 / III, 877.
2. Grotius, *Mel.* § 90.
3. Grotius, *De Jure*, II, XX, 50.

d'entendement qui sont dangereuses pour le salut mais les erreurs de morale[1]. Le renversement de cette hiérarchie n'est pas une simple erreur d'entendement, c'est précisément une erreur de morale et des plus pernicieuses.

1. Wissowaty, *Religion rationnelle*, p. 29 / 69.

CHAPITRE VI

STATUT ET ENJEUX DU CREDO MINIMUM

La postulation d'un credo minimum recouvre dans l'histoire des idées religieuses européennes une période fort étendue puisqu'elle va du début du XIIe siècle avec le *Dialogue entre un philosophe, un juif et un chrétien* d'Abélard (1141) à la fin du XVIIIe avec *l'Emile* de J.J. Rousseau (1762) et *La religion dans les limites de la simple raison* de Kant (1793). Or cette pléiade d'auteurs [1] qui s'étend sur la longue durée de six siècles ne constitue ni un système ni même une école de pensée. Le contenu de ce qu'ils exposent sous cette forme de credo peut varier considérablement d'un auteur à l'autre selon la source qui est privilégiée : révélation, tradition, raison. On peut donc à bon droit s'interroger sur la légitimité d'une démarche comparative qui les relie. Pourtant malgré la différence d'amplitude et de contenu que connaît ce *compendium* de religion, une certaine unité les rassemble qui tient moins à un contenu qu'à une *position* fonctionnant comme démarcation et à une *stratégie*. Tous partagent des exigences et des refus qui, pour une part, font l'unité du courant, pour une autre part, font correspondre à différentes époques des sous-courants.

Tous les tenants d'un credo minimum [2] refusent d'abord comme stériles et dangereuses, les positions, opposées et complémentaires, du dogmatisme des Eglises triomphantes fonctionnant à l'exclusion, et du scepticisme du fidèle isolé. Ni l'assurance dogmatique d'un Calvin ni le scepticisme fidéiste et respectueux des traditions locales d'un Montaigne. Le rejet explicite de ces positions se retrouve aussi bien chez Castellion que chez L. Meyer (prologue) ou Wissowaty (à la fin du traité). Tous partagent aussi un certain nombre de convictions et d'exigences : une exigence d'authenticité, d'unité et de simplicité ; la religion, aussi déformée par le temps que la statue de Glaucus, est recouverte par tant de scories qu'elle en devient méconnaissable et bien peu aimable pour les infidèles et les athées. Erasme et Grotius ont particulièrement bien su exprimer cette

1. Abélard (XIIe siècle), Nicolas de Cues (début XIVe) ; Erasme, Castellion, Acontius, Duplessis Mornay, Bodin (XVIe) Grotius, D'Huisseau, Herbert de Cherbury, Wissowaty, Hobbes, Spinoza, Locke (XVIIe), Toland, Tindal, Rousseau, Kant (XVIIIe), pour ne citer que les principaux. Sur les derniers voir notre étude *La religion naturelle,* PUF, collection Philosophies, 1991.

2. A l'exclusion de Maïmonide, ce qui s'explique quand on sait que Maïmonide ne cherche pas à exposer un noyau religieux commun transconfessionnel, mais un abrégé de la foi juive, permettant de reconnaître les siens et d'exclure les autres. Cf. *Introduction au chapitre Heleq,* éditions Verdier, 1983, p. 182-195.

requête. La conviction communément partagée est que si la raison peut parfois être affaiblie, elle ne saurait être dépravée ou dénaturée ; l'affirmation de la santé de la raison (*sana ratio*) vient évincer l'examen du caractère sain ou perverti de la nature, et prendre sa place. Tout cela témoigne d'une grande confiance en l'homme, fondée sur l'assurance de sa filiation divine et de la bonté paternelle de son créateur ; ce crédit est accordé à tout homme, puisque tout individu est doté de raison, dût-il en mal user. De l'optimisme anthropologique, on passe ainsi aisément à la confiance dans les capacités de tout individu de bonne foi et de bonne volonté pour trouver par lui-même le chemin de son salut. La revendication de l'autonomie religieuse et de la responsabilité intellectuelle et spirituelle du laïc ne sera que le point d'aboutissement ultime de ce mouvement d'autonomisation individualiste.

Cependant, en six siècles, beaucoup de choses ont changé dans l'horizon religieux et intellectuel : choc de la réforme protestante, avec de multiples scissions en son sein, naissance de la science nouvelle mécaniste et mathématisée ; avènement d'une nouvelle conception du droit naturel, individualiste et subjectif ; naissance de l'Etat moderne, etc. Tous ces changements ne sont pas sans affecter la perception du fait religieux. Aussi importe-t-il, avant d'analyser le contenu du credo minimum au XVIIe siècle, d'en préciser le statut et les enjeux. Si nous admettons que l'unité de ce courant est principalement d'ordre démarcatif, il faut aussi préciser ce qui a changé dans le territoire commun : quelles visées ont été abandonnées, lesquelles conservées ; quelles lignes frontières ont changé de position ; quels nouveaux territoires se sont ouverts qui annoncent d'autres partages et d'autres enjeux stratégiques, ceux du XVIIIe siècle précisément.

SPÉCIFICITÉ DU XVIIe SIÈCLE

Ce qui constitue, dans son unité interne de front commun et dans sa différence spécifique par rapport aux positions analogues des deux siècles précédents, la défense d'un credo minimum au XVIIe siècle, ce sont à la fois des objectifs, donc des conditions de mise en place, une méthode – voire une tactique –, des effets attendus – donc une certaine forme de stratégie – communs. Leur détermination nous permettra de montrer la position propre de ce courant dans l'histoire des idées religieuses, ce qu'il n'est plus, ce qu'il veut être et ce qu'il tend à être, ce qui éclairera, nous l'espérons, son rapport avec l'histoire des idées philosophiques.

Objectifs

Les *objectifs* explicitement reconnus sont triples, mais développés et articulés différemment selon les auteurs : un objectif de clarification de la religion, un objectif d'unité supra ou intra-confessionnelle, un objectif de libération d'une tutelle désormais perçue comme insupportable.

L'objectif de clarification se situe dans la lignée de la démarche érasmienne. Il s'agit de ramener la religion « à ses principes et à ses doctrines fondamentales »[1] pour « faire comprendre à tous, même aux plus simples, la nature de la religion qu'ils professent »[2]. Simplification à usage interne et à destination des humbles, « pauvres artisans, simples laboureurs et autres qui ne connaissent que ce qui est de leur emploi, et qui étant tirés hors de là, se trouvent comme en un pays inconnu dont ils ne savent ni les routes ni les langues »[3]. Il s'agit bien là d'indiquer un itinéraire, de tracer la carte d'un territoire habité sans être connu, d'en donner le code. Mais non point de tracer une ligne de frontière, une démarcation entre ceux qui pensent bien et ceux qui pensent mal, les orthodoxes et les autres. Pour D'Huisseau, cette clarification ne portera que sur sa propre religion, pour permettre le passage, d'une observance toute extérieure et servile, à une pratique éclairée; pour Cherbury comme pour Spinoza, il s'agit de mettre à jour les principes fondamentaux de *toute* religion, ou encore de la *fides catholica*.

Le deuxième *objectif d'unification des religions* répond à un souci apologétique présent dès l'origine du courant des points fondamentaux. On peut le rattacher à la démarche cusaine de faire « la paix de la foi ». « Pendant toute ma vie, j'ai brûlé du désir de réconcilier le monde chrétien »[4] écrivait Grotius à Uytenbogaert en 1641. Mais, là encore, les formes dans lesquelles se pense l'unité peuvent être diverses : Grotius rêve, comme Leibniz, d'une unité supraconfessionnelle de toutes les religions dans la religion supérieure qui est le christianisme authentique, lequel ne se confond précisément avec aucune confession ou Eglise chrétienne particulière[5]; Cherbury affirme que toutes les religions sont déjà unifiées, comme autant de rayons, en leur centre commun qui est un substrat anté-confessionnel.

Le troisième *objectif de libération d'une tutelle cléricale* pourrait se placer sous le patronage de Jean Bodin. Cette libération prend, elle aussi, une double forme : refuser de captiver son entendement sous l'obéissance de la foi, c'est-à-dire refuser une foi sans intelligence qui n'est qu'une crédulité aveugle.

> « Saint Paul n'a pas prétendu[6] que les hommes réduisissent tellement leur esprit à la captivité que sans concevoir ni discerner si ce qu'il annonçait pouvait être conforme à la vérité ou non, ou même quand il serait absolument contraire à la raison, et contradictoire, ils le reçussent aveuglément, comme indubitablement véritable. Constamment ceux qui entendent ainsi cet assujettissement dont l'Apôtre parle, montrent effectivement que leur esprit est tellement captif et prisonnier, qu'il ne peut plus se servir librement de sa faculté d'entendre, et qu'il suit servilement les imaginations et les erreurs, comme si c'étaient des vérités. Au lieu que l'Apôtre voulait que ceux qui

1. D'Huisseau, *Réunion*, préface, p. 13.
2. *Ibid.*
3. *Réunion*, p. 36.
4. Grotius, *Ep.* 1544.
5. Grotius défend une théologie arminienne mais loue la force d'organisation de l'Eglise romaine et sa capacité institutionnelle à assurer la communion ecclésiastique (lettre à A. Rivet, citée par J. Lecler, *Op. cit.*, p. 278).
6. Commentaire de II Cor. X, 5 : « Captivandum esse intellectum nostrum in obsequium fidei » .

recevaient sa doctrine l'entendissent (II Tim. II,7) et en jugeassent (I Cor. X 15) »[1].

Le refus de « captiver son entendement » va de pair avec un autre refus : celui de captiver sa foi sous la bannière d'une Eglise (Herbert) et avec une revendication : à l'encontre du « forcement des consciences »[2], celle du droit absolu de la conscience individuelle de juger ce qu'elle doit faire en matière de religion[3]. Un très beau texte anonyme de 1579 le disait déjà :

> « La liberté de conscience consiste en deux membres, au cultivement de Dieu intérieur et extérieur : l'intérieur gît au cœur et a aussi deux membres, à savoir la profession de bouche et l'exercice des cérémonies. Le principal bénéfice que nous a donné le recouvrement de la liberté[4] c'est que chacun peut satisfaire à sa conscience, avoir la religion libre et servir Dieu comme il en pense répondre, laquelle liberté nous appartient de droit naturel »[5].

On remarquera que cette revendication de liberté religieuse est légitimée par le recours au droit naturel qui n'est plus le droit naturel objectif des Anciens mais bien le droit naturel subjectif des Modernes.

Effets attendus et stratégie

De la mise en relief des points fondamentaux sont attendus certains effets dont la poursuite commande la stratégie de position du credo, et qui correspondent assez exactement aux trois objectifs que nous venons d'examiner. A l'objectif de clarification correspond l'espoir de voir *reculer la superstition* et l'attente d'un progrès plus rapide de la vérité. D'Huisseau prend l'exemple de ces pauvres chrétiens de Moscovie, si ignorants et si superstitieux que toute la confession de leur foi consiste à présenter l'icône du saint qu'ils portent sur eux, ou de ces malheureux dont toute la pratique consiste à savoir bien faire le signe de croix[6]. Leur enseigner « les vrais principes qui sont en petit nombre et aisés à comprendre à toutes sortes de personnes » en ferait enfin de véritables chrétiens. Pour Wissowaty, la mise à l'écart des mystères éloigne du même coup « les superstitions qui se cachent sous le titre spécieux de Mystères[7] ».

Le deuxième effet attendu c'est un gain de *paix*, le renforcement de la *concorde* et de la *charité*. Notons bien que ce n'est pas la charité qui produira l'union. A l'inverse, la découverte de l'unité, déjà présente mais cachée, fait

1. Wissowaty, *Op. cit.*, p. 53-54/98-99.

2. Expression courante au XVIe siècle par rapport à laquelle est forgée dans la deuxième moitié du XVIe siècle l'expression inverse de liberté de conscience (au singulier cette fois). Cf. J. Lecler : *op. cit.*, II, p. 185 & sq.

3. Cf. Grotius, *De Jure*, II, XXIII, 2 : « Il ne faut rien faire contre les lumières de sa conscience quoiqu'erronnée ».

4. La libération du joug des Espagnols.

5. *Discours contenant le vrai entendement de la pacification de Gand*, (BN Ms 5055, p. 31-2. Cité par J. Lecler, *Op. cit.*, II, p. 185).

6. D'Huisseau, *Réunion*, p. 37.

7. Wissowaty, p. 57 / 102 : « non in errorum ac superstitionum sub mysteriorum titulo latentium caligine ambulent ». On retrouve la même liaison entre pseudo-mystères et superstitions chez Cherbury (*DRG* 228 sq.) ou chez L. Meyer .

grandir la paix et la charité, car la reconnaissance commune des points fondamentaux supprime un des ferments les plus virulents de discorde et de haine. Tous l'affirment en divers lieux stratégiques de leur propos : préface ou épilogue généralement [1]. Le thème de la concorde commune ou de la paix publique y est toujours conjugué avec la cessation des querelles théologiques, soit par leur résolution philosophique, soit plus souvent parce que les thèses disputées sont désormais laissées au jugement de chacun. Ce même argument, mais fondé sur un autre principe, (le droit naturel absolu de chaque individu de faire de sa raison un libre usage et de juger de toutes choses), sera encore central dans le dernier chapitre du *TTP* : la liberté de jugement et le renoncement des magistrats à vouloir mettre fin aux controverses par des mesures législatives, renforce la paix de l'Etat, la prospérité de la Cité, la piété des citoyens et la puissance ou le droit du souverain [2].

Le dernier effet attendu, qui va de pair avec la liberté de conscience, est donc la *tolérance civile*, premier pas vers une tolérance ecclésiastique espérée, mais plus difficile à réaliser. La tolérance civile consiste à admettre sur le territoire de l'Etat, mais pas forcément au même rang, toutes les religions qui ne nuisent pas à son autorité, ou qui ne sont pas séditieuses. La tolérance ecclésiastique consisterait pour l'Eglise, à admettre en son sein une certaine latitude d'appréciation ou d'interprétation dogmatique [3], donc une certaine diversité de croyances. Aux cinq articles cherburiens correspond de droit, et devrait répondre un jour de fait, l'Eglise des notions communes, seule Eglise véritablement universelle et qui « comprend tout lieu et tout nombre de gens » [4]. C'est au jugement de cette *Ecclesia vera catholica* que Lord Herbert soumet l'appréciation de la justesse et de la fécondité des thèses défendues dans la *Religion du laïc*.

Spécificité du credo minimum au XVIIe siècle

Dans l'ensemble des six siècles où l'on voit apparaître la demande ou l'exposition d'un credo minimum bien des choses ont changé ce qui provoque un déplacement des attentes, des demandes et modifie la réception de ce courant. Aussi, pour mieux cerner la spécificité des penseurs du XVIIe. sur ce point et sur ce qui constitue la matrice de leur unité malgré la diversité des contenus et des effets théoriques, nous faut-il préciser ce que la position du credo minimum n'est plus et ne saurait plus être, ce qu'elle veut être et ce qu'elle tend à être, comme le lui objectent avec acribie ses critiques.

Ce que le credo minimum n'est plus : ce n'est plus simplement le *compendium* d'une religion comme chez Maïmonide ou Erasme. Ce n'est même plus un

1. Préface et Epilogue dans le cas de L. Meyer; fin du traité chez Grotius, Wissowaty, D'Huisseau : « On a toujours remarqué que jamais les affections ne sont si étroitement liées dans un Etat où les esprits sont partagés en différents sentiments » (Conclusion, p. 197). de même chez Cherbury : *RL*. 150 / 181. (4ème avantage).

2. *TTP* chapitre XXe.

3. Par exemple sur ce qu'a exactement voulu dire le Christ, le soir de la Cène par les mots : « hoc est corpus meum ».

4. Herbert, *DV* 222 / 194.

palliatif pour éviter la scission comme à la naissance du mouvement de la Réforme : la scission religieuse a déjà eu lieu et n'a fait que se renforcer et se multiplier avec le temps ; elle fait désormais partie de l'horizon culturel. L'espoir s'amenuise, voire disparait, de pouvoir par là refaire en sens inverse le chemin de l'histoire pour revenir à un état pré-scissionniste, par exemple celui de la pureté du christianisme primitif. Quoique cet espoir n'ait pas totalement disparu comme en témoignent certaines réflexions nostalgiques de Grotius sur le christianisme authentique qui serait le véritable âge d'or[1]. Ce n'est plus davantage la *critique d'une religion particulière* et plus précisément du Judaïsme ou de l'Islam. Certes le credo minimum reste à l'occasion une machine de guerre contre les Turcs, puisque les divisions des chrétiens renforcent la confiance des Turcs dans leur religion, et par là-même leurs succès militaires. « Il (le turc) n'est victorieux que pour ce que nous ne nous défendons pas ; il ne fait des progrès que faute de résistance et ne nous donne de coups mortels que par les plaies que nous nous faisons à nous-mêmes »[2]. Renforcer l'unité du monde chrétien par la position d'un même credo fondamental participerait donc indirectement à la lutte engagée par l'Europe sur ses frontières orientales. En un sens, la situation semble très voisine de celle[3] qui poussa Nicolas de Cues à écrire le *De pace fidei*. Pourtant la situation a bien changé : c'est qu'il ne s'agit plus, comme chez le cusain, d'éclairer le vrai sens du Coran par sa mise en parallèle avec l'Evangile[4] mais plutôt, tout au moins chez Herbert, d'éclairer et la Bible et le Coran par les cinq articles. Il en va de même pour le judaïsme. Quoiqu'il reste des traces d'antijudaïsme chez Grotius[5] ou chez D'Huisseau[6], une amorce de dialogue avec les autres religions s'inaugure par le biais de la recherche des principes qu'elles partagent en commun.

Ce que le credo minimum veut être : un *terrain de reconnaissance mutuelle* et de rencontre inter-confessionnelle. On assiste ici à la prise en compte de la multiplicité comme constitutive du fait religieux. Depuis J. Bodin qui voyait dans la multiplicité des religions la condition de leur concert polyphonique[7], on ose dire que Dieu, comme la nature, se plaît en la diversité[8]. En dehors de la divergence ruineuse des sectes qui se fonde sur des détails insignifiants[9], il y a place pour une variation réglée par l'invariant du credo minimum. C'est le cas notamment de la diversité des cérémonies[10]. La prise en compte de cet invariant impose un *recentrage de la religion sur son noyau éthique* et la subordination, voire la dévalorisation, de ce qui est parfois présenté comme un reste archaïque

1. *Mel.* § 88.
2. D'Huisseau, p. 56.
3. Prise de Constantinople par les Turcs.
4. Cf.*De cribratione Alcorani.*
5. Par exemple *VRC,* V, 3 où les Juifs qui n'ont pas su reconnaître le Messie en Jésus sont qualifiés d'« hommes insolents, ambitieux et avares ».
6. Où le judaïsme connote le primat des cérémonies sur ce qu'elles sont censées signifier, à savoir le culte intérieur.
7. *Colloque*, p. 188.
8. Cf. La Mothe le Vayer, *Dialogue sur la divinité*, p. 332.
9. D'Huisseau, p. 11.
10. *Ibid*, p. 258.

de judaïsme dans le christianisme, à savoir l'inflation des discussions absconses (rabbiniques comme les qualifiait Erasme) et des cérémonies. L'enflure des rites est comme un habit étranger qui, par le poids de ses ornements, finit par étouffer le corps qu'il était censé embellir et protéger. Cette entreprise de simplification interdit au sujet moral de se reposer sur une observance extérieure pour se débarrasser de sa culpabilité. En faisant saillir la responsabilité du sujet, elle « aiguise bien la sévérité de la religion, loin de l'affadir », comme le souligne Herbert[1], et comme nous le verrons plus amplement au chapitre VIII.

Ce que le credo minimum tend à être : Une *religion purement éthique* où le contenu proprement dogmatique du credo s'amenuise jusqu'à l'insignifiance[2] tandis que la loi morale sous la forme de la « règle d'or », c'est-à-dire de la loi de la réciprocité, est posée de manière absolue, inconditionnellement. Dès lors, la religion risque de n'être plus qu'un certain art de vivre, ou encore de « bien faire l'homme » comme disait Montaigne, d'épanouir au maximum la puissance de son intelligence et de sa liberté. Aussi bien D'Huisseau que Wissowaty tentent de répondre à cette critique de *l'indifférence des religions* à laquelle conduit le credo minimum[3], premier pas vers l'indifférence à l'égard de la religion.

> « On pourrait alléguer que ce dessein est d'une dangereuse conséquence : que c'est donner occasion de tomber insensiblement dans l'indifférence des religions et favoriser en quelque sorte le mépris de toute religion »[4].

Objection « atroce » selon D'Huisseau, à laquelle il répond longuement à la fin de son livre : « embrasser peu de dogmes, mais <...> avec une entière persuasion de leur vérité » ne peut conduire à l'irreligion tandis que c'est la surcharge de « questions curieuses et étrangères » ainsi que le grand nombre de cérémonies et « l'observation scrupuleuse de choses externes à la religion » qui incite à l'indifférence. Enfin, ce qui tend à l'union de sentiment ne peut susciter l'impiété ; l'assurance qu'on parvient à la vie et au bonheur éternel par le chemin des œuvres bonnes dévoile dans la religion « ses grâces et sa beauté » et la fera aimer « pour ce qu'elle n'aura plus rien que d'aimable »[5]. Mais cette question de l'indifférentisme religieux qui hante aussi la pensée libertine, reçoit encore une autre réponse, rationaliste plutôt que pieuse :

> « Quelques uns disent encore que si on laisse la liberté de juger à la raison humaine, il y aura autant de thèses diverses que d'hommes. Mais il y a de l'hyperbole dans cette conséquence. Car l'expérience enseigne, non seulement dans les matières de philosophie, de mathématique, de droit et de médecine, mais aussi dans les assertions théologiques, qu'on ne trouve pas parmi ceux qui en jugent à l'aide de la raison, autant de thèses qu'il y a d'hommes

1. Herbert, *RL* 150 / 181.

2. Dieu existe et c'est par lui qu'il y a de l'ordre dans le monde ; la synthèse attendue du bonheur individuel et de la vertu se réalisera un jour.

3. Objection déjà portée contre le *Colloquium* de Jean Bodin, dans lequel l'indifférentisme confessionnel constitue une position religieuse déterminée, représentée par le personnage de Sénamy qui pratique la religion du pays où il se trouve, quelle qu'elle soit.

4. *Réunion*, III, 8, p. 183.

5. *Ibid*, p. 186.

différents [1], mais bien au contraire que beaucoup en viennent à tirer des conclusions similaires parce qu'ils font des raisonnements similaires » [2].

C'est l'obéissance aveugle qui engendre, avec la multiplication des thèses dogmatiques, l'indifférence des fidèles. La liberté de juger au contraire, grâce à l'usage de la raison, favorise l'unité de la connaissance et l'accord de tous sur le vrai. Bref, au XVIIe siècle, le risque d'indifférentisme religieux lié au credo minimum est bien aperçu; il constitue une objection sérieuse à laquelle il faut répondre, mais ce n'est pas une objection dirimante. Si ses adversaires y perçoivent un danger de relativisme voire d'indifférentisme religieux, ce n'est nullement pour ses défenseurs une pente naturelle. Encore moins le credo minimum constitue-t-il une position de repli pour un athéisme déguisé ni même pour la religion du cœur. Quoique réduite et relativement subordonnée, la partie proprement dogmatique de cette profession de foi n'est pas nulle ni superflue.

STATUT DU CREDO MINIMUM

Signification de l'expression

L'expression de *credo minimum* pose problème : elle ne se trouve explicitement dans aucun texte. Elle fut inventée par Madeleine Francès dans une note [3] pour commenter les sept « fidei universalis dogmata sive universae Scripturae intenti fundamentalia » [4] exposés par Spinoza dans le *TTP*, ou encore les « paucissima et simplicissima quae Christus suos docuit » [5], le très petit nombre de dogmes très simples que le Christ a enseignés et qui constituent les dogmes fondamentaux de la foi universelle. Alexandre Matheron la reprend à son compte à de multiples reprises dans *Le Christ et le salut des ignorants chez Spinoza* [6] sans éprouver le besoin de la justifier. L. Mugnier-Pollet préférait pour sa part parler de « credo commun [7] ». L'expression est commode et, par ailleurs, aucune autre ne s'impose absolument : « compendium de la vie chrétienne » (Erasme), confession ou symbole de la foi universelle (Acontius), « extrait et raccourci de l'Evangile » [8], liste de « points fondamentaux », « communes notions de la religion » [9], « points d'accord (τὰ ὁμολογουμένα) entre chrétiens » [10] ou « principes de la véritable religion commune à tous les

1. « Tot sententiae quot capita ».
2. Wissowaty, p. 56 / 101 ; (traduction modifiée).
3. *O. C.* de Spinoza, Edition de la Pléiade, note 1 de la p. 809, p. 1471.
4. *TTP*, XIV, G. III, 177, l. 14.
5. *TTP*. XI, G. III, p. 158, GF II, p. 212.
6. *Op. cit.*, p. 72, p. 95, et *passim*.
7. *La philosophie politique de* Spinoza, p. 193.
8. D'Huisseau, *Réunion*, p. 124.
9. P. Duplessis Mornay, *De la vérité de la religion chrétienne*, Préface.
10. Grotius, *Mel.* § 3.

siècles »[1] : la liste, on le voit, est longue et reste ouverte. Mais dans toutes ces appellations demeure en commun l'idée d'abrégé ou de résumé contenu dans des *principes* qui sont à la fois points de départ et points fondamentaux, dotés de la puissance d'engendrer d'autres vérités ou de servir de critère pour juger des thèses annexes. Le terme de *credo* convient donc bien parce qu'en évoquant le symbole de Nicée[2] on garde l'idée de position, d'affirmation de foi, irréductible dans son contenu à un savoir. Quant au qualificatif de *minimum*, il désigne ce *plus petit dénominateur commun* sans lequel il ne saurait y avoir de reconnaissance mutuelle des croyants en tant que tels. Mais il ne se limite pas à cela : sous le terme de minimal, il ne faut pas tant entendre résumé ou réduit que *fondamental, radical, nodal*[3], au sens où c'est à la fois le noyau substantiel et consistant de toute foi et le noyau commun de la religion historique – ou prophétique – et de la religion naturelle – ou philosophique.

La *liste des articles* constitutifs de ce credo minimum se veut *exhaustive et suffisante* : si l'on en supprime un (l'existence de Dieu ou l'idée de providence plus particulièrement) il n'y a plus de religion; si l'on en ajoute un, l'*Ecclesia vere catholica* se divise en sectes rivales. Ce sont les auteurs qui, tels Cherbury et Spinoza, ont le souci de la communauté humaine intégrale, et non celui de réunir les seuls chrétiens, qui s'efforceront de montrer la suffisance et la complétude de la liste des articles fondamentaux. Le credo minimum entend effectivement fournir un résumé acceptable par tous, des moyens de parvenir au salut.

> « La sacrée chaîne de notre salut a trois chaînons, à savoir la connaissance des vérités, la pratique des vertus, et la possession du bonheur »[4].

Par cette formule, Isaac D'Huisseau synthétise remarquablement ce qui fait du credo minimum non seulement le substrat de toute religion, mais bien la forme de la religion naturelle. En effet il ne se limite pas à une catalogue d'énoncés dogmatiques, mais comporte, nous l'avons remarqué[5], tous les dispositifs structurels d'une religion : une foi, une loi, une espérance. Il est donc bien la forme complète de la religion.

Quel est alors son statut? Norme régulatrice? principe génétique? religion en raccourci? forme commune à toute religion? C'est ce qu'il nous faut maintenant examiner.

Statut

Le credo minimum ne se veut ni spéculatif : il ne nous apprend rien sur l'essence de Dieu, ni dogmatique : il ne tranche pas entre les points de foi contestés, ni rituel : il se contente de poser la nécessité d'un culte sans déterminer aucune forme de cérémonies. Son statut est autre : fond commun des religions

1. Grotius, *De Jure*, II, XX, 45.

2. Qui constitue d'ailleurs ce « raccourci de l'Evangile » recherché par D'Huisseau : Cf. p. 124.

3. La métaphore du noyau ou de l'amande, opposés à l'écorce est reprise par Cherbury comme par Wissowaty (p. 35 / 76).

4. D'Huisseau, *Réunion*, p. 24.

5. Cf. chapitre 1.

historiques, révélées par des prophètes, et de la religion découverte par la seule lumière naturelle, il est plus encore invariant universel que fondement. Car il n'est pas question de reconstruire une religion purifiée ou plus authentique sur cette base, c'est même là une différence essentielle avec la religion naturelle au XVIIIe siècle. Il s'agit de retrouver dans toutes les religions existantes, ou ayant existé, une infrastructure ou un soubassement commun (semblable ou identique), sur lequel chaque peuple, chaque culture a construit son édifice, plus ou moins solide, orné, commode et accueillant, – et sans doute aussi une forme générale commune. La métaphore du bâtiment, avec l'ambivalence sémantique qu'elle permet sur fondements et fondations, revient d'ailleurs très souvent dans cette littérature :

> « On doit établir les préambules et fondements de la religion par la lumière de la sapience naturelle afin que tout ce qu'on y ajoutera après par la force du dictamen véritable de la foi, ressemble aux toits des maisons, qui supposent et suivent les fondements »[1].

Ainsi le credo minimum peut-il servir à la fois de *critère* et d'*opérateur d'intelligibilité*. Matrice théorique ou opérateur d'intelligibilité parce qu'il permet de comprendre ce qu'il y a d'authentiquement religieux dans les religions les plus éloignées (le paganisme notamment) et qu'en dévoilant ce qu'il y a de commun sous le bizarre apparent, il rend possible un regard non ethnocentrique sur l'autre. C'est aussi un critère de discrimination entre l'essentiel et l'accessoire dans les croyances, dans les rites, nous y reviendrons, et dans les règles pratiques en général. C'est d'ailleurs dans ce dernier domaine que les articles du credo minimum jouent le mieux un rôle de principe. En effet, l'on peut tirer des conclusions fort différentes de l'affirmation de la Providence divine, selon qu'elle est conçue strictement comme l'ordre nécessaire des causes ou comme le souci personnalisé qu'une puissance transcendante et infinie a de tout homme ; mais il est plus aisé de faire de la « règle d'or » le fondement ultime et l'invariant commun de toutes les règles pratiques, celles du moins qui sont authentiquement morales. Cette règle fournit donc aussi le critère de la moralité de ces mêmes règles de vie. Le chemin n'est pas loin ici qui mène à la seconde formulation de l'impératif catégorique[2].

Ici encore la comparaison avec le droit naturel peut être éclairante. Dans les *Nouveaux Essais*[3], Leibniz cherchant à justifier l'utilité des maximes et des principes, prend successivement l'exemple de principes mathématiques, juridiques et théologiques.

1. Herbert, DV, p. 209 / 270. Ou encore chez D'Huisseau : « Si le salut est comparé à un bâtiment, les lumières de l'Evangile en sont comme le fondement et la base, la gloire céleste en est le faîte, et la vertu est ce qui joint ces deux extrêmes ensemble, nous faisant passer de la connaissance à la possession de l'objet connu où réside toute notre félicité ». (*Réunion*, p. 24).

2. Ou à la plus récente étape de la réflexion d'un Paul Ricœur sur la philosophie pratique : Cf. par exemple *Du texte à l'action*, Paris, 1986, p. 237-259 l'étude intitulée « la raison pratique ».

3. *N. E.* IV, 7, 19,

« Il y a des maximes fondamentales qui constituent le droit-même qui, lorsqu'elles sont enseignées par la pure raison et ne viennent pas du pouvoir arbitraire de l'Etat, constituent le droit naturel et telle est la règle qui défend le profit dommageable ».

Ce droit naturel ne suffit pas pour constituer le droit positif d'un Etat; mais il sert de fondement et de critère de légitimation puisqu'il contrebalance l'arbitraire inévitable du pouvoir politique en donnant dans une proposition universellement valable, un critère de justice pour juger des lois existantes. De même existe-t-il, selon Leibniz, des règles de morale ou des principes théologiques innés, c'est-à-dire dictés à l'homme par la nature et inscrits en lui [1] comme : l'existence de Dieu, la croyance à l'immortalité de l'âme, une quelconque forme de pudeur, l'inclination naturelle pour ses proches, etc... Aussi Leibniz ne reprochait-il pas à Cherbury ses cinq articles [2] mais seulement de ne pas croire qu'ils pussent être démontrés. Ce n'est pas ce point qui nous intéresse ici présentement, mais plutôt l'homologie de rapport, selon Leibniz, entre les maximes fondamentales du droit naturel rationnel et les corpus de droit positif d'une part, les principes innés de morale et les règles si variables des mœurs d'autre part, et enfin les principes de théologie naturelle et les vérités de la théologie révélée. Leibniz va même jusqu'à écrire que la révélation répond à l'expérience [3] et la théologie naturelle aux axiomes fondamentaux qui permettent de juger de l'expérience et de la valider. « Ce principe même que la véracité est un attribut de Dieu, sur lequel vous reconnaissez que la certitude de la révélation est fondée, n'est-il pas une maxime prise de la théologie naturelle [4] »? Certes, nous n'assimilerons pas la pensée de Leibniz, pour qui la théologie naturelle est le produit de la raison et se confond avec « la métaphysique réelle et la plus parfaite morale », et celle de Grotius ou de Cherbury pour qui les articles de la théologie naturelle, quoique confirmés par la raison, sont d'abord forgés à la suite d'une expérience [5] analogue chez tous les hommes. Mais il nous semble cependant que, sur ce point, Leibniz a bien su expliciter ce que voudrait être le credo minimum de la religion naturelle, à savoir une base commune qui fournisse à la fois un instrument de reconnaissance mutuelle, analogue à celui qui fait reconnaître les droits positifs comme du droit (c'est-à-dire des règles de justice et pas seulement des commandements contraignants du pouvoir politique), les religions particulières comme de vraies religions à défaut d'être toujours des religions vraies. C'est donc aussi un critère de validation.

1. *N. E.*, I, 2, 9.
2. Contrairement à Locke.
3. *N. E.* IV, 7, 11.
4. *Ibid.*
5. Le rapport de confirmation est donc inverse : chez Cherbury ou Grotius la raison peut confirmer (ou prouver) ce que le consentement universel atteste; chez Leibniz, le consentement universel confirme ce que la raison a d'abord prouvé.

MODALITÉS DE DÉCOUVERTE ET D'EXPOSITION

Le credo minimum est à la fois quelque chose de très connu – puisqu'il est censé faire l'objet d'un consensus universel –, et de très méconnu, puisqu'il a été recouvert et occulté par diverses superstructures. Telle une amande sous sa coque, il faut le mettre au jour pour pouvoir s'en nourrir. Avant d'en analyser le contenu, il nous faut donc préciser ses modalités de découverte et d'exposition.

Modalités de découverte

La question des modalités de sa *découverte* renvoie à la pluralité des sources où l'on peut aller le chercher, et de celle qui sera privilégiée : Nature, Écriture, Raison, Histoire ? La réponse est ici fort variable et recouvre tout un spectre qui va de l'Écriture seule à la raison seule. Chercher le credo minimum dans l'Écriture seule consiste à rechercher dans l'Écriture elle-même les passages qui distinguent entre essentiel et accessoire, qui offrent un résumé de l'enseignement nécessaire au salut, et qui ne font pas l'objet de controverses. Ce serait là, dans la droite ligne du principe de la *Scriptura sola*, l'idéal. Mais le débat sur l'Écriture Sainte est tel qu'en pratique cette solution n'est pas efficiente. D'Huisseau qui se propose bien de tirer ce résumé de la foi de la seule Écriture, va en réalité le chercher dans le Symbole des Apôtres, c'est-à-dire dans une interprétation fort ancienne (Nicée), mais qui recourt, conjointement à l'Écriture, à une tradition qui opère une mise en forme. D'une certaine manière d'ailleurs on pourrait dire que tout credo, d'être énoncé collectivement, est nécessairement minimal : chacun croit aussi d'autres choses, et autrement que ce qui est énoncé ; mais le passage par la mise en forme littéraire implique que ne soient pris en compte que les articles que tous doivent croire pour être les fidèles d'une même foi. La différence est donc de degré, c'est-à-dire de nombre, la ligne de séparation entre fidèles et incroyants n'étant pas placée au même endroit[1]. Par suite, cette exigence explique sans doute que tout ce courant éprouve le besoin de confronter son credo avec le *Décalogue* qui joue, comme nous le verrons, doublement le rôle de modèle, modèle formel et modèle exemplaire. La plupart des auteurs privilégient comme source l'Écriture et la raison : si le credo minimum peut se lire dans l'Écriture Sainte, c'est la raison qui le dégage en montrant quel est l'enseignement le plus constant et le plus englobant, celui qui comprend tous les autres. Telle est la position de Grotius, de Wissowaty, et aussi bien de Hobbes ou de Spinoza. Avec cette conséquence que si le credo minimum se lit dans l'Écriture, et particulièrement dans le Décalogue[2], réciproquement, la raison peut rendre raison des articles essentiels[3].

1. Cette remarque ne vaut pas que pour la foi religieuse, mais pour toute communauté qui partage un certain nombre de convictions, par définition indémontrables, et de valeurs.

2. Grotius, *De Jure*, II, xx, 45 ; Spinoza, *TTP* IV (G. III, 62-63) et XIV (G. III, 177), Hobbes, *Ci.*, ch. XVIII et *Lév.*, XLII, p. 540.

3. Comme chez Spinoza où dans le ch. XIV du *TTP* chaque article se justifie en fonction du principe de l'indispensable obéissance.

La troisième façon de dégager le credo minimum est de conjuguer la raison et l'histoire, ce que fait Cherbury, c'est-à-dire de rechercher dans l'histoire ce qui a fait l'objet d'un consentement universel. C'était déjà la méthode stoïcienne du *De Natura Deorum* et cela présente l'avantage de ne pas lier le credo minimum à un livre sacré particulier. On pourrait d'ailleurs ranger dans cette même catégorie d'histoire au sens large, le recours à l'expérience fictive ou l'appel à l'expérience intime, car de l'expérience personnelle à l'histoire des peuples, il y a bien davantage élargissement du champ d'application que prise en compte d'une quelconque temporalité. La quatrième méthode, qui n'est énoncée que de façon programmatique par Meyer, consisterait à confier à la raison seule le soin de découvrir ce qui est essentiel au salut. Mais cette méthode ne peut qu'échouer car, alors, ce credo ne serait plus un résumé de foi, mais un ensemble de principes philosophiques, et l'on quitterait la religion naturelle pour la philosophie première. Aussi bien est-ce à la philosophie à venir que L. Meyer laisse le soin d'écrire des pages définitives « sur Dieu, l'âme rationnelle, la suprême félicité de l'homme et les moyens de parvenir à la vie éternelle »[1].

Modèles d'exposition

Les *modèles d'exposition* sont conditionnés par les types de discours dans lesquels ils s'insèrent. Puisque l'opposition stérile entre dogmatiques et sceptiques a été rejetée d'office, deux types de discours sont d'emblée exclus : le discours théologique classique s'exprimant sous la forme d'un traité dogmatique et le discours interrogatif du sceptique, lequel peut prendre la forme d'un dialogue aporétique[2]. La méthode du dialogue, qui avait servi pour donner forme à un accord lentement et laborieusement construit, chez Abélard ou Nicolas de Cues, n'apparaît plus au XVIIe siècle, sauf précisément dans une tonalité sceptique[3]. Le seul texte dans lequel Herbert de Cherbury l'utilise, le *Dialogue between a tutor and his pupil*, est aussi le texte où il se montre le plus critique à l'égard des religions établies, et le plus discret sur le credo minimum, à tel point qu'on a parfois douté de son authenticité.

Quelles sont donc les formes discursives sous lesquelles se présente le credo minimum au XVIIe siècle ? Une essentiellement : celle du *catalogue d'articles*, confrontée à deux modèles de référence : le Décalogue et le Symbole de Nicée, dit encore Symbole des Apôtres. On remarquera en effet que cette profession de foi commune ne prend jamais explicitement la forme d'un credo : « Je crois en... » ou « Je crois que ». Pas davantage celle du Décalogue, c'est-à-dire d'une liste d'obligations et d'interdits[4]. Le catalogue d'articles a, semble-t-il, l'avantage d'être la forme discursive la plus simple et la moins contraignante qui soit, celle donc qui est la plus susceptible d'être reprise par le plus grand nombre

1. *Interpres*, Epilogue, p. 249.
2. Cf.le *Colloquium* de Bodin ou les *Dialogues d'Oratius Tubero* de La Mothe Le Vayer.
3. Par exemple chez La Mothe Le Vayer.
4. A l'exception de la première de ces « dix paroles » qui a la forme d'une affirmation : « C'est moi, Yahvé, ton Dieu qui t'ai fait sortir du pays d'Egypte, de la maison de servitude ». (*Exode*, xx: 1)

et réemployée dans d'autres types de discours : celui du prédicateur pour D'Huisseau, celui du philosophe pour Grotius, le discours libre de l'honnête homme pour Cherbury. Un des textes qui manifeste peut-être le mieux cette labilité de la forme discursive du credo minimum et donc aussi sa possibilité de réinsertion dans d'autres types de discours est le § 45 du chapitre XX du livre II du *De Jure belli ac pacis* de Grotius :

> xlv.« Pour traiter à fond cette matière, il faut remarquer que la vraie religion , qui est commune à tous les siècles, est fondée principalement sur quatre principes. Le premier que Dieu existe et qu'il est unique ; le second que Dieu n'est rien de ce qu'on voit, mais quelque chose de plus élevé ; le troisième que Dieu prend soin des choses humaines, et qu'il en juge très équitablement ; le quatrième que ce même Dieu est le créateur de toutes choses qui sont en dehors de lui.
>
> 2. Ces quatre principes sont explicités par autant de commandements du Décalogue. Car le premier établit clairement l'unité de Dieu; le second sa nature invisible; <...> le troisième fait comprendre la connaissance et le soin qu'il a des choses humaines, même des pensées <...>. Le quatrième nous représente Dieu comme créateur de tout l'univers; <...> or la création signifie implicitement la bonté, la sagesse, l'éternité et la puissance de Dieu.
>
> 3. De ces notions spéculatives s'ensuivent des notions pratiques, comme : qu'il faut honorer Dieu, l'aimer, lui obéir et lui rendre un culte. <...>
>
> 4. La vérité des principes de religion que nous appelons spéculatifs peut sans aucun doute se démontrer par des arguments tirés de la nature des choses. <...> Mais parce que tous ne comprennent pas la force de ces raisons, il suffit qu'en tout temps et en tout lieu, à part un très petit nombre de gens, ceux qui étaient trop grossiers pour vouloir tromper et ceux qui étaient trop sages pour être trompés en soient tombés d'accord »[1].

D'une certaine façon, ce texte est exemplaire pour notre démonstration : le fondement commun de la religion véritable et universelle y est présenté sous forme d'une liste réduite à quatre articles; en un second temps on vérifie la concordance de cette liste avec le Décalogue, ici en allant du Décalogue aux quatre principes, exactement de la même manière que Cherbury dans le *De veritate*[2]. Enfin, en un troisième temps est posée l'équivalence des deux modalités d'établissement de cette liste, par la raison pour les doctes, par le consentement universel, c'est-à-dire les notions communes, pour les simples. La conjonction des esprits grossiers et des esprits éclairés suit d'ailleurs une direction telle que toute imposture en est rendue impossible : les esprits grossiers proposent, les éclairés entérinent[3].

1. Notre traduction.

2. *DV.*, pp. 226-31 / 290-96 / 199, où il établit l'accord terme à terme de chacun des commandements du Décalogue avec l'un ou l'autre de ses cinq articles.

3. On remarquera en effet que dans la tradition libertine de la religion comme imposture, ce sont des esprits forts qui proposent ce qui n'est qu'une imposture, et des esprits grossiers qui l'acceptent. Le raisonnement suivi par Grotius ici, suppose l'hypothèse inverse.

Le Décalogue fonctionne donc bien comme modèle de référence, et comme l'objet d'une inévitable comparaison, mais il n'est pas modèle d'exposition. Cette confrontation avec le Décalogue, qui est une constante de la religion naturelle au XVIIe siècle, va d'ailleurs jusqu'à susciter, chez un socinien, Martin Seidel l'étrange concept de 'décalogue inné' posé comme critère de vérification du Décalogue scripturaire :

> « Le véritable culte de Dieu que j'appelle ma religion, c'est le Décalogue qui est la volonté éternelle et immuable de Dieu. Et le décalogue me concerne parce qu'à moi aussi, il a été donné par Dieu, non certes par une voix retentissant du haut du ciel comme au peuple juif, mais parce qu'il a été inscrit par la création dans mon cœur. Mais comme ce Décalogue inné a été partiellement obscurci par la corruption de la nature humaine et par de mauvaises coutumes, je recours, pour l'éclairer au Décalogue écrit et ce Décalogue me concerne moi aussi parce qu'il est à l'unisson de notre Décalogue inné, bien plus, c'est le même Décalogue » [1].

Ce qu'il y a de remarquable dans ce texte, c'est non seulement qu'il confirme la prégnance de la comparaison, son caractère en quelque sorte obligé, mais qu'il établit un double mouvement symétrique de validation du Décalogue par la religion naturelle inscrite en l'homme, et de celle-ci par le Décalogue. Il témoigne en même temps d'une individualisation de cette religion contre les religions officielles : « le *véritable* culte de Dieu que j'appelle *ma* religion ».

Le principe d'adaptation

La labilité de la forme discursive du catalogue d'articles offre un avantage supplémentaire : celui de pouvoir s'adapter à toute sorte de public, non seulement à la foule ignorante et aux simples, comme on l'a dit jusqu'ici, mais à l'individu avec sa nature et son expérience particulières, ou à d'autres peuples, d'autres cultures et d'autres traditions. Toute la Réforme protestante répète que, depuis Jean le Baptiste, le temps des prophètes est passé ou que la révélation a déjà été faite intégralement[2]; ce à quoi Cherbury ajoute qu'une vérité qui n'est reçue que par ouï-dire ne saurait être ma vérité, à la différence d'une vérité expérimentée en première personne, ou bien encore démontrée. Les vérités de la religion ne sont vraies en soi et absolument que pour Dieu; elles ne sont vraies pour nous que sur la foi de l'auteur qui nous les a transmises. Ce ne sont donc pas nos vérités, mais les leurs; elles ne sont pour nous que vraisemblables « si bien qu'un immense fossé se creuse entre la science et la foi qui produit l'assentiment[3] ». En revanche, les articles fondamentaux sont assez simples et assez certains – d'une certitude qui n'est pas fondée sur une évidence immédiate mais qui est impliquée dans le processus même de formation des notions communes – pour pouvoir être acceptés et compris par tous.

1. Cité par A. Jobert : *De Luther à Mohila*, p. 225.
2. Nous laissons de côté, pour le moment la dimension et les implications politiques et ecclésiologiques de cette affirmation.
3. Herbert, *RL*. p. 132 / 170.

Spinoza emploie le même type d'argumentation dans le chapitre IV du *Traité théologico-politique* lorsqu'il veut montrer que le Christ n'est pas un prophète, mais la bouche même de Dieu. Le propre d'une révélation prophétique, selon la thèse établie au chapitre I, c'est d'être un enseignement divin adapté à la complexion particulière d'un prophète, elle-même adaptée à la disposition particulière du peuple à un moment donné de son histoire. Si le Christ avait été simplement un prophète, son enseignement eût dû être adapté au public auquel il se serait adressé. Or, « le Christ a été envoyé pour enseigner non seulement les Juifs, mais tout le genre humain, de sorte qu'il ne suffisait pas d'adapter sa pensée aux opinions des Juifs seulement, mais aux opinions et enseignements universels du genre humain, c'est-à-dire aux notions communes et vraies[1] ». Avec plus de force encore, il écrit au chapitre XIV (dans une page qui suit l'énoncé des sept dogmes fondamentaux de la foi) :

> « Chacun est tenu d'adapter ces dogmes de la Foi à sa compréhension propre[2] et de s'en donner à soi-même l'interprétation qui pourra lui en rendre plus aisée l'acceptation, non pas hésitante mais pleine et sans réserve, afin que son obéissance à Dieu vienne aussi d'une âme pleinement consentante ».

Ici Spinoza s'inscrit totalement dans le courant du credo minimum : le petit nombre de notions communes portant sur Dieu, l'ordre du monde et la vertu les rend, en leur principe-même, adaptées à la capacité de tout un chacun, individu aussi bien que peuple. Si l'on admet avec Cherbury que « toutes les merveilles des religions particulières se réduisent analytiquement à ces vérités universelles »[3], alors on peut et on doit aussi poser que toutes les religions particulières ne sont que des adaptations – historiquement justifiées, mais pas nécessairement vouées à perdurer – de la religion naturelle à la capacité déterminée des peuples particuliers. Sans être exactement un principe d'équivalence des religions – car tous les tempéraments et tous les degrés d'intelligence ne se valent pas –, ce principe d'adaptation peut jouer comme principe de tolérance et de reconnaissance mutuelle des esprits religieux. Notons enfin que cela est moins fondé sur l'affirmation d'une distance infinie entre l'intelligence humaine et la perfection divine que sur le principe de l'inévitable diversité naturelle des complexions, des expériences, et donc aussi des histoires, tant individuelles que collectives.

Un principe d'évitement

La formulation d'un credo minimum peut apparaître à certains égards – et de fait est apparue à certains esprits[4] – comme une pratique d'esquive, nous dirions aujourd'hui, dans le vocabulaire psychanalytique, une pratique de refoulement. Cela permet en effet, soit d'éviter de poser certaines questions théologiques ou

1. Spinoza, *TTP*, IV, G. III, 64, GF. II, 92, traduction modifiée.
2. « Haec fidei dogmata ad suum captum accomodare tenetur ». G. III, 178. GF. II, p. 245.
3. *RL* 147 / 179.
4. Cf. les critiques de A. de Waele à Grotius.

philosophiques épineuses, soit d'éviter de les résoudre. Examinons les deux perspectives.

D'un certain nombre de questions considérées comme effectives mais inessentielles, il est dit explicitement que la question ne sera pas posée. C'est le cas chez D'Huisseau[1] de la question du gouvernement de l'Eglise ou du contenu des cérémonies. Mais c'est aussi le cas assez généralement de la doctrine du péché originel, de la prédestination, de la réalité et de la nature de l'Incarnation et de la Trinité, de l'action de l'Esprit Saint sur les fidèles, bref d'un bon nombre de dogmes fondamentaux du christianisme. De Waele reprochera à Grotius de ne s'être pas prononcé sur les dogmes de la Grâce et de la Trinité, ou d'en avoir traité sous forme allégorique (dans un langage néo-platonicien) et allusive, et de sembler ainsi donner des armes aux anti-trinitaires. On remarquera que ce premier type de questions recouvre soit des questions proprement théologiques, soit des questions de discipline ecclésiastique. Le deuxième type de questions, celles qui sont évoquées sans être toujours clairement explicitées et encore moins résolues, sont des questions qui relèvent davantage de la philosophie et sur lesquelles nous aurons donc l'occasion de revenir. Ce sont notamment : la liste des attributs fondamentaux de Dieu ; le problème du mal, moins de sa source (la volonté humaine) que de sa profondeur (pas de mal radical), de son dépassement (par une rédemption divine ou par un mouvement immanent de perfectionnement de la nature ?) ou de sa réparation (châtiment externe ou immanent ?). Cette indécision ou cette fluctuation est peut-être d'ailleurs le produit inévitable de ce type de discours qui laisse jouer un grand rôle aux opinions communes, comme nous essayerons de le montrer sur la question du repentir. Remarquons simplement que cette diversité des modes discursifs est particulièrement bien mise en évidence par la pratique théorique d'un philosophe comme Spinoza : lorsqu'il parle le langage destiné au plus grand nombre[2] dans le *Traité théologico-politique*, tout en louant Salomon d'avoir dit que la vertu est sa propre récompense et que le châtiment des sots, c'est leur sottise, Spinoza laisse ouverte la possibilité d'une justification du repentir (pour ses effets sociaux bénéfiques), et d'une modalité immanente ou externe de la récompense et du châtiment. Ce qui explique que la nécessité du pardon et du repentir soit inscrite dans le septième article de son credo minimum. En revanche, lorsqu'il parle aux philosophes éprouvés le langage strictement rationnel de *l'Ethique*, il exclut le repentir (ou le range parmi les passions tristes et mauvaises[3]). Une dernière question, qui est loin d'être toujours résolue quand elle est posée, est celle de la création. L. Meyer, Wissowaty et tous les sociniens refusent pour des raisons philosophiques (universalité du principe « rien ne vient de rien ») qu'il puisse y avoir une création *ex nihilo* et penchent pour la thèse de la transformation d'une

1. *Réunion*, p. 72. toutefois D'Huisseau s'attarde assez longuement sur le détail de ces questions qu'il ne faut pas poser : ex. la musique dans les cérémonies, la richesse des ornements, la pauvreté des pasteurs, etc.

2. Le traité est adressé au lecteur philosophe certes, mais le terme ne désigne pas le docte, mais celui qui use de la lumière naturelle de l'esprit et ne se lasse pas aveugler par les préjugés et les passions.

3. *Ethique*, IV, 54. Mais le repentir garde encore une utilité pratique.

matière informe ; mais les autres affirment davantage la distinction de Dieu et du monde[1] qu'ils ne s'étendent sur la nature et plus encore les modalités de la création[2].

DOGMATA ET PRAECEPTA

Que le credo minimum soit exprimé sous la forme d'un catalogue d'articles n'implique pas que cette liste soit sans ordre. Les principes qui portent sur l'existence et la nature de Dieu, l'ordre du monde et l'immortalité de l'âme y précèdent toujours ceux qui concernent la pratique humaine et ses effets attendus. Cet ordre n'est pas seulement logique : on ne saurait rendre un culte à Dieu ou espérer de lui la récompense des justes et la punition des méchants sans avoir préalablement supposé son existence. Il correspond aussi à une division traditionnelle de la philosophie stoïcienne, comme le rappelle Grotius dans le *Meletius*[3].

Dogmatique et parénétique.

Au § 19 du *Meletius*, Grotius divise la religion, en tant qu'elle présuppose la décision réfléchie (προαίρεσις) en deux parties, l'une théorique (θεωρητικὴν), l'autre pratique (πρακτικὴν) qui correspondent à la division antique entre δόγματα et παραινέσεις, *decreta* et *praecepta*. Il évoque alors un texte de Sénèque[4] que Juste Lipse a analysé fort en détail dans la *Manuductio*[5] et dont il a tiré des conclusions fort intéressantes. La philosophie, nous dit Lipse, se divise pour les Grecs, entendons les Stoïciens, en deux parties, une partie dogmatique, une autre parénétique. La partie dogmatique comprend des δόγματα ou des *decreta* (encore traduits par *scita* ou *placita* par Sénèque) et donne des enseignements et des principes généraux fermes et certains qui servent de critère de validation aux règles particulières. Ces thèses maîtresses (κύριαι δόξαι, *eximiae sententiae*) sont comme les étoiles familières guidant la navigation des marins ou bien encore comme des étincelles, des racines ou des semences qui, dans un esprit sain, portent en abondance les fruits du bien. On aura reconnu là les métaphores traditionnelles du stoïcisme et compris que cette division de la philosophie n'a rien d'une coupure mais distingue des moments du développement d'un organisme : les *decreta* sont la semence et les *praecepta*, l'organisme développé.

1. Cf. Grotius, quatrième principe de la religion naturelle du *De Jure*.
2. A la différence de Descartes qui prend la peine de souligner que sa physique rend mieux compte de la littéralité du texte de la Genèse que ne le font les explications de la physique traditionnelle. Cf. l'article de V. Carraud préalablement cité.
3. *Mel.* § 19.
4. Sénèque, *Ep.* 95, 10 : « nulla ars contemplativa sine decretis suis est quae Graeci vocant *dogmata*, nobis vel decreta licet appellare vel scita, vel placita ».
5. *Manuductio*, II, 12 : Doctrinam duplicem esse, dogmaticam et paraeneticam.

On pourrait penser que cette distinction entre, d'une part des principes généraux, tels que : « la vertu consiste à vivre selon la nature ou selon la raison », « la piété et la justice sont les vertus premières » et, d'autre part, des règles particulières, adaptées à des individus particuliers, aux circonstances de la vie, ou à l'expérience historique d'un peuple, ne concernent que la philosophie morale. Mais il n'en est rien. D'abord parce que, comme l'on sait, les diverses parties de la philosophie ne sont pas plus séparables pour les Stoïciens que les différents membres de l'organisme, mais aussi parce que le « *parens et rector decretorum*[1] » c'est la définition du Souverain Bien. Or, le Souverain Bien pour l'homme est à la fois connaissance et vie : vivre en accord et en harmonie avec la nature[2], c'est-à-dire vivre en ayant la science de ce qui arrive selon la nature et en choisissant ce qui est conforme à la nature, c'est-à-dire à la raison[3]. Le Souverain Bien pour les Stoïciens, ce n'est donc pas tant un Etre : Dieu, qu'un mode de vie qui consiste à vivre le plus possible comme Dieu, ou à jouir de la vie même de Dieu. Ce n'est pas un être séparé, mais une manière d'être de l'hégémonique, qui s'accorde au mieux avec la vie sage et ordonnée du tout. Ainsi comme le remarque encore Juste Lipse, à la fin de la dissertation XII, pour que la doctrine soit complète, il faut joindre les deux, la contemplation et l'action, confirmer la solidité des connaissances acquises par la droiture des actions.

L'arbre de la philosophie.

Il y a donc bien un ordre logiquement nécessaire qui va de la connaissance de la nature et de Dieu à la connaissance des *decreta* ou des principes théoriques, puis à celle des préceptes pratiques particuliers et à leur application dans la vie. Mais cet ordre ne peut être chronologique car, dans la vie individuelle comme dans la nature, tout se tient. Et pour exprimer cette idée fondamentale Juste Lipse emploie une image qui s'accorde bien avec les métaphores organiques traditionnelles chez les Stoïciens, (la philosophie est comme un œuf, un animal, comme un champ[4]), mais qui connaîtra, grâce à Descartes, une longue carrière dans l'enseignement de la philosophie. A la fin de la dissertation XII du livre II de la *Manuductio*, Lipse compare en effet la philosophie à un arbre, dont le tronc est constitué par la doctrine, les branches par les règles générales, les rameaux par les maximes particulières. Quant à la racine de cet arbre de la connaissance et de la vie, qui n'est analysée que dans la dissertation suivante, c'est ce qu'on appelle la fin, c'est-à-dire le Souverain Bien[5].

> « Ego vero et alia similitudine rem ingeram, et simul ordinem dicendorum. Sicut in arbore radicem habes, ex ea truncum, ex his ramos, deinde ramulos aut flagella : sic in philosophia scito, primum aliquod decretum instar radicis

1. *Manuductio*, II, 13.
2. « Convenienter congruenterque naturae vivere », Cicéron, *Fin.* III, 9.
3. *Ibid.*
4. Diogène Laërce, VII, 40. L'image de l'arbre de la philosophie semble avoir été inventée par Lipse puisque la *Bibliographie zur antiken Bildersprache* de V. Poschl n'indique pas d'occurence antique de cette image précise alors que la métaphore de l'arbre de ... est extrèmement fréquente.
5. Titre de la dissertatio XIII : De fine, sive ultimo bonorum, et quis ille sit ?

habere, proximum ut truncum, minora ut ramos, deinde copiam illam praeceptorum succedere et ex iis surgere, vere flagella ad animos erigendos et incitandos »[1].

L'ordre même des choses exige donc pour régler la pratique que l'on recherche quel est le premier principe ou la première règle qui est la mère et la règle de toutes les règles : *parens et rector decretorum* et de là de toutes les maximes selon lesquelles se monnaient les *officia*. Cette règle qui définit le devoir par excellence le κατόρθωμα est pour les Stoïciens de vivre selon la nature et selon la raison, « ὁμολογουμένως τῇ φύσει ζῆν ». Mais cette règle elle-même s'enracine dans un principe ultime et radical qui est le Souverain Bien. Un peu plus loin, dans la dissertation XVIII de ce même livre II de la *Manuductio*, Lipse interprète en un sens chrétien cette définition stoïcienne. Vivre selon la nature, ou selon la raison ou selon la vertu, n'est autre chose que suivre Dieu. « Virtus rationem sequitur, haec naturam, ista Deum[2]». A l'aide de quelques citations de saint Jérôme, Lipse peut alors assimiler les *semina rationis* des Stoïciens avec la loi inscrite dans le cœur qu'évoque l'apôtre Paul; suivre la nature, c'est donc suivre Dieu, puisque Dieu est Logos, et Sénèque[3] n'a-t-il pas écrit (Ep. 31) « Animum bonum et rectum, quid hunc aliud voces quam Deum in homino corpore hospitantem? Qu'appelles-tu un cœur droit et bon, sinon Dieu venant habiter le corps de l'homme? »

Sans vouloir pousser aussi loin que Lipse le souci de montrer la correspondance entre les formules stoïciennes et les textes bibliques[4], il est incontestable que Grotius et d'autres, se souviennent de ces textes et de leur commentaire lipsien, lorsqu'ils organisent les dogmes fondamentaux et donnent une telle primauté aux aspects éthiques. Aussi suivrons-nous, dans l'exposé des différentes formulations du credo minimum et dans l'analyse de son contenu, l'ordre proposé par Grotius, en présentant premièrement les *dogmata*, puis les *praecepta* concernant d'abord l'individu et ensuite la communauté humaine. Nous verrons alors comment se boucle le cercle qui va de l'affirmation de l'existence de Dieu à la définition du salut ou de la souveraine béatitude de l'homme : le but de la religion c'est le Souverain Bien. Or les hommes ont trop longtemps disputé de son contenu. Le christianisme, selon Grotius s'accorde avec la droite raison pour affirmer que le Souverain Bien de l'homme c'est de jouir le plus parfaitement de ce qui est par soi le Souverain Bien, c'est donc jouir de Dieu, « Deo frui[5] ».

1. Edition Lemaire des *Opera* de Sénèque, p. cxxv.
2. *Manuductio*, II, xviii, p. cxxxvii.
3. Dissertation XIX, p. cxxxix.
4. Dans la dissertation XX, Lipse rapproche de la même façon des formules stoïciennes avec des versets des psaumes et du Deutéronome.
5. « Quod autem sit summum bonum sive beatitudo hominis inter philosophos diu summis contentionibus certatum. Christiana religio idem quam recta ratio monstrat summum hominis bonum esse quam perfectissime frui eo qui per se est summum bonum, id autem est Deus » *Mel.* § 13. Cf. aussi Augustin, *Confessions*, VII, 17 « non stabam frui Deo meo ».

CHAPITRE VII

PRINCIPES DU CREDO MINIMUM

L'INVARIANT THÉORIQUE

Ce qui nous autorise à parler des théoriciens du credo minimum comme d'un courant spécifique dans l'histoire des idées religieuses et philosophiques n'est pas seulement la communauté de projet, mais la concordance du contenu. Dans toutes les formulations nous retrouvons toujours un certain nombre de principes théoriques et de règles pratiques. Sans nier les divergences qui tiennent, selon les auteurs, à la présence ou à l'absence de référence à certains grands mystères chrétiens (Incarnation, Rédemption, Résurrection), le noyau fondamental est bien commun. Aussi avant d'analyser en détail son contenu et de considérer quelques problèmes philosophiques soulevés par cette position, nous voudrions montrer en quoi il consiste et mettre en évidence la remarquable convergence entre les auteurs.

LES ARTICLES FONDAMENTAUX

Chez tous sans exception, on retrouve au minimum les affirmations suivantes : 1. l'existence d'un Dieu unique et parfait ; 2. la détermination de ce Dieu comme providence ; 3. l'exigence d'un culte confondu avec la pratique de la justice, piété ou charité ; 4. l'affirmation de la responsabilité morale de l'homme et d'une récompense ou d'un châtiment à venir, qu'ils soient conçus sous la forme transcendante du Jugement dernier ou sous une forme immanente ; 5. l'affirmation d'un pardon divin pour le pécheur qui se repent.

Pour montrer cette convergence, rappelons d'abord la formulation proposée par Cherbury qui est sans doute celui qui a eu le plus souci d'en donner une formulation suffisante et définitive[1]. Nous y joindrons une liste d'articles qu'on peut aisément tirer des deux textes de Grotius qui se tiennent en-deçà de l'apologie du christianisme, à la présentation de la religion naturelle, à savoir *Meletius* et les § 40-45 du chapitre XX du livre II du *De Jure*. Nous les comparerons aux commandements et interdits du Décalogue, puisque nous avons

1. La même formulation en cinq articles revient identiquement dans tous ses ouvrages. Seule leur explicitation varie quant à son développement.

rappelé combien ce texte biblique fondamental sert de texte de référence[1]; enfin nous les confronterons à la liste des sept articles proposés par Spinoza dans le chapitre XIV du *Traité théologico-politique*, mais également commentés dans d'autres chapitres (IV, V & XII). Le choix de Spinoza s'impose ici parce que de tous les philosophes du XVIIe siècle qui acceptent un credo minimum, il est celui qui en a proposé la forme la plus explicite et la plus développée et qui a le plus réfléchi à son statut théorique et pratique. S'il y a bien en effet un credo minimum chez Hobbes et chez Locke, il se réduit à un seul article théologique : « Jésus est le Messie »[2], ce qui ne permet guère une comparaison détaillée.

Les cinq articles d'Herbert de Cherbury

Herbert de Cherbury a proposé cinq formulations[3] des cinq articles qui sont le cœur de la foi universelle et qu'il appelle encore les cinq « vérités véritablement catholiques »[4]. Enonçons-les en leur attribuant un code afin de pouvoir les comparer ensuite plus facilement aux autres formulations.

H1 : *Esse aliquod Supremum Numen* : il existe une divinité suprême.

H2 : *Numen illud coli debere* : Il faut lui rendre un culte.

H3 : *Virtutem cum pietate conjunctam optimam esse rationem cultus divini* : L'union de la vertu et de la piété constitue la meilleure méthode pour honorer Dieu.

H4 : *Resipiscendum esse a peccatis* : Il faut se repentir de ses péchés.

H5 : *Dari praemium vel poenam post hanc vitam transactam* : Il y a une récompense ou un châtiment après cette vie[5].

Ces cinq articles sont synthétisés en une formule : « craindre Dieu et vivre droitement »[6]. On retrouve là une double tradition stoïcienne et chrétienne du résumé de la morale en une formule : pour les Stoïciens : « vivre conformément (à la nature) » et pour le Christ, toute la Loi (de Moïse) se renferme dans l'unique commandement de l'amour de Dieu et du prochain. La formule cherburienne suit le même modèle et conjugue une formulation religieuse d'origine vétéro-testamentaire : « craindre Dieu » et une formulation morale d'origine stoïcienne : « vivre droitement ».

1. Saint Thomas, dans la *Somme théologique* (Ia, IIae, q. 100, a 1) assimilait le Décalogue à la loi naturelle. Bodin, qui, dans le *Colloquium*, en donne une interprétation strictement naturaliste, le considère (p. 231) comme « l'abrégé de la loi naturelle ». La comparaison n'a donc rien de révolutionnaire.

2. *Ci.*, XVIII § 6; Locke : *Le christianisme raisonnable*, (Migne IV, p. 332). Chez Hobbes, ce sont les lois naturelles qui explicitent et développent l'unique article fondamental du credo.

3. En des termes quasiment identiques.

4. Références : *DV.*, pp. 210-225 / 187-199 de notre édition; *RL.*, p. 182 / 152 de notre traduction; *De religione gentilium* (cité DRG) p. 186 & 210: 300 & 354 de la traduction anglaise; *Vie de Henry VIII* p. 321-4 / 201-203 dans *Le salut du laïc*; *Dialogue*, p. 7.

5. Cette exposition des 5 articles est empruntée à la *RL.*

6. *Dial.* p. 66.

Les points d'accord (τὰ ὁμολογουμένα / ea de queis consentitur) selon Grotius

Bien que Grotius n'ait pas dressé de catalogue explicite des points fondamentaux sinon celui, fort bref, du *De Jure*, il est assez aisé de le reconstruire en comparant ce texte (*De Jure* II, XX, XLV, 1) avec l'introduction et la première partie du *Meletius* ainsi qu'avec le livre I du *Traité de la Vérité de la religion chrétienne*. En suivant le même modèle de présentation que précédemment nous obtenons :

G1 : *Esse Deum* : Dieu est; il est unique et parfait[1].

G2 : Dieu est différent du monde[2].

G3 : Dieu gouverne le monde[3].

G4 : Dieu juge et récompense[4].

G5 : *Esse hominem* ζῶον λόγικον καὶ προαιρετικόν[5], l'homme est un animal doué de raison et capable de choix réfléchi.

G6 : *Praecipuum Dei cultum in mente consistere*, le principal culte de Dieu réside dans la pensée[6].

G7 : Toute la morale se résume dans cette règle : *quod tibi non vis fieri alteri ne feceris*, ne fais pas à autrui ce que tu ne voudrais pas qu'on te fît[7].

G8 : *Offertur venia sub lege poenitendi et credendi*, le pardon est offert à condition de se repentir et de croire[8].

G9 : le Souverain Bien est la fruition de Dieu : *est quidem quod summum hujus vitae bonum dici potest : inchoata nimirum Dei fruitio, cum certa spe vitae alterius*[9].

Les sept « fidei universalis dogmata »[10] *selon Spinoza*

S1 : *Deum quod est ens supremum summe justum et misericordem, sive verae vitae exemplar existere.* Dieu, c'est-à-dire un Etre suprême, souverainement juste et miséricordieux, modèle de vie vraie, existe.

S2 : *Eum esse unicum.* Il est unique.

S3 : *Eum ubique esse praesentem vel omnia ipsi patere.* Il est présent partout ou encore rien ne lui échappe.

1. *Mel.* § 6; *De Jure, loc. cit.* 1er principe; *VRC.* I, 1. (Qu'il y a un Dieu).

2. *De Jure*, 2ème principe : Dieu n'est rien de ce que l'on voit mais quelque chose de plus relevé; et 4ème principe : Dieu est créateur de tout ce qui est hors de lui.

3. *VRC.*, I, 6; *Mel.* § 8: « Deum curare res a se factas, nec tantum coelestes, verum etiam humanas ». *De Jure*: 3ème principe : Dieu prend soin des choses humaines, et II, XX, XLVI: « Hae notiones numen aliquod esse (unum an plura sepono) et curari ab eo res hominum maxime sunt universales et ad religionem sive veram sive falsam constituendam omnino necessaria ».

4. *Mel.* § 6: « remunerari eos qui ipsi placere studeant ». *DJ.* 3ème principe : Dieu juge les choses humaines très justement.

5. *Mel.* § 9.

6. *Mel.* § 64. Autre traduction : Le principal culte de Dieu est un culte spirituel (en esprit).

7. *Mel.* § 68, dite encore la règle d'or.

8. *Mel.* § 50 ; *DJ.* II, XX, XXI.

9. *Mel.* § 15 : Il y a bien quelque chose qu'on peut appeler le Souverain Bien de cette vie : c'est de commencer à jouir de Dieu avec l'espérance certaine d'une autre vie.

10. *TTP*, XIV, G. III, 177.

S4 : *Ipsum in omnia supremum habere jus et dominium.* Il a sur toutes choses droit et pouvoir suprêmes.

S5 : *Cultum Dei ejusque obedentiam in sola justitia & charitate, sive amore erga proximum consistere.* Le culte de Dieu et l'obéissance à Dieu consistent uniquement dans la justice et la charité c'est-à-dire dans l'amour envers le prochain.

S6 : *Omnes qui hac vivendi ratione Deo obediunt salvos tantum esse.* Tous ceux qui obéissent à Dieu selon cette règle de vie sont sauvés.

S7 : *Deum poenitentibus peccata condonare.* Dieu remet leurs péchés à ceux qui se repentent.

Le Décalogue

D1. Dieu seul doit être adoré.
D2. Interdit des images.
D3. Interdit du faux serment.
D4. Obligation du sabbat.
D5. Honorer ses parents.
D6. Interdit du meurtre.
D7. Interdit de l'adultère.
D8. Interdit du vol.
D9. Interdit du mensonge.
D10. Interdit de la convoitise.[1]

TABLEAU COMPARATIF

Articles fondamentaux:	Herbert	Spinoza	Grotius	D
Dieu unique	H1	S1 + S2	G1	D1
Dieu transcendant			G2	D2
Dieu provident	passim	S3	G3	D3
Dieu juge	H5	S4	G4	D3
Liberté humaine			G5	
Exigence du culte	H2	S5		D1
Vrai culte : intérieur	H3	S5	G6	
Culte = morale	H3	S5	G7	D5
				D10
Pardon et repentir	H4	S7	G8	
Souverain bien =		S6	G9	
Fruitio Dei	H5	TTP IV		

Ce tableau nous permet de mieux remarquer un certain nombre de choses : en premier lieu, malgré la différence des formulations, une correspondance assez forte entre les différents exposés. On a bien affaire à une perspective commune. Ensuite que la correspondance explicitement affirmée de la part de Grotius et de

1. *Exode*, XX :1-17.

Cherbury entre leur exposition des points fondamentaux et le Décalogue reste finalement assez grossière et peu éclairante. Enfin que le rapprochement le plus fort est celui qu'on peut faire entre Cherbury et Spinoza avec des différences de point de vue fort significatives. Salut, récompense et châtiment sont présentés chez Herbert et Grotius dans les termes de la philosophie religieuse traditionnelle comme présupposant l'immortalité de l'âme. Chez Spinoza, ce salut est terrestre, immanent puisque la vertu est sa propre récompense ; si le sage s'éternise par sa pensée en pensant *sub specie aeternitatis*, ce salut n'implique ni immortalité ni perpétuité de l'existence personnelle. Le salut cherburien, lui, est jouissance perpétuelle du plein épanouissement de ses facultés dans une vision plus naturaliste que rationaliste ; il laisse fort peu de place au savoir, et quasiment aucune à l'obéissance. Inversement la détermination de Dieu est quasiment absente du credo cherburien, puisqu'il n'y est qualifié que de divinité suprême, tandis que chez Spinoza, même sur ce terrain, Dieu est déterminé comme unique, omniprésent et tout-puissant.

Les quatre premières propositions de Spinoza qui semblent en première lecture ne faire qu'expliciter le premier article cherburien ont une fonction philosophique décisive : elles inscrivent l'affirmation religieuse de l'existence de Dieu dans une métaphysique de la substance unique, cause interne de toutes choses, ce qui inscrit la thèse de l'existence de Dieu dans une pensée de l'immanentisme radical et intégral. Du même coup s'explique parfaitement l'absence ici de toute explicitation d'un article sur le culte, car un culte d'adoration ne se conçoit que dans le cadre d'une distance radicale entre l'homme et Dieu, créature et Créateur. Or il n'y a pas de création dans le système spinozien et, du même coup, la distance entre Dieu et l'homme, si elle ne s'abolit pas, change totalement de nature, puisqu'elle n'est plus une différence de nature précisément, mais de degré ; chaque mode, et l'homme parmi les autres modes, est Dieu en quelque façon, partiellement, inadéquatement, alors que dans la pensée religieuse traditionnelle, qui est aussi celle de Herbert comme de Grotius, Dieu et l'homme peuvent bien se rapprocher l'un de l'autre, il seront toujours de nature radicalement différente. On voit donc qu'en inscrivant les thèmes du credo minimum dans une métaphysique de la substance et de la puissance, de l'affirmation des modes finis au sein de l'unique substance, Spinoza change complètement le sens du vocabulaire religieux auquel il recourt encore, en transposant le langage imaginatif de la religion dans le langage de la philosophie. Les mêmes propositions peuvent bien se retrouver, et quasiment dans les mêmes termes, d'un credo à l'autre, elle n'ont plus du tout le même sens, tant du point de vue philosophique que religieux. Il ne s'agit point là de timidité ou d'audace, mais de la différence entre la recherche d'un accord à bon compte et la volonté de rigueur à tout prix.

Grotius reste à part pour l'affirmation de deux thèses : celle de la liberté humaine et celle de la différence radicale entre Dieu et le monde, thèses affirmées, comme nous le verrons, pour éviter la dérive panthéiste de la confusion stoïcienne entre Dieu, la raison, l'ordre nécessaire des causes et la providence. Si nous n'avons pas fait rentrer dans ce tableau le credo d'Isaac D'Huisseau c'est que, quand il vient à se formuler, dans la dernière partie du traité, il ne s'agit plus, comme chez les auteurs que nous comparions ici, du credo fondamental de la religion naturelle ou de toute religion, mais du credo commun à toutes les confessions chrétiennes. Ce credo se confond désormais avec le Symbole des Apôtres et affirme : 1. l'existence de Dieu, 2. l'incarnation du Christ-Messie, 3. la rédemption et la résurrection, 4. le jugement dernier. Il serait évidemment possible de faire correspondre le premier et le quatrième article avec certains articles du tableau, mais puisqu'il faudrait abandonner en cours de route le second et le troisième, la comparaison n'est plus aussi pertinente. Il est sûr ici que le souci de donner à la parole divine exprimée dans l'Écriture Sainte le primat sur la raison humaine[1] a conditionné le résultat de la recherche de D'Huisseau, alors même que son projet initial et ses objectifs se rapprochaient bien davantage de celui de Grotius qui résout cette difficulté en séparant et en hiérarchisant différentes formulations : celle du credo de la religion naturelle et commune à tous les peuples, et la profession de la foi chrétienne proprement dite.

L'EXISTENCE DE DIEU

> « Hae notiones numen aliquod esse (unum an plura sepono) et curari ab eo res hominum maxime sunt universales et ad religionem sive veram sive falsam constituendam omnino necessariae[2]. Ces deux articles, qu'il y a quelque divinité (je mets à part la question s'il y en a une ou plusieurs) et que cette divinité prend soin des affaires humaines, sont les plus généraux, et tous deux absolument nécessaires pour constituer une religion, vraie ou fausse ».

Quelle que soit la définition donnée à la religion, qu'on insiste sur le lien social, l'espérance de bonheur personnel ou sur la demande de justification de l'ordre des choses, il ne saurait y avoir de religion[3] sans que soit posée quelque idée de Dieu[4]. L'existence de Dieu est donc fort naturellement le premier article de toutes les professions de foi comme de toute exposition d'un credo minimum. Ce qui est intéressant à analyser, c'est la façon dont cette existence est posée, son élucidation quand elle existe, c'est-à-dire la spécification des attributs de Dieu, la réponse à l'objection de l'athéisme.

L'existence des dieux est comptée au nombre des notions communes ou des anticipations (πρόληψεις) par les Stoïciens et par les Epicuriens.

1. Thèse affirmée p. 154 de la *Réunion*, juste avant le passage où est formulé le credo fondamental (p. 154-155).

2. Grotius, *De Jure*, II, XX, XLVI.

3. Au moins dans la conception occidentale de la religion, et donc aussi pour la période qui nous occupe car cette affirmation demanderait à être nuancée dans le cas des religions asiatiques. Lorsque Cherbury, Grotius ou La Mothe Le Vayer évoquent la religion des Brahmanes, ils le font à partir des récits hellénistiques et dans les catégories de la pensée religieuse occidentale.

4. Grotius, *Mel.* § 6 « Religio nulla sine duabus illis . . . ut credatur esse deus, deinde remunerari eos qui ipsi placere studeant ».

« Quel peuple, quelle sorte d'hommes n'a pas, indépendamment de toute étude, une prénotion des dieux ? <...> En effet, puisque ce n'est pas une opinion qui vienne de l'éducation (*instituto*) de la coutume (*more*), ou de quelque loi humaine, mais une croyance ferme et unanime parmi tous les hommes sans un seul d'excepté ; c'est donc par des notions empreintes dans nos âmes ou plutôt innées (*insitas vel potius innatas cognitiones*) que nous comprenons qu'il y a des dieux. Or tout jugement de la nature quand il est universel est nécessairement vrai. Il faut donc reconnaître qu'il y a des dieux » [1].

Nous ne reviendrons pas sur le processus de formation des notions communes, encore qu'il soit nécessaire de rappeler qu'une notion commune peut bien être inscrite naturellement dans l'âme sans être innée au sens cartésien ou leibnizien puisqu'elle est formée naturellement par tout homme et non pas inscrite d'emblée dans la structure constitutive de l'esprit. Cela n'a évidemment pas le même sens d'affirmer comme Grotius, reprenant une formule de Jamblique [2], que « la connaissance de Dieu est propre et naturelle à l'homme comme le hennissement à un cheval » et de dire avec Leibniz que l'idée de Dieu est une idée innée car Dieu a imprimé dans l'âme « des caractères qui le marquent quoiqu'elle ait besoin des facultés pour s'apercevoir de ces caractères » [3]. Dans un cas on met l'accent sur le caractère naturel au sens de constitutif de la nature humaine, du rapport de l'homme à Dieu, dans l'autre on souligne l'immédiateté d'une forme particulière de ce rapport, dans la mesure où tout homme peut trouver gravée dans son esprit l'idée innée de Dieu. Chez Leibniz, ce qui est en jeu, c'est une théorie de la connaissance, chez Grotius, une anthropologie.

L'évidence de la croyance en l'existence de quelque divinité (puisqu'en ces préliminaires c'est plus souvent le terme *numen* que le terme *deus* qui est employé), attestée par le consentement universel, est une thèse que l'on trouve aussi bien chez les Epicuriens [4] que chez les Stoïciens [5]. Balbus remarque que « avec le temps, les opinions des hommes s'évanouissent, mais les jugements de la nature se fortifient » [6]. Personne ne croit plus à l'hippocentaure, tandis que la religion se renforce et s'épure de jour en jour : c'est donc que l'existence de Dieu ou des dieux relève des « naturae judicia » et non pas des « opinionum commenta » des fictions de l'opinion.

Mais alors comment peut-on rendre compte de *l'objection de l'athéisme*? Cicéron avait déjà soulevé l'objection de l'existence d'individus, « Diagoras qui atheos dictus est », ou même de peuples athées [7]; mais, outre le rappel obligé d'un argument déjà traditionnel, cela fonctionnait plutôt comme une objection contre la force prétendue du consentement universel que comme une affirmation positive de la possibilité théorique et pratique de l'athéisme. L'athée est encore

1. Cicéron, *DND*, I, 16-17.
2. Note de Grotius au *De Jure*, II, XX, XLVI, 4.
3. *N. E.* IV, X, 1.
4. Aussi est-ce dans le préambule du *DND* que Cicéron l'expose.
5. Cicéron, *DND*, II, 2.
6. *Ibid*.
7. *DND*, I, 23.

celui qui ne pense pas des dieux la même chose que ses contemporains. Au XVIe et au XVIIe siècles l'athée, encore qualifié d'épicurien, est celui qui nie l'existence de la Providence ou de l'immortalité de l'âme (et donc d'une récompense ou d'une punition après la mort) plus qu'il ne nie l'existence de Dieu[1]. L'athéisme est à la fois décrit comme une aberration mentale qui ne saurait se trouver dans un esprit sainement conformé, et comme une position socialement et politiquement dangereuse qui doit donc être sévèrement réprimée dans les Etats bien policés[2]. C'était d'ailleurs aussi la conviction de Descartes, puisque dans la lettre à Voet[3] il écrivait : « l'athéisme est un crime très grave[4] et qu'aucun Etat, quelque libre qu'il soit, ne saurait tolérer ». L'athéisme est enfin présenté comme une position impossible à tenir jusqu'au bout : l'athéisme théorique est une apparence mal interprétée, celle que donne aux esprits faibles une exigence religieuse plus forte quand elle refuse les faux-dieux[5].

Preuves

Pourtant, soit que l'objection de l'athéisme soit plus sérieuse qu'on ne veuille bien le dire, soit que cette évidence de l'existence des dieux soit moins forte qu'on ne le prétend, soit plus simplement que toute une tradition pousse à l'accompagner de preuves, Grotius ou Herbert la font suivre de l'évocation d'un certain nombre de démonstrations, copiant exactement en cela la démarche de Balbus dans le *DND*. et s'exposant par là-même à une critique analogue à celle de Cotta : « De longs raisonnements ne font que nuire à l'évidence <...> je prétends que les preuves sur lesquelles vous fondez l'existence des dieux n'aboutissent qu'à rendre douteux un sentiment qui, à mon avis, ne l'est pas »[6]. Le consentement universel en effet n'est pas une preuve, mais une attestation. Ou bien il suffit pour fonder et garantir la croyance, et l'exposé de preuves est superfétatoire, ou bien il ne suffit pas, et alors les preuves proposées doivent être passées au crible de la critique rationnelle.

Qu'en est-il donc de ces *preuves de l'existence de Dieu*? Puisque ces argumentations justificatives sont présentées à la suite d'un énoncé dogmatique qui s'appuie sur le consentement universel, elles n'ont jamais la structure formelle

1. Cf. G. Voet : leçons sur l'athéisme professées à Utrecht en 1639 et reprises dans ses *Disputationes selectae*, Utrecht 1648. On sait que Voet accusa Descartes d'athéisme. (Cf. *La querelle d'Utrecht*, Paris, 1988). Sur les différents sens du terme athée au XVIe siècle (et encore au XVIIe siècle) Cf. F. Berriot : *Athéismes et athéistes au XVIe siècle en France*, Lille, 1984. Le synode de Strasbourg du 7 février 1535 définit l'athée (*Gottlos*) comme « celui qui croit que cette vie n'est suivie d'aucune vie éternelle ou encore qu'il n'y a ni jugement ni damnation après cette vie, et ni diable ni enfer ». (cité par J. Wirth : Libertins et Epicuriens, aspects de l'irreligion au XVIe siècle, *Bibliothèque Humanisme et Renaissance*, t. 39, p. 622.)

2. Selon Grotius (*DJ*, II, XX, XLVI, 5) l'athée doit être chassé des villes bien réglées.

3. AT VIII, 174.

4. Cf. aussi la façon dont Spinoza se défend contre l'accusation d'athéisme dans la lettre XLIII à J. Osten où Spinoza fait allusion à la querelle entre Descartes et Voet.

5. Cf. l'accusation d'impiété et d'athéisme portée contre Socrate. Ce qui permet d'expliquer en outre pourquoi les prétendus athées de l'Antiquité ont été de fort honnêtes gens. Cf. aussi Bayle : *Pensées sur la comète*, 174.

6. *DND*, III, 4.

d'un appareil de preuves, avec ses définitions et ses propositions bien distinguées et logiquement articulées. Plus que de démonstrations en forme, elles se présentent comme un rappel de preuves traditionnelles bien éprouvées. Ce qui est donc intéressant ici, ce n'est pas tant d'analyser la force probatoire de l'argumentation, qui est généralement faible[1], que de remarquer quelles sont les preuves appelées en renfort, car elles nous indiquent quelle conception de la divinité est impliquée dans cette présentation.

> « Esse Deum non modo consensus hominum latissime patens, sed et ordo ex se dependentium causarum rerumque gradus clarissime testantur » [2].

L'existence de Dieu, comme le dit précisément Grotius, est *attestée* (non pas démontrée) par l'ordre de dépendance mutuelle des causes et par les degrés (ou la hiérarchie) des êtres. La conjonction des deux argumentations, l'ordre nécessaire des causes et la hiérarchie des êtres, est très significative. En effet la théologie naturelle de la Renaissance, particulièrement la *theologia naturalis* de R. de Sebond fondait toute son argumentation sur l'idée de hiérarchie des êtres et sur la place centrale, focale, de l'homme, « sceau de Dieu », nœud et clé de toute la création. L'anthropocentrisme naïf de cette conception avait été sévèrement dénoncé par Montaigne dans l'*Apologie* : « Nous ne sommes ni au-dessus ni au-dessous du reste : tout ce qui est sous le ciel dit le sage, court une loi et fortune pareille »[3]. Les arguments finalistes de la hiérarchie des êtres, de la disposition merveilleuse du corps humain, de la domination de l'homme sur le reste du monde qui semble avoir été fait tout entier pour lui, arguments empruntés à la tradition stoïcienne, sont encore bien présents chez Grotius[4] mais c'est davantage pour justifier l'idée de providence que pour prouver l'existence de Dieu. La première preuve avancée, c'est que l'existence du contingent présuppose l'existence de quelque cause nécessaire, ce qui ne s'est pas fait soi-même doit avoir été fait par un autre

> « et ainsi toujours en remontant jusqu'à ce que de degré en degré nous soyons enfin arrivés à quelque être, à quelque cause unique et nécessaire, qui n'ait point eu de commencement, qui ne reconnaisse rien avant lui : et cet être, quel qu'il soit est ce dieu que nous cherchons » [5].

Mais cet être ne se confond pas avec le premier moteur immobile d'Aristote, non seulement parce qu'intervient immédiatement l'idée de création, mais surtout parce que sa perfection est pensée sous le concept de l'infinité actuelle. Des commentateurs[6] ont dénoncé un cercle logique dans les preuves de l'existence de Dieu proposées par Grotius dans le livre I de la *VRC.* : l'unicité de Dieu y est prouvée par la toute puissance, la toute puissance par la perfection, la perfection par la nécessité de la cause première, et la nécessité de l'unicité de la

1. Comme le remarque avec ironie Pascal, à propos de Grotius dans les *Pensées,* B. 243.
2. Grotius, *Mel.* § 6.
3. *Essais*, II, 12, p. 436. Le sage en question est Salomon.
4. *VRC*, I, 4. Cf. aussi Wissowaty, 8ème argument p. 34 / 75.
5. *VRC.*, I, 1.
6. Notamment R. Voeltzel, article déjà cité.

cause première par l'unité du monde[1]. Mais plus qu'un cercle, ce qu'on pourrait critiquer ici, c'est l'absence d'élucidation de certains présupposés, notamment celui d'un monde qui soit unique, dans son existence comme dans sa causalité, ce que montrerait bien une comparaison avec la preuve *a contingentia mundi* chez Leibniz, notamment au § 7 de la *Théodicée*[2]. Plus intéressant à souligner est le déplacement qui s'opère tant dans les preuves alléguées que dans la définition de la providence : passage d'une argumentation finaliste totalement prédominante chez Sebond vers une argumentation nécessitariste. Ce qui correspond à l'accentuation de l'idée de providence générale aux dépens de la providence particulière et qui explique le glissement, déjà net chez Cherbury, entre l'idée de Dieu et l'idée de nature. Le concept d'ordre est toujours central, mais ce n'est plus l'ordre hiérarchisé et harmonieux de l'échelle des créatures, c'est déjà l'ordre nécessaire et immuable de la science nouvelle. L'unité du monde et de la loi du monde a pris le pas sur la bigarrure des choses.

Les attributs de Dieu

Nous avons déjà souligné l'emploi du terme *numen* aussi bien que *deus* pour désigner la divinité et remarqué que, dans le *De Jure*, Grotius refusait provisoirement de trancher la question de l'unité ou de la pluralité divine. Le monothéisme fait généralement l'objet du deuxième article du credo minimum ou bien il est inscrit dans le premier. Mais on peut considérer deux formes de monothéisme ici : un monothéisme théorique qui correspond à un sens fort de l'unité divine et un monothéisme pratique qui correspond à un sens faible.

Le sens fort affirme l'unité divine comme une conséquence nécessairement impliquée dans la définition de Dieu comme être par soi ou comme cause de soi. C'est la position de Grotius[3] : le monothéisme strict est exigé non seulement par la perfection divine, mais par la perfection de l'ordre des choses et de leur gouvernement. C'était déjà aussi l'argumentation de Lactance contre le polythéisme antique : « Dieu, s'il est parfait comme il doit l'être, ne peut être qu'unique de sorte que toutes choses soient en lui »[4].

Comment prétendre alors que cet article de foi est fondamental et que tous les peuples le professent puisqu'il est avéré que bien des peuples, païens ou sauvages, furent ou sont polythéistes. C'est ici que l'on rencontre la deuxième conception qu'on peut qualifier d'unité au sens faible ou de monothéisme pratique. Ou bien le polythéisme est censé dériver du monothéisme primitif dont il constitue une dégradation-perversion due à l'histoire[5] ou bien les diverses divinités ne sont

1. *VRC*. I, 1 : l'existence du contingent attestée par les sens, implique une cause nécessaire de l'existence ; I, 2 : l'unité de Dieu comme cause nécessaire est impliquée par l'unité du monde ; I, 3 : cette cause unique est parfaite puisque cause de soi, et la perfection implique l'infinité ; Dieu a donc des perfections infinies.

2. Ou bien encore dans *De rerum originatione radicali*.

3. *Mel.* § 20 : « Inter haec decreta primum merito locum obtinet Deum esse unum. Omnia enim ab uno et propter unum ; tum perfectissima Dei natura et beatitudo rerumque omnium regimen idem requirunt ». Egalement dans *VRC*. I, 2.

4. *ID.*, I, III, 7.

5. Thèse soutenue par Cherbury dans le *DRG*.

qu'autant de points de vue sur le Dieu suprême. Sénèque le disait déjà : « De quelque nom qu'on puisse appeler Dieu pour caractériser sa puissance, ses noms peuvent être aussi nombreux que ses bienfaits. Il peut être appelé Providence, Nature, Monde, Destin, Hercule ou Mercure »[1]. Les diverses divinités (*numina*) sont autant de points de vue ou de noms (*nomina*) de Dieu abusivement personnalisés par l'ignorance populaire, poussée à la superstition par des prêtres désireux de multiplier les sources de bénéfices. Mais dans la pratique, tous les peuples ont reconnu une divinité suprême, *Jupiter Optimus maximus*, *Zeus pantocrator*, et même les religions les plus rigoureusement monothéistes ont pu donner au dieu unique de multiples noms : Jehovah, Elohim, Adonaï, etc.[2]

Les autres attributs sont tous dérivés de l'unité et de la nécessité de Dieu : ainsi chez Grotius[3] si Dieu est unique parce qu'il est l'Etre nécessaire qui ne dépend que de lui-même, il « possède toutes les perfections à un degré infini » puisqu'il n'est borné par rien.

> « Et comme il est certain que ce qui a vie est plus parfait qu'une chose inanimée, ce qui peut agir plus que ce qui n'a point cette faculté, ce qui peut concevoir plus qu'un être sans intelligence, ce qui est bon plus que ce qui est mauvais, l'on comprend facilement que tous ces attributs conviennent à Dieu et qu'ils sont en lui d'une manière infinie et par conséquent qu'il se trouve en Dieu une vie infinie, c'est-à-dire qu'il est éternel, une puissance sans bornes, c'est-à-dire qu'il est tout puissant, de même que rien ne lui est caché et que sa bonté est sans aucun mélange de malice »[4].

Il faut reconnaître cependant que cette notion de perfection n'est pas analysée de façon rigoureuse, ni dans sa définition, ni dans ses applications. La définition de la perfection divine oscille entre l'idée antique d'achèvement ou d'absence de manque (τελειωτής) chez Grotius et l'idée moderne (cartésienne) d'infini (Meyer) en passant par l'idée d'éminence, prise en un sens vague (Herbert). Elle se monnaie ensuite dans les attributs d'intelligence et d'omniscience, de liberté et de toute puissance, de bonté, simplicité, sagesse et véracité. Cette dernière qualité est souvent soulignée car elle fonde la confiance que l'on peut avoir dans l'Écriture et dans les facultés dont l'homme est doté. Dire que Dieu est vérace, c'est aussi dire qu'il est fiable, dans sa révélation quand elle est prise en compte, ou sinon dans l'ordre du monde et la possibilité subséquente de le connaître véritablement.

On remarquera enfin que cette liste est ouverte, variable, y compris chez un même auteur dans des textes différents, et qu'elle n'est pas hiérarchisée. On est bien loin du style du § 7 de la *Théodicée* et de l'articulation interne entre puissance, sagesse et bonté. C'est qu'il n'est point question ici de fonder rigoureusement la possibilité de la science et de la moralité dans une métaphysique, mais de signaler les qualités que les divers peuples ou auteurs ont unanimement reconnues à la divinité et ce, de la même façon que l'on a signalé les divers noms

1. Sénèque : *De beneficiis*, IV, 7.
2. Herbert, *DV*. p. 210 / 187.
3. *VRC*, I, 2 & 3.
4. *VRC*, I, 3. (fin du chapitre).

dont l'unique divinité a été appelée. C'est ainsi que l'éternité, la bonté, la sagesse, la justice, la providence de Dieu sont évoquées car elles ont fait l'objet de notions communes, tandis que l'infinité ou la liberté, moins évidentes, sont la conclusion d'une argumentation raisonnée qui les tire de l'idée de perfection et d'éminence[1]. Une qualité cependant doit retenir plus particulièrement notre attention. Non qu'elle soit plus rarement ou plus constamment évoquée : il s'agit de l'attribut tout à fait traditionnel de la providence. Mais parce que cet attribut divin est spécifié sous deux formes antagonistes qui attestent que se nouent inconsciemment dans cette notion deux courants de pensée, comme ce fut déjà le cas chez les Stoïciens : le courant de la religion populaire qui entend la providence comme providence particulière ou souci divin des hommes, ou de chaque homme en particulier, et le courant de la théologie philosophique qui comprend sous ce terme la providence générale ou l'ordre universel de l'enchaînement des causes du monde. Ce qui explique qu'au détour d'une phrase, mais significativement, on rencontre l'équivalence entre Dieu, la providence, la nature ou le destin.

Providence, ordre du monde, nature et destin

La détermination de Dieu comme providence est, depuis Cicéron, l'une des premières, sinon la première détermination de Dieu. Sans providence, c'est-à-dire sans gouvernement général du monde, sans divinité procuratrice des hommes, remarquait Cicéron au début du *DND*, culte et piété seraient vains; et sans culte plus de religion; sans piété, bonne foi, justice et société sont en péril[2]. Tous reprennent peu ou prou ce thème : Grotius cite, outre Cicéron, d'autres propos analogues de Plutarque et d'Elien pour conclure : « Nier la providence c'est nier la divinité. Et au fond c'est la même chose par rapport à l'influence que la religion a sur les mœurs »[3]. Herbert définit en premier lieu le dieu suprême comme cause et fin de toutes choses, c'est-à-dire providence[4]; Wissowaty identifie la toute puissance divine aux lois de la nature[5]. Quant à Meyer, s'il n'en traite pas explicitement puisque son sujet est l'interprétation de l'Écriture, toute son argumentation repose sur le principe de l'immuabilité de Dieu d'où dérivent l'ordre nécessaire de la nature, l'unité et la constance de la vérité, fondement de la règle selon laquelle on doit juger de la vérité de l'Écriture d'après la vérité de la nature. Bref, l'assimilation Dieu, providence, ordre du monde semble aller de soi dans ce contexte. Voyons donc d'un peu plus près comment ce *topos* fonctionne, contre quoi il est dirigé, et à quoi il conduit.

L'affirmation d'un Dieu provident est la reprise d'un thème stoïcien qui lui-même combinait deux courants : un courant issu de la religiosité populaire – si

1. Herbert, *DV*. p. 211 / 187.

2. *DND*, I, 2 « Sunt enim philosophi qui omnino nullam habere censerent humanorum rerum procurationem Deos. Quorum si vera sententia est, quae potest esse pietas ? quae sanctitas ? quae religio ? <. . . > Quibus sublatis ... fides etiam et societas humani generis et justitia tollatur ».

3. *De Jure*, II, XX, XLVI, 3. Cf. *Mel*. § 8 : « Statuendum praeterea Deum curare res a se factas nec tantum coelestes, verum etiam humanas ».

4. *DV*, p. 210 / 187.

5. *RR*., p. 51 / 96.

les dieux ne se soucient pas des hommes à quoi bon leur adresser des prières et leur offrir des sacrifices ? – et un courant issu de la pensée savante. La physique stoïcienne explique l'ordre harmonieux, régulier et constant du monde par l'inséparabilité de deux principes [1] : un principe agent, le feu spermatique qui tient toutes les choses ensemble, et un principe patient, la matière ; la théorie du mélange total, la **κρᾶσις**, rend compte de l'omniprésence de la raison dans l'univers [2].

La providence n'est donc pas, comme le remarque Cicéron, une divinité particulière, mais elle désigne le gouvernement des dieux. Ce nom de providence (*pro-videntia, pro-noia*) convient bien à la nature « puisque son premier soin est de veiller à ce que l'univers soit toujours bien constitué, à ce qu'il ne manque absolument de rien, à ce qu'il rassemble toutes les beautés, tous les ornements possibles [3] ». Dans la notion stoïcienne de providence se conjuguent donc plusieurs idées : l'idée d'*ordre*, stable parce que nécessaire, et harmonieux car il relève du gouvernement divin ; l'idée de *sympathie* universelle : union des êtres par la présence en eux de façon plus ou moins concentrée du feu divin ; l'idée de *destin* : lot réparti à chacun par l'ordre universel et d'enchaînement rationnel, quoiqu'incompréhensible à l'homme, des événements ; l'idée enfin de la *beauté* de cet ordre universel et de son adaptation merveilleuse ou de son caractère finalisé. Elle suppose l'idée de monde comme totalité mais exclut totalement l'idée de hasard.

Juste Lipse

Les lettrés du XVIIe siècle connaissaient certes, les textes de Cicéron sur la providence (*DND* et *De Fato*), ou encore ceux de Sénèque et de Marc-Aurèle. D'autant que ces textes avaient été abondamment repris et commentés par les Pères de l'Eglise. Mais ils disposaient aussi, grâce au livre I de la *Physiologia Stoïcorum* de Juste Lipse, d'un exposé merveilleusement clair, didactique et précisément informé, des différents aspects, physiques et métaphysiques, de cette théorie stoïcienne. Qui plus est, ce texte offrait un examen à la fois bienveillant et critique de la compatibilité de cette doctrine avec le christianisme. C'est très certainement là qu'il faut chercher la clé de leur théologie naturelle de la providence. Le livre I de la *Physiologia* est en effet consacré à la théologie naturelle des Stoïciens, c'est-à-dire à leur physique. Juste Lipse s'interroge sur le

1. Diogène Laerce, VII, 134.

2. Les Stoïciens distinguaient trois sortes de mélange : l'agrégat (**παράθεσει μίξις**) dans lequel chaque substance conserve son essence et ses qualités (mélange mécanique) ; la combinaison (**σύγχυσει μίξις**) où substances et qualités sont détruites dans le mélange pour former un nouveau corps (mélange chimique) et le mélange total (**κρᾶσις**) où substance et qualités sont coétendues tout en gardant leurs propres déterminations. Relèvent du mélange total l'union de l'âme et du corps ou de la raison et du monde. Cf. Alexandre d'Aphrodise, *Traité du mélange*. Je dois à l'enseignement de Jean-Paul Dumont d'avoir connu ces analyses sans lesquelles la théologie stoïcienne n'est guère intelligible.

3. Cicéron, *DND*, II, 22 : « Talis igitur mens mundi vel prudentia vel providentia appellari recte possit (graece enim **πρόνοια** dicitur) haec potissimum providet et in his maxime est occupata, primum ut mundus quam aptissimus sit ad permanendum, deinde ut nulle re egeat, maxime autem ut in eo eximia pulchritudo sit atque omnis ornatus ».

sens pour un stoïcien, et l'acceptabilité pour un chrétien, de l'équivalence entre Dieu et la nature : « Quid enim aliud est natura quam Deus et divina ratio toti mundo partibusque eius inserta[1] ? Qu'est-ce d'autre que la nature, sinon Dieu et la raison divine infuse dans la totalité du monde et ses parties » ? Par une série de références empruntées aux Stoïciens antiques et confirmées par Lactance, Lipse met en évidence l'équivalence entre la nature commune (*natura communis*) et Dieu, raison du monde, c'est-à-dire pour les Stoïciens, feu artiste qui comprend en lui les raisons séminales de toutes choses. L'étymologie même, selon Sénèque confirme cette équivalence. « Vis Deum et Naturam vocare ? Non peccabis ; est enim ex quo nata sunt omnia[2]. Tu veux l'appeler Dieu et nature ? Tu ne pécheras pas ; c'est de là est effet que tout est né ».

Lipse se livre ensuite à un exercice quelque peu acrobatique de rapprochement entre la détermination stoïcienne de Dieu comme feu et semence (πῦρ σπερματικόν) avec les images du feu et de la semence si souvent associées à Dieu dans la Bible[3]. Ce qui lui permet, sans accepter l'idée d'une âme du monde, d'interpréter à la stoïcienne la formule célèbre de saint Paul que reprendra aussi Spinoza : « Universi animam Deum esse quodam intellectu. Quo ? quia nos et omnia vivemus et movemur et sumus in Deo »[4]. Ceci posé, Juste Lipse peut alors, dans les dissertations 10 à 12, expliquer pourquoi la bonté et la providence sont, à juste titre, le nom propre et premier de Dieu et en quel sens il les faut entendre. Les Stoïciens ont eu le mérite de ne pas séparer la constitution et l'administration des choses. Dieu n'a pas seulement fait le monde, il le conserve et l'administre en tenant compte de tout. Rien n'est donc sans raison et il n'y a pas de hasard. Dieu prend soin de tout et sa sollicitude s'étend jusqu'à la perfection des abeilles et des fourmis. La dissertation 12 est consacrée à l'élucidation conceptuelle de cette notion de providence et à la solution de l'objection selon laquelle l'assimilation de la providence et du destin rend impossible la liberté divine. La providence est en Dieu trois choses : la pensée ou la volonté de l'ordre, la loi de l'ordre, et ce qui découle de cette loi. Si Dieu se confond avec la raison, il est identique à la loi du monde ou à l'enchaînement nécessaire des causes et des événements.

> « Il est la raison du monde ou la loi de toutes les choses qui sont au monde, régies et gouvernées par la Providence ou la raison par laquelle les choses passées ont été, les choses présentes sont, et les choses futures seront »[5].

Considéré comme cause antécédente, Dieu est *Providentia sive perfecta ratio* ; envisagé du point de vue des conséquences, Dieu est *Fatum, ab aeterno necessitas, ordo seriesque immutabilis causarum.* Mais cette immutabilité ne signifie en Dieu aucune soumission ni dépendance, car comme l'explique « notre Docteur » (entendons Sénèque) :

1. Sénèque : *Ben.*, IV, 7.
2. Sénèque, *II Quaestiones naturales*, 45.
3. *Op. cit.* I, 6. Cf. le buisson ardent, la colonne de feu qui guide les Hébreux au désert, les langues de feu de la Pentecôte ; la parabole du semeur, la mort comme semence de résurrection etc. avec des références à Jean Damascène & Denys l'aéropagite.
4. I, 9, p. 502 de l'édition Lemaire.
5. Plutarque.

« irrevocabilis divina pariter atque humana cursus vehit. Ille ipse omnium conditor et rector scripsit quidem fata, sed sequitur. Semper paret, semel jussit [1]. Un cours irrévocable entraîne également les choses humaines et divines. Le fondateur et gouverneur de toutes choses a écrit les destinées, mais il les suit. Une seule fois, il a ordonné, toujours il obéit ».

Dieu ne peut pas ne pas suivre l'ordre qu'il a constitué et qui le constitue ; il lui est impossible notamment de ne pas faire le bien. La liberté et la puissance se confondent en Dieu, et en lui seul, avec sa nécessité interne : « Nec deus ob hoc minus liber aut potens est : ipse enim est necessitas sua » [2]. Sur un point cependant, Juste Lipse marque clairement sa distance – et celle du christianisme – avec le stoïcisme : il rejette la thèse stoïcienne de l'inséparabilité des principes agent et patient qui rend impossible l'idée de création ; et il refuse la théorie du mélange total qui aboutit à l'assimilation absolue de Dieu et du monde [3]. Dieu ne se confond jamais avec ce à quoi il est présent, quoiqu'il soit présent à tout.

Nous avons signalé que l'assimilation de Dieu et de la providence était un topos de la théologie naturelle des Stoïciens jusqu'au XVIIe siècle, et plus encore, puisqu'il se rencontre chez J. Simon. Toutefois la permanence d'une notion peut aussi masquer un déplacement thématique. Au XVIIe siècle l'assimilation principielle de Dieu et de la providence est censée, comme chez Cicéron, fonder la possibilité du culte et de la piété et garantir l'espérance de la béatitude à venir. Mais il a aussi une portée polémique : autoriser contre l'abus des médiations sacerdotales une reconnaissance immédiate de la divinité dans l'ordre extérieur comme dans la loi morale et, plus encore, retourner contre les tenants de la prédestination certains de leurs arguments. C'est donc une arme au service de la liberté et de la paix intérieure de l'individu. Car l'affirmation de la bonté et de l'immuabilité de l'ordre voulu par Dieu vient prendre la place, dans une tonalité confiante et optimiste, de l'argumentation terrifiante sur la prédestination en interdisant à quiconque de prétendre « s'immiscer dans les secrets desseins et jugements de Dieu ». L'assimilation du Dieu-providence avec le Destin entendu comme *concatenatio causarum* ou ordre de la nature peut être plus ou moins complète. Nous distinguerons donc entre une identification partielle, chez Grotius, une identification presque totale, chez Cherbury, et l'identification totale opérée par Spinoza.

Grotius

Grotius pense la détermination de Dieu comme providence dans le cadre d'une pensée finaliste. Dieu est bien *conditor* et *rector* du monde mais plus encore peut-être *curator* [4]. La sagesse de la providence est finalisée et dans le chapitre 4 du premier livre de la *VRC*, Grotius énumère à foison les lieux communs de la conception providentialiste : la disposition merveilleuse des organismes, et particulièrement de l'œil et de la main, la répartition harmonieuse

1. Sénèque, *De providentia*, V, 8, cité par Lipse en I, 12, p. 514.
2. Sénèque I *Qu. nat.* cité p. 514.
3. *Phys.* I, 8.
4. *Mel.* § 8.

de l'eau sur la terre, si favorable à l'activité humaine, et jusqu'à sa remontée dans les pompes par peur du vide et de la dissolution des parties du monde ; la sûreté de l'instinct animal dont Dieu constitue la raison ; la régularité et la beauté du cours des astres, bref quasiment tous les arguments traditionnels de la théologie populaire et de la pensée finaliste.

> « Y aurait-il quelqu'un d'assez insensé pour se persuader que le hasard pourrait agir avec tant d'exactitude ? Pour moi, j'aimerais autant dire que des pierres et du bois jetés à l'aventure, pourraient former quelque beau bâtiment ou que des caractères couchés sans dessein sur du papier pourraient faire un excellent poème. Mais non, la raison ne peut admettre de telles hypothèses et celui qui avait aperçu des figures géométriques tracées sur le bord d'une rivière, dit aussi qu'il avait vu les vestiges des pieds de quelque homme » [1].

Chez Grotius donc le *curator* l'emporte sur le *rector*. Dieu est à la fois cause efficiente et cause finale de tout [2]. L'argumentation finaliste est dirigée aussi bien contre la thèse épicurienne du hasard que contre la conception stoïcienne du Fatum [3]. Grotius, dans son traité le plus hardi, reste un théologien soucieux de conserver avant toute chose les conditions de la piété.

Herbert de Cherbury.

> « J'entends par la nature (que quelques uns appellent le Fatum) la providence universelle de Dieu » [4]. « Deus sive Natura » [5].

C'est incontestablement chez Cherbury que l'on trouve les formulations de la providence les plus consonantes avec la théorie stoïcienne puisqu'on peut dégager la chaîne entière des équivalences : *Natura = ordo seriesque causarum = Fatum = providentia generalis = Deus.* D'où il s'ensuit que *Deus sive natura.* Deux choses cependant le distinguent des Stoïciens : il s'efforce de ménager une place à la grâce (ou providence particulière), entendue comme action volontaire de Dieu agissant en faveur d'un être particulier, et tente de conserver l'équilibre entre providence universelle et particulière. Il a à cœur de sauvegarder la liberté humaine dont « l'infinité est en nous l'image de l'infinité divine » [6] et qui est attestée par le sens interne. Aussi son analyse ne manque-t-elle pas, malgré son caractère elliptique, de finesse et de subtilité.

> « Sans la Providence divine, il n'y aurait ni ordre, ni destin ; sans Destin pas de séries causales opérant sous conditions ; sans causes différentes, pas d'effets différents ou contraires ; et sans contraires, notre liberté de choisir entre les opposés n'existe pas. <...> Que quelque chose paraisse fortuit , cela vient de ce que les causes n'en sont pas encore étudiées. D'où il s'ensuit que l'on attribue

1. *VRC*, I, 4, p. 27-28. Cette version bucolique du singe dactylographe est une paraphrase libre des ch. 34-37 du livre II du *DND*.
2. *Mel.* § 28.
3. « Rectorem autem Deum cum dicimus non tantum Epicureorum tollimos fortuitos concursus sed et Stoïcorum vim fatalem, ex aequo nocentia pietati dogmata ». *Mel.*, 29.
4. *DV*. Préface.
5. *DV*. p. 175 / 229.
6. *DV*. p. 82 / 109.

généralement à la Fortune ce qui se développe dans l'ombre, alors que ce n'est que la résultante d'une cause ou d'un certain nombre de causes cachées, si bien que ce qui paraît contingent à l'un paraît nécessaire à l'autre. <...> Dieu très grand et très bon est un agent à ce point libre que l'être qui en est le plus proche et qui, nous le savons, a été fait à son image, l'homme, reçoit à titre de moyen le destin ou l'ordre des choses (à la manière des lois dans la République). Mais Dieu ne s'est pas pour autant laissé aller à supprimer le système de la nature ou providence universelle ou à amoindrir la providence particulière, c'est-à-dire la grâce » [1].

Dans ce texte étonnant, Cherbury présente l'enchaînement d'un réseau de causalités sur un modèle inter-actif qui lui permet de rejeter le hasard (le fortuit est une apparence mal interprétée, une causalité ignorée), d'intégrer la liberté humaine et la grâce divine, à titre de causalités particulières déterminées, dans le système général des causes que constitue la providence universelle ou ordre général du monde, le tout étant subordonné au commandement originaire, semblable au « semel jussit » de Sénèque, qui a créé cet ordre. « Il y a une souveraine Providence qui gouverne et modère la providence universelle de la nature et la particulière de la Grâce » [2]. La souveraine providence, c'est Dieu qui une fois a ordonné (ce qui fournit aussi un *analogon* de la création) ; la providence universelle, c'est l'ordre universel ou les lois de la nature ; la providence particulière de la grâce, tout comme la liberté humaine font partie de ces causes particulières qui rentrent dans le réseau général des causes. Ainsi sont sauvegardées la primauté ontologique de Dieu, cause suprême et source de toute causalité, l'intelligibilité intégrale du réel : « Le créateur a tout assujetti à la série transitive des causes » [3], la liberté humaine : « la providence divine n'outrepasse pas les causes ou les effets propres de la cause et la volonté humaine est à juste titre comptée comme cause » [4], et la possibilité du secours divin : « certaines des actions de l'homme proviennent de la providence particulière ou de la grâce divine agissant au for interne » [5].

La différence la plus notable avec Grotius, c'est la disparition des considérations finalistes au profit de considérations sur l'ordre de la nature conçu comme un moyen dont la liberté humaine dispose : « l'homme reçoit à titre de moyen le destin ou l'ordre des choses à la manière des lois dans la république ». Pour un regard myope, les lois civiles sont pures contraintes ; pour un regard éclairé, elles sont les conditions et le moyen de l'exercice effectif de la liberté de l'individu. « La belle idée de la providence universelle doit se montrer décorée et éclatante et non pas cachée et obscurcie » [6]. Parce que cette thèse de l'ordre général ne demande à chacun que d'« obtempérer au commandement de la raison » sans « errer dans des labyrinthes inextricables. Si le

1. *RL*. p. 144-5 / 178.
2. *DV*. p. 57.
3. *RL*. p. 142 / 177.
4. *RL*. p. 143 / 177.
5. *RL*. p. 144 / 178. Cf. *Le salut du laïc*, p. 102.
6. *DV* p. 225 / 195 de notre traduction.

Voyageur reconnaît la providence universelle, il lui faudra chercher les moyens du salut dans des doctrines peu nombreuses et faciles à percevoir »[1].

Tenir fermement que la providence universelle ou l'ordre de la nature est « le plus grand attribut de Dieu »[2] constitue bien une stratégie polémique qui défend la liberté de l'individu, sa légitime confiance envers sa raison et ses commandements, et qui lutte contre la tyrannie sacerdotale quand elle prétend garder seule les clés de la doctrine et du chemin du salut[3]. L'argument qu'Herbert met en premier pour défendre son traité de *La religion du laïc,* c'est qu'en revendiquant la providence universelle comme attribut suprême de Dieu, il étend cette providence au genre humain tout entier sans la réserver aux membres d'une Eglise, ou d'une religion particulière, quelle que soit son extension. Loin d'être uniquement déduite d'une analyse de l'idée de Dieu, la conception cherburienne de la providence participe bien d'un combat : celui qui est mené contre un salut réservé au petit nombre et pour la défense de l'autonomie du profane. Le thème de la providence n'est guère développé chez D'Huisseau ou chez Wissowaty. Notons cependant que D'Huisseau range les doctrines de « l'ordre éternel de Dieu et de l'objet de la prédestination » au nombre des doctrines indécidables sinon indifférentes. Elles peuvent « donner plus ou moins de consolation à l'âme, inspirer de plus ou moins grands mouvements de piété » mais elles ont été trop âprement disputées pour être rangées au nombre des points fondamentaux.[4]

Wissowaty

On peut inférer la position de Wissowaty sur la providence de sa conception des miracles : Wissowaty développe en effet, sur plusieurs exemples, le miracle de Josué, celui de Cana, etc., une explication strictement naturaliste. Si les compagnons de Daniel n'ont pas été brûlés dans la fournaise de Babylone, c'est que l'Ange du Seigneur a répandu sur les flammes un souffle humide qui les a empêchés de brûler.

> « La substance de l'eau changée en un moment en la substance du vin, ne renverse point la raison, quoique nous ne sachions pas comment cela fut fait : si ç'a été en y faisant venir d'ailleurs du suc de vin, ou en en faisant de nouveau des éléments, ou autrement. Mais cela eût été contre la raison si la saveur de l'eau y fut demeurée, y ayant du vin »[5].

Derrière l'explication naturaliste de ce miracle, on sent poindre en filigrane une thèse sur l'Eucharistie. Sans rejeter explicitement les miracles, Wissowaty les réduit à un changement des apparences sans que soit suspendu l'ordre général de la nature. La providence particulière ne peut agir que par les lois de la providence générale, y compris quand elle fait des miracles qui sont au-dessus mais non pas contre le cours ordinaire de la nature. Croire le contraire c'est

1. *RL*. p. 146 / 179.
2. *DV*. p. 224 / 195.
3. *RL*. p. 145 / 179.
4. *Réunion*, p. 153-5.
5. *RR*. p. 51 / 93.

croire qu'il peut arriver dans la nature n'importe quoi, donc qu'on ne peut rien connaître avec certitude et véritablement, ce qui est donner des armes aux sceptiques. La toute puissance divine ne peut donc aller contre le cours de la nature avec lequel elle se confond [1].

Spinoza

Il est intéressant, pour en finir sur ce point, de comparer ces positions à celles de philosophes qui leur sont contemporains et qui ont cherché à interpréter philosophiquement des notions religieuses traditionnelles. Non pour céder à la tentation trop facile de marquer la différence de statut entre un argument inséré dans la structure ferme d'un système par rapport à ce même argument pris dans le réseau plus lâche des polémiques intellectuelles d'une époque. Mais plutôt pour montrer combien la reprise incidente de certaines formules chez des philosophes témoigne de leur insertion dans des combats déjà menés par d'autres, même lorsqu'ils en retransforment complètement les termes, les modalités et les objectifs. Il y aurait quelque paradoxe ou quelque outrance à ranger Cherbury ou Spinoza dans la grande lignée de la philosophie stoïcienne, alors que nous n'hésiterions pas à le faire pour Juste Lipse (ou Vigny) au même titre que nous pouvons à bon droit qualifier Montaigne de sceptique. Et pourtant la façon dont tant Cherbury que Spinoza reprennent à leur compte et pour leur combat intellectuel propre, la définition de la providence comme ordre général de production et de conservation des êtres, et du destin comme ordre et connexion des choses, témoigne de la force et de la puissance d'une philosophie, le stoïcisme en l'occurrence, pour rendre compte à la fois de l'intelligibilité intégrale du réel et de la puissance de l'homme qui cherche à comprendre cet ordre et à vivre sous le commandement de la raison.

Spinoza s'oppose absolument à la croyance en la providence que la mentalité commune inscrit toute entière dans la croyance erronée dans les causes finales. Il nie l'existence d'un libre arbitre qui serait un choix absolu ou un commencement radical. Il assimile, par le biais d'une ontologie de l'unique substance, Dieu comme Etre nécessaire et la nature pensée dans sa productivité infinie. Ce ne sont pas là exactement des thèses ou des concepts du système stoïcien. Pourtant on trouve chez lui, notamment dans le *Court Traité* ou le *Traité Théologico-Politique*, une interprétation, et donc une certaine intégration dans sa propre philosophie, de termes religieux et de concepts stoïciens.

> « La providence n'est rien d'autre que l'effort que nous trouvons dans la nature totale ainsi que dans les choses particulières et qui a pour objet le maintien et la conservation de leur être propre » [2].

Une fois rigoureusement pensée, la providence n'est pas autre chose que le conatus. Mais c'est encore plus net pour le destin. Dans le chap. IV du *TTP*. qui traite de la loi divine, c'est-à-dire de la loi universelle de la nature, Spinoza emploie à l'occasion, pour désigner cette loi, le terme de destin avec sa

1. *RR*. p. 53 / 98.
2. *Court Traité*, (cité *KV)*, ch. V.

détermination rigoureusement stoïcienne : « concatenatio causarum »[1]. Ce vocabulaire stoïcien, surtout un terme aussi chargé de polémique que celui de *fatum*, n'est pas un mode d'expression comme un autre, permettant de varier son vocabulaire[2]. Il a un effet stratégique. Il insère une pensée philosophique dans un réseau de positions constitué à la fois d'alliances et de démarcations : alliance avec une philosophie strictement nécessitariste qui pense la liberté comme nécessité interne et la rationalité comme immanente au réel ; démarcations : le rejet sans concession du finalisme et un statut de l'individualité qui la saisit à la fois dans son irréductible singularité (laquelle correspond à la diversité infinie des modes) et dans sa relation à l'unique substance, nature, Dieu et loi de tout être, ce qui permet justement de la penser.

Lorsque Leibniz entreprend de plaider « la cause de Dieu » dans la *Théodicée* contre les sceptiques et les semi-sociniens[3], il ne défend pas la grandeur de Dieu par l'argumentation finaliste traditionnelle (quoiqu'il en use à l'occasion), mais par la prise en compte d'une combinatoire ou mécanique des possibles, ce qui le conduit à une analyse originale des différentes formes de nécessité. Traiter philosophiquement de la providence c'est rendre à la fois compte de la nécessité de l'ordre et de la possibilité de la liberté humaine, ou encore de la conciliation du système des causes efficientes avec celui des causes finales, ce qui passe par l'hypothèse de l'harmonie préétablie[4]. Sans nous attarder sur ce point remarquons simplement que, en tant qu'elle implique à la fois de prévoir (omniscience) et de pourvoir (toute puissance), et le tout avec sagesse et bonté, la providence est aussi chez Leibniz la première détermination de Dieu, puisqu'elle est celle qui résume et relie les trois requisits fondamentaux de son idée qui sont : sagesse, puissance et bonté[5].

La tradition du credo minimum a mis d'abord l'accent sur la définition de Dieu comme providence beaucoup plus que comme créateur ou comme transcendant au monde. Ce faisant elle ne se coulait pas seulement dans la tradition stoïcienne ; elle tendait à l'infléchir, en fonction du modèle épistémologique dominant de son temps, vers une définition plus mathématique que physique de l'ordre. La détermination par les principes et les éléments (au sens physique antique du terme) cède la place à l'idée de loi générale de l'ordre, principe d'unité de la diversité dont la puissance est si forte que rien, pas même le

1. *TTP*, IV, G. III, p. 58, l. 21.

2. Ce qui, au demeurant, ne semble pas être le souci majeur de Spinoza. Cf. F. Akkerman : *La pénurie de mots de Spinoza*, conférence du 22 mai 1976, traduction française in *Lire et traduire Spinoza*, Travaux et Documents 1 du Groupe de Recherches Spinozistes, Paris, PUPS, 1989.

3. *Cause de Dieu*, § 3.

4. *Cause de Dieu*, § 46 : « La sagesse infinie du tout puissant, jointe à sa bonté immense a fait que, tout compté, rien ne pouvait être créé de meilleur que ce qui a été créé par Dieu, et par conséquent que toutes choses sont harmoniques en perfection et concourent ensemble avec le plus bel accord, les causes formelles ou les âmes avec les causes matérielles ou les corps ; les causes efficientes ou naturelles avec les causes finales ou morales ; le règne de la grâce avec le règne de la nature ».

5. Cf. *Monad.* § 48 ; *Théod.*, § 7 & 116 ; *Cause de Dieu*, § 18 ; *lettre à Clarke*, nov. 1715, etc.

miracle, ne saurait être hors d'ordre. Ce rationalisme heureux est libérateur et non pas directeur : la diversité peut s'épanouir sans « se perdre dans l'océan sans fond de la dissimilitude »[1] et la confiance dans la loi du monde libère l'individu ordinaire de la dépendance à l'égard du caprice des hommes et donne à chacun les clés du sanctuaire[2]. Comme le dira dans un contexte politique Rousseau, « un peuple libre obéit, mais il ne sert pas ; il obéit aux lois, mais il n'obéit qu'aux lois, et c'est par la force des lois qu'il n'obéit pas aux hommes »[3].

Le Dieu du credo minimum est donc à la fois *conditor* (fondateur ou créateur), *rector* (loi qui dirige le monde) et *curator* (provident ou qui se soucie des hommes). Toutefois ce thème commun du rationalisme religieux du XVIIe siècle, celui d'une providence naturalisée, va prendre dans la philosophie une signification différente selon l'accentuation mise sur la providence ou sur la nature. Parce que les penseurs du credo minimum ne sont pas des philosophes qui tentent d'élucider jusqu'à leur terme les implications de leur pensée, ils tiennent ensemble les deux moments ; quoique déjà cette conception s'infléchisse dans le sens d'une nature sans la grâce, vers une anthropologie optimiste, c'est-à-dire d'une nature sans péché, originel tout au moins. Dans le débat qui s'instaure sur la providence et la grâce, la liberté de l'homme et le mal, Herbert de Cherbury et Grotius, Wissowaty et D'Huisseau ont choisi de ne pas choisir. Ils se tiennent en-deçà du choix décisif entre une philosophie de la liberté confrontée au problème de la finitude et du mal (Bayle, Leibniz et la question de la théodicée) et une philosophie de la nécessité qui semble réduire l'homme à la portion congrue.

ANTHROPOLOGIE

Une profession de foi, a fortiori minimale, ne comporte pas d'article portant spécifiquement sur l'homme. Une anthropologie peut cependant se déduire de la façon dont certaines thèses sont posées, sur l'immortalité de l'âme et la liberté humaine notamment, et du refoulement significatif de certains thèmes religieux, celui du péché originel plus particulièrement.

Immortalité de l'âme

La thèse de l'immortalité de l'âme appartient traditionnellement à la théologie naturelle. Grotius, dans la *VRC*[4], multiplie les références aux autres traditions religieuses que la chrétienne pour témoigner de l'universalité de cette croyance : les Grecs, les Druides, les Brachmanes, les Egyptiens, les Germains, les Thraces, les Siamois n'en ont point douté et même les sauvages d'Amérique en qui brille à

1. Comme le disait Platon dans le mythe cosmogonique du *Politique*.
2. Cf. Cherbury : « Si les Docteurs ont éliminé toute doctrine qui ne passe pas par cette porte (celle de leur Eglise), et s'ils en ont conservé pour eux seuls les clés, quelle Tyrannie, grands dieux !, ne feront-ils pas entrer » ? *RL*. p. 145 / 179.
3. VIIIème *Lettre de la Montagne*, O. C. III, p. 842.
4. *VRC*, I, 10, p. 86 sq.

peine quelque étincelle de raison « en ont assez cependant pour être convaincus de l'immortalité de l'âme et du dernier jugement »[1]. Après Cicéron[2] et Lactance[3], Grotius voit dans la station droite la marque de la destination spirituelle de l'homme[4]. S'il renvoie à quelques unes des preuves traditionnelles de l'immortalité de l'âme (par sa différence de nature d'avec le corps et par son aptitude à l'infini et à l'éternel), il emploie aussi un autre type d'arguments, qui vient de la tradition thomiste et qui est constant chez Cherbury : la présence en l'homme d'un désir de perfection et de béatitude infinie que rien ne vient combler et une espérance indéfectible en un état meilleur, ce qui fit dire aux philosophes païens, Platon et Pythagore, que « le plus grand bien de l'homme était de ressembler à Dieu »[5].

Chez Cherbury l'immortalité semble supposée par l'universalité de la croyance en une récompense ou un châtiment *post hanc vitam*. Mais s'agit-il bien d'une immortalité *de l'âme?* Il nous semble qu'on ne saurait être aussi catégorique à lire les textes de très près.

> « C'est une notion commune si générale que l'âme peut être immortelle si Dieu le veut, que les nations les plus éloignées qui ont mille sortes de folie sont demeurées d'accord que la sainteté de la vie et la force d'âme sont bienheureuses » [6].

D'une part Cherbury admet comme sensée l'hypothèse d'une perpétuité de la mort pour les méchants : la peine due au péché peut être la mort définitive de l'âme avec le corps[7]. Mais surtout, puisque nous sommes déjà passés par trois sortes de vie dont chacune constitue une métamorphose extraordinaire par rapport à la précédente, il est fort possible que ce mouvement ne s'achève pas là et que nous n'ayons pas encore atteint notre état d'achèvement ou de perfection définitive.

> « Celui qui est passé sans le savoir de la semence parentale à une seconde vie dans le sein de sa mère peut être élevé de sa troisième vie à une vie nouvelle et meilleure, cela se conclut aisément. Surtout lorsqu'on a tiré de ces mutations de la vie qui s'engendrent mutuellement la remarque qu'on trouve dans la suivante quelque chose de plus éclatant et qu'on abandonne toujours dans la précédente quelque chose de rudimentaire et de grossier » [8].

1. *Ibid*, p. 88.
2. *DND*, II, 46 :« Dieu nous a faits d'une taille haute et droite afin qu'en regardant le ciel nous puissions nous élever à la connaissance des dieux ».
3. « Alors que les autres animaux ont le corps penché en avant et le regard fixé vers la terre parce qu'ils n'ont reçu ni raison ni sagesse, nous avons reçu du Dieu artisan la station droite et un visage tourné vers le ciel. <. . . > Seul l'homme fixe son regard vers le ciel en se tenant fermement debout pour chercher là-haut la religion et contempler Dieu avec son esprit ». (*ID*., III, 12).
4. *Mel.* § 32.
5. *VRC* I, 10, p. 90.
6. *DV*. p. 220 / 193.
7. *DV*. p. 220 / 193.
8. *RL*. p. 140 / 175-6 & *DV* pp. 46-7 / 61-2; 243-4 / 309-11. Soit la succession : vie séminale; vie utérine; vie mortelle; vie immortelle.

Mais quelles sont ces défroques dont le passage à la quatrième vie nous dépouille? Pas forcément le corps, mais peut-être seulement les passions « les humeurs pesantes et agitées ». Il est certain en tout cas que Cherbury laisse ouverte la possibilité de deux modèles, un modèle naturaliste de perfectionnement par métamorphoses successives et un modèle surnaturaliste de regénération. L'homme ne peut connaître exactement et avec certitude la nature, les qualités, la grandeur et les modalités[1] de cette régénération. Mais il peut être parfaitement assuré qu'elle se fera et que le désir de béatitude ne sera pas frustré puisque la nature ne fait rien en vain et que l'ordre général du monde veut qu'il n'y ait jamais de faculté sans objet correspondant, de moyen sans sa fin, de fin sans son moyen. La naturalisation de la providence vient ici cautionner une vision optimiste, et parfois même jubilatoire, de la vie humaine : « toutes les facultés qui aiment, qui espèrent, qui ont confiance, qui apportent la sérénité et la joie et qui jouissent d'une parfaite liberté (demeureront). Enfin tout ce qui fait que tu es un homme authentique et même beau ne meurt point »[2]. Si l'homme est bien le « sceau de Dieu » comme l'écrivait Sebond[3], la destination de l'homme est de ressembler à Dieu, et d'en jouir.

La liberté humaine

La liberté de l'homme ne fait pas explicitement partie du credo minimum, mais elle est supposée par la théorie de la faute et du repentir, sur laquelle nous reviendrons dans l'examen des *praecepta*. Remarquons seulement ici que cette liberté est présentée à la fois comme la capacité d'un choix réfléchi (προαίρεσις) et comme le point de ressemblance entre l'homme et Dieu. « Le libre arbitre » écrivait Sebond, « coud et enchaîne le monde avec Dieu »[4] parce qu'il est à la fois « la vraie image de Dieu », « la suprême puissance de l'âme », et « la plus grande, la plus singulière, la plus parfaite chose qui soit en nature[5] ». « Il n'est rien qui ne prêche et ne trompette le haut prix du libre arbitre et son excellence au dessus de tout le reste »[6]. Mais si l'exaltation du libre arbitre est aussi forte chez Herbert : « unique miracle de la nature »[7], image de l'infinité de Dieu en nous[8], deux différences essentielles séparent Cherbury et Grotius de Sebond : une plus grande insistance sur la capacité de choix réfléchi, et surtout l'omission du péché originel. Pour Sebond la liberté humaine a été corrompue par la « macullе originelle »; pour Grotius et Lord Herbert, l'arbitre humain est bien libre et non pas serf. Dieu qui est bon, a créé la nature humaine bonne et si elle est sujette aux passions, cela ne tient pas à une perversion atteignant la totalité de

1. *DV*. p. 220 / 193.
2. *DV*. p. 92 / 122 de la traduction Mersenne.
3. *Theologia naturalis*, ch. 121.
4. *Ibid*, ch. 103, p. 175. Sebond réinterprète dans la catégorie du libre-arbitre le thème de l'homme-microcosme, résumé et jointure des mondes.
5. *Ibid*, respectivement ch. 103, p. 175, 182, 172.
6. *Ibid*, ch. 103, p. 174.
7. *DV*. 82 / 108.
8. *DV*. 82 / 109.

l'être humain, mais cela doit être attribué en partie à sa constitution physiologique. Tandis que Cherbury explique certaines passions par une théorie des humeurs et demande pour les guérir l'aide du médecin de préférence aux imprécations du moraliste, Grotius, dans les § 30 & 31 du *Meletius* consacrés à la description de l'homme, affirme : « Dieu a doté l'homme de passions (πάθη) ; ce que démontre bien la nature même de l'homme dans laquelle même les médecins comptent certains membres qui sont la source et le siège des passions »[1]. C'est là une description qui se veut réaliste de la nature humaine et qui, à la différence de bien des discours pieux, ne s'encombre guère du poids du péché originel. S'il y a bien d'ailleurs ici une théorie du péché (c'est-à-dire de l'offense faite à un Dieu personnel et qui est donc autre chose – et de plus grave – que la simple faute ou transgression d'une règle, un manquement à l'amour dû), la thèse du péché originel brille par son absence. Sans doute s'agit-il là, éminemment, d'une de ces questions abondamment controversées et donc refoulée, exclue par principe du credo fondamental. Mais cela témoigne aussi de cette tonalité optimiste générale que nous avons déjà soulignée, et qui irritera si fort Pierre Bayle [2], qui se plaît à louer le caractère merveilleusement composé et bon de la nature humaine[3] et qui amenuise le sens du péché.

Hommes, femmes, enfants

Nous avons déjà remarqué l'insistance d'Isaac D'Huisseau comme de tous ceux qui formulent un credo minimum, pour souligner combien cette méthode simple et familière était accommodée à toutes sortes d'esprits, simples et ignorants aussi bien que doctes[4]. Femmes, enfants et paysans sont ainsi rangés parmi les « simples », non en raison d'une déficience constitutive de nature[5], mais parce que tout occupés aux charges de leur emploi, ils ne sauraient trouver le temps ni les forces, d'un parcours intellectuel semblable à celui des hommes instruits. Le credo minimum doit donc permettre de réunir les deux Eglises abusivement séparées, l'Eglise « des Doctes et de l'Echole » avec l'Eglise « du commun, des femmes et des enfants »[6]. Rendre au discours religieux sa simplicité primitive,

1. *Mel.* § 31 : « Πάθη quoque homini esse a Deo indita <. . . >, ipsa sane hominis natura ipsum demonstrante, in qua certa membra qui fontes sint atque sedes τῶν παθῶν, etiam medicis enumerantur ».

2. Cf. notamment *Continuation des pensées diverses* où Bayle critique à la fois l'argument du consentement universel qui se contente précipitamment d'un accord superficiel et mal vérifié et l'optimisme du rationalisme religieux qui amenuise le problème du mal.

3. Herbert, *DV*. p. 99 / 131 (trad. Mersenne).

4. D'Huisseau, préface, p. 13, 18, 36, etc.

5. « Qui ne voit en effet que tous les fidèles n'ont pas eu de Dieu une égale connaissance ? que nul ne peut être sage par commandement non plus que vivre ou exister. Tous, hommes, femmes, enfants peuvent bien également obéir par commandement, mais non posséder la sagesse ». Spinoza, *TTP*, XIII, G. III. 170 / 6-7. La position de Spinoza, parce qu'il sépare la connaissance intellectuelle véritable de Dieu de la connaissance approximative du credo minimum, laisse ici les femmes, à qui s'adresse bien le credo minimum, en position subordonnée. Ce n'est pas là la seule occurrence de cette position chez Spinoza. Cf. aussi la fin du TP.

6. *Ibid*, p. 201.

c'est libérer tout homme, et donc aussi les femmes et même les enfants, d'une tutelle qui leur interdit de trouver un chemin de salut qui soit vraiment leur, c'est-à-dire conforme à leur nature d'être libre, intelligent, doté de raison. Si le voyageur cherburien n'a pas de sexe, et peut donc tout aussi bien être une voyageuse, tant Grotius que D'Huisseau prennent la peine de justifier leur démarche par l'argument suivant : qu'elle restitue à la parole divine, et sans intermédiaires qui constituent autant d'écrans, son auditoire le plus large. « Omnes, etiam indocti, ibi sine circuitu inveniant id quod saluti pariendae sufficiat »[1]. Un critère décisif selon ce même Grotius, pour exclure de la vraie connaissance de Dieu et du salut certaines thèses est qu'elles ne sont pas généralement claires à tous. Puisque nul ne doit être a priori exclu du salut, seul est salvifique le discours accessible à tout être raisonnable, même si son statut social, son sexe ou son âge ne lui laissent guère le temps et les moyens de se cultiver et de s'instruire[2]. L'anthropologie du credo minimum n'exclut personne de la plénitude de l'humanité; bien au contraire, en mettant davantage l'accent sur la puissance de la nature humaine que sur ses limites, elle libère potentiellement femmes, enfants, sauvages d'une tutelle qui les prive d'un accès direct et personnel à la vérité. Le rejet du joug sacerdotal laisse ainsi poindre l'abandon de la tutelle masculine sur les femmes, le droit des femmes et des enfants, du moment qu'ils ont atteint l'âge de raison, de penser par eux-mêmes et de ne plus se satisfaire d'un salut octroyé qui semble calmer la peur quand il s'emploie de fait à l'entretenir. D'un régime de crainte ne saurait jaillir nulle béatitude.

Absence de médiation christique

Un dernier trait caractéristique des formulations du credo minimum est l'absence des médiations, aussi bien christique que sacerdotale. Nous reviendrons au chapitre IX sur le cas particuliers des prêtres. L'absence de la médiation christique entre l'homme et Dieu, c'est-à-dire non point tant d'une référence à l'Incarnation qu'à la Rédemption, peut tout d'abord surprendre mais elle se comprend aisément. On pourrait d'abord arguer que puisque ce credo est la profession de foi de la religion naturelle, et donc ne présuppose pas la croyance en la révélation sur laquelle est fondé le christianisme, il n'y a pas lieu de parler du Christ à ce niveau. Mais la vraie raison est peut-être plus profonde, et ce n'est pas sans quelque fondement que cette position a été immédiatement taxée de socinianisme[3]. Si l'esprit humain est apte, par le seul usage de ses facultés naturelles, à connaître et aimer Dieu et à trouver dans cette jouissance son Souverain Bien, il n'est plus besoin du Christ pour nous révéler Dieu. Si la volonté humaine est capable par ses propres forces de pratiquer la vertu et de

1. *Mel* . § 55.

2. « Ad Dei cognitionem homo circumditur planis verbis primoque intentu patefecit quicquid didicisse est necessarium ita ut nec tarditas ingenii nec quaerendo victu occupata paupertas nec sexus nec aetas, dummodo rationis capax, quemquam secludat a veritate tam obvia ». *Mel.* § 55.

3. Rappelons que les sociniens sont anti-trinitaires et nient la divinité de Jésus.

naturelles, à connaître et aimer Dieu et à trouver dans cette jouissance son Souverain Bien, il n'est plus besoin du Christ pour nous révéler Dieu. Si la volonté humaine est capable par ses propres forces de pratiquer la vertu et de trouver dans cette pratique le chemin du salut et de la béatitude, il n'est nul besoin d'un Christ rédempteur et sauveur. Si la rétrospective des transformations qui nous ont conduit de la vie séminale à la vie humaine suffit à nous faire espérer une ultime métamorphose qui nous fera accéder à la vie pleinement raisonnable et heureuse, dans le plein exercice et le déploiement de nos facultés les plus hautes, il n'est pas besoin de croire en la résurrection du Christ pour espérer la nôtre.

C'est ce qu'a fort bien aperçu Pascal lorsqu'il dénonce dans la tentative de prouver Dieu par des raisons naturelles, la porte ouverte au « déisme presqu'aussi éloigné du christianisme que l'athéisme »[1]. Prouver l'existence de Dieu, l'immortalité de l'âme ou la Trinité (ce qui est exactement la liste de ce que Meyer confie à la philosophie le soin de démontrer), c'est non seulement fort difficile, mais « inutile et stérile », c'est-à-dire sans puissance de salut :

> « Tous ceux qui cherchent Dieu hors de Jésus-Christ et qui s'arrêtent dans la nature, ou ils ne trouvent aucune lumière qui les satisfasse, ou ils arrivent à se former un moyen de *connaître Dieu et de le servir sans médiateur*[2], et par là ils tombent, ou dans l'athéisme ou dans le déisme, qui sont deux choses que la religion chrétienne abhorre presque également »[3].

On remarquera enfin que la personne de Jésus n'est guère plus évoquée à titre de modèle exemplaire. Dans *De la vérité de la religion chrétienne*, qui est, comme son nom l'indique, un traité d'apologie du christianisme et de tous nos textes de référence le plus proche de l'orthodoxie, Grotius consacre plusieurs chapitres du L.II à « Jésus-Christ auteur de la religion chrétienne ». Dans le premier chapitre, il justifie l'authenticité de la vie de Jésus telle que les Evangiles la rapportent en s'appuyant sur le témoignage des auteurs païens, des grands convertis des premiers siècles, celui des Juifs ou encore de l'empereur Julien. Son principal souci est de prouver que Jésus ne fut pas un imposteur et que ses miracles n'étaient pas l'œuvre de démons. Le chapitre 2 porte sur les preuves de la résurrection du Christ. Le chapitre 3 s'intitule : *De l'excellence de la religion chrétienne*. Cette excellence est justifiée par trois types d'arguments. Le christianisme surpasse toutes les autres religions par ce qu'il promet : des biens spirituels et non pas matériels; par la perfection de ses préceptes : sa loi est plus parfaite et plus exigeante que celle des autres religions; elle est aussi plus universelle. « La religion chrétienne qui fait profession d'adorer un Dieu pur esprit, et de lui rendre un culte spirituel, nous enseigne à l'honorer par des actions que la droite raison prescrivait déjà avant tout précepte qui en ordonnât l'exécution »[4]. Enfin le christianisme surpasse toute autre religion par l'ampleur et la rapidité de sa diffusion. Mais de Jésus lui-même, il nous est dit

1. *Pensées*, B. 556.
2. C'est moi qui souligne.
3. *Ibid.*
4. *VRC*, II, 4, p. 142.

ce qui sépare Grotius de Pascal, et en quel sens Pascal reproche à la religion naturelle de naturaliser le christianisme au point de rendre méconnaissable « la seule religion contre la nature, contre le sens commun »[1]. C'est que la religion naturelle supprime ou plus exactement place au second rang toutes les médiations : Écriture, Tradition, Christ, ordre sacerdotal, sacrements, alors que ces médiations sont constitutives au contraire du rapport de l'individu au sacré dans une religion comme le christianisme.

Si nous ouvrons maintenant le *TTP*, nous y voyons présenter une figure du Christ intrinsèquement liée, d'un point de vue historique tout au moins, à la formulation d'une profession de foi véritablement universelle. Le Christ est en effet le seul Maître religieux qui ait limité son enseignement au credo fondamental et qui ait su en même temps donner à cet enseignement la portée la plus universelle, en lui donnant la forme la plus simple, la plus claire, la plus nécessaire et la mieux adaptée aux notions communes à tout le genre humain. C'est en ce sens que, pour Spinoza, le Christ a bien été un chemin de salut et la figure historique par l'intermédiaire de laquelle Dieu s'est révélé à l'humanité toute entière. Ce pour quoi il n'est pas un prophète mais la « bouche de Dieu » comparable, quant à ce statut de médiation sensible, à la voix ou à l'image visuelle que les prophètes d'autrefois pouvaient percevoir. Le vocabulaire spinozien du *TTP* distingue avec précision l'exemple-type ou exemplaire, c'est-à-dire le modèle au sens logique (mais non au sens imitatif), *exemplar* et l'exemple parmi d'autres, éventuellement imitatif, *exemplum*[2]. Dieu est dit « exemplar vitae verae »[3] et même « unicum verae vitae exemplar »[4], mais en aucun cas il ne constitue un exemple qu'on puisse imiter. « La connaissance intellectuelle de Dieu qui considère sa nature telle qu'elle est en soi, nature que les hommes ne peuvent pas imiter en suivant une certaine règle de vie, et qu'ils ne peuvent prendre pour exemple à imiter pour instituer une vraie règle de vie, ne relève donc nullement de la foi et de la religion révélée »[5]. Ce qui signifie que les hommes ne doivent pas attendre de connaître adéquatement Dieu pour régler leur vie et fonder des institutions politiques justes. Cela n'implique pas qu'ils soient absolument sans secours. Car ils peuvent trouver dans l'enseignement de toute l'Écriture Sainte, et plus clairement dans celui du Christ, les enseignements moraux les plus adaptés à cette fin. Le Christ, selon Spinoza, « a perçu les choses

1. *Pensées*, B 605. Cf. aussi « Toutes les religions et les sectes du monde ont eu la raison naturelle pour guide. Les seuls chrétiens ont été astreints à prendre leurs règles hors d'eux-mêmes et à s'informer de celles que Jésus-Christ a laissées aux anciens pour être retransmises aux fidèles. Cette contrainte lasse... » B 903.

2. Cf. notamment *TTP*, ch. I.

3. *TTP* XIV, G. III, p. 177 l 21-22 : « Deum hoc est ens supremum, summe justum & misericordem, sive *verae vitae exemplar* existere ».

4. *TTP* XIII, G. III, p. 171 l 22.

5. « concludimus intellectualem Dei cognitionem quae ejus naturam prout in se est, considerat, et quam naturam homines certa vivendi ratione imitari non possunt, neque tamquam exemplum sumere, ad veram vivendi rationem instituendam, ad finem et religionem revelatam nullo modo pertinere ». *TTP*, XIII, G. III, p. 171 l 25-29.

adéquatement et en vérité» [1], et s'adaptant à la complexion du peuple[2], il a enseigné à tout le genre humain les « documenta moralia universalia» [3], c'est-à-dire les sept articles du credo minimum et seulement eux. S'il fut bien un modèle de vie humaine, ce ne fut pas à titre de modèle de moralité, comme ce sera le cas chez Kant ou chez Renan. C'est parce qu'il a manifesté au plus haut point la puissance de l'esprit, et de l'esprit humain en particulier, à connaître adéquatement.

> « Je ne crois pas du tout nécessaire au salut de connaître le Christ selon la chair. Mais il en est tout autrement du Fils éternel de Dieu, c'est-à-dire de la sagesse éternelle qui s'est manifestée en toutes choses, principalement dans l'esprit humain, et plus que nulle part ailleurs en Jésus-Christ » [4].

Si le Christ ne remplit pas de fonction de médiation dans la philosophie de Spinoza, il occupe cependant une place bien déterminée dans son système ou, plus exactement, l'Esprit du Christ identifié à la sagesse éternelle de Dieu. Il joue un rôle essentiel dans la démarche intellectuelle du philosophe : il garantit la possibilité d'un salut – par des voies autres que philosophiques, puisque ce sont celles de l'obéissance – , pour la plus grande partie du genre humain[5]. Parce qu'ils ne font pas – et ce par principe – de distinction principielle entre le salut du sage et celui des ignorants, ni Grotius ni Cherbury n'ont éprouvé le besoin de s'interroger sur la place du Christ sur la voie du salut.

1. *TTP*, IV, 64 / 18.
2. Le terme employé ici par Spinoza est précisément « populus » qui n'a aucun connotation péjorative, alors que dès qu'il est question de l'ignorance et des superstitions du vulgaire, Spinoza emploie toujours le terme « vulgus ».
3. *TTP*, V : « Christus qui documenta universalia tantum docuit », G. III, 70 l 31.
4. *Ep*. LXXIII à Oldenburg, G. IV, p. 308. Cf. le commentaire d'A. Matheron in *Le Christ et le salut des ignorants*, p. 141 sq.
5. Cf. fin de *TTP*, XV : « Si nous n'avions pas le témoignage de l'Ecriture, nous douterions du salut de presque tous ».

CHAPITRE VIII

LES PRÉCEPTES DU CREDO MINIMUM

PRIMAT DE LA MORALE SUR LA DOCTRINE

Une fois établis les dogmes les plus fondamentaux que sont l'existence d'un Dieu unique, provident et parfait et la destination de l'homme à une béatitude pérenne, il faut encore chercher un accord de second rang sur d'autres croyances ou bien s'en tenir aux points qui sont véritablement indiscutés. L'accord n'est pas total ici entre ceux qui se limitent aux dogmes véritablement universels de la religion naturelle et ceux qui, pour des raisons apologétiques le plus souvent, veulent aussi admettre les dogmes unanimement reconnus par tous les chrétiens[1]. Mais quoi qu'il en soit de ces divergences, tous s'accordent par ailleurs sur le primat de la morale par rapport à la doctrine et ce pour deux raisons : d'une part c'est sur les questions morales plus que sur les questions de théologie dogmatique qu'on trouve l'accord le plus grand, le plus solide et le plus constant entre paganisme et christianisme[2] (tout comme entre judaïsme, christianisme, islam) ; et d'ailleurs le Nouveau Testament lui-même affirme que toute la loi, ou tout le Décalogue, se résume dans un commandement moral unique : l'amour de Dieu par l'amour du prochain[3]. D'autre part, comme le remarque Grotius[4], disputer sur les dogmes c'est toujours combattre autrui, tandis que se battre avec les préceptes, c'est se battre contre soi, ce qui est beaucoup moins facile. A la fin du traité éponyme, le patriarche Meletius se demande d'où vient que tant de gens qui

1. Avec la difficulté suivante : doit-on tenir pour chrétiens les sociniens qui se réfèrent au Nouveau testament tout en niant la divinité de Jésus? Le seul dogme véritablement commun à tous les chrétiens, même les anti-trinitaires, est que Jésus est le Messie promis par Dieu.

2. Castellion en tirait argument pour justifier la valeur de la raison : « Ceux qui sont versés dans l'étude des auteurs profanes savent qu'il s'y trouve d'innombrables pensées qui se recouvrent avec des textes sacrés. Or ces auteurs n'ont pas écrit sous l'inspiration divine, mais sous la conduite de la raison comme ils en font eux-mêmes profession, car ils n'ont pas coutume d'appuyer leurs dires sur l'autorité des dieux mais bien de l'assurer sur les arguments de la raison. Il faut donc reconnaître que le jugement de la raison est droit et sain ». (*De l'art de douter* ... p. 103).

3. D'Huisseau, *Réunion*, p. 131. Cf. aussi p. 88 : « Les Saints Ecrits ne présentent que très peu de doctrines en comparaison des exhortations à la vertu qui nous y sont faites ».

4. *Mel.* § 89.

s'accordent sur les points fondamentaux ne vivent pas davantage en harmonie. Et il répond :

> « Il me semble que cela tient surtout à ceci : on prétend que les principes théoriques constituent la partie la plus importante de la religion et l'on relègue les règles pratiques au second rang. Or ceci est faux car les principes sont ordinairement au service des règles pratiques et y conduisent. C'est donc bien vrai ce que dit Sénèque que tous « préfèrent disputer plutôt que vivre »[1]. Puisque les règles pratiques sont généralement plus claires et moins embrouillées, l'accord est maximal sur les règles pratiques. Mais nous préférons nous en tenir aux principes théoriques parce que sur les principes nous disputons avec autrui, sur les règles contre nous-mêmes ».

La présentation des préceptes moraux constitue donc bien la partie centrale de la religion naturelle, partie que tous s'accordent pour reconnaître comme essentielle, celle sur laquelle se fait l'accord maximal, celle qui aura aussi la postérité la plus féconde dans l'histoire de la philosophie. Avec l'examen du culte intérieur et des règles de la pratique individuelle nous sommes désormais en plein cœur de ce noyau qu'est le credo minimum, centre d'où rayonnent tous les autres éléments, puisque tous les autres articles peuvent se rapporter à un article absolument central qu'on pourrait résumer ainsi : le vrai culte de Dieu se résume en la pratique par l'homme de la règle de réciprocité dans ses rapports avec autrui et c'est de là que résultent son salut et sa béatitude. C'est sur cette règle aussi, comme on le verra, que se manifeste le mieux l'accord avec la doctrine morale de la Bible.

LE CULTE INTÉRIEUR EST LA PRATIQUE DE LA VERTU

L'affirmation de l'existence d'une divinité ne suffirait pas à fonder une religion si cette divinité était parfaitement indifférente au monde et si les hommes n'étaient pas tenus de lui rendre un culte. C'est d'ailleurs la raison pour laquelle la position épicurienne a si longtemps été assimilée à l'athéisme. Mais, nous l'avons vu, la divinité posée par le credo minimum est providence et se soucie des hommes ; réciproquement les hommes sont tenus de lui rendre un culte : « Supremum istud numen debere coli » tel est en effet le deuxième article selon Cherbury ; quant à Grotius, il fait suivre les dogmes sur l'existence d'un Dieu provident de la remarque suivante : « De ces notions spéculatives s'ensuivent des notions pratiques comme : qu'il faut honorer Dieu, l'aimer, lui obéir et lui rendre un culte »[2].

L'idée de culte comporte traditionnellement la distinction entre le sacré et le profane. Le sacré, c'est ce qui est séparé pour être réservé aux dieux, qu'il s'agisse du lieu sacré du temple, du jour sacré de la fête, des objets sacrés des

1. *Ep.* 95, 13 « simplex enim illa et aperta virtus in obscuram et sollertem scientiam versa est docemurque disputare non vivere ».

2. *De Jure*, II, XX, XLV, 4, « ex his autem notionibus contemplativis sequuntur activae, ut Deum honorandum, amandum, colendum eique obtemperandum ».

sacrifices, etc. ; le profane, c'est ce qui est commun[1]. Mais si la distinction est formellement claire, son contenu fait l'objet de disputes interminables sur les rites et les modalités des cérémonies. Jean Bodin dans le *Colloquium* remarquait, en prenant l'exemple de l'attitude requise pour la prière (tête nue ou voilée) : « Il y a beaucoup de choses qui sont saintes aux uns et profanes ou superstitieuses voire impies aux autres »[2]. Son porte-parole, Jérome Sénamy, en tirait la conclusion qu'il faut pratiquer le culte de la religion du pays dans lequel on se trouve, ce qui aboutit à considérer que tous les cultes se valent ou que leur modalité est indifférente. Mais une autre issue à cette contradiction entre l'absolutisation de la valeur d'un geste ou d'un rite et l'infinie diversité des pratiques ainsi survalorisées avait été proposée par Sénèque dans la lettre 95 que nous avons déjà eu l'occasion de citer :

> « Le culte à vouer aux dieux c'est d'abord de croire aux dieux, puis de reconnaître leur bonté, condition de leur majesté ; c'est de savoir qu'ils président au gouvernement du monde, que leur puissance régit l'univers, qu'ils exercent sur les hommes une tutelle qui s'accompagne du souci de l'individu. <...> Tu veux te rendre les dieux propices ? Sois bon ! On a satisfait au culte en les imitant »[3].

Si Sénèque comme Cicéron mettent l'accent sur la pureté du cœur et la sainteté de la vie, conçues comme imitation d'un modèle divin, pour en faire les composantes essentielles du culte, leur but est clairement de distinguer le culte authentique de la superstition :

> « Ceux qui passaient toutes leurs journées en prières, en sacrifices, pour obtenir que leur enfants leur survécussent furent appelés superstitieux <...> mais ceux qu'on appelle religieux ce sont les gens exacts à remplir les devoirs qui ont rapport au culte divin »[4].

C'est cependant Grotius, qui au tout début du XVIIe siècle devait donner à cette thématique une acuité et une force dont les philosophies de Hobbes et de Spinoza recueilleront l'héritage. Le premier, il spécifia la distinction de contenu – on pourrait même dire de style – et de valeur, entre le culte intérieur et le culte extérieur, et posa la prééminence du premier sur le second[5]. Surtout, il en tira

1. Hobbes *(Lév.* XXXV, p. 440) définit le sacré comme ce qui est « propre à Dieu » ; Spinoza, *TTP* XII nie que sacré et profane puissent exister en soi et s'entendre de façon absolue alors que ce ne sont que des distinctions pour la pensée.

2. *Colloquium*, p. 380.

3. Sénèque, *Ep.* 95, 50. « Satis illos coluit quisquis imitatus est ». Il est continument fait référence à ce texte chez tous les auteurs qui défendent la thèse du primat du culte intérieur (ou culte de vertu) sur le culte extérieur, depuis Erasme jusqu'à Kant inclus.

4. *DND* II, 28. Dans ce passage, Cicéron joue sur l'étymologie : superstites / superstitio ; religiosi / relegendo : « Nam qui totos dies precabantur et immolabant ut sibi sui liberi *superstites* essent *superstitiosi* sunt appellati ; qui autem omnia quae ad cultum deorum pertinerent diligenter retractarent et tamquam *relegerent* sunt dicti *religiosi* ex relegendo » Cicéron rappelle ensuite que le mot *religio* est de la même famille que les mots *relegere*, *eligere*, *diligere*, *intelligere*, qui comportent tous l'idée d'une force qui relie « his enim in verbis omnibus inest vis *legendi* eadem que in *religioso* ».

5. Cicéron dans le même passage (II, 28) du *DND* avait bien écrit que le culte le plus pur et le plus saint que l'on pouvait rendre aux dieux était de les honorer « pura integra incorrupta

des conséquences politiques concernant le droit des Magistrats sur les affaires religieuses, le *Jus circa sacra*. Le *Meletius* se contente d'affirmer, en des termes très voisins de Sénèque : « praecipuum Dei cultum in mente consistere »[1]. Si le principal culte de Dieu réside dans la pensée, c'est-à-dire dans l'inclination du cœur et dans l'intention, les rites, sacrifices et offrandes n'ont plus qu'une valeur de signe. Ils expriment une attitude de l'esprit (repentir, gratitude, espérance, demande, etc.) mais n'ont aucune efficience par eux-mêmes et sont insuffisants pour le salut[2].

Dans le *De imperio Summarum Potestatum circa sacra* dont la rédaction est quasi contemporaine du *Meletius* et du *De Jure* (1614) mais qui ne sera publié que bien plus tard (en 1647), Grotius appuie la distinction conceptuelle des deux cultes sur la distinction des actions en intérieures et extérieures : sont dites intérieures les actions qui ne sont actions que de la pensée (comme croire, espérer, craindre, désirer, vouloir etc.) ; sont dites extérieures les actions qui extériorisent la pensée dans des pratiques et des modifications de la réalité extérieure. Les actions extérieures « sont la matière première de la puissance temporelle »[3] et relèvent de la juridiction du Prince tandis que les actions intérieures relèvent de la seule juridiction du sujet individuel. Le magistrat doit donc contrôler la discipline des rites, en veillant à diminuer les contraintes ecclésiastiques et à autoriser la variété, tant qu'elle ne nuit pas à la paix civile, mais il n'a pas droit de regard sur le culte intérieur. De ce fait même, le culte extérieur prend une dimension plus sociale ou politique au sens large, tandis que le culte proprement religieux s'intériorise. Nous reviendrons sur ces questions dans le prochain chapitre, lorsque nous traiterons de la dimension collective des préceptes et plus particulièrement du *Jus circa sacra*. Contentons nous de remarquer ici que l'effort de simplification des dogmes se prolonge dans un souci homologue de simplification et d'intériorisation des préceptes, ou de la dimension pratique de la religion.

La prière

S'appuyant sur l'étymologie du verbe *colere*, Hobbes écrivait dans le *De homine*[4] : « On dit que nous rendons un culte, quel que soit son objet, quand nous nous attachons par nos soins et par nos travaux à nous le rendre le plus favorable possible ». Pas de différence fondamentale, en ce sens, entre cultiver la terre, cultiver (c'est-à-dire honorer) des hommes puissants, ou rendre un culte à Dieu, encore qu'on cultive la terre par le travail de ses mains, et les hommes (ou Dieu) par l'honneur qu'on leur rend[5]. Quoique cette conception conçoive

et mente et voce » ; mais il n'avait pas cherché à penser l'articulation entre les deux formes de culte et ses conséquences politiques. Le problème du *jus circa sacra* ne pouvait évidemment pas avoir le même sens dans la culture romaine antique et dans les cultures chrétiennes.

1. *Mel.* § 64.
2. *Mel.* § 66-67.
3. *De imperio*, ch. III, § 1.
4. *Ho*, XIV, 8.
5. Cf. sur ce point *De Cive*, ch. XV.

Dieu sur le modèle de la puissance politique[1], laquelle peut changer ses décisions, elle reconnaît aussi une difficulté que rencontre la pensée du credo minimum : la prière personnelle garde-t-elle un sens dès lors que la divinité a été conçue comme une providence qui a tout prévu, a pourvu à tout et se confond avec un ordre du monde immuable ? Ou encore la prière n'est-elle pas par excellence un comportement superstitieux[2] ? La réponse est que la prière elle-même doit avoir été comptée à titre de cause dans cet ordre immuable :

> « Quant à fléchir Dieu par des promesses, et même à avoir gain de cause, on dit que les hommes pieux y parviennent quelquefois, non qu'ils aient obligé Dieu à changer sa décision et ses décrets éternels, mais parce que Dieu, l'organisateur de toutes choses a voulu que ses dons tantôt précèdent les prières des hommes et tantôt les suivent[3] ».

La seule forme de prière « rationnelle » et non superstitieuse est donc, pour Hobbes, la prière de foi et d'action de grâce qui reconnaît en Dieu la source de tout bien. De même, ni Grotius, ni Cherbury ne donnent congé à la prière. La piété de Grotius n'a jamais été contestée, et dans la maison de Lord Herbert on disait la prière en commun deux fois par jour. Mais si l'on regarde justement la très belle prière que Cherbury composa et dont on retrouva le texte écrit de sa main dans ses papiers personnels[4], on constate que cette prière n'est qu'une prière de louange qui exprime la gratitude et l'émerveillement d'une créature vivante, intelligente et libre qui se réjouit de ce qu'elle est déjà devenue et de ce qu'elle est appelée à devenir : un être dont la perfection et la béatitude consiste à connaître, aimer et imiter Dieu de mieux en mieux dans les formes successives de vie qu'il parcourt. Relégation au second rang de la simple prière de demande ou réduction de cette demande à la demande d'acceptation intelligente de ce qui nous arrive comme conforme à l'ordre[5], expression d'une attitude de gratitude et de reconnaissance filiale devant la vie, le primat donné ici au culte intérieur ne supprime pas la prière mais tend à la purifier, à la décentrer des préoccupations à court terme de la vie quotidienne, à mettre l'esprit dans un état de tranquillité et de satisfaction. Inversement tout ce qui trouble cette tranquillité, passions aussi bien que querelles dogmatiques, rend impossible cette attitude orante de la pensée.

> « Une des principales conditions pour bien vaquer à la sanctification, c'est le repos et la tranquillité de l'âme. C'est encore la douceur et la modération qui

1. Chez Sebond la théorie du culte est pensée dans les catégories de l'honneur (le cœur de l'homme est le siège de l'honneur de Dieu), selon la conception féodale de l'honneur chevaleresque. Honorer Dieu c'est augmenter sa gloire, non sa gloire intrinsèque qui ne saurait l'être, mais sa réputation ou son nom acquis. Le vrai culte consiste donc pour l'homme à produire des œuvres bonnes qui portent la louange de Dieu comme les exploits du chevalier font porter au loin la louange de sa Dame. *Theologia naturalis*, ch. 185-209.

2. Ou une béquille à destination des ignorants.

3. *Ho*, XIV, 9.

4. Cf. le texte en anglais et notre traduction dans *Le salut du Laïc*, p. 205-6.

5. A la manière stoïcienne : « Ne demande pas que les choses arrivent comme tu le désires, mais désire qu'elles arrivent comme elles arrivent et tu seras heureux ». Epictète, *Manuel*, 8.

nous fait envisager toutes choses sans aucune préoccupation et engagement d'intérêts particuliers. Si donc cette division nous jette dans l'inquiétude et dans le chagrin, chacun peut juger combien elle préjudicie aux mouvements de la vraie piété. N'est-il pas certain que si nous employions à l'étude de la piété et des bonnes œuvres le temps que nous donnons à examiner toutes ces questions qui nous partagent, nous ferions bientôt de grands progrès dans le chemin qui nous mène à la vie bienheureuse »[1] ?

Cet argument du temps perdu à la dispute et qui serait mieux employé à la pratique de la justice est un thème qui revient constamment[2] : le temps de la vie est trop bref et son enjeu trop grave pour être ainsi gaspillé à des querelles interminables. Or la question des rites et des cérémonies est tout autant que celle des dogmes[3] le lieu de telles disputes. Laisser à chaque peuple une certaine latitude dans la détermination de ses rites, et donc admettre en ce domaine de la variété[4], recentrer le culte sur le culte intérieur et définir celui-ci par la pratique de la vertu, c'est non seulement abandonner un terrain stérile et miné mais encore définir une forme de culte appropriable par chacun sans trouble. C'est progresser effectivement sur la voie de la concorde et du salut commun. Cela conduit aussi à refuser des conduites d'exclusion et de persécution en distinguant entre les prétendus faux cultes ou entre ce que nous oserions appeler une 'bonne' et une mauvaise idolâtrie[5]: ceux qui ont rendu des hommages religieux aux astres ou aux héros morts ont honoré des choses bonnes, l'ordre du monde ou la vertu; ils sont idolâtres pour nous, non pour eux, car dans ces cultes que nous réprouvons parce que nous avons plus de lumière, ils ont honoré le Bien. Seuls sont véritablement idolâtres, mais ils sont assurément rarissimes, ceux qui ont honoré des démons c'est-à-dire rendu un culte aux vices. On voit aussi combien cette démarche ouverte à la reconnaissance d'autres pratiques cultuelles comme pratiques authentiques de piété ouvre aussi la voie à une lecture symbolique du rite qui réduit, voire supprime, toute dimension d'efficacité sacrementelle.

Le culte interieur : piété et vertu

« Virtutem cum pietate conjunctam optimam esse rationem cultus divini ».
« L'union de la vertu et de la piété est la meilleure règle du culte divin ».

Le troisième article d'Herbert de Cherbury résume assez bien le contenu de ce que doit être ce culte intérieur, sa règle ou sa méthode. La vertu vient d'abord parce que c'est l'action droite qui en constitue le contenu essentiel. Mais la piété s'y ajoute pour désigner non pas une pratique supplémentaire mais une attitude

1. D'Huisseau, *Réunion*, p. 26.
2. Cherbury, *Dial.* p. 187.
3. Et parfois plus encore, en Angleterre notamment.
4. Grotius, (*Mel.* § 90) prend l'exemple de l'ineptie des disputes sur la date de célébration de la fête de Pâques ou la périodicité du jeûne et cite Irénée écrivant à l'évêque Victor : « Ne pouvons-nous pas vivre dans la concorde tout en accomplissant chacun nos propres rites » ?
5. Grotius, *De Jure*, II, XX, XLVII, 3 et Cherbury : *DRG, passim.*

ou une orientation de la pensée qui met l'accent sur l'intention[1] et rapporte l'accomplissement de l'action droite à Dieu, comme ce qui lui est dû. D'ailleurs ce culte de vertu et de piété est le seul qui soit véritablement universel puisqu'il a été prêché et pratiqué non seulement par les prophètes et les prêtres, mais aussi par les philosophes, Pythagore, Socrate, Platon, Aristote, les Stoïciens. Les cérémonies ne sont venues qu'ensuite : inventions superstitieuses pour conjurer la peur, bien vite reprises par tous les pouvoirs religieux et politiques pour conforter leur domination[2].

Il est assurément bien difficile de définir exactement la piété. Acceptons la définition de Cicéron : « est pietas justitia adversum Deos[3], la piété est la justice envers les dieux », donc le fait de rendre aux dieux ce qui leur revient. On peut alors comprendre la définition du véritable culte par la conjonction de la piété et de l'action droite : que le vrai culte consiste à rendre à Dieu ce qui lui est dû signifie que la piété s'exprime sous forme d'actions vertueuses que Dieu attend de l'homme. Mais inversement, la pratique vertueuse qui ne serait pas rapportée dans sa visée à cette exigence serait bien morale sans être religieuse, c'est-à-dire sans constituer un culte divin. Ce qui nous conforte dans cette interprétation, c'est l'analyse leibnizienne de la piété que nous avons déjà eu l'occasion d'évoquer[4]. Leibniz définit la « solide piété » comme l'union de « la lumière et de la vertu » et un peu plus loin écrit qu'elle consiste en « l'amour éclairé de Dieu » c'est-à-dire « faire son devoir, obéir à la raison »[5] et « rapporter tout à Dieu comme au centre ».

> « On ne saurait aimer Dieu sans en connaître les perfections, et cette connaissance renferme les principes de la véritable piété. Le but de la religion doit être de les imprimer dans les âmes : mais je ne sais comment il est arrivé bien souvent que les hommes, que les docteurs de la religion se sont fort écartés de ce but. Contre l'intention de notre divin maître, la dévotion a été ramenée aux cérémonies, et la doctrine a été chargée de formules. Bien souvent ces cérémonies n'ont pas été bien propres à entretenir l'exercice de la vertu et les formules quelquefois n'ont pas été bien lumineuses. Le croirait-on ? Des chrétiens se sont imaginés de pouvoir être dévots sans aimer leur prochain, et pieux sans aimer Dieu ou bien on a cru pouvoir aimer son prochain sans le servir et pouvoir aimer Dieu sans le connaître »[6].

Leibniz met certes davantage l'accent sur la connaissance des perfections divines que doit donner la philosophie mais son analyse éclaire bien la pensée de Grotius ou de Cherbury lorsqu'ils définissent le culte authentique. Pour Grotius aussi, rendre un culte à Dieu (*colere Deum*) consiste à l'aimer, le servir et lui

1. Nous verrons que nous avons bien affaire ici à une morale de l'intention comme fut la morale du premier stoïcisme, et non pas à une morale du devoir accompli, comme eut tendance à devenir le stoïcisme impérial.

2. Telle est, grossièrement résumée, l'analyse de Cherbury dans le *DRG*, position proche de celle des libertins et qui sera reprise par Toland.

3. *DND* I, 2. Analyse elle-même inspirée probablement par l'*Euthyphron* de Platon.

4. Cf. notre chap. IV et le début de la préface de la *Théodicée*.

5. Et ainsi « remplir les ordres de la suprême raison ».

6. *Théod.* , préface, (Aubier Montaigne, 1962, p. 29).

obéir et ces trois exigences s'accomplissent entièrement dans la loi de la charité ou plus exactement de la réciprocité. Remarquons enfin qu'il n'est pas question ici de l'obéissance, à la différence de Hobbes et de Spinoza, chez qui la référence à la piété tend à disparaître. Mais il est vrai aussi que, sauf chez Grotius, la question de la délimitation du champ politique n'est pas posée. Lorsque le problème des limites, ou même de la validité, de l'autorité est soulevé, c'est exclusivement dans le cas de l'autorité des Docteurs ou de la légitimité d'un magistère spirituel. Aussi le statut de l'obéissance ne peut-il être envisagé exactement dans les mêmes termes parce que, pour Grotius, les valeurs sont objectives et transcendantes, pour Spinoza et Hobbes, elles sont relatives et constituées par l'ordre socio-politique.

Pour Hobbes « toutes les choses nécessaires au salut sont comprises dans ces deux vertus, la foi et l'obéissance »[1]; cette obéissance requise au salut « n'est autre chose que la volonté que l'on a ou l'effort que l'on fait d'obéir et de vivre conformément à la loi divine qui est la même que la loi morale connue de tout le monde, et aux lois civiles »[2]. On mesure bien ici la proximité et la distance entre deux types de pensée : le culte nécessaire au salut c'est l'obéissance à la loi morale mais, et là est toute la différence, la loi divine et morale ne nous est connue comme loi (non comme conseil) que par l'interprétation autorisée qu'en donne le Prince sous la forme des lois civiles. Le vrai culte consiste donc à croire ce que le Prince m'ordonne de croire et à obéir aux lois qu'il édicte.

Chez Spinoza qui est ici plus proche de Grotius et de Cherbury, « le culte de Dieu et l'obéissance à Dieu consistent dans la seule justice et charité c'est-à-dire dans l'amour du prochain »[3]. Ici, à l'inverse de Hobbes, c'est l'obéissance qui se trouve incluse dans la justice et la charité mais la piété disparaît, ou plus exactement car le mot appartient bien encore au vocabulaire du *TTP*, elle se confond entièrement avec la moralité : les dogmes qu'enseigne l'Ecriture Sainte et dont la religion a vraiment besoin sont appelés des *dogmes pieux*, par opposition aux *dogmes vrais*, et la piété désigne alors tout ce qui conforte l'obéissance à la loi morale de justice et de charité. Il est donc temps désormais d'en venir à l'examen de cette loi.

LA RÈGLE D'OR

En quoi consiste cette vertu dont il nous est dit que, jointe à la piété, elle suffit au culte divin? Est-elle déterminée par sa forme ou par son contenu? Est-elle une, comme le laisse supposer la formulation cherburienne? Est-elle multiple? Est-elle facile ou difficile? Ce dernier point mérite d'être explicité en premier. Si l'on a pu reprocher à cette forme de pensée de simplifier à l'extrême les exigences de la religion et de faire preuve d'un optimisme outrancier quant à la

1. *Ci*, XVIII, 2.
2. *Ibid*, XVIII, 3.
3. *TTP*, XIV, G. III p. 177 l 33-35, 5ème point fondamental.

bonté de la nature humaine, on ne saurait l'accuser d'avoir tracé un portrait lénifiant de la vie vertueuse.

Herbert de Cherbury rappelle que « cette vertu âpre, rigide et austère a été louée et en grande vénération envers toutes sortes de personnes et en tous lieux, nonobstant qu'elle répugne aux sentiments corporels et à leurs plaisirs »[1]. Il loue la religion du laïc d'« aiguiser la sévérité de la religion » en accentuant la responsabilité du sujet et en faisant dépendre son salut de ses œuvres majeures (la pratique des vertus) non de ses « œuvres mineures » (sacrifices et rites). Il souligne après Castellion que le chemin du salut, quoique beau et digne des grandes âmes, est bien assez difficile à parcourir pour qu'il ne soit pas en plus difficile à connaître[2]. Nous voilà donc suffisamment prévenus : la vertu est belle et difficile. Mais comment la déterminer ?

Unité de la vertu

De la vertu comme chemin de salut, il nous est essentiellement parlé au singulier. Cette simple indication suffit pour nous orienter vers une détermination stoïcienne et non pas aristotélicienne de la vertu. Pour le stoïcisme en effet, la vertu est une parce qu'elle est une manière d'être de l'hégémonique du sage, ce qui fait que toutes les vertus sont liées et que qui en a une les a toutes. Il est clair que l'on retrouve encore ici, dans la détermination de la piété par la vertu, quelques thèmes stoïciens : l'unité de la vertu, l'idée qu'elle est sa propre récompense, qu'elle suffit pour conduire à la béatitude ; que le Souverain Bien consiste à vivre selon la vertu, etc. Mais d'autres aspects de la doctrine morale stoïcienne sont clairement rejetés : l'intellectualisme qui assimile vertu et science ; l'égalité des vertus qui conduit au paradoxe de l'égale gravité de toutes les fautes ; le refus de la pitié ; le droit au suicide du sage.

En ce domaine encore, le chemin avait été préparé par Juste Lipse. Dans le deuxième livre de la *Manuductio*, Lipse présente l'analyse stoïcienne du Souverain Bien et son identification à la vie selon la nature et selon la vertu. A l'aide de saint Jérôme il montre comment ces formules stoïciennes peuvent recevoir un sens qui s'accorde avec la foi chrétienne, notamment parce que la loi de la vertu ou le commandement de la raison s'identifie à la loi de Dieu gravée dans le cœur de l'homme dont parle saint Paul[3]. Ce qui fait que pour être vertueux, la raison ne commande à chacun que de vivre selon sa nature, sa nature propre d'être raisonnable[4]. Suivre la nature, c'est suivre Dieu, c'est héberger Dieu en soi en pratiquant justice et piété[5]. Toutefois si Lipse reprend au compte du christianisme ces analyses stoïciennes ainsi que la théorie des ἀδιάφορα[6], il

1. *DV* p. 216 / 190.
2. *RL*. p. 137 / 173.
3. *Manuductio*, II, 18.
4. « Nos iterum cum Seneca : Consummatur hominis Bonum, si id amplevit, cui nascitur. Quid enim ab illo ratio exigit ? rem facillimam, secundum naturam suam vivere » (*Ep.* 41). Nota *suam*, id est Chrysippi *propriam*. » *Ibid.*
5. *Manuductio*, II, 19.
6. *Manuductio*, II, 21-24.

rejette la thèse de l'égalité des fautes et celle du suicide du sage[1]. Dans la *Physiologia* (I,15) analysant la réponse stoïcienne à la question de l'origine du mal et de la théodicée, il affirme la supériorité du christianisme sur ce point parce qu'il accorde davantage à la volonté libre de l'homme.

Grotius et Cherbury conserveront bien l'idée de l'unité de la vertu mais au lieu de la faire résider, comme les Stoïciens, dans l'unité de la science, ils la situent dans l'unité de la charité qui concentre en elle toutes les vertus[2]. Il y a là une synthèse originale d'une *forme stoïcienne* et d'un *contenu évangélique*. Le contenu évangélique, c'est le primat de la charité qui résume toutes les vertus et sans laquelle les autres ne sont rien (Cf. Paul *Cor.* XIII : l'hymne à la charité). La forme est celle de l'universalité qui résulte de la réciprocité et qui unit dans un même mouvement, comme dans le stoïcisme, amour de soi et amour du proche (famille, voisinage...) s'étendant peu à peu jusqu'à l'humanité entière. Les devoirs envers soi-même et les devoirs envers le prochain sont exprimés ensemble dans cette loi morale naturelle en laquelle se résume toute la loi divine et qui a été formulée et louée aussi bien par la Bible que par les auteurs païens : « *Quod tibi non vis fieri, alteri ne feceris*. Ne fais pas à autrui ce que tu ne voudrais pas qu'il te fût fait ». Cette règle énoncée par Grotius au § 68 du *Meletius* fut appelée par le rabbin Hillel, le maître de saint Paul, la *règle d'or*[3]. L'universalité et l'évidence de cette règle avait aussi été soulignée par Castellion :

> « Les préceptes de la charité desquels dépend la doctrine de la Loi, des prophètes et du Christ sont si évidents, si naturels et si familiers à l'homme que même les impies et ceux qui ne veulent pas y obéir les connaissent bon gré mal gré ; et si vous les leur énoncez ils ne peuvent y refuser leur assentiment. En voici entre beaucoup d'autres une seule preuve convaincante ; dites à l'homme même le plus pervers, qu'il faut aimer Dieu (*Tob.* IV :15) et qu'il ne faut pas faire à autrui ce que vous ne vous voudriez pas qu'il vous fît ; il sera d'accord. Car ces préceptes sont inscrits comme par le doigt même de Dieu dans le cœur de tous et ne peuvent pas davantage être détruits que les autres notions communes de l'esprit humain. Je puis donc affirmer sans crainte que ce qu'il est nécessaire à l'homme de connaître peut être très facilement connu. Telle est la voie du salut : il est besoin de peu de temps pour l'apprendre mais il faut passer sa vie entière à la parcourir »[4].

1. Hume en revanche, consacrera un essai, *Du suicide*, à défendre la légitimité du suicide, à nier son caractère immoral ou impie, et à montrer que dans certains cas, il peut fort bien rentrer dans la catégorie des devoirs envers soi-même.

2. Cf. également Hobbes, *Ho*, XIII, 9 : « Toutes les vertus sont contenues dans la justice et la charité ».

3. Cf. Albrecht Dihle : *Die goldene Regel*, (Göttingen, 1962) ; On la trouve dans la Bible sous une forme négative dans le livre de Tobie (IV, 15) : « ne fais subir à personne ce que tu n'aimerais pas subir », et dans une formulation positive inverse dans l'Evangile de Matthieu : Mt, VII :12 : « Tout ce que vous désirez que les autres fassent pour vous, faites-le vous-mêmes pour eux : voilà la Loi et les prophètes ». Hobbes y fait également référence : *Ho*, XIV, 5 et *De Cive*, III, 26 où il souligne que cette règle procure au vulgaire ignorant (*rudis et indoctus vulgus*) une « méthode bien courte » pour déduire les diverses lois de nature : « c'est qu'on se mette en la place de celui envers lequel on est en doute si l'on observera le droit de nature en ce que l'on veut entreprendre qui le touche ».

4. Castellion : *De l'art de douter*, p. 84.

La règle d'or a été louée par les philosophes et les empereurs païens mais aussi recommandée par le Christ et les prophètes comme le résumé même de la Loi. Elle est évidente quant à son caractère d'obligation, simple dans sa forme, susceptible de recouvrir une variété indéfinie dans ses applications. Elle est aussi parfaitement rationnelle :

> « Puisqu'aimer Dieu est la même chose qu'obéir à ses commandements et craindre Dieu est craindre de faire la moindre chose contre ce qu'il nous mande, comment savons-nous ce que Dieu a ordonné ? A cette question on peut répondre que Dieu, par cela seul qu'il a fait les hommes raisonnables leur a prescrit et gravé dans leurs cœurs de ne faire à quiconque rien de ce qu'ils jugeraient injuste qu'on leur fasse à eux mêmes. Ce principe contient toute la justice et toute la discipline civique »[1].

Si la justice et la charité sont dites contenir et résumer toute la loi morale aussi bien chez Hobbes (*Ho*. XIV) que chez Spinoza (*TTP*, XIV), c'est que ce sont par excellence les vertus de la réciprocité. La pureté rigoureuse de la forme[2] de cette règle, cette structure rationnelle de réciprocité, fonde son universalité : elle s'applique à toutes les actions droites, elle vaut pour tous les hommes de tous les temps et a d'ailleurs toujours été reconnue comme bonne, même par ceux qui ne l'ont pas appliquée. Enfin, sa détermination ne présuppose aucun savoir : elle permet donc d'éviter cette difficulté inhérente à la conception stoïcienne de la vertu comme science qui interdit au non sage d'être véritablement vertueux[3]. L'*indoctus* ou le *proficiens* ne sera peut-être pas effectivement vertueux, mais il sera toujours capable de déterminer le caractère bon ou mauvais de l'action qu'il se propose de faire ou qu'il voit faire par autrui. En outre la règle de la réciprocité, parce qu'elle m'impose de prendre mentalement la place de l'autre quelconque, garantit seule l'ouverture à l'universalité de la pratique morale et l'unité des devoirs envers autrui et envers soi-même : les uns peuvent être considérés comme un cas particulier des autres et réciproquement. Toutefois il n'y a pas de symétrie parfaite entre les deux pôles subjectifs de la règle : la place de l'autre y est privilégiée, ce que rend manifeste une comparaison avec le droit naturel subjectif.

Dans la théorie du droit naturel subjectif, telle qu'on la rencontre au XVIIe siècle, le sujet individuel a par nature des droits qui se confondent avec une certaine puissance mais l'autre sujet menace ou limite ces droits dans la mesure où sa puissance interfère avec la mienne, plus souvent pour l'empêcher que pour la conforter. La conception individualiste du droit naturel est plus souvent

1. Hobbes, *Ho*, XIV, 5.

2. Puisqu'aucun contenu prédéterminé n'est associé à l'action reconmmandée ou interdite. Le verbe faire ne comporte pas de complément d'objet déterminé quant à son contenu.

3. Cf. Diogène Laerce, VII, 125 : « Les vertus suivent réciproquement les unes des autres et qui en a une les a toutes, car les théorèmes qui les fondent sont communs à toutes. L'homme vertueux connaît théoriquement et pratique à la fois ce qui est à faire ». (*Stoïciens*, Pléiade, p. 56).

défensive que solidaire[1]. Garantir son droit, c'est donc se protéger contre la menace que constitue autrui. La perspective morale, telle que la définit la règle d'or, est exactement inverse : agir moralement, c'est refuser que l'autre devienne victime de mon action, c'est procéder à un décentrement de perspective qui place l'autre au centre[2] parce qu'il est potentiellement victime de mon action. Ce décentrement du point de vue qui concrétise le caractère formel de la règle de réciprocité constitue donc encore une différence non négligeable avec la morale stoïcienne, morale qui a marqué incontestablement les penseurs du credo minimum et qui est certainement la formulation la plus universaliste des morales de l'antiquité. Le stoïcisme fondait les devoirs envers le proche (famille, concitoyen) et envers le lointain (l'humanité entière) sur un mouvement d'extension indéfinie de la tendance primitive à s'aimer soi-même et à vouloir sa propre conservation. La règle d'or fonde son universalité non seulement sur son caractère formel mais sur le primat de l'autre et de l'autre quelconque. Enfin, cette règle permet d'éviter aussi la question de savoir quel est le premier amour : l'amour de Dieu ou l'amour de soi? L'amour de Dieu n'existe que par et dans l'amour du prochain, et le véritable amour de soi est celui qui consiste à s'aimer soi-même comme on aime son prochain, à prendre sur soi-même le point de vue de l'autre, ce qui donne aussi la règle de détermination des devoirs envers soi-même.

Les devoirs

La règle d'or nous a donné la forme universelle de toute règle morale. Elle constitue le principe de tous les préceptes ou la loi des règles et des maximes morales. Cela n'interdit pas de déterminer un peu plus précisément le contenu des devoirs de même que dans le stoïcisme, à côté de la détermination unique et rigoureuse de l'action parfaitement droite (κατόρθωμα) ou convenable parfait, il y avait place pour une théorie moins rigoureuse, celle des devoirs, *officia* ou καθήκοντα (ou convenables), ce qui est en accord avec la nature d'un être et peut se défendre raisonnablement[3].

Dans le *Meletius*, Grotius reprend le vocabulaire moral du stoïcisme impérial et de la théorie des *Officia* pour proposer une théorie des obligations qui, dans la lignée de Juste lipse, est une synthèse de christianisme et de stoïcisme. Il distingue très classiquement les devoirs envers Dieu, envers autrui et envers soi-même.

La question des *devoirs envers Dieu* renvoie à la question du culte. Nous avons vu que celle-ci est réglée par le primat du culte intérieur (*mente*), les

1. Sauf chez Spinoza, où la Cité permet par des mécanisme régulateurs, de faire prédominer les interactions positives. Sur ces questions Cf. A. Matheron, *Individu et communauté chez Spinoza*, Paris, 1969.

2. Même si pour rendre effectif ce décentrement, il faut que j'intervertisse, à partir de ma propre position de sujet, les deux points de vue : celui du moi, et celui de l'autre.

3. Diogène Laerce, VII, 107-109. Pour les Stoïciens les convenables s'enracinent dans la tendance naturelle (ὁρμή) et dans la tendance première à se conserver soi-même ; répétés avec constance et en conformité avec la nature, ils conduisent au convenable parfait, ou au Bien. « Celui qui tend vers le sommet s'adonne à tous les convenables sans exception et ne néglige rien » (Stobée).

cérémonies n'ayant valeur que d'occasion d'instruction (le sabbat comme temps d'écoute de la parole divine dans la Bible, par exemple) ou de manifestations collectives à valeur socio-politique. Les devoirs envers Dieu sont donc véritablement remplis par les devoirs envers le prochain[1].

Les *devoirs envers le prochain* sont déterminés par la règle d'or. Traiter son prochain comme on voudrait l'être soi-même, c'est aussi le traiter comme on voudrait l'être par Dieu. Cela justifie le pardon des offenses et la pitié envers autrui qui n'est pas présentée comme un sentiment d'empathie mais bien comme une application parmi d'autres de la règle générale : se mettre mentalement à la place de l'autre pour le traiter comme je voudrais l'être si j'étais de fait à sa place. Pitié et charité sont cohérentes avec la règle d'or; ce ne sont pas d'abord des réactions affectives ou sentimentales.

Les *devoirs envers soi-même* sont déterminés de la même façon. L'obligation de se conserver soi-même, l'interdit du suicide, la prohibition du mensonge sont fondés sur la règle de réciprocité. Grotius accorde une importance particulière à l'obligation de tenir ses promesses et à l'interdit rigoureux du mensonge[2] : c'est que la parole est le lien de la société et que ce lien n'est efficient que dans un climat de confiance mutuelle[3]. L'interdit du suicide est lui, justifié à la fois par des arguments stoïciens : l'individu n'a pas le droit de déserter son poste tant que Dieu ne lui en a pas donné l'ordre[4], et par la règle d'or envisagée dans le sens qui va d'autrui à moi : je n'ai pas le droit de me faire à moi-même ce que je ne peux vouloir faire à autrui; le suicide n'est pas une conduite réciprocable; il constitue une forme d'homicide.

Voilà donc qui suffit à la détermination des devoirs dans le cadre de la religion naturelle. Resterait cependant une dernière question : si la règle d'or donne bien le principe universel de toutes les règles morales, y a-t-il des préceptes ou des vertus spécifiquement chrétiennes et qui donc l'excéderaient? Cherbury n'en dit mot; Grotius en donne deux exemples : l'*humilitas* et la φιλανθρωπία (*philanthropia*) L'humilité est une vertu inconnue des païens et même dépourvue de sens pour eux. Car c'est tout autre chose que la rélégation des honneurs, conjointement avec la richesse, la santé ou les plaisirs sensibles, dans la catégorie des choses indifférentes, dont on peut bien ou mal user. C'est la conscience conjointe de la finitude humaine et de la transcendance divine.

1. On notera la proximité de ces analyses avec celles de Kant dans la *Doctrine de la vertu.*

2. De même que la règle d'or se retrouve très exactement dans la deuxième formulation de l'impératif catégorique, cette insistance sur l'interdit du mensonge fait irrésistiblement penser aux réflexions morales kantiennes.

3. *Mel.* § 83. « Datus est autem sermo homini a Deo quo arctior inter homines societas esset, si ipsa etiam mentis concepta alter alteri communicarent. Et semel missa licentia in immensum abit tollitque utilissimum rebus humanis, ut homo homini credat ».

4. Rappelons que le suicide n'est autorisé qu'au sage dans le stoïcisme, d'où le paradoxe : « Voilà donc les règles du stoïcisme qui font sortir de la vie bien des sages qui trouvent qu'il est mieux de cesser d'être heureux et elles y retiennent bien des méchants pour qui il est convenable de vivre dans le malheur » (Plutarque *Contr. St.* XVIII). Le stoïcisme impérial à Rome adoucira la rigueur de la doctrine en permettant même au non sage chez qui les états contraires à la nature sont sur le point de dominer, de quitter préventivement la vie. Cf. Cicéron *Fin.* III, 60.

Grotius remarque, sans en donner d'explication[1] que l'humilité n'est jamais considérée comme une vertu par les païens et qu'elle n'est pas davantage commandée par la raison naturelle. Il faut donc qu'elle ne soit connue comme vertu que par une révélation qui insiste sur la distance infinie entre créateur et créature. L'autre pratique qui excède positivement les exigences de la loi morale stricte est la φιλανθρωπία[2] ou l'amour effectif de l'autre homme qui dépasse la charité ou le comportement d'entr'aide par sa qualité affective. Du reste il s'agit bien là d'un idéal religieux qui déborde de beaucoup de ce que peut et doit exiger la règle morale et qui conduirait, si elle était communément appliquée, à faire de la vie sociale beaucoup plus qu'un temps de paix et d'abondance, un « véritable âge d'or ». C'est aussi pour Grotius une façon d'affirmer à la fois un rapport de continuité et de dépassement entre le christianisme et la religion naturelle : la règle d'or est la règle des règles de toutes les morales et de toutes les religions et c'est le précepte unique de la religion naturelle. Mais si le christianisme la reprend à son compte, explicitement, il la dépasse aussi en exigeant du sujet, dans son rapport à soi-même, l'humilité, dans son rapport à l'autre, l'amitié de la *philanthropia*.

REPENTIR ET RÉTRIBUTION

Inéluctabilité de la faute

L'occultation du thème du péché originel avait pour objectif d'éviter une question controversée et de tenir la nature humaine pour bonne, saine et non pervertie. Cherbury dans le *DV*. propose même une interprétation médicale du discours religieux tenu sur le péché : le discours des orateurs contre le péché originel viserait la « nature brutale » en nous, celle qui, impénétrable directement par la raison, entraîne l'individu dans les vices caractéristiques des quatre tempéraments :

> « lascivité et lubricité chez les pléthoriques, colère, férocité, fureur chez les bilieux, paresse et paralysie chez les pituiteux, morosité, chagrin, tristesse, manie, chez les atrabilaires et les mélancoliques. <...> Mais puique toutes ces affections tiennent plutôt de la maladie que du péché, l'on a ici plus de besoin d'un médecin que d'un philosophe ou d'un orateur. Partant il faut donner de la nymphée ou de l'osier aux pétulants, du rhum au colère, de l'agaric au phlegmatique, et de l'ellébore au mélancolique après avoir préparé ces médicaments suivant l'art »[3].

Nous aurons garde de nous prononcer sur l'efficacité de ces remèdes, d'autant que ces considérations médicales n'épuisent pas chez Cherbury la question du péché mais visent à la situer plus justement. La détermination du péché hésite

1. *Mel.* § 77.
2. *Mel.* § 82 : « φιλανθρωπίας sive animi erga homines affectus ».
3. Cherbury, *DV*, 100 / 132 (Trad. Mersenne).

d'ailleurs entre deux modèles limites : le modèle stoïcien de la passion ou maladie de l'âme, et le modèle juridique du refus d'obéissance à une loi édictée par un pouvoir suprême. Le premier modèle est bien exprimé par Castellion :

> « Les médecins enseignent que la maladie est une affection contre nature dont le propre est d'empêcher l'action... De même l'affection de la chair est une maladie de l'âme appelée aussi péché c'est-à-dire une certaine inconscience et perturbation contre nature qui empêche l'action de l'âme c'est-à-dire le devoir, en d'autres termes qui lui interdit de bien juger, d'aimer Dieu de tout son cœur et son prochain comme soi-même »[1].

Le deuxième modèle serait représenté par Hobbes : « un péché en sa signification la plus étendue comprend toute action, parole, mouvement de la volonté contraire à la droite raison ». En un sens restreint « un péché, une coulpe, une faute, une offense se peut définir ce que quelqu'un a fait, a omis, a dit, ou a voulu contre la raison de l'Etat, c'est-à-dire contre les lois »[2]. Dans tous les cas le péché est à la fois désobéissance à une loi posée par Dieu et, puisque Dieu est la source de l'ordre du monde, action contraire à la nature.

Or incontestablement l'homme est et se sait pécheur. Le péché est notre lot quotidien[3]. A qui en douterait, il suffirait de rappeler la multiplicité des rites de pénitence et d'expiation qui, dans toutes les cultures, attestent de ce sens du péché. Ramadan musulman, Carême chrétien, sacrifices cruels des Indiens[4], toutes ces pratiques cultuelles témoignent d'un sentiment universel : la conscience de la faute, la crainte de la justice divine, la demande de pardon, le désir de pénitence « pour se remettre dans la grâce et la paix intérieure qu'<on> a perdue »[5].

Les explications de la possibilité du péché sont diverses : finitude de l'homme et caractère limité de son intelligence, dualité de sa nature brutale et spirituelle, mélange constant en lui de perfection et d'imperfection. « Si quelqu'un est démangé par la curiosité de savoir pourquoi nous avons la liberté de faire des crimes, nous lui répondrons aisément que cela dépend des secrets jugements de Dieu »[6]. A cette question donc, il ne sera pas répondu. Ce qui a pour effet d'évacuer du même coup deux questions fort difficiles. Pourquoi l'homme a-t-il la possibilité de faire le mal ? Cherbury y répond par l'argument traditionnel de la liberté : la liberté humaine est une liberté de choix qui peut opter pour le bien comme pour le mal. Mais il élude la question de la théodicée : Dieu eut-il pu ou dû faire un monde tel que le péché n'y fût pas possible ? La deuxième question esquivée est d'ordre théologico-philosophique : pourquoi l'homme, disposant de la liberté, en use-t-il pour faire le mal ? D'autres y ont répondu par la thèse

1. Castellion, *De l'art de douter*, I, 33, p. 121.

2. Hobbes, *Ci*, XIII, 16 & 17. Cf. Locke : Si je prends pour règle la volonté d'un suprême et invisible législateur, comme je suppose en ce cas là que cette action est commandée ou défendue de Dieu, je l'appelle bonne ou mauvaise, péché ou devoir » (*Essai*, II, XXVIII, 14.

3. Hobbes « Puisque les hommes ont déjà violé les commandements de Dieu, puisqu'ils pèchent chaque jour, comment la justice divine pourra-t-elle se maintenir sans que Dieu réclame le châtiment des péchés ? » *Ho* XIV, 6.

4. Cherbury, *DV* 217 / 191 de notre traduction.

5. *Ibid.*

6. *Ibid*, p. 219 / 192.

théologique de la corruption de la nature humaine par le péché originel. Kant construira toute une théorie du mal radical pour rendre compte de ce fait premier de l'expérience morale qu'est le vouloir mauvais. Le refoulement de la réponse théologique par le péché originel, thèse qui a fait l'objet de trop d'interprétations divergentes et sur laquelle se sont séparées tant de sectes, a pour effet de déplacer le centre de perspective de l'interrogation sur la source du mal vers l'interrogation sur la bonne conduite face au mal déjà commis. Ce déplacement permet alors de découvrir un point de convergence : chacun sait d'expérience que l'homme pèche quotidiennement et donc qu'il a besoin de pardon; puisqu'il a besoin de pardon, il doit lui-même pardonner; enfin le péché ne s'efface pas magiquement par des rites sacrificiels mais requiert repentir et réparation. « Celui qui ne sait pas pardonner aux autres brise le pont sur lequel il doit passer puisqu'il n'est personne qui n'ait besoin de pardon »[1]. Ou comme le dit Grotius citant Sénèque : « Det ille veniam facile cui venia est opus »[2].

Force et faiblesse du repentir

Il n'y a pas de religion sans procédure d'effacement des fautes. Mais cela peut se faire de diverses façons qui impliquent plus ou moins fortement la responsabilité personnelle du sujet moral, sa volonté de repentir et de réparation. De ce point de vue le sacrifice du bouc émissaire, les rites de pénitence collective (cendres, jeûne, etc...) et le sacrement de pénitence ne sont pas exactement équivalents, même s'ils remplissent la même fonction ou si l'on attend d'eux le même effet. L'auteur païen Zozime définissait même le christianisme par ce trait spécifique comme « la foi qui enlève le péché et promet aux pécheurs qui l'embrassent de les délivrer de toute faute »[3].

A l'inverse de l'appréciation dominante en d'autres temps, Grotius et Cherbury ne reprochent pas au christianisme, ou aux autres religions, un sens malsain de la culpabilité mais bien au contraire d'affadir le sens de la culpabilité en mettant l'accent sur les rites de pénitence plus que sur le repentir. Les rites ne sont que les manifestations extérieures de ce qui seul peut justifier le pardon divin, à savoir la conscience de la faute et la volonté ferme de s'en corriger. Aussi bien Grotius que Cherbury citent le Platon des *Lois*[4] qui réclamait la purification interne de l'âme et non le châtiment externe. L'obligation du repentir est donc comptée au nombre des règles fondamentales : « resipiscendum esse a peccatis »[5] et puisque l'homme est sujet à faillir, cette règle est inscrite à titre de corollaire de toutes les autres règles[6].

1. Cherbury, *Mémoires*, p. 35.
2. *Mel.* § 70; Sénèque, *Agamemnon*, 267.
3. Cité en *Mel.* § 43 et en note à *De Jure*, II, XX, XIL, 1.
4. Platon *Lois*, IX cité par Cherbury, *DRG.* p. 195 et Grotius, *Mel.* § 44.
5. Quatrième article cherburien.
6. *Mel.* § 87 : « Sed quia contra praecepta et vetantia et jubentia saepissime labitur nondum plane expugnatis vitiorum reliquiis infirma humanitas, unum est praeceptum quod vice omnium succedit, paenitentia moveri et veniam poscere. Cujus praecepti ratio in decretis pertractata est ».

Mais qu'est-ce que le repentir ? Ce n'est pas une vertu, puisqu'il accompagne toujours la faute; c'est une passion qui se situe au point de rebroussement où l'âme passe de la « langueur du péché » à l'activité de réparation, par la honte et le regret de ce qu'elle a fait. C'est aussi une forme de conscience double : conscience de sa propre faute[1] et confiance en la miséricorde divine qui pardonne à qui se repent. C'est ce dernier trait qui évite au repentir d'être cette passion malsaine qui s'entretient d'elle-même, et que décrivait Montaigne :

> « Le vice laisse comme un ulcère en la chair, une repentance en l'âme qui toujours s'égratigne elle-même et s'ensanglante elle-même. Car la raison efface les autres tristesses et douleurs ; mais elle engendre celle de la repentance, qui est plus griève d'autant qu'elle naît au-dedans » [2].

Cette accentuation du thème religieux du repentir permet de bien marquer la différence entre le péché et l'erreur, tout en minimisant la gravité de la défaillance ontologique qu'est le mal[3]. Repentir et pénitence constituent un effacement de la faute en même temps que sa reconnaissance et son aveu : la faute une fois reconnue, regrettée et réparée, c'est comme s'il ne s'était rien passé, la nature morale n'a pas été blessée et l'homme n'a pas besoin de rédempteur. Aussi bien l'optimisme anthropologique que le refoulement de la question du mal imposent donc au courant du credo minimum, par une nécessité structurale, de valoriser fortement le repentir.

Chez Spinoza, en revanche, pour qui la différence entre bien et mal est relative à une société donnée, le repentir n'a pas de valeur en soi (c'est même une passion triste et mauvaise) mais il a une certaine valeur sociale eu égard à ses effets pratiques : réparation et réformation de la conduite.

On remarquera enfin, aussi bien chez Grotius que chez Cherbury, que l'obligation du repentir et les pratiques de pénitence sont évoquées du seul point de vue de l'individu, de la paix intérieure de l'esprit et nullement du point de vue des bienfaits collectifs attendus d'une telle croyance, comme l'oubli des offenses ou le renforcement de la concorde. En mettant si fortement l'action sur l'attitude intérieure, ils ont aussi le souci de priver les prêtres d'un pouvoir exorbitant, celui d'accorder ou de refuser le pardon divin. Le prêtre n'est pas le dispensateur du pardon, mais seulement son témoin :

> « Dieu est assez bienveillant pour promettre la rémission des péchés et pour que le prêtre l'atteste, à condition que le coupable qui retourne à son bourbier soit dénoncé et qu'on n'assiste plus de ce remède celui que la même faute reprend trop souvent » [4].

Nous retrouvons là une fois encore ce refus constant des médiations extérieures (ici le sacrement de pénitence) au profit de la relation immédiate du croyant avec son Dieu.

1. Cf. ausssi Hobbes : « Une vraie reconnaissance de son péché est ce qui fait la repentance » (*Ci.* XVII, 25) ce pourquoi elle ne précède pas mais suit la confession de la faute.
2. *Essais*, III, 2, p. 784.
3. D'où le reproche kantien, d'avoir ignoré la gravité et la profondeur de la question du mal. Cf.la théorie du mal radical dans la *Religion*.
4. *RL*. p. 141 / 176.

Relation immanente entre vertu et récompense

Plus encore que le repentir qui est une tristesse qui accompagne de façon immanente le péché, la récompense de la vertu est conçue en termes de relation immédiate et quasiment analytique. Le premier bénéfice de la vertu, c'est la vertu elle-même, bien qu'il soit vrai aussi que d'autres biens en découlent, pour la société notamment, et qu'elle ne soit pas forcément le Souverain Bien, puisqu'en cette vie elle s'accompagne aussi de maux. Cette affirmation que « la vertu est sa propre récompense » vient en droite ligne du stoïcisme. « Recte facti fecisse merces est » écrivait Sénèque[1]. Cherbury et Grotius la reprennent à leur compte mais, à la différence de Spinoza, ils n'assimilent pas complètement la récompense immanente de la vertu et le Souverain Bien. Dans le *TTP*[2] Spinoza écrit : « Nous voyons que la suprême récompense de la loi divine est la loi elle-même, c'est-à-dire connaître Dieu, l'aimer vraiment librement d'un cœur intègre et constant; le châtiment, c'est la privation de ces biens, la servitude de la chair, ou encore un cœur troublé et inconstant ». Grotius[3], tout en affirmant ce rapport intrinsèque entre vertu et récompense, péché et châtiment, a le souci de prendre ses distances par rapport au stoïcisme et de ne pas assimiler complètement vertu et Souverain Bien, parce que ce serait le faire dépendre des seules forces humaines et ne plus rien laisser à l'initiative de Dieu. De même, chez Cherbury, la vertu rend les hommes plus semblables à Dieu et donc plus aptes à entrer en société avec lui[4], mais cette société est imparfaite en cette vie et « la raison fait luire au for interne l'espérance d'un état plus heureux après la mort »[5].

SALUT ET BÉATITUDE

Nous retrouvons à propos de la détermination du salut la même difficulté qu'à propos du rapport entre vertu et récompense : la pensée du credo minimum hésite entre une relation strictement analytique (à la manière de ce que les Stoïciens affirment pour le sage) et une relation synthétique qui fait dépendre la récompense d'un don divin, donc d'un apport externe. La réponse consiste à distinguer des degrés et des temps : dès ici-bas la vertu emporte avec elle sa propre récompense qui est la tranquillité de l'âme et le contentement de soi; mais ce bonheur n'est pas parfait puisqu'il est perturbé par la présence du mal et de la

1. *Ep.* 81. Voir aussi Stobée : « Ils pensent qu'il y a un honneur de la récompense et que la récompense est le prix de la vertu qui fait le bien » (*Eclogae*, II, SVF, III, 563). Lactance : « le nom et l'autorité de la vertu ont eu tant de prestige à leurs yeux qu'ils estimaient qu'en elle seule résidait cette récompense qu'est le Souverain Bien ». (*ID.* I, 1, 4.)

2. *TTP*, IV, G. III, p. 62; GF, II, p. 90. Cf. également *Ethique*, V, 42 : « la béatitude n'est pas le prix de la vertu mais la vertu elle-même ». La démonstration de cette proposition explicite cette béatitude comme épanouissement de l'âme dans l'amour et la connaissance de Dieu.

3. *Mel.* § 15.

4. *DRG.* p. 210.

5. *RL.* p. 140 / 175.

mort. Il en va de même pour le salut : il commence dès ici-bas par la pratique de la vie vertueuse, mais sa perfection ne sera atteinte qu' après cette vie.

Nous avons déjà eu l'occasion de remarquer que la pensée du salut hésitait selon les époques entre deux (ou trois) modèles : un modèle militaire et un modèle agro-médical. Le premier fait du salut une délivrance ou un rachat par paiement d'une rançon. Dans ce cas, le salut de l'homme doit tout à la miséricorde de Dieu et au rachat des hommes par le sacrifice du Christ. Le deuxième modèle, médical, décrit le salut comme guérison, régénération, et insiste sur la pénitence, la conversion, le changement de régime de vie. Dans ce cas, le salut est le fruit de la vie droite et des œuvres bonnes. Le troisième modèle est de type agraire : le salut consiste dans le plein épanouissement des potentialités humaines, ce qui conjugue nature et travail. L'homme sans connaissance et sans moralité est comme un arbre sauvage ; celui qui connaît la vérité et pratique la vertu est comme un arbre greffé car « la justice est l'agriculture de l'âme »[1]. Le modèle qui prédomine ici n'est pas le modèle militaire, ce serait plutôt le second, agraire et médical. Le salut se situe dans le prolongement des tendances naturelles qu'il porte à leur plein développement[2] et il comble en particulier le désir inné de bonheur. Beaucoup plus que d'un appel au secours, il s'agit de trouver raisonnablement les moyens de « bien faire l'homme » et d'atteindre le Souverain Bien de l'homme. Les conditions du salut résident donc davantage dans les œuvres que dans la foi. Ses préréquisits sont la bonté de Dieu et la capacité rationnelle de l'homme, ce qui implique à titre de conséquence plus ou moins clairement tirée, que tout homme juste peut être sauvé, dans quelque culture et à quelque époque que ce soit[3].

En quoi consiste ce salut ? Dans ce qui comble l'âme de toute béatitude, dans ce que Herbert de Cherbury appelle la fruition béatifique, *fruitio beatifica*, et Grotius la jouissance de Dieu, *Deo frui*. Cette définition du Souverain Bien n'est pas vraiment nouvelle[4]. Elle reprend notamment des expressions de saint

1. La formule est de Castellion.

2. A rapprocher d'Aristote, *Ethique à Nicomaque*, X (la perfection de l'homme consiste à s'immortaliser autant que faire se peut c'est-à-dire à développer ses facultés intellectuelles et à partager au maximum la vie divine qui est la vie de la pensée), mais aussi de la conception profane du salut que l'on trouve dans l'analyse de l'expression *salus populi*, par exemple chez Hobbes (*Ci*, XIII, 4) : « par ce terme de salut il ne faut pas entendre la simple conservation de la vie telle quelle, mais d'une vie autant qu'il se peut heureuse ».

3. Thème amplement développé par La Mothe Le Vayer dans *De la vertu des payens*, mais qu'on trouvait déjà chez Abélard. Cf. *Dialogue entre un philosophe, un juif et un chrétien* « la loi naturelle pourrait bien suffire au salut de certains hommes en dehors de ces œuvres extérieures et des observances de cette Loi particulière ». (trad. Gandillac, p. 229). La Mothe Le Vayer va beaucoup plus loin dans le dialogue *De la divinité* puisqu'il n'hésite pas, comme Justin, à qualifier de chrétiens tous les sectateurs de la loi naturelle qui ont vécu avant la venue du Messie, parce qu'ils ont suivi « le droit usage de la raison naturelle » et que Jésus-Christ n'est autre chose que ce Verbe divin, ce Logos et cette raison naturelle de laquelle tous les hommes sont participants et qui illumine tout homme venant en ce monde » (p. 133 de l'édition du Corpus, Fayard).

4. Elle apparaît aussi sous la plume de Spinoza dans le *TIE* où Spinoza, au § 5, définit le Souverain Bien comme jouissance d'une nature supérieure.

Augustin[1] et on la retrouve en des termes très voisins dans *Le paradoxe moral* de Jean Bodin :

> « En quoi donc mettrons-nous le plus grand plaisir et de la plus grande durée ? En la pleine et parfaite jouissance de la plus belle et plus excellente chose de toutes qui est la fruition de Dieu qui ne se peut avoir que par réflexion : en cela gît la plus grande félicité humaine : car de plus grande les hommes n'en sauraient imaginer ni penser : tous les autres biens sont muables ou beaucoup moindres et n'ont point en soi ce contentement et douce tranquillité de l'âme que les Grecs appellent εὐθυμίαν qui fait cesser tous désirs »[2].

Il faut ici distinguer entre ce qui est le Souverain Bien en soi et le Souverain Bien pour l'homme. Le Souverain Bien en soi ne saurait être que Dieu qui est l'absolue perfection. Mais le Souverain Bien pour l'homme ou sa suprême béatitude consiste à jouir de ce Souverain Bien en soi. Que comporte cette jouissance ? La connaissance et l'amour de Dieu, l'absence de troubles et d'inquiétude, la conscience pour l'homme d'atteindre sa plus grande perfection. C'est pourquoi la fruition béatifique, bien qu'amorcée en ce monde, ne peut atteindre ici-bas sa perfection : nos connaissances sont imparfaites et nos vérités bornées, ou mal assurées ; notre amour de la divinité est contredit par l'amour des faux biens, notre bonheur troublé par la présence du mal et l'horizon de la mort. C'est pourquoi le Souverain Bien de l'homme ne réside pas en ce monde quoique la vie vertueuse du sage en donne un avant-goût, fortifié par l'espérance d'une vie meilleure : « Est quidem quod summum hujus vitae bonum dici potest : inchoata nimirum Dei fruitio cum certa spe vitae alterius »[3].

Le Souverain Bien de l'homme dont la possession constitue son salut, le but de sa vie et la fin de toute religion[4], c'est donc de parvenir à participer au maximum de la vie du Souverain Bien en soi :

> « La religion chrétienne tout comme la droite raison montrent que le souverain bien de l'homme est de jouir le plus parfaitement de ce qui est par soi le Souverain Bien, c'est-à-dire Dieu »[5].

Cette béatitude intègre toutes les jouissances que les philosophies ou les religions ont incluses dans leur définition du Souverain Bien. Grotius se plaît à souligner ce caractère souverainement *intégrateur* du Souverain Bien chrétien : jouissance sensible (mais non sensuelle) de la joie (*laetitia*) par l'absence de douleur (*indolentia*), conscience de l'immortalité et l'expérience du plus grand

1. *Confessions*, VII, 17. « Non stabam frui Deo meo ; je ne me reposais pas dans la jouissance de mon Dieu » ; et *Doctrine chrétienne*, I, 5, 5.

2. Traduction de Claude de Magdaillan, 1604, p. 23. On remarquera ici encore combien est prégnant le stoïcisme chez Bodin. Tout ce traité intitulé *Le paradoxe moral* porte d'ailleurs la marque d'une inspiration stoïcienne.

3. *Mel.* § 15.

4. *Ibid*, 14 : « Finis rei optimae optimus, at est religio res omnium optima. Finis igitur ejus simpliciter optimus sive summum bonum ».

5. *Mel.* § 13 : « Christiana religio idem quod recta ratio monstrat summum hominis bonum esse quam perfectissime frui eo qui per se est summum bonum, id autem est Deus ».

des plaisirs, celle du plaisir intellectuel[1]; l'activité, comme le voulait Aristippe, la vertu comme chez les Stoïciens, le bonheur de la vie parachevée (*perfectae vitae prosperitate*) comme chez Aristote : « Alii singula singuli summum esse bonum voluerunt, ea in summo christianorum bono cuncta reperiri »[2].

Des trois chaînons de « la sacrée chaîne de notre salut »[3] le troisième, la possession du bonheur, est bien le maillon essentiel. Ce n'est ni dans la connaissance de la vérité ni dans la pratique de la vertu à la manière stoïcienne que se mesure le chemin parcouru, mais bien à la possession du bonheur. Or si l'itinéraire du salut est toujours pensé en première personne, son tracé suivant la cartographie des articles fondamentaux a inévitablement des répercussions collectives. Celles-ci ne touchent pas tant l'organisation de la vie commune que la question de l'autorité spirituelle et du partage de pouvoir entre le sujet individuel, la puissance politique et les pouvoirs religieux. C'est donc vers les incidences collectives de la réduction des croyances et des obligations religieuses à un très petit nombre d'articles qu'il nous faut nous tourner maintenant pour examiner ce que devient, dans le contexte du credo minimum, la question épineuse du *Jus circa sacra*.

1. A la place des bonheurs alimentaires et sexuels imaginés par certaines religions et qui conviennent mieux au bétail qu'à l'homme.

2. *Mel.* § 17.

3. D'Huisseau : *Réunion*, p. 24. Ces trois chaînons sont, rappelons-le, la connaissance des vérités, la pratique des vertus, la possession du bonheur.

CHAPITRE IX

CREDO MINIMUM ET JUS CIRCA SACRA

La question de la dimension collective des *praecepta* religieux recouvre deux problèmes. Tout d'abord celui de l'articulation de deux modalités du culte : la modalité strictement personnelle du culte intérieur (prière, repentir, etc.) et la modalité collective du culte extérieur ou public (cérémonies), laquelle a inévitablement des effets politiques ; deuxièmement le problème de l'articulation d'un droit-commandement, celui de régler les modalités et les manifestations de l'expression du sacré [1] et d'un droit-liberté, celle d'exprimer sa croyance et sa pensée. Les croyances religieuses ne peuvent être confinées à la sphère stricte du privé puisqu'elles ont des effets publics : plus ou moins grand respect des valeurs de la Cité, plus ou moins grande inclination à l'obéissance civile, développement des sentiments de solidarité et d'entraide ou au contraire de haine publique, etc. Si le pouvoir politique ne peut forcer la croyance, il ne peut pas davantage se désintéresser de ses manifestations publiques et de ses effets induits. C'est pourquoi, et jusqu'à aujourd'hui en bien des pays, le *Jus circa sacra* a toujours été une question juridico-politique essentielle tout autant que théologique.

Cette question du *Jus circa sacra* recouvre un certain nombre de problèmes : quelle(s) religion(s) est (sont) autorisée(s) sur le territoire de l'État ? Quels sont les textes fondateurs et garants du sacré et comment les interpréter ? Quels sont les dogmes recevables et nécessaires au salut ? Quelles sont les conditions d'admission et d'exclusion dans la communauté des fidèles ? Quelles sont les formes requises et licites de la piété et du culte ? Qui nomme les chefs religieux et fixe leurs prérogatives ? Ces chefs religieux ont-ils le droit de contrôler les gouvernants ? Peuvent-ils, en cas de désaccord, appeler les sujets à la désobéissance ? Toutes ces questions concernent le contenu du droit sur les choses sacrées. Elles ne règlent pas la question de la source et du fondement de la détention et de la jouissance de ce droit. S'il y a bien un consensus sur l'affirmation que la source ultime de ce droit est Dieu lui-même, il est clair que Dieu ne l'exerce pas directement, et donc que se pose la question de sa transmission et de ses destinataires.

1. Ce qui pose par ailleurs la question du détenteur légitime de ce droit.

Or cette question du *Jus circa sacra* a pris au XVIIe siècle une acuité particulière[1] : un proverbe hollandais[2] dit même qu'elle attire à sa suite tout le reste des affaires humaines. Et dans ces débats les tenants d'un credo minimum jouent un rôle majeur : Grotius, dans un traité de 1614[3], le *De imperio Summarum Potestatum circa sacra*[4], explicite la distinction de Sénèque entre le culte intérieur (essentiel) et le culte extérieur[5] (secondaire) ; il fonde conceptuellement cette distinction sur l'analyse des notions d'action, de pouvoir et de culte, et il en tire les conséquences politiques concernant le droit du Prince sur le sacré. Cette distinction sera abondamment reprise et analysée dans toutes ses conséquences par Hobbes, Spinoza et bien d'autres, ce qui nous montre que la position d'un credo minimum a aussi des effets politiques majeurs. Mais, à la différence de ce qui se passera souvent au siècle suivant, la distinction des deux cultes, intérieur et extérieur, n'implique pas que le second en devienne évanescent. Au XVIIe siècle, dans le courant de pensée du credo minimum, culte intérieur et extérieur sont distingués, articulés, mais non pas opposés : le culte intérieur ne doit et ne peut être qu'entièrement libre ; le culte extérieur dépend de la religion du pays, il n'est point abandonné mais relativisé, historicisé, pensé dans son rapport à une tradition historique, à un *ingenium* de peuple, nous dirions aujourd'hui à une mentalité collective ou populaire. Le peuple hébreu n'est pas le peuple romain antique, et pas davantage le peuple hollandais commerçant du siècle d'or. Au XVIIIe siècle au contraire, chez les tenants de la religion naturelle, le culte extérieur est fréquemment ridiculisé, abandonné à ceux qui ne peuvent se passer des béquilles de l'approbation collective et de l'imagination.

DE IMPERIO SUMMARUM POTESTATUM CIRCA SACRA

A la mort d'Arminius (1609) le conflit s'exaspère en Hollande entre arminiens et gomaristes[6]. Les arminiens réclament l'intervention des autorités civiles, laïques, pour contrebalancer le dogmatisme de leurs adversaires et éviter la formation d'un nouveau schisme dans l'Eglise calviniste. Uytenbogaert rédige en cette même année 1609 un *Traité sur la fonction et l'autorité du haut magistrat chrétien dans les affaires ecclésiastiques*[7] où il analyse les différents systèmes

1. Cf D. Nobbs : *Theocraty and toleration : a study of the disputes in dutch calvinism from 1600 to 1650*, Cambridge UP, 1938.

2. Cité par L. A. Constans dans le *De jure Ecclesiasticorum*, p. 94.

3. Publié seulement en 1647 mais dont les thèses se retrouvent dans les discours et dans les traités de Grotius.

4. Traduction française de 1751 *Du pouvoir du magistrat politique sur les choses sacrées*. Reprint Caen, 1991.

5. Sénèque *Ep*. XCV, § 50.

6. Sur ces questions Cf. Nobbs et J. Lecler, *Op. cit.* , t. II, p. 260 sq.

7. *Tractaet van't Ampt ende authoriteyt einer hooger ohristelijcker overheudt in kerkelijcke saecken*, La Haye 1610.

possibles de relations entre l'Église et l'État. Il y affirme notamment, dans la dédicace aux États de Hollande :

> « Ne doutez pas que votre autorité vienne de Dieu qui vous a établis comme des dieux sur votre peuple [1]. Surveillez bien l'enseignement donné à vos sujets. <...> Vous pouvez le faire de plein droit, vous le pouvez par la grâce de Dieu. Il vous appartient de faire des lois pour vos sujets ; veillez à ce qu'elles ne soient pas faites par d'autres » [2].

En 1614 les États de Hollande et de West-Frise interdisent aux pasteurs d'aborder en chaire les questions controversées et de troubler l'ordre public par des querelles doctrinales. Or le texte de ce décret avait été rédigé par un jeune juriste, ami d'Uytenbogaert, qui n'était autre qu'Hugo Grotius. Dans un discours prononcé devant les magistrats d'Amsterdam le 23 avril 1616, il justifie la tolérance mutuelle que se doivent Églises et fidèles, par la théorie des points fondamentaux.

> « Toutes les Églises réformées estiment qu'ils sont en petit nombre et qu'ils sont exprimés clairement un peu partout dans les Saintes Écritures avec promesse de salut pour ceux qui les croient et menace de damnation pour ceux qui ne les croiraient pas. Quant aux autres points de doctrine, ils ne sont plus le fondement mais une superstructure. S'ils sont proposés en conformité avec la Parole de Dieu, on peut les considérer comme de l'or et de l'argent ; s'ils s'écartent au contraire de la norme de la vérité, on doit les regarder comme du foin et de la paille. Les maîtres qui édifient ainsi au dessus du fondement des superstructures de foin et de paille ne mettent pas cependant leur salut en péril » [3].

Grotius en tirait la conséquence que Remontrants et Contre-Remontrants se devaient tolérance et respect mutuels. Mais il n'exprimait pas dans ce discours, dont les thèses au demeurant ne furent pas suivies par les magistrats d'Amsterdam, la totalité de sa pensée sur ce sujet. Celle-ci nous est cependant connue par le *De imperio*...qui fonde le *Jus circa sacra* du magistrat politique sur une théorie de la souveraineté et même temps que de la religion. « J'appelle Magistrat politique la personne ou l'assemblée qui gouverne tout un peuple et qui n'a que Dieu au dessus d'elle » [4]. La souveraineté politique est un statut : autorité suprême, c'est-à-dire au dessus de laquelle il n'y en a pas d'autre que celle de Dieu ; c'est aussi une fonction qui s'incarne dans une personne (individu ou assemblée) car son unité n'est pas de nature mais de conseil, c'est-à-dire de volonté. Aussi soustraire la sphère du religieux à l'autorité du magistrat politique serait « introduire une anarchie », diviser le pouvoir et par là-même détruire la souveraineté qui est une ou qui n'est point.

1. Nous retrouverons ce même thème du magistrat politique quasi-Dieu ou *prodeus* (Lieutenant de Dieu ou vice-Dieu) dans le *De jure Ecclesiasticorum* de L. A. Constans.
2. Cité et traduit par J. Lecler, *Op. cit.*, II, p. 261.
3. Trad. J. Lecler, *Op. cit.*, II, p. 264.
4. *De Imperio*, I, 1.

> « Gratifier une autre puissance de ce qui appartient au magistrat politique[1], ce serait asservir un seul peuple à deux puissances distinctes, maxime contraire à l'essence du souverain. <...> Telle est, dit Tertullien, la condition du Souverain, que rien ne l'égale, loin de le surpasser ».

L'essence de la souveraineté consiste dans la prééminence incontestée et dans l'unité de décision, condition de validité de l'obligation :

> « La suite naturelle du pouvoir est l'obligation et la coaction. Or s'il y a plusieurs Souverains, il peut y avoir des ordres contraires ou qui renferment quelque contrariété; mais toute obligation ou coaction contraire sur la même matière répugne et produit ce que les Rhéteurs appellent combat de nécessité. L'une cesse d'obliger ». (I, 3)

Or la religion appartient à la vie de la Cité. Elle contribue à la tranquillité et au bonheur public; elle a des effets politiques positifs : obéissance, patriotisme, respect et amour de la justice, ou négatifs : troubles et séditions. Il est donc indispensable pour le pouvoir de la contrôler politiquement, au moins du point de vue disciplinaire, c'est-à-dire pour tout ce qui touche aux comportements. La justification théorique de la légitimité de ce contrôle politique ne passe pas chez Grotius par de simples considérations d'intérêt à court ou long terme, mais par une analyse conceptuelle de l'action et du pouvoir[2]. L'action peut se diviser en action intérieure et extérieure. L'intérieure qui recouvre l'activité de juger, ne relève que de l'individu et de sa conscience et elle est de droit, parce qu'inévitablement de fait, hors de la juridiction de tout pouvoir. Comme le disait déjà Lactance[3] « qui m'obligera à croire ce que je ne veux pas croire ou à ne pas croire ce que je veux croire »[4]? L'action extérieure, c'est-à-dire l'action effective, est « la matière première de la puissance temporelle », ce sur quoi elle exerce son commandement. Ainsi le Souverain ne peut me forcer à croire ou à ne pas croire, mais il indique le temps, le lieu et la manière dont on doit accomplir la loi divine. On a là très probablement une origine, sinon l'origine ultime[5], de la distinction qui deviendra classique entre la religion (ou le culte) intérieure et la religion extérieure.

Le pouvoir ou plutôt le gouvernement[6] se divise en pouvoir constitutif (*constitutivum quod ex consensu aut imperio nascitur)* et en pouvoir directif ou déclaratif *(declarativum).* Le gouvernement déclaratif n'oblige ni ne contraint : il fait connaître ce qui produit ou augmente l'obligation. C'est un gouvernement de conseil et sans violence, comme est celui du médecin « qui recommande à

1. *Ibid*, I, 2, trad. Lescalopier, p. 6. Dans ce § Grotius entend prouver que « le pouvoir du magistrat politique ainsi défini enveloppe et le temporel et la religion ». On remarquera au passage que dans cette analyse de la souveraineté Grotius cite un Père de l'Eglise, mais ignore un théoricien du politique tel que Bodin.

2. Chapitres II & III respectivement.

3. Que Grotius cite au § 9 du chap. III.

4. « Quis mihi imponat necessitatem vel credendi quod nolim vel quod velim non credendi ?» Lactance *I. D.* V, 13.

5. Qu'il conviendrait plutôt de faire remonter à la critique philosophique des religions de la Cité, opérée par le stoïcisme, plus particulièrement le stoïcisme impérial.

6. *Regimen*, IV, 6.

l'homme le soin de sa vie ou de sa santé », qui enseigne au malade ce qui est mortel et ce qui guérit mais sans le forcer à se soigner; ou bien encore celui du philosophe « qui dévoile ce qui est honnête et concourt au salut du peuple »[1]. On voit donc que le soin du salut des membres de la communauté politique est loin d'être l'apanage des pasteurs : la magistrature politique tout autant que la puissance sacerdotale, quoique d'une autre manière et par d'autres voies, a pour fin le salut des sujets[2] auquel concourrent également, dans leur ordre de compétence propre, médecins et philosophes. L'Église n'a donc aucun privilège par nature sur ce point. Grotius affirme au contraire :

> « Il est en quelque sorte naturel que le souverain obtienne le sacerdoce : cette maxime n'est pas à la vérité de la loi naturelle immuable, mais elle est conforme à la nature et à la saine raison. <...> Le consentement unanime des nations appuie cette opinion »[3].

Il est vrai cependant qu'à la différence de ce qui se passe dans la famille où le père de famille concentre toutes les fonctions de commandement, le magistrat politique ne peut décider de tout. Il doit s'entourer de conseils mais garde le contrôle de tout ce qui se décide en son nom et particulièrement des réglements à valeur législative.

> « Le conseiller guide le prince en le persuadant; l'homme versé dans la loi naturelle en lui dévoilant la loi divine; le médecin en veillant sur sa santé et le Pasteur en lui frayant les voies du salut : cependant le Magistrat politique les gouverne tous et souverainement ».[4]

De cette double analyse des actions et des différentes sortes de pouvoir (directif ou de conseil, et constitutif ou de commandement et contrainte), Grotius tire dans la suite du traité, un certain nombre de thèses concernant le droit du Prince sur les choses sacrées.

1. Le Prince a le droit souverain sur les choses sacrées mais il s'entoure du conseil de docteurs ou d'hommes versés dans la connaissance de la loi naturelle et divine.

2. Il détermine la religion de son État, comme le montre l'exemple de l'Angleterre : sous le règne de Marie le catholicisme prévalut, et sous Elisabeth, la religion anglicane.[5]

3. Il ne tranche pas en matière de dogmes, ne modifie pas le credo minimum mais, dans le cas des controverses théologiques qui portent toujours sur des points qui ne sont pas absolument indispensables au salut, il oblige à laisser la

1. *Ibid.* Ceci rejoint un topos de la position anti-augustinienne qui soulignait que le Christ avait enseigné mais non régné. De même pour Grotius ou Cherbury, le souci ecclésial de la communauté doit se traduire par une activité d'enseignement et de conseil et non point de gouvernement.

2. *Op. cit.*, II, 7.

3. *Op. cit.*, II, 3, trad. française p. 36-37.

4. « Diverso autem plane regendi genere non mirum est eundem regere et regi : nam Regem suadendo regit Consiliarius, juris naturalis peritus legem divinam declarando, medicus et pastor Ecclesiae modo utroque sed hos omnes Rex imperio regit et quidem summo ».

5. *Op. cit.*, VIII, 2.

question en suspens et à ne pas imposer au peuple des charges supplémentaires inutiles.(ch. VI)

4. Il convoque, ratifie et révoque les conciles. (ch. VII) Tout comme d'Huisseau, Grotius juge les conciles généralement plus dangereux qu'utiles car ils favorisent l'amour de la dispute et la passion de dominer, beaucoup plus que la recherche sereine de la vérité. Le concile étant une assemblée de pasteurs destinée à conseiller le Prince sur le domaine où s'exerce l'empire de la religion, le point de vue du Prince et celui du concile sont inévitablement antagonistes : une assemblée sacerdotale tend naturellement à augmenter les dogmes pour étendre son pouvoir[1] tandis que le Prince tend à les restreindre pour éviter les disputes et favoriser le consensus. Il est donc de bonne politique que le Prince contrôle les conciles et qu'ils ne soient tenus pour légitimes que s'ils ont été convoqués et ratifiés par lui. Sinon on se trouverait dans le cas de figure préalablement dénoncé de la division du pouvoir et donc de sa dissolution.

5. Le Prince fixe la discipline ecclésiastique et les modalités du culte. (ch. IX)

6. Il confirme l'ordination des pasteurs et leur élection ou désignation à une communauté déterminée. (ch. X, § 2 & 3)

Grotius cependant laisse en suspens certains problèmes névralgiques : il ne dit pas si le Prince doit, pour préserver la paix publique, n'admettre qu'une seule ou accepter une pluralité de religions. Par ailleurs, l'argument de la paix publique se détruit si le Prince impose brutalement et pour convenances personnelles, un changement de religion au risque de heurter les consciences et de susciter des troubles civils. De même le magistère spirituel des Docteurs n'est pas précisé. Il est soumis au contrôle du Prince car il ne vise pas tant la vérité que la paix. La thèse de Grotius tend donc à l'indifférenciation du droit divin et du droit civil quoique partiellement : le droit divin s'explicite dans le droit civil mais le droit civil n'est pas encore conçu comme droit divin, ce qui sera le cas dans la pensée de Hobbes et de ses disciples, tel Lucius Antistius Constans dans le *De jure Ecclesiasticorum.*

LA QUESTION DU MAGISTÈRE SPIRITUEL

MAGISTÈRE SPIRITUEL ET CREDO MINIMUM

L'attribution au Prince du *Jus circa sacra* impliquait aussi un certain contrôle du pouvoir sur le circuit des idées, c'est-à-dire sur le magistère spirituel des pasteurs et l'enseignement des universités. Il s'agissait d'empêcher que les pasteurs et les docteurs de l'Église ne missent leur propre autorité en concurrence avec celle du Prince et que la pluralité d'ordres contraires ne rendît l'obéissance impossible et l'obligation vaine. D'où la thèse du régalisme : l'autorité du Prince, en cela analogue à celle du père de famille, vise à la fois le

1. Au moins son pouvoir dans l'ordre symbolique, comme on dirait aujourd'hui en bonne sociologie wébérienne.

bien matériel et le bien spirituel de ceux qui lui sont soumis. Mais ce refus d'empiètement de pouvoirs peut prendre deux formes différentes : l'une, développée par Hobbes et ses sectateurs, inverse les termes du problème, substitue au pouvoir des pasteurs celui du Prince, et laisse les sujets dans le même rapport de soumission qu'auparavant, seul le détenteur légitime de l'autorité spirituelle ayant changé. L'autre, qui sera défendue par Spinoza, refuse de poser la question dans ces termes et dissout l'idée même de la légitimité d'un magistère spirituel au profit de la défense de la liberté de pensée et d'expression des sujets, dans la mesure évidemment où celle-ci n'est pas susceptible de troubler l'ordre public. Or, aussi bien chez Hobbes que chez Grotius et Spinoza, la position d'un petit nombre de vérités nécessaires au salut est employé pour restreindre le pouvoir des pasteurs et défendre soit l'autorité spirituelle du Prince, soit la liberté de penser des sujets. On peut donc étudier comment sur ce point aussi, cette position constitue une ligne de démarcation, suffisante pour rejeter une certaine forme de dogmatisme, mais insuffisante à elle seule pour fonder une position philosophique rigoureuse.

En quoi consiste exactement ce magistère spirituel des pasteurs? Il oscille entre une fonction d'enseignement ou de conseil (maître comme *magister*) et une fonction de commandement (maître comme *dominus*). Le magistère spirituel recouvre en effet l'enseignement des dogmes, la prescription des règles de vie droite, l'offre d'aides ou de moyens de salut spécifiquement religieux (sacrements). Il est clair que tant dans la prescription des règles de vie (prescrites comme conseils ou le plus souvent comme lois qui obligent) que dans la distribution ou le refus des sacrements (refus de la pénitence, excommunication etc...), ce magistère dispose d'un pouvoir très grand sur les consciences et d'un pouvoir réservé à des hommes distingués par leur science religieuse et par un mode d'élection spécifique. Or l'accent mis sur le credo minimum contribue à modifier le caractère exclusif de ces privilèges et de cette autorité. Puisque ces dogmes sont très faciles à apprendre, il n'est pas besoin d'être savant, philosophe ou théologien pour les connaître. Donc le Prince, qui n'a pas le temps de faire les études nécessaires pour être savant, philosophe ou théologien, pourra en décider. Ainsi, pour Hobbes, le credo minimum peut se réduire à trois articles : Dieu existe, Jésus est Messie (article principal) et le culte pieux consiste tout entier dans l'obéissance à la loi.

Mais, en même temps, la théorie du credo minimum ouvre la voie à la *dissolution* du Magistère spirituel. Car si le nombre de choses nécessaires à connaître pour atteindre le salut est très petit et facile à concevoir pour tous, il n'est plus besoin de guide ni de maître en matière de foi. Chacun peut retrouver en lui-même cet enseignement par l'exercice de la raison naturelle appliquée à l'Écriture Sainte. Le problème dès lors se déplace : la question de savoir à qui appartient le droit de juger ce qu'il faut croire et ce dont il est permis de douter devient : quelles sont les croyances séditieuses ou favorables à l'État? Ceci passe par la distinction entre la croyance ou la conviction (qui sont purement de l'ordre de la pensée), son expression (qui est matérielle) et l'action de cette expression sur d'autres pensées et d'autres actions (qui relève d'une logique et d'une dynamique du pouvoir[1]). C'est ce dernier point principalement que le Prince a le devoir politique de contrôler en empêchant le développement des croyances pernicieuses pour la vie de l'État. Son magistère spirituel a donc beaucoup moins pour fonction d'enseigner quelque chose que d'empêcher l'imposition d'un enseignement obligatoire qui excède le credo minimum. Ce sera là explicitement la solution de L.A. Constans, disciple de Hobbes, qui pousse à leurs conséquences extrêmes les implications de la logique du système hobbesien de la souveraineté.

LOGIQUE HOBBESIENNE

La solution hobbesienne du problème du *jus circa sacra* dépend étroitement de sa théorie du contrat social et de la souveraineté. L'unité du corps politique présuppose l'unité de son âme ou de son commandement en la personne du Prince qui devient, selon le mot même de Hobbes[2], un Dieu mortel. Etre souverain, c'est disposer du pouvoir exclusif de faire la loi, cette chaîne artificielle qui va des lèvres du Souverain aux oreilles des sujets[3], et qui les relie tout autant qu'elle les lie. Il est aussi du ressort exclusif du Souverain d'interpréter la loi « car quiconque dispose d'un pouvoir légitime sur quelque écrit pour le faire loi a aussi le pouvoir d'en approuver ou d'en désapprouver l'interprétation»[4]; il n'y a pas sur ce point de différence entre la loi naturelle, civile ou religieuse. Le Prince hobbesien dispose de l'intégralité du *Jus circa sacra* : il fixe le canon de l'Écriture Sainte parce que l'Écriture est règle de vie et non pas doctrine spéculative.[5] Il fixe aussi son interprétation authentique et autorisée et la signification de la Parole de Dieu.[6] Il détermine ce qui est pour nous *hic et nunc* commandement de Dieu ou réciproquement devoir de l'homme envers Dieu, ainsi que les modalités du culte extérieur[7] puisque ce culte soude l'unité des citoyens et dispose le cœur à l'obéissance.

Il n'y a donc pas de place possible dans le système de Hobbes pour un pouvoir spirituel distinct du pouvoir temporel[8] et le Pape comme le prêtre n'est qu'un « maître d'école ». Or c'est au seigneur de la famille de choisir son aumonier ainsi que le maître d'école pour enseigner ses enfants[9]. Le *magister* est soumis au *dominus*, n'a qu'une fonction de conseil, non de commandement et ne dispose donc pas du droit de châtier. Le chapitre XLII du *Léviathan* expose longuement ce

1. A condition d'entendre la notion de pouvoir en son sens large comme action sur l'action d'autrui.

2. Reprenant une formulation de Bacon : « Un roi sur la terre est un Dieu mortel ». (*Sur les Rois*, in *œuvres* de F. Bacon, Trad. Buchon, Paris, 1836, p. 653).

3. *Lév.* XXI, p. 223-4.

4. *Lev.* XXXIII, p. 417.

5. Cf. J. P. Osier : Hobbes et Spinoza devant le canon de l'Écriture, *Cahiers philosophiques* n°14. (1983) p. 19-29.

6. *Ci.* XVII, 18 et *Lév.* XXXIII p. 417.

7. *Ci.* XV, 15.

8. Quoiqu'il y ait place cependant pour une instance de discussion et de conseil qui peut donc espérer avoir une influence (comme Hobbes lui-même écrivant le *Léviathan*) sans pour autant disposer d'un véritable pouvoir au sens politique du terme.

9. *Lev.* XLII, p. 583.

point. Jusqu'à la résurrection générale et finale, le Christ n'est pas roi mais docteur, et ses apôtres ne tirent de lui aucun droit ou pouvoir de commandement. Ils ne peuvent exiger l'obéissance qui n'est due qu'au Prince ; quand bien même celui-ci nous ordonnerait de dire quelque chose à quoi nous ne croyons pas, nous devrions obéir, car alors c'est le mouvement des lèvres et des organes corporels en jeu dans la parole qui serait signe de l'obéissance; nous resterions libres de nos pensées, comme le montre l'exemple du syrien Naaman qui adorait le vrai Dieu dans son cœur tout en se prosternant contre sa croyance dans la maison de son maître Remnon[1].

> « Etant donné que dans toute république chrétienne le souverain civil est le pasteur suprême à la charge duquel est commis tout le troupeau de ses sujets et que, par conséquent, c'est en vertu de son autorité que tous les autres pasteurs sont créés et ont le pouvoir d'enseigner et de s'acquitter de toutes les autres fonctions pastorales : il s'ensuit aussi que c'est du souverain civil que découle le droit de tous les autres pasteurs d'enseigner, prêcher et en général d'exercer toutes les activités qui relèvent de cette fonction; et qu'ils ne sont que ses ministres de même que les magistrats municipaux, les juges des cours de justice et le commandant des armées ne sont que les ministres de celui qui est le Magistrat de toute la république, le juge de toutes les causes, et le chef de toutes les forces armées; et celui là c'est toujours le souverain civil »[2].

Cette logique hobbesienne est reprise jusque dans ses dernières conséquences et quasiment caricaturée dans un texte d'un de ses disciples néerlandais, Lucius Antistius Constans, pseudonyme d'un auteur dont nous ne connaissons rien, mais à qui ses contemporains attribuaient quelque importance, puisque son livre fut faussement attribué à Spinoza, lequel le cite dans le *Traité politique*.

Constans et le de Jure ecclesiasticorum

Constans part d'une description de l'état de nature comme un état de liberté et d'égalité absolue entre les hommes. Chacun n'y relève que de lui même et dispose d'un droit et pouvoir (*jus et potestas*) illimités en théorie, quoique limités en pratique par la faiblesse des forces individuelles. Comme chez Hobbes, les multiples inconvénients de cet état de nature (crainte, insécurité, faiblesse de moyens) et le désir d'un état meilleur poussent l'individu à passer de l'état de nature à l'état de société par un pacte social. Celui-ci comprend deux moments : 1. une convention d'association explicite ou tacite accompagnée du choix du Prince ici appelé vice-dieu (*prodeus*) ou tenant-lieu de Dieu; 2. la transmission de la totalité du droit et puissance de chaque individu au vice-dieu. Cette transmission ne concerne pas le jugement qui reste le propre inaliénable de chacun, nul ne pouvant me forcer à croire ce dont je doute ou à douter de ce que je crois. Mais elle recouvre en totalité l'expression de ce jugement dans la parole, l'écrit, ou la décision, ainsi que l'effectuation de ce jugement dans une action, car ce sont là des mouvements et des opérations du corps. Or par le contrat social,

1. *Lév* XLII, p. 523.
2. *Lev* XLII, p. 563.

j'ai donné au vice-dieu tout pouvoir sur mon corps et je lui ai même confié le soin de me tenir lieu de raison, au moins pour tout ce qui concerne mon rapport à autrui. User de sa raison, c'est être Dieu pour soi-même. Mais dans la Cité ce sont les vice-dieux qui déterminent la règle commune ou la loi, c'est-à-dire la raison commune à tous les citoyens. Ce qui explique que Constans choisisse, pour désigner le Souverain, un terme tel que *prodeus* dont la construction même rende sensible à tous la référence à la divinité puisque le Souverain tient lieu de Dieu pour les citoyens.

Ce passage de l'état de nature à la Cité affecte la nature et le statut de l'égalité, de la raison individuelle et du droit. L'égalité, car à l'état de nature, tous les hommes sont égaux comme également faibles, et dans la Cité les citoyens demeurent égaux entre eux puisqu'ils sont tous radicalement inférieurs aux vice-dieux. Toute inégalité dans la Cité est donc de droit public, concédée et révocable par les vice-dieux.

La raison est le substitut de l'âme ou l'âme même. A l'état de nature, elle est la voix de Dieu en nous. Obéir à sa raison est alors obéir à Dieu-même. Dans la société civile, c'est la raison du vice-dieu qui est pour le citoyen la raison divine. L'accord des raisons individuelles ne peut se faire que de façon externe par la soumission à la raison des vice-dieux (ce qui suppose, quand ils sont plusieurs, qu'ils parlent d'une seule voix). Dans la société civile obéir à sa raison privée, c'est désobéir à Dieu; obéir à la raison commune (qui est la raison privée des vice-dieux) c'est lui obéir.

Le droit naturel individuel disparait dans la société. Il a été intégralement transmis aux vice-dieux, sauf dans le cas, unique, du vice-dieu qui, lui, conserve tout son droit et pouvoir naturel, plus celui de tous les autres citoyens. Le vice-dieu dispose donc de tous les droits naturels, et le citoyen d'aucun[1]. Le droit divin est identique au droit civil lequel peut inversement être qualifié de droit vice-divin[2] ou divin, puisque les vice-dieux sont les tenant-lieu de Dieu dans la Cité et que le droit divin est tout entier contenu, déterminé dans le droit civil public.

Quelles sont alors les conséquences de ces thèses sur les Ecclésiastiques, les Docteurs, et la liberté des individus?

Les Ecclésiastiques ne disposent d'aucun privilège de droit divin. Tous leurs privilèges leur sont concédés par leurs vice-dieux et révocables. Ils ne peuvent rien ordonner ou interdire par eux-mêmes mais seulement transmettre les ordres des vice-dieux et inciter à l'obéissance par la parole et par l'exemple. L'état d'ecclésiastique est un ministère public soumis à la juridiction du pouvoir. Les Ecclésiastiques ne sont plus que des administrateurs et des fonctionnaires. Par ailleurs le pouvoir ecclésiastique ne concerne que le corps et la religion extérieure c'est-à-dire l'organisation spatio-temporelle du culte, les attitudes du corps et les gestes de la prière, les paroles à prononcer (credo et cantiques).

1. *Op. cit.* , ch. XVI, p. 160. La pagination donnée ici correspond à l'édition latine de 1665.

2. *Ibid*, ch. XV, p. 149 : « Jure Civitatis prodivino vel etiam divino dicere liceret ».

Les Docteurs qui ont en partie la charge d'administration des âmes, n'ont le droit d'enseigner que ce que les vice-dieux leur disent d'enseigner. Ils ne sont ni conseillers ni maîtres, et pas plus des citoyens que des vice-dieux. Ils n'ont pas le droit d'ajouter un seul dogme de leur fait (VIII, p. 116), ceci afin d'éviter les divisions dans la Cité. Leur activité est d'ordre persuasif et ils doivent essentiellement enseigner l'obéissance. On voit donc que chez Constans, le magistère spirituel porte plutôt sur le corps que sur l'âme, qu'il est fort limité et entièrement subordonné au politique qui en fixe le contenu comme les modalités.

Les individus citoyens ont le droit de penser ce qu'ils veulent parce que ce droit est inaliénable de fait : la créance ou le doute ne peuvent être commandés ou forcés [1]. Ce thème que nous avons déjà eu plusieurs fois l'occasion de rencontrer présuppose que le Moi, en tant qu'il pense, soit une unité originaire et inviolable. Mais cette thèse apparemment "libérale" peut inversement signifier une conséquence qui n'est tirée explicitement que par Constans : une connaissance vraie ne confère aucun pouvoir; la diffusion de connaissances vraies ou fausses passe toujours par une médiation de parole ou d'écriture donc par le corps; or les actions corporelles sont entièrement sous la juridiction des vice-dieux; donc nul n'a le droit de publier ce qu'il croit (ou sait) être vrai si ce droit de publication, au demeurant révocable, ne lui a pas été concédé par les vice-dieux.

On voit d'emblée les effets pervers de cette position : la sécurité des citoyens et la paix intérieure ou la fin des dissensions schismatiques s'y paye d'un prix excessivement élevé : par l'uniformité de l'obéissance servile, aveugle et muette, et l'abandon de la libre discussion. C'est à une Cité de la sorte que s'applique la remarque de Spinoza [2] qu'elle mérite plutôt le nom de désert que de nation. Le vice-dieu étant tenu pour Dieu ou parole de Dieu dans la Cité [3], le service divin se réduit ou se résume dans l'obéissance aveugle aux Magistrats. L'arbitraire le plus total règne dans la croyance : je crois ce que le vice-dieu juge utile que je croie pour le salut public de la Cité. Toutes les valeurs, même la vérité, sont inféodées au salut public tel que l'interprètent les Magistrats. Bref c'est là l'apologie du règne sans partage de l'idéologie du pouvoir et la mort de la science comme de la liberté.

SPINOZA

Spinoza reprend certaines thèses hobbesiennes mais en les lisant dans sa propre logique et en maintenant jusque dans la Cité le droit naturel des individus, assimilé à leur puissance [4]. « Le droit de chacun s'étend jusqu'où s'étend la puissance déterminée qui lui appartient [5] ». La Cité ne vit, n'agit et n'actualise sa

1. *Op. cit.*, ch. IV p. 56.
2. *TP* V, 4.
3. Constans, *Op. cit.*, ch. VI p. 75 : Dieu a lui même gravé dans tous les esprits une loi commandant de vivre dans l'obéissance aux vice-dieux et ainsi de lui obéir puisque dans toute Cité c'est par leur intermédiaire qu'il dirige les citoyens.
4. Lettre L à J. Jelles.
5. *TTP*. XVI. (GF. II, p. 262)

puissance que parce qu'à tout moment les individus choisissent de suivre la loi commune plutôt que leurs seuls appétits. Cesseraient-ils d'obéir pour suivre chacun la loi de son désir au lieu de désirer suivre la loi, que la Cité cesserait par là même d'exister et que l'on serait retourné à l'état de nature. Or, de ce processus perpétuel de reconstitution de la Cité et de reposition du pacte social, on sait que la libre discussion est partie prenante. En décidant d'obéir à la règle commune le sujet renonce au droit d'agir selon son propre jugement mais ne saurait renoncer à son droit naturel de penser car « chacun est maître de ses propres pensées par un droit supérieur de nature[1]». Le droit du Prince s'étend sur les actions, non sur les langues et les âmes. C'est pourtant la loi de la Cité qui fixe les valeurs morales : le bien et le mal, le juste et l'injuste. Ou plus exactement la Cité joue le rôle de facteur de détermination de la loi universelle abstraite et confère à ces valeurs déterminées force de droit et de commandement. Ainsi la loi de Dieu présentée dans le credo minimum[2] a pour contenu la justice et la charité, mais c'est la Cité qui détermine qui est mon prochain, en quoi consiste ce "sien" que je dois rendre à chacun[3]; c'est elle encore qui, à une certaine époque, pose le patriotisme comme forme historiquement déterminée et requise de piété[4]. Bref la Cité est une facteur de concrétisation non seulement de la loi morale, mais encore des exigences de la religion, soumises à la règle suprême de l'utilité publique et du salut du peuple.

La distinction de la religion extérieure et intérieure reprise par Spinoza, n'est plus, comme chez Constans, celle du corps et de l'âme, mais celle du public et du privé[5]. Comme chez Hobbes, le Prince interprète la loi divine universelle en fonction de l'utilité commune et du salut du peuple. Il nomme les préposés au culte parce que tout pontificat est un vicariat c'est-à-dire une fonction subordonnée au souverain, mais le Prince n'a pas à intervenir dans les querelles théologiques, ni pour y prendre position, ni pour y mettre fin. Sa seule tâche en ce domaine est d'empêcher qu'elles ne rendent l'obéissance à la loi commune impossible, ce qui les constituerait comme séditieuses et passibles du châtiment requis contre les comportements de cette sorte. Car une opinion n'est pas séditieuse, et donc condamnable et punissable, en raison de la thèse qu'elle renferme mais « à cause de l'action (= désobéissance) qui s'y trouve impliquée »[6]. Non seulement le Souverain spinozien n'est pas un maître spirituel ou un Docteur, mais son autorité, comme la paix de l'État, n'est pas affectée par le droit reconnu à chacun de dire et d'enseigner ce qu'il pense, du moment qu'il obéit à la règle commune. Vouloir mettre fin par l'autorité de la Loi et de la Puissance souveraine aux controverses théologiques est inefficace et, pire, aggrave le mal qu'on prétendait guérir, par erreur sur la méthode.

La méthode adéquate de résolution des conflits d'idées est la méthode de la libre discussion qui relève d'une logique rationnelle de la compréhension, et non

1. *TTP*. XX, (GF. II, p. 328)
2. Cf. la référence au ch. XIV faite au ch. XIX, G. III, p. 229 l 9-15; GF II, p. 314.
3. « Etre juste, c'est ne léser personne et rendre à chacun le sien » *TTP* XX, GF p. 334.
4. *TTP* XX, GF p. 317.
5. *TTP*, ch. VII.
6. *TTP*, ch. XX GF. p. 331.

pas la méthode de l'autorité qui relève d'une logique passionnelle de la domination. Cette dernière façon de procéder suscite orgueil ou révolte et produit un sorte d' "effet boomerang" en privant la Cité de ses éléments les meilleurs. Ceux-ci préfèrent « mourir pour la bonne cause, glorieux de donner leur vie pour la liberté »[1] et leur martyre suscite aussitôt des émules.

Politique et métaphysique.

Cette logique du droit du Souverain et de la vie de l'État est inscrite chez Spinoza, dans une métaphysique qui rend compte rationnellement de ce que l'expérience enseigne et que l'histoire confirme. Les thèses pertinentes essentielles sont les suivantes :

– Une seule substance en une infinité d'attributs régie par une causalité immanente unique et nécessaire.

– L'assimilation du droit et de la puissance dans le cas de la nature totale (ou de Dieu) comme dans celui de l'individu.

– La rationalité intégrale du réel et la détermination de la raison comme ce dont le gouvernement (ou le *dictamen*) permet à l'homme de développer au maximum sa puissance d'agir[2].

De cela résultent au moins trois conséquences :

a) La séparation de la pensée et de ses modes d'expression est impossible et vaine. L'expérience nous enseigne qu'on ne règne pas sur les pensées, qu'il est très difficile de régner sur les paroles, que cela demande de la part du pouvoir une dépense excessive de force et que le gouvernement qui dénie à l'individu le droit de dire et d'enseigner ce qu'il pense est un gouvernement violent et donc finalement faible[3]. La raison nous démontre que la même loi de la nature totale s'exprimant également en même temps dans tous les attributs, l'accord de la pensée et de son expression corporelle ou dans l'ordre de l'étendue, correspond à la vie même du mode au sein de la substance tandis que sa distorsion violente conduit à la mort de la pensée et à l'insignifiance de la parole ou de l'écrit. La métaphysique spinozienne rend donc impossible toute solution du type : je suis libre de penser ce que je veux du moment que je me taise (ou comme le dit un proverbe latin : *libera lingua sat est cui tacere licet*[4])

b) La vérité et la raison sont une puissance supérieure à l'illusion et à la violence : Après avoir expliqué en quel sens on pouvait assimiler Dieu et la vérité[5], Spinoza ajoute : « l'idée qui affirme s'accorde entièrement avec la nature de la chose et est conséquemment plus riche en essence. (...) On voit par là

1. *TTP*, ch. XX GF. p. 333.

2. Le maximum de cette puissance et du développement de cette raison est atteint quand les lois de la raison n'apparaissent plus comme des *dictamina*, c'est-à-dire comme des commandements extérieurs, mais sont totalement intériorisés comme lois de ma propre nature et de la nature totale, de ma propre nature en tant que partie, mode de la nature totale.

3. Cf *TTP* XX GF. II, p. 328.

4. Adage latin cité par P. de la Court : *La balance politique* Amsterdam, 1660, trad. M. Frances, Paris, Alcan, 1937, p. 18.

5. *KV* II, 5, § 2 et II, 15 § 3.

la perfection de celui qui est dans le vrai si on l'oppose à celui qui n'y est pas[1] ». Formule qui vaut pour une communauté d'individus ou un État tout autant que pour un sujet isolé. L'État est d'autant plus fort qu'il est plus rationnel et moins violent, c'est-à-dire qu'il mobilise ses énergies pour construire les conditions positives du bien-vivre ensemble (maîtrise de la nature, développement des techniques et des sciences, connaissance du corps et progrès de la médecine, etc...). Il est d'autant plus faible qu'il doit consacrer plus de forces à se défendre dans toutes les directions. Or précisément l'opinion est diversité pure. Laissées à leur libre jeu, les opinions les plus aberrantes s'annulent réciproquement, les plus raisonnables se renforcent : « Dans un État démocratique l'absurde est moins à craindre car il est presque impossible que la majorité des hommes unis en un tout, si ce tout est considérable, s'accordent en une absurdité »[2].

c) La liberté d'opinion est donc une force au sein de l'État : Vouloir mettre fin par la force à des controverses théologiques est impossible. A le tenter on irrite les hommes plus qu'on ne les corrige.[3] A l'inverse, la liberté d'expression est une condition sociale de la naissance de l'idée vraie : « car les sciences et les arts ne peuvent être cultivés avec un heureux succès que par ceux dont le jugement est libre et entièrement affranchi[4] ». Elle participe donc de la richesse et de la force de l'État.

En raison de cette inscription d'une philosophie du pouvoir dans une métaphysique de la puissance et de la raison comme puissance, l'assignation au Souverain du *jus circa sacra* n'implique plus chez Spinoza aucun magistère spirituel d'ordre étatique, ni ecclésiastique ni politique. Tout d'abord parce que l'enseignement relève du conseil non du commandement et surtout parce que la recherche intellectuelle, même dans ses conditions sociales d'effectuation, présuppose une liberté sans réserves de réfléchir, de se tromper et de rectifier ses erreurs. Nul ne peut penser pour moi, nul n'a le droit de me dispenser de penser. Penser c'est actualiser ma nature et la Cité est organisée à cette fin, de permettre l'épanouissement intégral de ma nature, non pas comme séparée des autres natures pensantes, mais comme reliées à elles. La Cité forte n'entrave pas mais favorise cet épanouissement maximal. Par ailleurs la raison commune ne saurait être que l'accord de toutes les raisons individuelles sur le vrai et non la soumission du jugement individuel à une raison étrangère. Cet accord est à la fois libre et nécessaire et ne peut en aucune façon être obligatoire ou contraint, car c'est librement que l'on pense et nécessairement que l'on s'accorde sur le vrai. Un magistère spirituel au sens où il a été déterminé aussi bien dans la revendication des Ecclésiastiques que dans la logique hobbesienne du pouvoir souverain, est donc à la fois impossible, pernicieux et vain. Il est impossible car on ne commande pas aux esprits : on ne peut forcer à croire ou à douter; et le pouvoir du Prince sur les convictions est un pouvoir sur les affects, c'est-à-dire sur ce qui est passivité et faiblesse et non activité et puissance en moi. Nous pouvons bien

1. *KV* II, 15.
2. *TTP* XVI GF. II, p. 267.
3. *TTP* XVI à XX passim.
4. *TTP*. XX, GF. II, p. 332.

« concevoir des hommes qui n'aient de croyance, d'amour, de haine, de mépris, de sentiment quelconque pouvant les entraîner qu'en vertu du droit du souverain »[1], mais comme le montre la suite de l'analyse spinozienne, ce pouvoir tyrannique est limité et plus faible que la création d'institutions qui, par leur constitution, facilitent l'obéissance en faisant passer dans les mœurs l'habitude de préférer le droit commun à l'avantage privé. Cela serait-il possible que ce magistère n'en serait pas moins vain et pernicieux puisque, lorsqu'il semble réussir, il ne suscite que mensonge, fourberie, et révolte des honnêtes gens, donc ne contrôle provisoirement que les langues et non les pensées. Et enfin il est inutile s'il prétend instruire, non pas que l'aide d'autrui soit inutile pour apprendre à penser, mais sous la forme d'une collaboration libre et critique, non celle de la soumission servile à une autorité extérieure.

DU MAGISTÈRE SPIRITUEL À LA MEDICINA MENTIS

Nous avons déjà eu l'occasion de souligner l'importance du paradigme médical pour penser un salut envisagé beaucoup plus comme santé et épanouissement de la vie en toutes ses dimensions que comme libération ou rédemption. Les divisions sectaires présentées comme des plaies apparemment incurables[2], les maladies des préjugés et des passions ne renvoient plus à l'intervention d'un médecin extérieur –le Christ, médecin des âmes–[3] mais requièrent désormais une cure, une hygiène de vie et une diététique, dont le patient est seul responsable et maître d'œuvre. La dévalorisation du magistère spirituel – ou sa subordination au pouvoir temporel – s'accompagne alors d'une promotion du thème de la *medicina mentis*. Cette expression se retrouve aussi bien dans la *Logique* de J. Clauberg, dans le titre du livre de Tschirnhaus[4], ou chez Spinoza dans le *De intellectus emendatione* puisque le terme *emendatio* signifie moins réforme que purification au sens médical de purgation. Or comme le montre le début du *TIE*, la médecine de l'esprit selon Spinoza, même lorsqu'elle est guidée ou soutenue par l'exemple de la réussite d'un autre, est œuvre personnelle, travail de soi sur soi en collaboration avec d'autres certes, mais non pas travail de l'autre sur moi avec ou sans mon consentement. La *medicina mentis* du *Traité de la réforme de l'entendement* consiste, on s'en souvient, à abandonner les faux biens (*vana et futilia*) et l'intérêt particulier pour, à partir de cette réorientation de l'esprit, laisser agir la force de l'idée vraie inévitablement trouvée. Comme la législation, la médecine de l'esprit supprime des obstacles passionnels, oriente l'activité dans une voie plus féconde, facilite la coopération avec autrui, mais ce n'est pas elle qui insuffle le dynamisme de l'action, lequel réside dans le *conatus* propre de chaque nature. La médecine de l'esprit est un *opérer* (une causalité transitive) qui ouvre ou renforce les conditions de possibiité d'un *agir* (causalité immanente) en

1. *TTP*. XVII GF. II, p. 279.
2. D'Huisseau, *Op. cit.* , début de la Préface ; et L. Meyer, *Interpres*.
3. Castellion, *Op. cit.* , II, 30, p. 218.
4. E. W. Von Tschirnhaus : *Medicina mentis, sive Tentamen genuinae Logicae, in qua disseretur de Methodo detegendi incognitas veritates*, Amsterdam, 1687, trad. fçse de J.-P. Wurtz, *Médecine de l'esprit, ou préceptes généraux de l'art de découvrir*, Paris, 1980.

coopération avec autrui ; mais elle ne constitue pas cet agir comme tel, lequel relève de la nature propre ou de la puissance de chaque individu. Or il en va ici de la personne individuelle comme de l'individu-État : le dynamisme ou la vie de l'État est constitué du dynamisme et de la vie de tous ses membres. La liberté d'expression – qui est le milieu vital de l'agir de l'esprit – ainsi que la constitution des conditions socio-politiques d'un enseignement mutuel, autonome et critique – lequel est une des conditions de la progression des idées vraies et par elles des sciences, des techniques ou de la civilisation en général – sont donc aussi des constituants de la puissance de l'État. Chez Spinoza, la logique du droit comme puissance, dès lors que l'on a compris que c'est la raison ou la conduite raisonnable qui est dans la Cité comme dans la Nature, la puissance la plus grande, ne conduit pas à laïciser le magistère spirituel pour le remettre tout entier entre les mains du Prince, quitte ensuite pour celui-ci, à le déléguer entre les mains de Docteurs de l'Église nationale, d'enseignants ou d'idéologues. Elle conduit bien plutôt à le dissoudre, tant il est vrai que la pensée ne saurait jamais recevoir ni se donner des maîtres.

Les tenants du credo minimum admettront sur cette question des positions variables. Tandis que Grotius tend à soumettre le magistère d'enseignement des pasteurs au contrôle de l'État, L. Meyer remplacerait ce magistère par un autre, celui des philosophes et des savants. Mais, dans tous les cas, la position du credo minimum a fonctionné comme instrument dans une stratégie hostile à l'exclusion pour motif de croyance[1] et favorable à la liberté d'expression et de discussion c'est-à-dire à la liberté de la recherche intellectuelle. Elle a contribué aussi au transfert du pouvoir idéologique des pasteurs vers le pouvoir politique ou enseignant.

ÉGLISES ET CÉRÉMONIES

STATUT DE LA COMMUNAUTÉ ECCLÉSIALE

Le point de départ de toute la réflexion du credo minimum fut le refus de l'exclusivisme ecclésial, de toute formulation restrictive du type « hors de nos murs, point de salut ! ». Mais cette détermination purement négative ne suffit pas pour fixer le statut de la communauté ecclésiale : S'agit-il de croyants partageant la même foi ? Mais sur l'infrastructure des articles fondamentaux, les sociétés humaines ont bâti des architectures dogmatiques si diverses qu'il serait bien difficile de tracer les limites exactes d'une telle communauté. Des citoyens d'un même État ? Mais doit-on admettre en son sein une pluralité d'Églises ? Des membres de la communauté des hommes raisonnables ? Une fois de plus nous

1. Cf. aussi l'interprétation tolérante, anti-exclusive, que Grotius donne du *Compelle intrare* dans le *De Jure*.

voici renvoyés à une variation sur le thème de l'un et du divers : une seule Église en de multiples et diverses communautés de fidèles.

La perspective du credo minimum implique en effet que soient affirmées à la fois l'unité de l'Église universelle qui n'est pas à attendre ou à construire mais déjà présente en filigrane, et la légitime diversité des modes d'existence des Églises locales[1]. Un déplacement, voire un renversement de perspective s'opère donc : les membres d'une Église ne se déterminent pas par leur rejet de ceux dont ils se séparent (les infidèles, les hérétiques, les hétérodoxes), mais par la communauté, totale sur le fondamental, extrêmement variable sur tout le reste, avec ceux qui se trouvent être conjoncturellement leurs proches. Du même coup les limites de l'Église en deviennent perméables et floues.

Il y a là cependant plusieurs esquisses, plusieurs modèles de solutions possibles (celle de Cherbury n'est pas celle de Hobbes) à ce problème de la constitution d'une Église qui est encore une question vive au XVIIe siècle, mais qui ne le sera déjà plus au siècle suivant. Confier à la puissance politique sinon l'intégralité du magistère spirituel, au moins son contrôle, ou bien encore unir en la personne du Prince pouvoir politique et pouvoir religieux, a logiquement pour conséquence de confondre l'Église et la communauté nationale. C'est effectivement le cas dans le système de Hobbes, puisque l'Église y est définie comme l'assemblée des citoyens[2] : « Je définirai une Église une société d'hommes professant la religion chrétienne, unis dans la personne d'un souverain unique, sur l'ordre duquel ils doivent s'assembler et qui ne doivent pas s'assembler sans être couverts par son autorité »[3]. Sans cette condition d'unification par l'autorité légitime, une assemblée de croyants n'est qu'une « multitude confuse »[4], provisoirement et superficiellement unie par une conformité d'opinions, mais constamment menacée de dissolution interne par les débats sur les dogmes ou les rites. La conséquence de cette thèse, c'est qu'il n'y a pas d'Église chrétienne en dehors des royaumes chrétiens, donc pas d'Église universelle tant que n'existe pas sur terre une royauté universelle comme le sera celle du Christ lors de son retour sur terre ; ou bien encore qu'« il y a autant d'Églises catholiques que de chefs d'Églises et autant de chefs qu'il y a de royaumes et de républiques chrétiennes »[5]. Ce qui revient à dissoudre toute signification d'universalité dans l'adjectif *catholica* accolé à *Ecclesia*.

L'ecclesia vere catholica

Quel sens peut-on conserver, au sein d'une Église née d'un schisme, à la notion d'Église universelle ? Faut-il laisser au magistrat politique tout pouvoir sur l'Église ? N'est-ce pas là simplement changer les termes du rapport de soumission sans se libérer de la relation d'assujettissement et sans que le simple

1. En entendant par là simplement une situation déterminée dans l'espace et le temps et non pas le principe restrictif du *cujus regio ejus religio*.
2. *Ci.* XVII, § 19.
3. *Lev.* XXXIX, p. 493.
4. *Ci.* XVII, § 20.
5. *Lev.* App. II, p. 755.

citoyen y gagne quoique ce soit ? Bossuet n'avait point manqué d'ironiser sur ce point :

> « Un des fruits que la Réforme produisit fut la servitude où tomba l'Église. Il ne faut pas s'étonner si la nouvelle Réforme plaisait aux Princes et aux Magistrats qui s'y rendaient maîtres de tout et même de la Doctrine. <...> Mycon, successeur d'Oecolampade dans le ministère de Basle fait la même plainte aussi vainement : les laïques s'attribuent tout et le magistrat s'est fait pape »[1].

Inversement, la position du credo minimum jointe à la défense de la liberté de pensée, y compris en matière théologique, a pour conséquence la réhabilitation de l'idée d'Église universelle, l'*Ecclesia vere catholica*, expression que l'on peut lire sous la plume de Cherbury tandis que Spinoza parle plutôt de « religion universelle ou catholique commune à tout le genre humain »[2]. Ce point nous paraît important en ce qu'il contrebalance l'affirmation d'un droit souverain du Prince sur les choses sacrées. Sans que cette stratégie soit toujours bien consciente[3], le credo minimum qui a servi contre les prétentions excessives des chefs des Églises particulières à défendre le pouvoir des autorités politiques laïques, constitue inversement un dispositif théorique très puissant pour limiter les prétentions du Prince à prendre la place du pouvoir religieux : en revalorisant la dimension universaliste de la véritable Église, le credo minimum redonne de l'air et du souffle à la communauté religieuse qui ne se confond pas à la communauté politique.

En quoi consiste donc cette Église véritablement universelle ? Lord Herbert en donne une présentation manifestement polémique dans le *De Veritate* :

> « Ce n'est pas l'Église qu'on bâtit de pierre et de chaux vive, ni même de marbre, qui ne peut faillir, ni celle que les hommes établissent par parole ou par écrit, y mêlant quantité de leurs opinions et donnant leurs suffrages, ce n'est pas non plus celle qui combat sous quelque drapeau particulier, ou qui ne comprend que quelque nombre de personnes en un coin resserré de la terre ou en quelque siècle[4], qu'il faut estimer être l'Église véritablement catholique ou universelle. La seule Église catholique est celle des notions communes qui comprend tout lieu et tout nombre de gens. Elle seule fait connaître la Providence divine universelle, ou la sagesse de la Nature. Elle seule expose la raison pour laquelle Dieu très grand et très bon est invoqué comme le Père commun. C'est cette Église hors de laquelle il n'est point de salut, de sorte que lui conviennent toutes les louanges qu'on attribue à une Église particulière et que chacune des autres Églises est d'autant moins vraie et sujette à plus d'erreurs qu'elle s'en éloigne davantage. Or, s'en éloigne celle qui, quittant les

1. Bossuet : *Histoire des variations des Eglises protestantes*, V, 8. (La protestation de Mycon se trouve dans une lettre à Calvin).

2. *TTP*, XII, G.III, p. 162. Spinoza emploie cependant l'expression d'*Ecclesia catholica* dans le ch. IV du *TTP*.

3. Sauf chez Spinoza, qui dans le *TTP* joue les deux dispositifs l'un contre l'autre.

4. Nouvelle expression de l'opposition, fréquente chez Cherbury, d'un particularisme étouffant et d'un universalisme libérateur.

vérités certaines de la providence universelle de Dieu, essaie de faire embrasser de nouveaux articles de foi qui sont incertains »[1].

Il y a donc bien chez Cherbury un rapport constitutif, et non point accidentel, entre l'Église universelle et l'admission des notions communes religieuses. Le credo minimum n'est pas seulement la condition nécessaire de la constitution de l'Église universelle, mais semble-t-il également la condition suffisante puisque la position d'articles de foi surnuméraires et incertains brise cette catholicité de l'Église. Ce qui est rompre à la fois avec la problématique de l'élection divine : sont membres de l'Église ceux que Dieu a élus pour être ses fidèles, et avec celle du choix, et donc de l'engagement, du fidèle. Si l'appartenance à l'Église universelle requiert simplement bon sens et bon vouloir, en sont membres tous les hommes de toute culture et de toute époque, exceptés peut-être les athées invétérés, s'il en existe, car dans la perspective de Herbert, ce terme ne peut renvoyer qu'à des insensés, à des gens choqués par la superstition ou à de grands criminels endurcis. Bref, l'Église universelle désigne l'ensemble de la communauté humaine, en tant qu'elle partage des croyances fondamentales et des exigences éthiques, c'est-à-dire en tant qu'elle n'est pas seulement une espèce animale mais une espèce (unité ou communauté) spirituelle. Ce qui est là encore retrouver des thèmes stoïciens : celui de la communauté des sages qui fait que : « les sages, lors même qu'ils s'ignorent, sont amis les uns des autres »[2] et que « si un sage quelque part étend le doigt avec sagesse, tous les sages de la terre en tirent profit »[3]; ou encore celui de l'unité organique de l'humanité : « Ce tout que tu vois qui embrasse les choses divines et humaines est un : nous sommes membres d'un grand corps. La nature nous a créés parents[4], nous tirant des mêmes principes et pour les mêmes fins »[5].

Admettre l'existence d'une « Église appelée catholique et universelle, répandue dans toutes les sectes » n'était pas chose rare au sein de la Réforme. Mais d'une part ses membres étaient censés se rencontrer exclusivement « dans toutes celles de ces sociétés qui n'ont pas renversé le fondement de la religion chrétienne, fussent-elles en désunion les unes avec les autres, jusqu'à s'excommunier mutuellement »[6]; d'autre part cette position avait une visée polémique bien déterminée : celle de contester à l'Église romaine le droit de se dire catholique. Chez Herbert de Cherbury l'extension de l'Église *vere catholica* est véritablement universelle. Elle s'étend à toute l'humanité, en tout pays et en tout siècle et déborde donc largement le cadre historique et géographique du seul christianisme. La visée polémique s'est déplacée : elle consiste à refuser à toute Église particulière le droit de dresser des limites ou des murs qui fonctionnent à l'exclusion du salut.

La manifestation de cette Église universelle est donc purement symbolique, sans être nulle. Elle signifie positivement l'unité spirituelle toujours déjà

1. *DV*. p. 222 / 194.
2. Cicéron, *DND* I, 44.
3. Plutarque, *Des notions communes contre les Stoïciens*, XXII.
4. *Cognatos* qui désigne la parenté de naissance et non d'alliance ou d'adoption.
5. Sénèque, *Ep. à Lucilius*, XCV, § 52.
6. P.Jurieu, *Vrai système*, I, ch. X, p. 79.

existante entre les hommes, sans qu'il soit besoin de recourir à des tentatives toujours déficientes d'unification institutionnelle[1]; et elle désigne négativement le refus des barrières entre des hommes unis par la communauté de partage de la raison. La vie de l'Esprit ne connaît pas de frontières. Ainsi cette Église peut-elle jouer dans l'ordre de la pensée religieuse et de la liberté du laïc, une fonction symbolique[2] analogue à celle de la République des Lettres dans l'ordre de la recherche intellectuelle, profane et scientifique, à cette différence près, qui n'est pas négligeable, que la République des Lettres, elle, dispose d'organes et d'institutions comme les journaux, les Académies, etc. Lorsque Cherbury soumet son traité sur la religion du laïc au jugement de l'Église universelle, seule autorité dont il reconnaisse la légitime compétence, il le soumet au jugement libre de tout homme doté de bon sens et raison, et à la censure de personne.

Les Églises nationales

Reste-t-il encore une place pour les Églises nationales dans la perspective du credo minimum, en dehors du cas de figure illustré par Hobbes, où chef politique et chef religieux étant confondus, toute Église historique est nationale et se confond avec l'ensemble des membres de l'État ?

Pour D'Huisseau, gouvernement de l'Église et cérémonies appartiennent aux questions inessentielles. Elles doivent être réglées en faveur de la liberté des communautés et en tenant compte de la diversité des lieux et des temps, des gouvernements politiques et des traditions locales[3].

Herbert de Cherbury attaque les prétentions des Églises en dénonçant la faiblesse de tous leurs critères de légitimation[4] : A celui qui vante l'antiquité de son Église (le juif ou le catholique romain par exemple), on répondra que la doctrine des notions communes, ferment d'unité de l'Église universelle, est encore plus ancienne puisqu'elle est connaturelle à la naissance de l'humanité. A celui qui reprocherait à une autre Église d'innover en matière de rites, il faut rétorquer que tout rite est historique et a donc un jour été nouveau. De même l'argument de la perpétuité est-il contestable car la permanence d'une tradition ne va jamais sans quelques modifications, quand elle ne relève pas simplement de l'illusion rétrospective, et la seule perpétuité indiscutable est celle des articles fondamentaux et des exigences de pureté de la vie et de la vertu. Il en va de même des autres critères traditionnels de la vraie Église : unité, sainteté, étendue. Aucune Église n'est restée véritablement unie, puisqu'en toutes se sont produits schismes et divisions. Celles qui ont su le mieux s'étendre géographiquement n'ont jamais couvert toute l'étendue du globe; enfin l'argument de la sainteté est

1. Peut-être, pourrait-on ajouter, parce que le fonctionnement même de toute institution fait qu'elle ne peut unir un groupe qu'en le distinguant d'autres et donc qu'elle fonctionne toujours aussi à l'exclusion.

2. Cette fonction ne peut être que symbolique (et non pas institutionnelle) bien évidemment, et résider dans l'imaginaire commun à quelques esprits libres, non pas dans l'imaginaire collectif.

3. *Réunion*, p. 139 sq.

4. *RL*. p. 138 / 174.

réfuté par la dénonciation bien connue de vices et de crimes chez les chefs religieux de toutes les Églises[1]. Si les Églises locales jouent tout de même un rôle, c'est à titre de dispensatrices de biens symboliques, en organisant des cérémonies collectives qui renforcent le sentiment d'appartenance à la communauté humaine et la conscience de partager des valeurs communes. Réciproquement, le voyageur qui pour une raison quelconque, séjourne dans un pays étranger n'hésitera pas à participer au culte d'une Église étrangère, croyant « avec charité que chacun a suivi en cela l'ordre qu'il jugeait le plus convenable et le plus salutaire, pourvu que toujours le principal qui est renfermé en peu d'articles, demeure ferme »[2].

LES CÉRÉMONIES

Le règlement des cérémonies est une question de discipline, non de doctrine. Mais l'exigence de rites, leur détermination, les limites de ce qui est à bon droit prescrit, cela rentre dans la rubrique des devoirs envers Dieu envisagés sous leur modalité collective d'effectuation. Ainsi Grotius introduit-il la quatrième partie du *Meletius* consacrée à la parénétique, à l'examen des préceptes et des devoirs[3], par une distinction des devoirs envers Dieu, envers les hommes, et concernant les affaires humaines. Nos devoirs envers Dieu se divisent en internes et externes. Les devoirs internes consistent essentiellement à « croire en Dieu et le prier », les externes en certains gestes et paroles prescrits collectivement[4]. Mais comme l'on sait, l'essentiel du culte réside dans le culte intérieur[5], et le christianisme est loué d'avoir diminué l'importance des rites, leur nombre et leur poids dans la religion. Depuis Cicéron et Sénèque il est redit qu'il n'y a pas de religion sans culte : « Religio est quae superioris cujusdam naturae quae divinam vocant curam ceremoniamque offert »[6]. Encore faut-il déterminer le statut du culte. Or si l'essentiel réside dans les points fondamentaux et dans le culte intérieur, il est clair que les cérémonies ou le culte extérieur relèvent de l'ordre des signes ou des figures.

Isaac D'Huisseau, qui avait de bonnes raisons de s'intéresser de près à cette question, puisqu'il était l'auteur de la *Discipline des Églises réformées de France* et qui, après avoir rangé ce problème du culte extérieur dans la liste des *adiaphora*, lui consacre de longs développements[7], rejoint sur ce point la définition de Spinoza : « les cérémonies, c'est-à-dire des actions qui en elles-

1. La dénonciation des hérésies et des crimes des papes, des péchés de David ou des vices de Mahomet, est un lieu commun non seulement de la critique libertine, mais auparavant, des critiques que les Eglises se font mutuellement. L. Meyer en donne une évocation assez vive dans le chapitre IX de *l'Interpres*.

2. D'Huisseau, *Réunion*, p. 141.

3. Démarquant ainsi la lettre 95 à Lucilius de Sénèque.

4. *Mel.* § 60, 61, 63.

5. « Praecipuum Dei cultum in mente consistere » *Mel.* § 64.

6. Cicéron, *De inventione*, II, 53, § 161.

7. Cf. en particulier *Réunion*, IIIème partie, ch. 4 : Bien distinguer entre les Doctrines que l'Ecriture Sainte présente pour être crues des fidèles et ce qui ne regarde que la conduite extérieure de l'Eglise et ses cérémonies.

mêmes sont indifférentes et qui ne sont appelées bonnes qu'en vertu d'une institution ou qui figurent un bien nécessaire au salut »[1]. L'opposition de l'intérieur et de l'extérieur dans le culte renvoie donc à l'opposition de l'essentiel et de l'accessoire, de la disposition du cœur et de sa manifestation, du signifié et du signe. Placer clairement les cérémonies dans l'ordre des signes[2], c'est à la fois comprendre leur relativité, leur caractère contingent mais aussi leur souhaitable présence et refuser de les considérer comme des mensonges ou des impostures. Les cérémonies ne font que signifier la piété, elles ne sont pas la piété-même laquelle réside dans la vertu et la droiture du cœur. Mais de même que la vertu se manifeste dans des actes, l'orientation de l'âme vers Dieu se signifie dans des signes, et notamment dans des signes posés collectivement. Toute cérémonie, nous y reviendrons, est donc d'institution.

Critique des cérémonies

Dans l'analyse du statut des cérémonies et dans la critique de leur importance excessive, de leurs bizarreries et de leurs contradictions, la pensée du credo minimum n'innove nullement. Elle est au contraire l'héritière d'une longue tradition qui, du scepticisme au libertinage érudit en passant par Machiavel, a dénoncé le caractère prétendument sacré des cultes pour analyser leur fonctionnement dans l'imaginaire collectif et subséquemment l'usage politique qu'on en peut faire. La dénonciation des rites d'initiation ou d'expiation, des pratiques divinatoires, de la valeur des sacrifices était déjà fréquente chez Cicéron[3]. Poursuivant cette tradition du scepticisme les libertins du XVIe siècle ont proposé une explication naturaliste du fait religieux en général et des rites en particulier, reprenant en un sens nettement anti-religieux les considérations politiques de Machiavel dans le *Discours sur la première décade de Tite Live*[4] : la religion est le meilleur soutien du politique puisqu'elle inspire au peuple une crainte salutaire, le respect des serments, favorise les vertus militaires, et facilite l'acceptation des lois exceptionnelles.

> « C'était un peuple féroce que Numa avait à accoutumer à l'obéissance en le façonnant aux arts de la paix. Il eut recours à la religion comme au soutien le plus nécessaire de la société civile, et il l'établit sur de tels fondements que jamais en aucun lieu on ne vit respecter la divinité comme on le vit à Rome, et cela pendant plusieurs siècles »[5].

1. *TTP*, IV, G.III p. 62 l 6-8 « hanc legem divinam naturalem non exigere caeremonias, hoc est actiones quae in se indifferentes sunt et solo instituto bonae vocantur, vel quae aliquod bonum ad salutem necessarium repraesentant ».
2. Cf aussi au siècle suivant une réflexion analogue de Montesquieu : « Il y a deux sortes de préceptes sacrés : les uns sont entièrement fondés sur une raison éternelle comme ceux d'aimer Dieu et de l'adorer; les autres sont purement arbitraires et *sont plutôt un signe de la religion* que la religion-même et ce sont les cérémonies ». *Pensées*, n° 205. C'est nous qui soulignons.
3. Particulièrement dans le *De Divinatione*.
4. Notamment livre I, ch. 11 à 15.
5. Discours I, 11, trad. Pléiade, p. 411.

La thèse de l'efficacité politique de la religion conduit à celle de sa manipulation politique :

> « Numa persuadé que <l'autorité divine> était nécessaire feignit d'avoir commerce avec une nymphe qui lui inspirait toutes les décisions qu'il avait à faire adopter au peuple ; et il n'employa ce moyen que parce qu'ayant à faire adopter des usages nouveaux et inconnus dans cette ville il ne se croyait pas assez d'autorité pour les faire admettre »[1].

Mais de la reconnaissance de l'efficacité politique d'une religion, même fausse[2], on passe, avec le libertinage du XVIe siècle, à la thèse de l'imposture ou de l'origine mensongère et frauduleuse de toute religion comme de tout culte. L'exemple de Numa et de la nymphe Egérie devient le paradigme classique de cette fraude indispensable pour contenir le peuple.

> « Mais encore quand je considère bien à ceux qui voulaient entièrement contrevenir aux statuts et lois de telles religions encore qu'elles fussent fausses, je ne les trouve pas moins à reprendre que ceux qui les avaient premièrement imposées, vu que c'est une des choses les plus pernicieuses du monde que de laisser courir et vaguer ce sot et inconstant vulgaire avec un si grand abandon et liberté, auquel il est quelquefois nécessaire de donner une bride pour le contraindre de faire par force ce à quoi les honnêtes et braves esprits sont guidés par la vertu »[3].

Il faut cependant bien distinguer entre divers types de critiques des cérémonies. La critique libertine dont Tahureau fournit un bon exemple, dénie toute valeur sacrée aux rites mais insiste sur leur nécessité politique pour contenir le « sot et inconstant vulgaire » ; elle souligne à l'envie les bizarreries des rites, l'inflation des cérémonies, leur caractère grotesque, leur retombée spontanée dans les superstitions les plus ridicules. On trouve trace de ce type de critique jusque chez D'Huisseau lorsqu'il dénonce dans les cérémonies des « grimaces extérieures »[4], mais sans ce mépris du peuple bien au contraire. D'Huisseau, comme Grotius, retrouve plutôt là l'inspiration des grands prophètes de l'Ancien Testament, un Isaïe ou un Jérémie, qui exigeaient la purification du cœur en même temps que celle du culte et affirmaient déjà le primat du culte intérieur sur les manifestations extérieures de piété. Mais l'existence-même de tout culte est susceptible d'une critique beaucoup plus forte, et plus dirimante pour nos auteurs, parce qu'elle s'appuie sur une thèse qui, pour eux, est fondamentale, celle de la Providence conçue comme enchaînement causal : nous voulons parler de la critique de type épicurienne ou sceptique dont le dialogue *de la divinité* de La Mothe Le Vayer offre un exemple assez typique.

1. *Ibid*, p. 412.

2. « Aussi tout ce qui tend à favoriser la religion doit-il être bienvenu quand même on en reconnaîtrait la fausseté et on le doit d'autant plus qu'on a plus de sagesse et plus de connaissance de la nature humaine ». *Discours sur la première décade de Tite Live*, I, 12, p. 415. Mais Machiavel ne dit pas que toute religion soit mensonge et imposture.

3. *Dialogues de feu Jacques Tahureau, gentilhomme du Mans, non moins profitables que facétieux*, Ed. F.Conscience, Paris, 1780, p. 180 ; cité par J.-C. Margolin « Libertins, libertinisme et libertinage au XVIe siècle », p. 18. Nous avons modernisé l'orthographe.

4. *Réunion*, p. 204.

« Que si toutes choses sont prédestinées inévitablement du sort et de la fortune, sans que les dieux s'en entremettent, comme les désordres le montrent assez, il s'ensuit d'une conséquence nécessaire que toutes nos dévotions, nos latries, nos prières et oraisons sont choses vaines et ridicules inventées par ceux qui voulaient profiter de leur introduction et confirmées ensuite par l'accoutumance aveugle et populaire, voire même par des plus clairvoyants qui estimaient cette fiction fort utile à réprimer les plus vicieux »[1].

A l'objection de la vanité de l'intercession d'une divinité liée, comme Jupiter par sa chaîne d'or[2], par l'ordre nécessaire des causes qu'est la providence générale, il a déjà été répondu, à la manière de Chrysippe, que la prière aussi avait été comptée au nombre des causes. Toutefois, la critique libertine ou sceptique, n'est pas sans effet, quoique son argumentation soit renversée ou retournée : la comparaison des religions montre bien l'infinie diversité des rites et donc qu'aucun ne s'impose absolument ou n'a une valeur sacrée absolue. Mais elle témoigne aussi d'une certaine unité dans cette variété qui, de diversité pure, se transforme en variation réglée par un invariant : invariant fonctionnel puisqu'on peut partout trouver certains grands types de rites : rites d'offrande, de pénitence, consécration de la naissance et de la mort, etc.; unité des grands symboles : l'eau et le feu pour les rites de purification, le pain et le vin pour les rites d'offrande et de communion[3].

Le premier acquis de cette critique est peut-être d'admettre dans toutes ses conséquences la reconnaissance que *tout rite est d'institution*. Et qui dit institution dit histoire, contingence, adaptation relative, tous caractères qui contredisent la tendance spontanée de l'institution à oublier sa genèse, à se considérer comme indispensable, à prétendre valoir absolument. Le comparatisme religieux, tel que le pratiquent à l'occasion Grotius ou Cherbury, n'est pas une discipline historique rigoureuse : des religions d'époque très différentes sont mises sur le même plan, sans tenir compte du contexte culturel et politique. Le sacrifice eucharistique est rapproché des sacrifices de Cérès et de Mithra[4] non pour en nier la valeur ou pour donner lieu à une analyse de fonction ou de structure, mais bien pour mettre en évidence des symboles universels et communs, le pain et le vin en l'occurrence. On ne présente pas la genèse d'un culte pour le dévaloriser, mais on affirme simplement que tout rite a eu son origine, que bien peu de rites chrétiens doivent leur origine au Christ-même et que par conséquent aucun ne vaut absolument. Comme le dit D'Huisseau « Si les Saints Cahiers nous avaient prescrits ponctuellement et en détail tout ce qui se doit faire en cet égard, nous serions obligés de l'observer indispensablement[5] ». Mais l'Écriture Sainte n'a donné, par la bouche de saint Paul et non du Christ-

1. *De la divinité*, Ed. Fayard, Paris, 1988, p. 329.

2. La chaîne d'or qui selon Homère, relie Jupiter au monde, est fréquemment interprétée au XVIIe siècle comme la chaîne de la causalité. Cf. par exemple J.Clauberg dans ses *Exercitationes*.

3. Cette communauté des grands symboles rituels est notamment soulignée par Grotius *Mel.* § 66.

4. *Mel.* § 66.

5. *Réunion*, p. 134.

même, que des conseils très généraux d'ordre et de bienséance. De ces remarques on peut certes tirer des conclusions sceptiques : les rites sont vains, inutiles et incertains, mais aussi des conclusions positivement relativistes : si tout rite est d'institution, c'est-à-dire public sans être universel, historique et donc contingent, adapté en un certain temps et lieu seulement, à la complexion et à l'histoire particulières d'un peuple, tout rite est destiné par sa nature même à se transformer, voire à périr. Tout rite est menacé de sclérose et d'enflure; tout rite a une pente naturelle à dégénérer en superstition en raison de l'ignorance du peuple et du désir de pouvoir des chefs. Aucun ne doit être absolument soutenu, peu, tout étranges qu'ils nous paraissent, méritent notre mépris, encore que quelques-uns, comme les sacrifices humains, doivent être absolument condamnés. Mais il importe de disposer, par le biais du précepte de rectitude de la pratique conforme à la vertu, d'un *critère de rejet mais non pas d'imposition* de certains cultes nuisibles.

> « Un culte religieux est un témoignage que l'on rend à la souveraine bonté de celui qu'on honore. Mais si vous prostituez vos adorations à des esprits malins votre culte est superstitieux, il est faux, vous vous rendez coupable du crime de rébellion »[1].

Bref, toutes ces considérations relativistes n'empêchent pas qu'il faille aussi savoir user de discernement en ce domaine; elles doivent donc servir le principe de la liberté d'expression des sociétés particulières[2], à la double condition que soient sauvegardés la dignité des choses divines, la bienséance, et le souci de l'ordre public. Comme le dit encore Grotius : « La variété de la discipline manifeste bien la liberté chrétienne et n'altère point l'unité de l'Église »[3].

Le besoin de rites

Une fois admis que les cérémonies sont des signes collectifs et relèvent de l'ordre des corps et des affects, on peut établir leurs conditions d'admissibilité et hiérarchiser leurs fonctions. Le principe de liberté justifie la diversité des rites mais n'autorise pas n'importe quelle manifestation : polyphonie des expressions certes, mais sans cacophonie. Il faut d'abord une certaine unité dans la célébration du culte public, ce pourquoi la liberté en question est le propre des communautés, des Églises, non des individus. Il faut aussi que dans ce kaléidoscope, une certaine unité de référence et de signification se laisse apercevoir. Car la pratique rituelle est menacée de l'intérieur par une tendance à la démesure, à la prolifération sans règle qui révèle en elle la présence des mécanismes de l'imagination et des passions[4]. Ainsi la tendance de l'imagination

1. Grotius, *VRC*. IV, 1.
2. « Pour ce qui est de la conduite extérieure et des cérémonies de l'Eglise <qu'> on donne quelque liberté aux sociétés particulières des Chrétiens ». *Réunion*, p. 139. et p. 158 : « <Je demande> que nous nous supportions les uns les autres dans la diverse pratique de la discipline ecclésiastique et dans le différent usage des cérémonies: que nous ne regardions ces choses extérieures que comme accidentelles à la Religion et qui ne veulent être disposées que selon la règle générale de l'ordre et de la bienséance ».
3. *De imperio*, VI, 11.
4. Cf les analyses de Cherbury dans le *DRG*.

à amplifier les qualités de ce qu'elle admire ou craint peut rendre compte des similitudes entre le culte des ancêtres et le culte des saints. Certains interdits alimentaires s'expliquent bien par des motifs hygiéniques ou médicaux mais d'autres obligations rituelles ou des interdits ne se justifient par rien quant à leur contenu. Aussi tout en défendant un principe de liberté et de tolérance mutuelle faut-il rappeler une exigence de simplicité, réduire cette prolifération menaçante pour revenir à l'essentiel qui est la disposition du cœur, rappeler que les rites sont subordonnés à la règle de la charité[1] et qu'en aucun cas ils ne suffisent au salut. Par exemple il est souhaitable de consacrer un jour de la semaine aux exercices collectifs du culte et à l'écoute de l'enseignement des choses divines, ou encore selon la formule de Grotius « de réserver un temps pour honorer le Maître du Temps »[2]. Mais il importe peu finalement que ce jour soit le dimanche, le samedi ou quelque autre jour[3] et il ne suffit pas de fréquenter le temple aux jours prescrits, en accomplissant les gestes prescrits, pour être un homme juste[4].

Quelles sont alors, et dans quel ordre hiérarchique, les fonctions positivement reconnues aux rites ? Elles sont au nombre de trois.

Une *fonction strictement religieuse* tout d'abord : rappeler la grandeur de la divinité et la nécessité de l'adorer, redonner le sens du péché et appeler à la repentance personnelle, soutenir la piété parfois défaillante de l'individu par la pratique collective en des lieux et des temps prescrits. Lieux, temps et modalités sont d'importance secondaire. Les exigences doivent là aussi être réduites au minimum, mais il faut bien une réglementation ou une discipline commune pour que puisse se manifester la dimension collective de la vie religieuse, la religion comme lien entre les hommes et non seulement entre l'individu et Dieu.

Une *fonction socio-politique* ensuite : cimenter la Cité, restaurer le sentiment d'appartenance, quand il est menacé, par des rites de purification collective (lustrations) ou d'expurgation du mal (rite du bouc émissaire) ; favoriser l'obéissance par le rappel de la règle. Tous ces aspects du fonctionnement des rites sont bien reconnus, mais ils sont décrits plutôt dans l'évocation de religions anciennes ou dépassées (le paganisme pour Cherbury, le judaïsme pour Grotius) que comme des fonctions premières. La religion du credo minimum est trop marquée à la fois par l'individualisme et par une visée universaliste abstraite pour insister, à la suite de Machiavel ou de Spinoza, sur la nécessité sociale des rites à titre de ferment d'unité politique (ou de patriotisme, c'est-à-dire de sentiments et de passions favorables à l'État[5]). La religion naturelle peut bien

1. *Mel.* § 67.

2. *Mel.* § 65. Grotius y affirme que la religion, tout comme la philosophie requiert une certaine disponibilité, donc un temps de loisir, non de travail.

3. « Les uns comme les Juifs ont leur jour de repos le samedi, qu'ils appellent le jour du Seigneur ; les Turcs l'ont mis au vendredi ; les Chrétiens sabbathisent le dimanche, les gentils de l'Inde orientale le jeudi ». La Mothe Le Vayer *De la divinité*, p. 336.

4. Cherbury, *RL*. p. 139 / 175 : « A force de détourner l'esprit de la vertu pour le porter vers les cérémonies et les rites, les hommes devinrent bigots et superstitieux plutôt que bons et honnêtes ».

5. Grotius évoque ce problème en *Mel.* § 60, blâme Varron et les philosophes pour avoir défendu la religion, sans tenir compte de sa vérité ou fausseté, à titre de soutien des lois, et loue

affirmer la solidarité ou la fraternité inter-humaine entre ceux qui se reconnaissent un même Père divin, mais étant détachée de toute tradition, et s'adressant à une humanité indéterminée localement et temporellement, elle ne peut servir de moyen ou de renfort à une Cité particulière.

La dernière fonction est *ornementale* : les rites sont comme un vêtement qui épousent et expriment le corps de la religion, mais avec le risque de l'étouffer : « A sa naissance, la religion chrétienne n'était pas assujettie à l'observation onéreuse de tant de cérémonies qui sont comme des habits et des ornements étrangers dont on l'a depuis étouffée »[1]. Mais par l'emploi de parfums, de métaux précieux, le recours à la musique, à la danse, et à tous les arts, le culte religieux remplit aussi une *fonction d'esthétisation de la vie*. Celle-ci est parfaitement légitime à conditions d'être soumise à une règle de décence et de simplicité :

> « Nous ne nions pas qu'il puisse y avoir des cérémonies sacrées, au contraire nous remarquons des cérémonies utiles et très propres à l'ornementation dans toute religion, quoique les prêtres les posent comme des parties essentielles et nous les imposent. Il faut donc qu'elles restent en leurs bornes et qu'on ne les ajoute qu'à la condition de se souvenir que la religion, étant chaste, ne demande point d'autre ornement qu'une matrone très sage, à savoir ceux qui la rendent plus vénérable et plus majestueuse, et non ceux qui la rendent plaisante et cajoleuse »[2].

THÉOLOGIE ET POLITIQUE

En examinant les positions soutenues par Grotius, Cherbury et D'Huisseau sur le *Jus circa sacra* et les rites, nous avons pu voir combien elles étaient dépendantes de l'affirmation principielle d'un credo minimum. Il conviendrait maintenant de s'interroger, pour conclure, sur cette dimension collective des *praecepta*. Quoique la religion soit dite favorable à l'État, et ce d'une façon très générale, elle n'est pas liée à une Cité ou à un régime politique particulier. Grotius, dans le § 74 du *Meletius*, reprend à ce sujet les arguments traditionnels : en rendant les hommes justes, la religion en fait de meilleurs citoyens, plus portés à l'obéissance à la loi commune, plus respectueux de l'autorité. Loin de favoriser tyrannicide et séditions, la religion, (religion naturelle ou christianisme), est spontanément au service du *statu quo* politique. Isaac D'Huisseau souligne combien le projet de réunion des Églises sur un credo minimum commun supprimerait de causes de troubles et de divisions dans la Cité. Mais, plus qu'à une Cité particulière, la religion naturelle, dont le credo minimum

le christianisme pour n'avoir exigé que ce qui est nécessaire pour louer, aimer et vénérer Dieu en tout lieu et en tout temps, bref pour avoir désolidarisé la religion de ses conditionnements et finalités politiques.

1. D'Huisseau, *Réunion*, p. 85.
2. Cherbury, *DV*. p. 222 / 286-7 / 194.

constitue la profession de foi, est favorable à la société universelle du genre humain.

> « La religion est même d'un usage plus considérable dans cette grande société que dans une société civile, parce que dans une société civile les lois et la facile exécution des lois la remplacent ; tandis qu'au contraire, dans cette grande communauté, la poursuite du droit est très difficile, ne peut se faire que par les armes, et que les lois sont en très petit nombre. Ces lois, de plus, n'ont elles-même principalement leur sanction que dans la crainte de la divinité : d'où ceux qui violent le droit des gens sont dits partout pécher contre le droit divin. C'est donc fort justement que des empereurs ont dit que corrompre la religion est une injure qui regarde tout le monde »[1].

La religion naturelle implique certes des devoirs envers autrui et possède une dimension collective mais celle-ci est inscrite dans le cadre universaliste du droit des gens et de la grande société du genre humain. Ses devoirs sont des devoirs de l'homme en général, non ceux du citoyen d'une Cité particulière.

Cette remarque, induite par l'analyse de Grotius, peut aussi nous permettre d'éclairer quelques absences significatives dans le domaine du théologico-politique : on ne trouve pas trace en effet ni d'analyses ni même de réflexions, sur les thèmes de l'*élection*, du *Royaume de Dieu* ou de la *théocratie juive*, questions omniprésentes en ce siècle et qui seront réexaminées et tranchées, dans les philosophies de Hobbes et de Spinoza.

Que la question de l'*élection* ne soit pas évoquée se comprend aisément : elle est évacuée au même titre que celle de la prédestination comme question indécidable et inessentielle ; elle est de toute façon dénuée de sens dans une perspective à la fois individualiste et universaliste qui exclut par principe toute considération particulariste. Ne pas traiter du thème de l'élection, nier sa pertinence aboutit finalement à la nier, purement et simplement. Ainsi le judaïsme est-il examiné comme une religion parmi d'autres, ni privilégiée ni maudite, un exemple historique au même titre que le paganisme : le paganisme gréco-romain est un exemple privilégié du foisonnement des rites comme de la multiplication indéfinie des dieux ; le judaïsme est un exemple-type du durcissement des rites ou du ritualisme, mais en cela tous deux ne font que manifester deux tendances inhérentes au fonctionnement et au développement historiques des rites : tendance à proliférer et à se figer.

La *séparation du théologique et du politique* prolonge la séparation du philosophique et du théologique. Si elle supprime toute légitimation du politique par le théologique, elle n'interdit pas, au contraire, toute intervention du Prince, non pour fixer des points de doctrine, mais pour veiller, négativement, à empêcher les chefs religieux d'étendre abusivement leur pouvoir, d'imposer aux

1. Grotius, *De Jure*, II, ch. XX, XLIV, § 6. (traduction Pradier-Fodéré). « Iam vero majorem etiam usum habet religio in majori illa quam in civili societate, quia in civili partem ejus supplent leges et facilis legum executio : cum contra in magna illa communitate juris executio sit difficilima ut quae nisi armis expleri nequeat, et leges paucissimae : quae ipsae insuper sanctimoniam suam habent praecipue a metu numinis unde qui in jus gentium peccant divinum jus violare passim dicuntur. Non male ergo religionem contaminatam ad omnium pertinere injuriam dixere Imperatores ».

fidèles des charges trop lourdes. Assurant à tout fidèle, simple ou docte, prince ou théologien, l'accès direct aux vérités essentielles et nécessaires au salut, le credo minimum fournissait un argument décisif, sur le plan de l'accès à la doctrine, aux partisans du droit du Prince sur les choses sacrées. C'est aussi du Prince plus que des Pasteurs qu'Isaac d'Huisseau attend l'aide nécessaire à la réalisation de son programme de réunification du christianisme[1]: l'appel à l'autorité politique est explicitement justifiée, non pas comme recours à la force, qui serait tout à fait déplacé là où il s'agit d'« éclairer l'entendement pour gagner les cœurs et les volontés », mais pour empêcher, par une autorité supérieure, que des « particuliers opiniâtres ne traversassent un si salutaire dessein » pour des « intérêts du monde » :

> « Si, pour exemple, quelques Ecclésiastiques de quelque communion que ce soit, ne pouvaient se résoudre à quitter quelques avantages temporels qui les toucheraient plus que l'intérêt public, l'autorité des princes et des magistrats servirait beaucoup à les réduire à ce qui serait de la raison et de la justice » [2].

On reconnaîtra avec nous que cet exemple n'est pas quelconque et l'on remarquera, une fois encore, que l'appel au Prince ne vaut que pour empêcher que ne soient mises des entraves à l'action des laïcs, et à leur liberté de penser et de décider des moyens et des modalités de leur communion. Autonomie de la politique donc, autonomie de la philosophie, autonomie également de la théologie qui doit pouvoir développer librement ses constructions intellectuelles sur les fondations du credo minimum, mais sans les imposer comme la seule demeure habitable possible. La métaphore du bâtiment, dont le credo minimum constitue les fondations, la vertu les murs, les constructions théologiques la superstructure et le toit, revient fréquemment sous la plume de Cherbury[3] mais aussi de Grotius[4] et de D'Huisseau[5] comme une reprise actualisée de la métaphore évangélique qui dit qu'il y a bien des demeures en la maison du Père.

Il nous semble donc que le credo minimum s'accompagne bien d'un individualisme religieux consonnant avec l'individualisme juridique de l'époque; il ne rejette nullement l'organisation collective mais se refuse à l'absolutiser, tant sous sa forme politique que religieuse. Les auteurs que nous avons évoqués ne sont pas tant des « chrétiens sans Église »[6] que des chrétiens qui veulent abattre les murs de leur Église pour habiter une Église ouverte, sans exclusive et sans frontières.

1. On remarquera que le titre même de l'ouvrage de D'Huisseau : « La réunion du *Christianisme* ou la manière de rejoindre *tous les chrétiens* dans une seule Confession de Foi » fait l'impasse sur l'organisation existante des chrétiens en Eglises, à la différence des projets aecuméniques de réunion des Eglises, tels que celui de Leibniz, par exemple. On retrouve, là encore, une manifestation de cet universalisme abstrait qui néglige les institutions et les médiations historiques.

2. *Réunion*, p. 174.

3. De façon récurrente et fréquente : *DV*. 209 / 270; *RL*. 149 / 181; *DRG* 210 / 354; *Dial*. 72.

4. Discours aux magistrats d'Amsterdam de 1614.

5. *Réunion*,p. 24.

6. Pour reprendre la formule éponyme du livre de Kolakowski; et d'ailleurs leurs liens avec une Eglise institutionnelle sont d'intensité variable, quoique leur recherche théologique ait toujours eu pour premier effet de les en faire exclure ou de les éloigner.

Cette désacralisation des médiations institutionnelles contribue sans doute, comme le remarque Marcel Gauchet[1], à modifier les conditions de la croyance et de l'obéissance mais ce potentiel de subversion est encore loin d'être actualisé. Contrairement à ce que pense Gauchet, il nous semble que ce retour de la religion naturelle au XVIIe siècle n'implique encore nullement « désenchantement du monde et distanciation générale de Dieu ». Dieu est sans doute moins directement lisible dans la nature[2], l'homme lui est moins constamment relié par des signes cultuels[3], mais, loin de s'absenter, la divinité est présente en chacun et immédiatement connaissable par les notions communes. Par ailleurs, l'individualisme religieux, incontestable dans la présentation des chemins du salut, est plutôt une machine de guerre contre le particularisme d'Église ou d'État, et ses atteintes à la liberté de penser; il n'exclut nullement une dimension collective de la vie religieuse et des devoirs, bien plutôt tend-il à l'ouvrir sur la communauté la plus large, celle de la société universelle du genre humain.

1. Dans *La Révolution et les Droits de l'homme*, Paris, Gallimard, NRF, 1989, p. 16-17.

2. Encore que cet aspect, s'il est beaucoup moins sensible qu'à la Renaissance, ne soit pas totalement absent, comme on l'a vu sur l'exemple de Grotius.

3. Ceux-ci sont relativisés, ils ne sont point supprimés. L'individu historique qui vit avec ses semblables aura toujours besoin de tels signes, qui ne soutiennent pas seulement la relation du fidèle à Dieu, mais sont aussi des modalités de l'être-ensemble.

CHAPITRE X

UNE RELIGION EN DE MULTIPLES CROYANCES

STATUT DE LA RELIGION NATURELLE

Une seule religion définie comme « pure foi de la raison » c'est-à-dire comme « l'observance active dans une intention morale de tous les devoirs comme étant des commandements divins »[1] en de multiples croyances ou Confessions, telle est la formule par laquelle Kant détermine le rapport entre religion naturelle et religions révélées :

> « Il n'y a qu'une (vraie) religion ; en revanche il peut y avoir maintes formes de croyance. On peut ajouter que dans les diverses Eglises qui se séparent en raison de la diversité de leurs formes de croyance, on peut néanmoins découvrir une seule et même religion vraie »[2].

Cette formulation convient excellemment pour désigner le rapport qu'entretiennent, selon les défenseurs du credo minimum, les diverses religions. Ou plus exactement, pour reprendre les termes mêmes de Kant, les diverses Confessions de foi. La religion se décline au singulier, les confessions de foi et les cultes au pluriel. Avec toutefois des nuances entre les auteurs pour nommer la religion qui se dit au singulier – ou plus exactement, pour prendre les choses en sens inverse, un classement potentiellement différent du christianisme : il est considéré comme *la* religion universelle dont les autres ne sont que des approximations par Grotius et D'Huisseau, comme une confession de foi parmi d'autres, même si elle demeure privilégiée, par Cherbury, L. Meyer, Wissowaty ou Kant.

Mais une autre question affleure immédiatement, du moins sous la plume des critiques du XXe siècle : non point la religion naturelle est-elle vraie ? Mais est-elle véritablement une religion ? Parce que la réponse à cette question engage toute notre interprétation de la religion naturelle aussi bien que de la continuité[3]

1. Kant, *Religion*, VI, 105 / III, p. 127.

2. *Religion*, VI, 107 / III, 131. Kant ajoute quelques lignes plus loin : « Il est plus judicieux de dire : l'homme est de telle confession (juif, musulman, chrétien, catholique, luthérien) que de s'exprimer ainsi : il est de telle ou telle religion ».

3. Qui dit continuité ne veut pas dire identité, mais bien transformation continue de telle sorte que l'on puisse retrouver des traits constants d'une position à l'autre (ici l'insistance mise sur la dimension éthique de la religion) et qu'on puisse, au moins rétrospectivement rendre compte des déplacements effectués par une quasi loi de transformation.

que nous reconnaissons entre la religion naturelle du XVIIe siècle et la religion éthique de Rousseau et Kant jusqu'à Jules Simon[1], c'est d'elle qu'il nous faut traiter en premier.

La religion naturelle est-elle une vraie religion?

> « Nous savons que la religion naturelle n'est ainsi nommée que par antiphrase : en fait elle est toute artificielle, construction scolaire de philosophes en chambre. L'histoire ne connaît que des religions positives. La psychologie autant que la réflexion nous avertissent qu'une religion fabriquée de propos délibéré faite d'idées claires soigneusement triées et agencées ne répond guère aux besoins des âmes. C'est la preuve que l'homme religieux n'obéit pas au même impératif que l'homme philosophe[2] ».

Un minimum de prudence et une bonne dose de défiance envers « la psychologie » nous interdisant de nous prononcer aussi péremptoirement sur « les besoins des âmes » comme de nous situer à l'intérieur de la conscience religieuse de Hugo de Groot ou d'Edward Herbert de Cherbury, nous nous contenterons de présupposer un minimum de lucidité et de sincérité chez nos auteurs pour réfuter point par point un tel jugement dont la sévérité nous paraît témoigner de quelque parti pris[3]. Reconnaissons avec H. Duméry qu'en ce qui concerne les formes institutionnelles et collectives des religions, l'histoire ne connaît que des religions positives, pour la bonne raison qu'elle n'en saurait connaître d'autres : de l'aveu même des penseurs du credo minimum, dès lors que la religion naturelle universelle est vécue collectivement dans un pays et un siècle déterminés, elle se particularise et prend la forme d'une religion positive, plus ou moins adéquate, éloignée de plus ou moins de degrés de la religion fondamentale. Nous avons d'ailleurs eu l'occasion de souligner que, pour tous, c'est le christianisme qui en constitue la forme de religion la moins éloignée, et plus particulièrement le christianisme des premiers siècles, encore peu institutionnalisé. Pour autant, prétendre que la religion naturelle n'est pas naturelle mais « artificielle, construction scolaire de philosophes en chambre » et qu'elle n'est pas même une religion puisque, fabriquée de toutes pièces elle « ne répond pas aux besoins des âmes » nous paraît l'exemple même d'un jugement prévenu et précipité. En revanche nous souscrivons totalement à ces lignes qu'Henri Gouhier écrivait à propos de Rousseau et qui nous paraissent valoir pour tout le courant du credo minimum du XVIIe siècle :

> « Pour comprendre l'attitude de Rousseau, il faut renoncer à certaines habitudes <...> que semblent favoriser la psychologie et l'histoire du sentiment religieux. Sous les mots « religion naturelle » nous mettons volontiers une espèce de religion minimum, quelque chose comme le résidu commun aux religions historiques, ce qui reste lorsque chacune est allégée de ce qui la

1. Nous avons développé ce point dans *La religion naturelle*, PUF, 1991.
2. Henry Duméry : *Philosophie de la religion*, t. II, p. 36.
3. Il est vrai que le point de vue strictement et uniquement phénoménologique qu'a voulu prendre Duméry dans cette étude favorisait ce type de méconnaissance.

> rendait historique. Aussi avons nous l'impression que ce reste est peut-être ce qu'il y avait de moins proprement religieux dans ces religions.
>
> Aux yeux de Rousseau la religion naturelle est ce qu'il y a de proprement religieux dans les religions historiques, le reste n'étant que superstitions, dogmes plus ou moins barbares, mystères inutiles. La religion naturelle exprime l'essence religieuse de toute religion ; son autre nom est celui que lui a donné Marie Huber : 'religion essentielle' »[1].

En quel sens la religion naturelle peut-elle être dite naturelle ? Assurément pas au sens où elle serait une production naturelle c'est-à-dire spontanée, des hommes vivant en société, c'est-à-dire finalement une production de l'histoire. De ce point de vue il est exact d'affirmer que c'est une reconstruction de l'esprit. Mais entendre naturel en ce seul sens serait commettre ici la même bévue ou la même mésinterprétation malveillante que celle qui consistait à reprocher à Rousseau de décrire dans le deuxième *Discours* un homme naturel que l'on ne rencontrait jamais nulle part, pas même dans la savane ou dans la forêt. Il faut entendre ici naturel tout d'abord dans le sens même où l'entendait Rousseau parlant de l'homme naturel et explicitant cette expression dans la préface du deuxième *Discours*, où naturel signifie à la fois originaire, fondamental, essentiel, conforme à la nature de. « Semblable<s> à la statue de Glaucus que le temps, la mer et les orages avait tellement défigurée qu'elle ressemblait moins à un Dieu qu'à une Bête féroce[2] », les religions laissent encore transparaître, derrière les concrétions du temps, la figure divine et la majestueuse simplicité de la religion naturelle.

Celle-ci est ainsi doublement naturelle : elle est relative à la nature de l'homme[3] d'une part, elle est naturelle à l'homme en tant qu'originaire et conforme à sa nature. Mais elle correspond d'autre part à l'état de pure nature, c'est-à-dire à la nature avant toute détermination d'état (d'innocence, de péché, de grâce, de gloire). L'opposition pertinente est celle de la nature et de l'artifice d'une part, celle de la nature et de la surnature de l'autre. La religion naturelle constitue, pour reprendre un vocabulaire barthien le « degré zéro » de la religion, car elle se manifeste comme ce qui est toujours déjà là[4] avant l'histoire qui est l'œuvre de l'homme, et avant la révélation et la grâce, qui sont l'œuvre de Dieu. Ce n'est pas une production (divine ou humaine) mais ce à partir de quoi et sur quoi opèrent conjointement l'œuvre de Dieu et l'œuvre de l'homme, ce pour

1. H. Gouhier : *Les Méditations métaphysiques de J.-J. Rousseau*, p. 36.

2. *Discours sur l'origine et les fondements de l'inégalité*, préface, III, p. 122.

3. Tel est aussi le sens de naturel dans le droit naturel selon Rousseau. Cf. « C'est cette ignorance de la nature de l'homme qui jette tant d'incertitude et d'obscurité sur la véritable définition du droit naturel : car l'idée du droit dit Mr. Burlamaqui, et plus encore celle du droit naturel, sont manifestement des idées relatives à la nature de l'homme. C'est donc de cette nature même de l'homme, continue-t-il, de sa constitution et de son état qu'il faut déduire les principes de cette science ». *Ibid.* p. 124. On pourrait aisément pasticher cette remarque de Rousseau en remplaçant droit naturel par religion naturelle et Burlamaqui par Herbert de Cherbury.

4. Préalable, préliminaire, infrastructure, soubassement, peu importe le terme ici, l'idée est la même.

quoi aussi, elle constitue l'invariant de toute religion. Elle correspond donc très exactement à l'état de pure nature de l'homme considéré sur le plan religieux.

> « Cajetanus et moderniores theologi tertium consideraverunt statum, quem pure naturalem appelarunt qui, licet de facto non fuerit cogitari tamen potest ut possibilis et illius consideratio ad aliorum intelligentiam necessaria est quia revera hic status est veluti aliorum fundamentum » [1].

L'état de pure nature est cet état de la nature de l'homme qui seul permet de rendre compte de l'état de *natura integra* et de *natura lapsa* comme le noyau fondamental obtenu par soustraction de la Grâce et de la chute. La même conceptualisation du naturel par soustractions successives, comme l'invariant qui résiste à l'élimination des apports, soit de l'histoire soit de la surnature, se rencontre chez Rousseau et dans le credo minimum.

En quel sens la religion naturelle est-elle vraiment une religion authentique? Religion vraie, quoique vraisemblablement incomplète, et vraie religion, au moins en ce qui regarde la dimension personnelle, individuelle, du vécu religieux, la religion naturelle l'est assurément pour ceux que nous avons étudiés. Il n'est nul besoin pour l'attester, d'aller scruter dans les profondeurs des consciences et de vouloir « pénétrer les secrets jugements de Dieu » comme on disait alors. Il suffit de lire les textes et de présupposer un minimum de sincérité chez leurs auteurs.

Authentiquement religieuse, la religion du credo minimum l'est à la fois dans sa structure et dans sa pratique. Elle l'est tout d'abord dans la pratique, incontestablement, de la part d'un Cherbury dont la prière invoque la divinité sage et puissante qui a créé toute chose et dont la providence a fait de l'homme une créature vivante, libre et raisonnable, capable de connaître, d'aimer et d'imiter Dieu [2] : cette prière s'adresse à la divinité des cinq articles plus qu'au Dieu trine des Chrétiens [3]. Nous connaissons moins la vie personnelle de L. Meyer [4] ou d'Isaac d'Huisseau, mais nous savons bien que tous deux prirent des risques pour exposer et défendre leurs positions religieuses – et qu'ils en étaient fort conscients, puisque leurs livres furent publiés anonymement [5]. Mais

1. Suarez, *De Gratia*, prol. 4, c. 1, n. 2. Cité par J. Starobinski dans l'édition de la Pléiade du 2ème *Discours*, p. 1303, n. 3 et par P.-F. Moreau "de la pure nature" *Revue philosophique*, 3 / 1978, p. 343-349.

2. Cf. le texte et sa traduction dans *Le salut du laïc*, p. 205-6.

3. On sait aussi, par les *Brief Lives* d'Aubrey que Cherbury ayant appelé un pasteur à son chevet avant que de mourir et celui-ci lui ayant refusé l'extrême onction pour défaut de croyance, Lord Herbert lui tourna le dos et rendit l'âme fort paisiblement.

4. Dont nous connaissons fort bien la vie intellectuelle par contre. On sait cependant que, poète, il composa un hymne pour célébrer l'installation d'un nouvel orgue dans l'église luthérienne d'Amsterdam.

5. L. Meyer a justifié dans sa préface le choix de l'anonymat pour échapper à la haine des théologiens : « Tel est chez nous le bonheur de ce siècle qu'il nous est permis de négliger leur colère et leur indignation; si leur esprit est à ce point impuissant qu'il ne supporte pas qu'on s'écarte d'eux le moins du monde, leur pouvoir se limite à dévaloriser un nom dès qu'ils le connaissent et à le rendre odieux à la populace ignorante. C'est pour nous préserver de cet inconvénient que nous avons pris le parti d'avancer masqué sur la scène » (p. 21). D'Huisseau vit son livre publié avant qu'il en ait pris véritablement la décision mais l'anonymat ne suffit pas à le préserver de la persécution qui lui fut fatale.

cette précaution ne suffit pas à leur épargner la haine des théologiens et des pasteurs. Si Grotius renonça, sur l'insistance de ses amis théologiens, à publier le *Meletius* et s'il fut fondamentalement un apologète et un défenseur du christianisme, tout ce qu'on sait de lui montre combien le primat de la dimension éthique sur la dimension dogmatique de la religion ne fut pas pour lui un propos formel mais une thèse qui engagea la pratique de toute une vie.

Religieuse, la religion naturelle l'est tout autant dans sa structure puisqu'elle contient sous une forme simplifiée et épurée tous les éléments constitutifs d'une religion historique positive, comme nous avons déjà eu l'occasion de le remarquer. A savoir :

– un *credo* : le credo minimum, susceptible de se ramifier en de multiples dogmatiques mais qui toutes, à la différence des articles fondamentaux, sont affectées d'une marque d'incertitude. Une fois repris en première personne, c'est-à-dire véritablement comme credo, cette profession de foi peut s'ouvrir à une confession de foi plus large, mais la forme neutre sous laquelle se présente la liste des articles fondamentaux a le mérite d'éviter que le credo ne se transforme dans la forme impérative et coercitive d'un *Crede!* [1]

– un *culte*, tout entier résumé dans la prière d'action de grâces et la pratique de la vertu, et plus particulièrement des vertus qui concrétisent la règle d'or de la réciprocité. Ce culte intérieur et personnel n'interdit ni ne remplace le culte extérieur collectif [2], mais sans lui ce dernier se réduirait à un ritualisme vide et dénué de sens et d'efficience.

– une *espérance* : celle d'une synthèse à venir entre le bonheur et la vertu, concrétisée dans l'espérance d'une jouissance pérenne de la connaissance et de l'amour de Dieu, en quoi réside la *fruitio beatifica*.

– une *Eglise* étendue à l'ensemble des hommes dotés de raison et de bonne volonté, communauté de l'Eglise universelle qui rassemble quasiment l'humanité entière, mais communauté particularisée en de multiples peuples qui, fort légitimement, vivent cette particularité sur le mode de la diversité de leurs pratiques culturelles.

STATUT DES RELIGIONS NON CHRÉTIENNES

Cet universalisme ecclésial ne s'accompagne pas toujours explicitement d'une apologie de la tolérance mais plus souvent du refus affirmé des pratiques intolérantes de coercition et de persécution ainsi que d'une défense de la liberté de croire. Cela se traduit d'ailleurs par la reconnaissance du caractère religieux des autres religions, non seulement monothéistes, mais même païennes. Cette forme de respect de l'autre est assez rare pour qu'on le salue au passage, car elle est loin d'être communément pratiquée. En un sens ni Cherbury qui témoigne sans doute

1. Cf. Kant : « La raison est par nature libre et n'admet aucun ordre de tenir quelque chose pour vrai (aucun *crede*, mais seulement un libre *credo*) ». *Conflit des facultés*, VII p. 20 ; OC. III, p. 817.

2. Qui remplit d'autres fonctions, plus pédagogiques : Cf. notre chapitre IX : des fonctions d'instruction des fidèles, d'exhortation à la pratique de la vertu et au repentir.

du regard le plus bienveillant dans l'examen du paganisme [1] ni, bien évidemment, Grotius ne nieraient que pour eux, le christianisme ne soit bien supérieur au paganisme, tant dans sa conception de la divinité que dans ses exigences pratiques. Mais cette hiérarchisation n'implique aucun mépris de type ethnocentrique, aucune dénégation du caractère authentiquement religieux des autres religions que la leur, puisqu'en toutes il est possible à l'homme juste de trouver le chemin de son salut. Ce qu'on peut mettre rapidement en évidence en prenant quelques exemples, plus particulièrement empruntés à Grotius et à Cherbury.

Le *paganisme* tout d'abord. Dans cette catégorie fourre-tout on a tendance à ranger, au XVIIe siècle, toutes les religions autres que les religions du Livre, à savoir aussi bien le polythéisme gréco-romain que les religions d'extrême Orient [2] (elles-mêmes vues à travers les Brahmanes et les gymnosophistes connus par les auteurs de l'Antiquité) ou celles des sauvages. Mais en rassemblant ainsi dans la même notion de « religion des Payens » la quête mystique d'un Apollonios de Tyane et les rites les plus étranges, on admettait au moins que le « paganisme », loin d'être pure et simple superstition, était une attitude authentiquement religieuse et pouvait être analysé comme tel. Ainsi pouvait-il être tenu pour vrai dans ce qu'il partageait avec la religion naturelle et donc aussi avec les autres religions, pour faux dans ce qui lui était particulier. Ses vérités sont à la fois partielles et mal reliées : « Tous les écrits des Payens n'ont que séparément quelques unes de ces maximes sublimes que le Christianisme enseigne en total » [3]. Certes les païens ont eu des croyances absurdes (adoration des animaux dépourvus de raison, des éléments et des astres, êtres sans intelligence ni liberté) et pratiqué des cultes impies, souillés de sang et de sperme [4] mais, cela étant, on peut aussi donner une interprétation recevable (allégorique [5]) de bien des croyances et des cultes et dans le paganisme même tout ce qui « prescrit une règle de vie juste et conforme à la droite raison » [6] doit être tenu pour divin et inspiré par Dieu. Quant au reste : divinités indignes, faux miracles, cultes abominables, il peut être renvoyé aux démons.

Le *judaïsme* est présenté classiquement par Grotius comme commencement, « ébauche » [7] de la religion parfaite. Certes le peuple juif est décrit, en

1. Cf. son affirmation du « salut du pieux Romain » dans la *Religion du laïc*, p. 139 / 175.

2. Cf. S. Murr : « Généalogies et analogies entre paganisme ancien et "gentilité des Indes" dans l'apologétique jésuite au siècle des Lumières » in *Les religions du paganisme antique dans l'Europe chrétienne XVI-XVIIème siècles.* (PUPS 1987)

3. Grotius, *VRC.* , IV, 3.

4. *Ibid* : « Une troisième preuve que ces esprits adorés par les Payens étaient de mauvais esprits, c'est que le culte qu'on leur rendait ne pouvait convenir qu'à des êtres indignes de tout respect. On répandait pour les apaiser le sang humain : les plus grandes solennités étaient des jours où les crimes se montraient avec plus de hardiesse : on y voyait des hommes nus s'exercer sans honte à des courses lascives et dans quels lieux ? Dans les temples mêmes. Ces fêtes se passaient en jeux et en danses infâmes, pratiques abominables qui trouvent encore des observateurs dans l'Afrique et dans l'Amérique ». (*VRC*, IV, 1)

5. Exemple : le culte du soleil allégorie du culte du Dieu suprême. Cf. Cherbury : *DRG*. Cf. sur ces questions les p. 119-124 du *Salut du laïc.*

6. Grotius, *VRC*, IV, 2 ,p. 89.

7. Ibid, *VRC*, V, 1, p. 115.

reprenant l'expression paulinienne, comme un peuple charnel qui a accordé trop d'importance aux cérémonies et « a gardé pendant tant de siècles une loi chargée de mille pratiques incommodes ». Plus fondamentalement l'idée même d'une religion naturelle antérieure à la révélation et gravée par Dieu dans le cœur de tous les hommes faisait passer la césure entre fidèles et infidèles non pas sur des questions dogmatiques mais sur des questions pratiques et aboutissait de ce fait à ruiner complètement l'idée d'élection, si fondamentale dans la foi juive. Fort significativement, Grotius met sur le même plan [1], pour les condamner toutes deux, la distinction aristotélicienne des Grecs et des Barbares et le distinction juive entre le peuple élu et les autres, faisant ainsi implicitement de la croyance en l'élection une forme parmi d'autres d'ethnocentrisme.

Il fallait au XVIIe siècle une certaine audace intellectuelle pour présenter l'*Islam* comme une religion vraie, fût-ce partiellement. Aussi n'est-ce que sous la plume de Cherbury, et encore seulement dans le *Dialogue*, que l'on trouve, à titre d'illustration d'une recherche des degrés de vérité et d'assentiment dans l'ordre religieux, une présentation relativement favorable de l'Islam [2]. Cherbury y pose en effet que la proposition « Le Coran contient de saints préceptes de vie bonne et de piété, en l'honneur du Dieu suprême » est vraie quoique la proposition subséquente qu'« ils constituent une religion si parfaite que hors d'elle il n'est point de salut [3] » soit fausse. Grotius, en revanche, fait de la naissance de l'Islam un châtiment de la colère divine pour punir les conséquences d'un mouvement quasi naturel (en tout cas au sens où l'est une habitude devenue coutume) de dégradation de la vraie religion :

> « Les maux que causa la préférence de l'arbre de la connaissance sur l'arbre de vie se renouvellèrent; la plupart voulurent faire montre d'une vaine érudition; la piété en souffrit; l'on fit bientôt un art de la religion. Cette conduite eut des suites fâcheuses. <...> le fidèle au lieu de s'attacher à offrir à Dieu un cœur pur et sans tache mit presque toute la religion dans des cérémonies pompeuses ou dans des exercices corporels. <...> Ces désordres irritèrent le Ciel, sa justice éclata; elle fit sortir du fond de la Scythie et de l'Allemagne des troupes de Barbares <...> L'Arabie produit un nouveau Monstre » [4].

1. *Mel.* § 69.
2. Beaucoup moins cependant, et bien plus allusive que celle qu'offre Bodin, par la bouche d'Octave Fagnola dans le *Colloquium*. Bodin loue dans l'Islam son horreur de l'idolâtrie, les rites de pénitence et de réconciliation, l'obligation de l'aumône aux pauvres, le refus de principe du vin et des jeux, le souci de l'éducation de la jeunesse, Cf. p. 264-66 : « Quand je fais comparaison de leur religion, de leurs jugements, de leurs lois, de leurs mœurs et de leurs coutumes avec les notres, véritablement j'estime que de tous les peuples de la terre les Turcs sont vrais musulmans c'est-à-dire fidèles, non seulement parce que le loi de Mahomet est plus conforme à la nature qu'aucune autre, mais aussi parce que toutes les autres n'ont qu'une apparence de religion; mais eux ils en ont une réelle et la professent avec un zèle plus particulier qu'aucune autre nation de la terre ».
3. *Dialogue*, p. 12 : « There are holy precepts for a good life and piety in honour of the supreme God contained in the alcoran. . . they constitute so perfect a religion that without it none can be saved ».
4. *VRC*. VI, 1, p. 196-98.

Grotius reproche à l'Islam d'être une religion trop charnelle, trop extérieure, et surtout d'admettre des principes moraux insoutenables comme la polygamie[1]. Il ne parvient pas, à la différence d'un Bodin ou d'un N. de Cues, à le présenter indépendamment de sa relation conflictuelle avec le Christianisme. Quoique religion authentiquement monothéiste, l'Islam est finalement beaucoup moins bien traité que le paganisme. Ce qui témoigne aussi de la force d'une tradition, celle de la lecture scolaire des grands auteurs du paganisme antique dans laquelle les penseurs du XVIIe siècle ont appris à lire, à écrire, (et parfois à penser) en latin.

CROIRE PAR SOI-MÊME

S'il est un point par lequel la religion naturelle du XVIIe siècle anticipe sur la pensée des Lumières, c'est bien en ce qui concerne la responsabilité personnelle de la croyance. On pourrait affirmer tout aussi justement que cela résulte du fait que les Lumières sont grandement redevables, quant à cette revendication d'autonomie, à la rupture instaurée par la Réforme protestante face à l'autorité. Cela est vrai et cet héritage est bien avéré. Toutefois la Réforme protestante a connu elle aussi, et dès ses premiers temps, des pratiques d'exclusion ainsi que le recours à l'argument d'autorité de la part de ses docteurs et de ses pasteurs. Aussi est-il moins question ici de nier une filiation que de la spécifier.

On sait que dans l'opuscule « Was heisst Aufklärung? » Kant a défini les Lumières par le mot d'ordre « penser par soi-même! ». Bien que le processus de croyance implique nécessairement une part de confiance, surtout s'il s'agit de croire quelqu'un ou de croire en quelqu'un, on pourrait dire, nous semble-t-il, que tout le mouvement du credo minimum répond à ce mot d'ordre : *croire par soi-même*. N'accorder sa créance qu'à ce que notre raison accordée au consentement universel nous persuade de devoir admettre à titre de postulat, puisque cette certitude, pour ferme quelle soit, ne peut se prévaloir d'aucune démonstration absolument indiscutable.

Mais la recherche d'une vérité religieuse incontestable passe aussi, comme le disait Rousseau, par « ces dispositions d'incertitude et de doute que Descartes exige pour la recherche de la vérité »[2]. Le credo minimum est ce qui a résisté à une suspension de ma croyance héritée, quand se conjuguent, à titre de critère de validation, l'adhésion du sentiment intérieur et le consentement universel[3]. L'appel au sens interne[4] témoigne de ce fait qu'il n'y a pas pour moi de vérité qui compte sans un mouvement de réappropriation du vrai, quelle que soit la source

1. Grotius, dont le mariage fut heureux, et qui dut à l'intelligence et au sang froid de sa femme de pouvoir s'évader de prison, accorde toujours une importance privilégiée à la morale sexuelle, au respect de la femme et à l'égale exigence de fidélité pour les deux époux. La critique de la polygamie musulmane se retrouve en *VRC*. VI, 2 et *Mel.* § 72.

2. Rousseau : *Emile, Profession de foi du Vicaire Savoyard*, OC. IV, p. 567.

3. De même chez Rousseau c'est l'accord du sentiment intérieur avec « l'accord évident et universel de toutes les nations » qui garantit la certitude du credo du Vicaire.

4. Dans le courant de la religion naturelle du XVIIe siècle on invoque plus volontiers la *bona mens* ou le sens interne, ou le sens commun, que le sentiment intérieur qui évoque trop vite les effusions sentimentales des Enthousiastes.

de cette vérité ; et l'appel au consentement universel (présent ou à venir) a pour fonction d'éviter le délire subjectif et les divagations enthousiastes. Non que toute révélation se trouve de ce fait récusée ; mais parce que, la révélation ne m'étant généralement pas faite à moi personnellement [1], toute foi en une révélation est en même temps créance donnée à un intermédiaire humain, et de ce fait suspecte. Comme le dira avec force Rousseau :

> « Je considérais cette diversité de sectes qui règnent sur la terre et qui s'accusent mutuellement de mensonge et d'erreur; je demandais quelle est la bonne ? Chacun me répondait : c'est la mienne; chacun disait : moi seul et mes partisans pensent juste, tous les autres sont dans l'erreur. Et comment savez vous que votre secte est la bonne ? Parce que Dieu l'a dit. *Et qui vous dit que Dieu l'a dit ?* Mon pasteur qui le sait bien. Mon Pasteur m'a dit d'ainsi croire et ainsi je crois; il m'assure que tous ceux qui disent autrement mentent et je ne les écoute pas » [2].

Il est clair que celui qui professe le credo minimum prend l'attitude inverse de celle de ce croyant trop défiant envers lui-même et condamné de ce fait à une attitude infantile dans ce qui devrait être au premier chef une responsabilité de majeur. Non seulement il ne craint pas d'écouter tous ceux qui lui parlent de Dieu, mais il n'accorde sa créance qu'à ce que le sens interne ou la raison naturelle confirme. Ce n'est pas une autorité extérieure qui lui dit ce que Dieu dit, mais la lumière naturelle de sa raison accordée au consentement universel. Cela implique une attitude d'autonomie et de responsabilité de la créance. Oser croire par soi-même, ce n'est ni ne plus croire, ni n'écouter personne, mais ne donner son assentiment, ou ne poser un acte de foi, que là où je peux le faire véritablement en première personne. C'est là une distinction claire et nette, dans l'usage de la critique, avec le courant libertin ou même sceptique : ni défiance, ni refus. Pas davantage d'analyse du fonctionnement de la religion par une mécanique passionnelle : les références à la crainte et à l'espoir sont toutes assignées à la superstition qui est une perversion de la religion, non à la religion elle-même.

Le credo minimum, comme nous avons déjà eu souvent l'occasion de le laisser entendre, n'est donc pas un credo au rabais, c'est plutôt, sur le modèle de la morale cartésienne du *Discours*, un *credo par provision*, en attendant que la révélation de Dieu face à face nous fasse pleinement connaître ce qu'Il est et qui dépasse de bien loin la capacité d'appréhension de nos facultés humaines. Credo par provision, plus que 'credo moindre mal' comme le jugeait Leibniz écrivant [3]: « Plût à Dieu que tout le monde fût au moins déiste, c'est-à-dire bien persuadé que tout est gouverné par une souveraine Sagesse ! » Ce credo par provision est durablement provisoire sans doute, mais il est *ad captum hominis*, respecte par dessus tout la liberté de l'esprit, et requiert l'engagement personnel de la pensée car sur une créance hypocrite et serve on ne saurait gager une heure de béatitude.

1. On se souvient que c'est là précisément la condition d'authentification de la révélation pour Cherbury.

2. *Emile*, p. 609. La phrase soulignée l'est par nous. On retrouve dans cette interrogation la question des marques d'authentification de la révélation.

3. Cité par Sainte Beuve, *Port-Royal*, III, 3. Nous n'avons pas pu retrouver la source exacte de cette citation.

Une comparaison avec la critique kantienne de la maxime de sécurité, l'*argumentum a tuto*, le montrera aisément. Cet argument, développé par Shaftesbury dans sa *Lettre sur l'enthousiasme*, posait qu' « il est sage de croire plutôt trop que pas assez » et de multiplier les pratiques rituelles qui ne nous font pas renoncer à grand chose (comme par exemple suivre une procession), pour garantir un maximum de salut avec un minimum de dépense. Kant consacre à cette argumentation trois pages de critique virulente dans la *Religion*[1] : croire un maximum de dogmes, pratiquer un maximum de rites pour espérer un maximum de garantie vis-à-vis de Dieu constitue comme le dit très justement J.-L. Bruch « une inversion caricaturale du pari pascalien[2] ». Ce petit pari superstitieux du vulgaire, cette pseudo-assurance sur l'au-delà sans engagement personnel, témoigne d'une indifférence à la vérité, d'une hypocrisie et d'un mépris de la liberté humaine qui constituent une très grave offense à la divinité.

> « Le danger issu de la malhonnêteté du prétexte, l'offense à la conscience, tandis que devant Dieu lui-même on avance comme certaine une chose dont on est trop conscient qu'on ne saurait, étant donné sa nature, l'assurer avec une confiance inconditionnée, tout cela l'hypocrite le tient pour rien. La seule maxime véritable de sûreté conciliable avec la religion est précisément l'opposée : ce que, à titre de moyen ou de condition de la félicité, je ne puis connaître par ma propre raison mais seulement par la révélation, et à quoi je ne puis adhérer dans ma profession de foi que par la médiation d'une foi historique, et qui au surplus ne contredit pas les purs principes moraux, cela je ne peux certes y croire et l'assurer comme certain, mais je ne peux pas plus le rejeter comme certainement faux »[3].

De tels propos pourraient assurément être contresignés par Herbert de Cherbury qui s'exprime sans doute de façon plus métaphorique et moins rigoureuse[4], mais qui partage avec Kant ce refus viscéral du mensonge et de l'hypocrisie[5], envers soi-même comme envers Dieu. Le credo minimum sait accepter l'inconfort du doute, de la suspension du jugement, pour assurer le maximum de sincérité, d'honnêteté intellectuelle, mais aussi le minimum d'exclusion et le maximum d'universalité de la croyance. Le vrai tribunal divin, c'est le tribunal de la conscience dont on couvre souvent la voix mais qui ne saurait faillir[6].

1. *Religion* AK. VI p. 188-90 ; OC. Pléiade III, p. 226-8.
2. Bruch, *Op. cit.* p. 201.
3. *Religion*, Ak. VI, p. 189 ; III p. 227.
4. Cf. *RL.* « Que le voyageur n'accepte ni ne rejette en bloc les doctrines enseignées partout mais qu'il distingue ce qui relève de la droite raison de ce qui regarde la foi touchant le passé et qu'il attribue à chacune son rôle. Ainsi le sel et le sucre qui, mélangés ont un goût fort désagréable au palais sont des assaisonnements excellents quand ils sont pris en quantité convenable ». p. 147 / 180.
5. Telle est du moins l'interprétation qu'en donne Kant qui n'y voit ni humilité, ni abdication prudentielle de la raison, mais pur et simple mensonge.
6. Cherbury : « Nul mortel ne peut tellement étouffer sa conscience qu'il n'aperçoive encore si ses actions sont bonnes ou mauvaises ». *DV.* p. 229 / 198.

NATURE ET HISTOIRE COMME PRINCIPES

La nature

Nous avons déjà remarqué que la référence à la nature fonctionne dans un rapport de distinction et d'opposition à l'artifice, c'est-à-dire à l'histoire, et à la surnature, c'est-à-dire à la grâce ou à toute connaissance supranaturelle, révélée ou mystique. La nature, accompagnée ou non d'une majuscule, désigne à la fois l'ensemble de nos propres [1] ou bien encore ce qui définit mon essence en tant qu'homme, et l'ensemble du réel en tant qu'il est régi par un ordre causal nécessaire et bon. C'est en ce dernier sens que la Nature (avec une majuscule) a pu être identifiée à Dieu ou à la Providence divine. La référence à la nature ou au naturel (la lumière naturelle de la raison opposée à la lumière surnaturelle de la révélation par exemple) entraîne donc avec elle l'idée de quelque chose qui m'est, sinon spontané, du moins accessible personnellement, que je peux *m'approprier tout en étant accordé à l'universel.* La nature fonctionne donc beaucoup moins comme origine méta-historique que comme principe d'ordre et d'appropriation, norme de validation, fond commun, invariant sain et nécessaire d'une variation contigente, accidentelle et parfois pernicieuse.

L'histoire

Inversement l'histoire joue comme principe de diversité, de variation, d'hétérogénéité, mais sans nuance obligée de dégradation ni de progrès. Cela se manifeste par une indifférence assez générale à la question des origines ou de la tradition : lorsque la tradition est invoquée par Grotius, ce n'est pas à titre de principe de validation mais comme principe de permanence et de nécessité. Lorsque Herbert de Cherbury dresse dans le *De religione Gentilium* le tableau historique des variations des religions (passage du paganisme au christianisme et devenir interne de chaque religion) il décrit un mouvement pendulaire qui va du simple au divers et qui voit se succéder des phases de simplification, de retour à l'essentiel, et des phases de multiplication (des dieux, des dogmes, des rites, etc.[2]). Puis, lorsque la diversité tourne au chaos et à l'incohérence, le principe de simplification opère derechef : ainsi vont se succédant la pureté de la religion originelle, la diversité indéfinie du paganisme, la simplicité de la prédication évangélique, la diversification des sectes et des dogmes, qui appellent un retour à la simplicité de la religion naturelle grâce aux cinq articles.

L'histoire fonctionne donc ici sur le modèle de ce que Barthes a appelé la "sémantique baroque" : l'ouverture à la prolifération infinie et cependant structurée du signifiant[3], le principe de structuration étant constitué dans notre cas par les articles fondamentaux. Ainsi est-elle moins envisagée dans sa dimension diachronique de devenir affecté d'un sens, orienté vers un progrès ou une décadence, que comme un tableau, une carte des diversifications. La référence

1. Donc aussi ce qui est commun à tous les hommes.
2. Pour une description plus détaillée de ce mouvement, Cf. *Le salut du laïc*, p. 156-158.
3. Barthes: *Sade, Fourier, Loyola*, Paris, Seuil, 1971, p. 103.

noachique par exemple ne renvoie pas à une communauté d'origine des croyances; elle est interprétée en un sens strictement naturaliste et anhistorique. Tous ces éléments : la référence à la tradition comme pérennité non comme transmission, l'absence d'affirmation d'une communauté d'origine et de la théorie classique des emprunts [1], la revalorisation de l'histoire comme enquête en un sens quasi ethnographique et non sceptique, tout cela témoigne du caractère secondaire de l'histoire, et comme principe et comme cause. Si l'histoire joue bien à l'occasion le rôle d'un principe de déperdition, de désordre, de dégradation ou de discrimination, c'est un principe second et qui ne rompt pas la belle santé et la continuité sans faille de la nature. C'est là d'ailleurs un point de rapprochement et de divergence à la fois avec Rousseau : chez Rousseau aussi, l'opposition de la nature et de l'histoire recouvre celle de l'universel essentiel, certain d'une part, du particulier, du divers, du contingent et du probable de l'autre, mais l'histoire apparaît bien davantage comme un principe de dégradation et, par contre coup, la nature prend plus nettement encore le statut de la Grâce [2]. Au contraire, dans la religion naturelle du XVIIe siècle, l'histoire prend la forme tabulaire d'un espace de variations, non point celle d'un devenir orienté vers un mieux ou un pire. Le temps y est, au même titre que l'espace, un lieu ou un support de diversification possible. Si les grands auteurs païens ont pu dire la même chose que le Christ (toute la Loi se résume dans la règle de la réciprocité et de la charité) ou bien encore si les sauvages et les simples se rencontrent dans leur commune façon d'aller à l'essentiel, fut-ce de façon maladroite et ambigüe [3], c'est que le temps ne fait rien à l'affaire, c'est-à-dire n'affecte pas de façon décisive les capacités de la nature et son statut de référent commun.

On voit ainsi finalement, se conjuguer au XVIIe siècle différents modèles possibles pour penser l'articulation de la religion naturelle et des autres religions :

– un *modèle spatial* : la religion naturelle est le cœur, le noyau de toute vraie religion. Ce modèle est prégnant chez Herbert de Cherbury.

– un *modèle temporel* : la religion naturelle est l'ébauche de la religion vraie, à savoir le christianisme, qui la perfectionne et la complète tandis que certaines formes du paganisme, ou bien encore l'Islam, en sont la déformation. Ce modèle domine chez Grotius.

– un *modèle épistémique*, chez L. Meyer : la religion naturelle est le schéma, l'épure, de la religion authentiquement vraie : la religion conforme à la raison et confirmée par elle. Mais la religion naturelle confirmée par la raison et sans rien d'autre que la raison (donc sans l'histoire, sans l'imaginaire, etc.), ce n'est déjà plus de la religion, c'est déjà, et seulement, la philosophie.

1. Sauf, il est vrai, dans le *VRC* de Grotius.

2. Cf. H. Gouhier : *Les Méditations métaphysiques de J.-J. Rousseau*, ch. I § 4 : la nature qui est la grâce.

3. Sauvages et simples se laissent aussi facilement prendre aux pièges de la superstition.

RELIGION SEREINE ET RAISON ARDENTE

Les tenants du credo minimum ne semblent pas avoir eu d'états d'âme : ils eurent la religion sereine et la raison ardente. La très forte orientation éthique qu'ils donnèrent à la religion doit s'interpréter comme l'expression du primat de l'esprit sur la lettre ; elle n'impliquait ni affaiblissement du sentiment religieux ni défiance envers la raison. Loin d'être une religion au rabais, cette conception conjuguait le minimum de demande avec le maximum d'ouverture ou d'amplitude : La règle d'or est la forme unique qui recouvre tous les devoirs ; le culte que résume la pratique de la vertu doit aussi se manifester vers l'extérieur et peut le faire par les rites les plus divers ; l'unique attribut divin de la Providence désigne à la fois la toute puissance de la causalité, l'absolue bonté et sagesse de celui qui prend soin de toutes choses et l'ordre nécessaire et immuable du monde.

Religion heureuse sans angoisse ni déchirement de conscience où la jouissance de Dieu (*Deo frui*) ne se sépare pas de la jouissance équilibrée des biens de ce monde (*mundo frui*) et où l'amour de la divinité s'exprime tout naturellement dans une attitude ouverte et tolérante à l'égard des autres expressions cultuelles et culturelles. Religion sereine donc, mais non point tiède. Son caractère ardent ne se mesure pas à un prosélytisme conquérant mais dans la défense des facultés humaines, et particulièrement de la raison. Certains, tels L. Meyer ou Wissowaty allèrent même jusqu'à espérer que la raison parviendrait peu à peu à rendre intelligibles toutes les vérités religieuses, faisant du même coup le tri entre ce qui est de l'ordre de la vérité et ce qui est de l'ordre de la construction imaginaire.

La position d'un credo minimum avait d'abord correspondu, dans la droite ligne de la pensée d'Erasme, à une volonté d'irénisme religieux et de recentrement sur l'essentiel. Dans sa reprise au XVIIe siècle se fait jour plus sensiblement le désir du laïc de sortir du débat piégé entre orthodoxies concurrentes pour affirmer en même temps que la liberté de croire, le droit d'ignorer, de douter ou plus exactement de suspendre son jugement sur certaines questions indécidables. Pourtant, comme nous l'avons vu, jamais cette position d'un credo fondé sur les notions communes et le consentement universel n'a correspondu à une position sceptique, laquelle reconduirait plutôt à la soumission à une tradition, ni davantage à une position libertine laquelle implique toujours au XVIIe la distinction entre le discours bon pour le peuple et celui qui convient aux doctes ou aux habiles. Confiants dans l'universalité de la raison présente en tout homme ces irénistes qui ne veulent pas fonder de nouvelle secte, récusent par principe cette dualité de discours et s'en tiennent à un propos qu'ils espèrent intelligible pour tous.

L'orientation de leur démarche présuppose donc une pensée de la finitude, mais d'une finitude heureuse et positive, où la limitation du savoir et des règles n'implique nul interdit de penser. En ce sens, ce courant d'idées correspond bien à un entre-deux entre Descartes et Kant. Héritage cartésien : le renoncement à traiter de certaines questions, la pratique libératrice du doute ici transformée en suspension du jugement, la subordination des arguments métaphysiques au regard du sujet. Proximité kantienne : l'inscription de toutes les règles pratiques dans la règle de la réciprocité qui recouvre tous les devoirs tant moraux que religieux [1], ou encore le statut de la révélation comme complément de la religion naturelle et quasi « monitrice de la raison ».

Mais un point particulier caractérise aussi ces auteurs et les sépare irréductiblement des systèmes philosophiques les plus proches, ceux qui semblent dire la même chose autrement. C'est l'absence d'ontologie : avec le credo minimum nous avons affaire à *une pensée de la finitude sans ontologie de la finitude*. Pensée de la finitude en ce sens qu'il est pris acte restrictivement des limites du savoir religieux, mais sans ontologie de la finitude puisque ce constat, qui suscite le déplacement des questions dogmatiques vers les questions pratiques, répond à la question *quid facti ?* sans qu'il soit répondu à la question *quid juris ?* et même sans que celle-ci ne soit jamais clairement posée. Ce n'est pas seulement la méthode de traitement ou d'exposition qui diffère, mais bien le soubassement métaphysique [2].

Chez Descartes, en effet, la finitude est conçue à partir de l'infinitude dont elle est la négation. D'où l'importance décisive de la théorie de la *création*, création des réalités finies mais d'abord des vérités éternelles. La finitude de l'entendement humain est un fait dont une ontologie peut rendre raison. Ceci fonde une théorie de la puissance de connaître de notre entendement qui à son tour rend compte de la séparation de la philosophie et de la théologie et interdit à la première d'empiéter sur le territoire de la seconde.

Chez Spinoza et chez Leibniz, quoique de façon différente, la finitude humaine est entée positivement dans l'infinitude divine : pour Spinoza, notre puissance de penser (comme notre puissance d'agir) étant une partie de la puissance divine, le développement de cette puissance constitue aussi la vie de la pensée divine, et donc rien ne lui est a priori interdit. C'est la théologie scripturaire (qui relève des modes de penser imaginatifs) qui est séparée de la philosophie, laquelle en retour ne doit pas décider pour elle. Mais la philosophie selon Spinoza est toute entière théologie en un autre sens, celui d'un discours intégralement rationnel sur Dieu, de même qu'elle est toute entière Éthique.

Chez Leibniz, la théorie de l'expression permet de penser l'intégration des produits d'une pensée finie – comme pensée partiellement confuse ou enveloppée, et partiellement claire – la pensée divine constituant le stade intégralement clair et développé de ce même contenu de pensée, inévitablement confus et enveloppé chez l'homme. Pour Spinoza comme pour Leibniz, il peut bien y avoir une différence d'amplitude, de précision, de clarté entre la pensée humaine et la pensée divine, il n'y a pas de différence radicale de contenu. Ainsi les vérités de foi selon Leibniz peuvent-elles bien être au dessus de la raison sans être contre la

1. Thème que l'on retrouve encore dans les *Lettres sur la religion essentielle* de Marie Huber.

2. Voir sur ce point : P. -F. Moreau : *L. Meyer et l'Interpres*, publications de l'ER 75, CNRS, à paraître dans la *Revue des sciences philosophiques et théologiques*.

raison ni même inaccessibles à toute raison, puisque Dieu les pense intégralement de façon rationnelle.

La pensée du credo minimum, pour sa part, est bien une prise en compte de la finitude puisque la multitude des croyances et des pratiques témoigne de ce que nous vivons notre rapport à l'Absolu dans le relatif et que nous n'atteignons pas ici-bas la vérité toute entière. Mais elle ne pense pas de façon déterminée et rigoureuse le fondement et les limites de la finitude, pas plus que l'articulation du fini et de l'infini, qu'il s'agisse de l'entendement et de l'intelligence des questions de foi, ou bien encore de la volonté, de la liberté, du statut du mal et de la culpabilité. Faute d'une détermination philosophique des limites exactes du savoir possible sur Dieu, la destination de l'homme, le statut de sa liberté, et l'ordre du monde, cette pensée est condamnée à un « bricolage conceptuel »[1], empruntant ses notions et certaines de ses démarches à différentes philosophies, cartésianisme et stoïcisme en particulier, sans se couler totalement dans le cadre de leur système.

Ce qui témoigne de deux choses bien connues, mais pas toujours suffisamment prises en compte par les philosophes. La première est que la vie de la pensée à une époque donnée ne se réduit pas à sa forme conceptuelle la plus rigoureuse. La construction philosophique obéit à des exigences structurelles propres : exigences de fondement et d'ordre des raisons, de méthode ou de cohérence et de rigueur dans la position des thèses. C'est pourquoi la pratique philosophique s'épanouit essentiellement dans la forme du système. Mais soit en marge, soit au sein même de la philosophie, il y a toujours eu place pour des 'Exercices', des 'Essais', aux prétentions plus modestes, épousant le mouvement même de la recherche et visant l'élucidation momentanée d'une pensée offerte à la confrontation avec d'autres et non pas l'exposé systématique d'une pensée assurée de ses bases et de son contenu. Montaigne le disait déjà de ses *Essais*.

> « Je propose des fantaisies informes et irrésolues comme font ceux qui publient des questions douteuses à débattre aux écoles ; non pour établir la vérité mais pour la chercher »[2].

1. Comme l'ont montré, chacun à leur manière, C. Levi Strauss pour la pensée sauvage et G. Simondon pour la pensée technique, la pensée bricoleuse est l'union volontariste de l'intelligence rusée, (la *métis*) et de l'intelligence pratique. Celui que nous qualifions ainsi de « bricoleur du concept » est un homme (ou une femme) éclairé(e) qui sans être un génie philosophique, ne renonce pas au plaisir de penser par lui-même et d'agencer, avec les moyens dont il dispose, le cadre de pensée qui lui permette de vivre et d'agir, d'aimer et de penser, en homme libre et conséquent.

2. *Essais*, I, 56 (*Des prières*) p. 302. Montaigne dit aussi : « Je ne fais point de doute qu'il ne m'advienne souvent de parler de choses qui sont mieux traitées chez les maîtres du métier et plus véritablement. C'est ici purement l'essai de mes facultés naturelles et nullement des acquises et qui me surprendra d'ignorance il ne fera rien contre moi car à peine répondrai-je à autrui de mes discours qui ne m'en réponds point à moi ni n'en suis satisfait ». (II, 10 *Des livres*, p. 387). Derrière la tonalité sceptique de l'affirmation il faut aussi entendre la revendication d'un droit à chercher librement et par soi, tout en acceptant le contrôle et même la censure d'autrui (et plus particulièrement de son Eglise) sur les questions jugées essentielles : « Et pourtant me remettant toujours à l'autorité de leur censure, qui peut tout sur moi, je me mêle ainsi témérairement à toute sorte de propos comme ici » (I, 56, p. 303).

Or des échanges théoriques s'opèrent constamment entre les deux pratiques intellectuelles, les uns empruntant les concepts forgés par les autres qui en retour se font l'écho et l'interprète de questions vives plus ou moins adéquatement formulées. D'autre part et subséquemment, cela témoigne aussi d'une fécondité incontestable des philosophies, en dehors de la vie propre du système, et alors même que les conditions historiques, religieuses, culturelles qui ont contribué à leur naissance ont changé du tout au tout. Nous avons vu, dans le cadre qui nous occupe, que ce fut le cas tout particulièrement du stoïcisme. Aussi cet exemple peut-il nous servir à montrer en quoi consiste la puissance d'une philosophie.

PUISSANCE D'UNE PHILOSOPHIE : LE STOÏCISME

Dans l'hommage introductif à un recueil d'articles en l'honneur de F. Alquié, Jean-Luc Marion écrivait[1] :

> « Si chaque grande initiative philosophique ne coïncide jamais parfaitement avec le système que pourtant elle seule peut susciter, ce système peut éventuellement vivre un destin historique indépendant peu ou prou de l'intention initiale. Sous la logique implacable des apories inévitables et des disciples fidèles, les concepts se déplacent, s'allient, s'accroissent ou disparaissent jusqu'à éventuellement se retourner contre l'évidence non objectivable qui les avait suscités ».

C'est bien à un destin de ce type que nous assistons, concernant le devenir des concepts et des grands types argumentatifs du stoïcisme, dans la religion naturelle du XVIIe siècle. Curieuse histoire en effet que celle du stoïcisme : cas quasiment unique d'une école qui fut en même temps un système rigoureux, et cela malgré un devenir qui s'étendit sur plus de six siècles pour le stoïcisme antique proprement dit. Cette philosophie inaugura l'exigence affirmée du système[2] avec son modèle d'unité organique, de présence simultanée de toutes les parties au tout, ses requisits de cohérence et de complétude. Elle affirma de ce fait qu'on ne saurait isoler ou déplacer un élément du système sans le détruire :

> « N'admires-tu pas cette logique ? Soit dans la nature, dont rien n'égale l'harmonie et l'ordonnance, soit dans les œuvres de la main humaine, est-il possible de trouver quelque chose de mieux agencé, de plus solidement lié et assemblé ? Ce qui vient après ne s'accorde-t-il pas avec ce qui précède ? Y a-t-il une conséquence qui ne réponde pas à ses prémisses ? Le système n'est-il pas dans toutes ses parties si bien enchaîné que le déplacement d'une lettre

1. A propos du cartésianisme. Dans *Hommage à F. Alquié*, Paris, PUF, 1983, p. XIV.

2. Voir par exemple Cicéron : *Fin.* III, § 74 et Sénèque : *Ep.* 33, § 5. La notion de système chez les Stoïciens renvoie à la fois à un modèle organique (développement temporel d'un germe, solidarité vivante des parties entre elles et avec le tout, unité du tout) et à la théorie du destin ou de la connexion des causes. Voir aussi V. Goldschmidt : *Le système stoïcien et l'idée de temps*, Paris, 1969, p. 61 sq. qui montre bien comment dans la conception stoïcienne l'ordre des raisons est conforme à l'ordre des choses, c'est-à-dire au développement immanent des réseaux de causes.

quelconque suffirait à tout faire crouler? De fait, il n'y a pas un élément qui puisse être déplacé »[1].

Or, contrairement à ce qu'affirmait Cicéron, dans les siècles postérieurs à ceux de l'école stoïcienne proprement dite, cette philosophie fut perpétuellement pillée, réassimilée, modifiée par de multiples et divers courants philosophiques, et non des moindres. Selon les cas, on put voir naître diverses formes de néo-stoïcisme, conservant qui la logique et l'éthique, qui la morale avec la théorie physique des éléments alors que le stoïcisme ancien avait déclaré ces trois parties de la philosophie aussi indissociables que les parties vitales de l'organisme. Ainsi vit-on apparaître successivement un stoïcisme des Pères de l'Église (monothéiste et spiritualisant le feu divin), un stoïcisme de la Renaissance (vitaliste et volontiers panthéiste), un stoïcisme de l'âge classique, centré sur la morale et l'idée de providence, fort différent de celui du XVIIIe siècle (matérialiste et panthéiste), sans parler de tous les auteurs qui, ayant baigné dans la littérature stoïcienne en apprenant à lire le latin dans Cicéron et Sénèque, empruntèrent spontanément au stoïcisme tel ou tel de ses concepts ou de ses arguments, tout particulièrement en morale.

On pourrait donc se demander ce qui fait l'unité de ces divers stoïcismes – si unité il y a – et pourquoi des penseurs de l'âge classique puisèrent à leur tour des notions, des arguments-types, des modèles théoriques, dans une philosophie qui avait déjà beaucoup servi. Il nous semble que la réponse pourrait tenir, à peu de choses près, en quelques mots : l'unité de ces divers stoïcismes et la fécondité du système-source tient au *principe du monisme de la cause*. Celle-ci a pu être interprétée diversement au cours des siècles, et selon les présupposés et les objectifs théoriques des pensées qui s'en emparaient. Mais cette idée d'une cause unique (qu'on l'appelle Dieu ou *Logos*, raison ou feu spermatique) se diffusant dans l'ensemble des choses existantes, et demeurant active par sa présence immanente au tout comme à chacun de ses éléments, a été une idée particulièrement féconde et puissante, puisqu'elle a pu servir de modèle explicatif à des pensées spiritualistes (par exemple contre la théorie des deux principes[2]) comme à des pensées matérialistes[3].

Le stoïcisme est par excellence un *rationalisme de l'unité dans la diversité*. Cela est vrai de la théorie de l'unique cause[4], à la fois cause et raison, causalité physique et raison divine (ou providence) ; car elle intègre dans sa constitution comme dans son fonctionnement le système des causes secondaires, causes auxiliaires et prochaines[5]. Cela se retrouve dans la théorie des notions communes qui

1. Cicéron *Fin.* III, § 74. (trad. J. Martha légèrement modifiée).
2. Notamment contre le manichéisme.
3. Tel est semble-t-il le cas de la référence au vitalisme et au corporalisme stoïcien de la part de Diderot.
4. Cf. Sénèque *Ep.* LXV, § 12.
5. Cf. Cicéron *De Fato*, § 41. Chrysippe distinguait entre les causes principales et antécédantes (ou causes parfaites) et les causes auxiliaires et prochaines. Ainsi l'impulsion extérieure qui mettent en branle le cylindre ou le cône relève-t-elle de ces causes secondaires, tandis que le mouvement en droite ligne du cylindre ou en rend du cône dépendent de leur nature de cylindre ou de cône, qui sont cause principale de leur mouvement

permet de penser ensemble le rôle de la raison et celui de l'expérience dans la formation des notions, ainsi que de ce fait irrécusable que la diversité des conceptions et des modes de pensée des différents peuples recouvre aussi une communauté de raison et de notions, à condition de les envisager dans leur noyau essentiel. Théorie causale de la providence, épistémologie des notions communes, principe de l'unité du monde et de l'unité du genre humain, définition formelle de la vertu par la rectitude de la vie et par la cohérence d'une pratique accordée à la nature (ὁμολογουμένως τῇ φύσει ζῆν), proximité ou présence à toute chose de la divinité, (laquelle a pu être interprétée selon les cas dans son sens originel strictement immanentiste ou en conservant l'idée de transcendance de Dieu au monde), tels sont quelques uns des principes ou des notions qui ont assuré la fécondité et par là la pérennité du stoïcisme à travers les siècles.

Mais ces mêmes principes ont pu aussi recevoir une signification fort différente, sortant de ce fait même de l'orbite du système proprement dit, selon la *visée polémique* dans laquelle ils ont été inscrits. Il est intéressant par exemple de noter que, chez les auteurs qui nous ont occupé, le stoïcisme n'est jamais présenté dans son ensemble, comme exemple de philosophie dogmatique[1] ou de conception qui outrepasse les facultés effectives de l'homme, magnifiant sa grandeur et oubliant sa misère. Il sert plutôt d'arme contre la menace de scepticisme ou contre les pensées qui, au rebours, accentuent à l'excès la faiblesse et l'impuissance de l'homme. Ainsi le stoïcisme a-t-il fourni concepts et arguments pour dire la puissance de l'homme ou l'excellence du monde.

Le concept de *providence*, joignant l'idée de la divinité à celle d'un ordre immuable et bon de la nature, permettait de penser l'ordre du monde (et subséquemment l'efficacité de l'action humaine qui s'accorde avec cet ordre naturel et se soumet à ses lois) en esquivant la question du péché originel et en refusant la prédestination et les miracles. En mettant l'accent sur la définition de Dieu comme Providence, qualification aisément susceptible de recevoir un sens chrétien, on évitait de trancher entre la spiritualisation de la matière ou la matérialisation de l'esprit, afin de sauvegarder la transcendance de Dieu par rapport à la nature et le concevoir comme auteur du monde, non comme âme du monde.

La théorie des *notions communes* appliquée au champ religieux[2] permit de penser l'unité religieuse de l'humanité (et du même coup l'unité de salut pour cette humanité) sans nier ni brider la diversité des cultures et des pratiques.

Ainsi la philosophie stoïcienne fournit-elle des instruments pertinents à une pensée qui ne se souciait pas de la rigueur du système et qui donc n'hésitait pas à emprunter un concept ou une démarche argumentative à une philosophie, et d'autres à une autre, conjuguant par exemple cartésianisme et stoïcisme. Une pensée qui voulut penser à la fois l'ordre de la nature que découvrait la science et chaque jour plus rigoureusement, la puissance de l'individu autonome et adulte[3]

1. Comme c'est le cas par exemple, chez Pascal, dans l'*Entretien avec Mr de Sacy* ou bien encore chez Kant et Hegel.

2. Ce qui déborde largement les thèses du stoïcisme ancien.

3. Il y aurait là une comparaison intéressante à faire entre le recours au rationalisme stoïcien (et ce que nous avons appelé le bricolage conceptuel des penseurs religieux qui se

– mais sans renoncer à la totalité – l'exigence de la morale et la confiance dans les facultés humaines. Une autre raison, essentielle, de ce recours au stoïcisme est qu'il permettait de penser une participation immédiate à la vie de Dieu en faisant – provisoirement – l'économie de médiations : le Christ, l'Église, la Tradition, les sacrements..., dont le statut de nécessité fonctionnelle avait fait l'objet de trop de querelles d'interprétation. Il était donc possible de se démarquer de ses adversaires par référence stoïcienne interposée : par exemple la référence au Destin, au *Fatum*, fonctionna-t-elle comme confiance en l'ordre général du monde tout en rejetant l'identification entre *Fatum* et prédestination.

Cet examen de l'emprunt à une philosophie de notions détachées de leur contexte systématique nous apprend donc qu'un système ne meurt pas tout entier lorsque se défont certaines de ses liaisons logiques. Ses éléments continuent (ou peuvent continuer) de vivre, d'une vie autre, alimentant d'autres pensées et leur servant de nourriture, comme l'avait bien vu Montaigne[1], mais aussi de véhicule et de protection pour se frayer un chemin de traverse et se démarquer de ses adversaires. Ce qui conduit généralement à les trans-former, à leur donner une autre forme, un autre contenu, une autre visée, au point de les rendre méconnaissables. Ce mouvement de dé-formation, re-formation[2], des concepts et des méthodes ne joue pas simplement en sens unique, de la philosophie à l'histoire des idées, quoique ce sens là ait souvent été privilégié. Il joue aussi en sens inverse, des courants intellectuels les plus vivants d'une époque vers les grandes reconstructions systématiques qui leur sont contemporaines, tout comme il peut encore fonctionner au travers des âges, puisque la pratique de la lecture conduit inévitablement, lorsque s'est accompli l'indispensable travail de reconstruction et d'élucidation historiques, à échanger entre une problématique passée et celle qui nous est propre, interrogations, éléments de réponses, et déplacements de questions.

SYSTÈME PHILOSOPHIQUE ET HORIZON INTELLECTUEL

Ce qui fait le caractère « essentiellement systématique[3] » de la philosophie, c'est la volonté de rendre compte de l'ensemble du réel (et de la possibilité de le penser) et plus particulièrement de l'homme, de sa destination et de ses tâches

situent en marge des frontières de toute orthodoxie), et la philosophie de l'autodidaxie telle qu'elle se développe à partir de l'*Encyclopédie* de d'Alembert et Diderot. Cf. sur ce thème F. Kerviel-Clerc : *L'Encyclopédisme et l'éducation des adultes* (thèse dactylographiée Université René Descartes, 1974) et J. Lagrée : le philosophe et l'autodidacte, *Revue de l'enseignement philosophique*, fév. 1986, p. 63-76.

1. *Essais*, I, 25 : Du pédantisme.

2. Nous n'osons point, de peur de paraître sacrilège, risquer ici le terme de transsubstantiation qui nous paraît cependant bien exprimer ce passage d'un contenu substantiel vers un autre au travers d'une similitude, voire d'une identité apparente de forme. (Marx cependant n'hésita pas à le faire, dans le domaine économique il est vrai).

3. M. Guéroult : *Philosophie de l'histoire de la philosophie*, p. 32.

propres[1], en élucidant son principe directeur et en s'efforçant de fonder en raison ses affirmations et ses rejets. Il n'y a pas de philosophie sans cet « esprit systématique » – que d'Alembert demandait qu'on se gardât bien de confondre avec « l'esprit de système »[2] – esprit qui consiste en une volonté de tout rapporter à quelques principes, à fonder sur eux l'argumentation, à apporter le maximum de clarté dans l'élucidation de ces principes et de rigueur dans la déduction des thèses soutenues. Faut-il le redire ? La philosophie vise d'abord le vrai et c'est pourquoi son discours, même lorsqu'il précise quels sont ses destinataires immédiats[3], a nécessairement une visée universaliste et pérenne.

Or si l'on regarde d'un peu près le titre, le sous-titre, ou le statut textuel des livres que nous avons étudiés ici, on ne peut manquer d'être frappé par un point commun :

— Herbert de Cherbury rédige le *De religione laïci* à titre d'*appendice* à un traité de philosophie (ou qui se présente comme tel), le *De veritate*. Or il est clair que le *DV* tout entier n'est écrit que pour rendre compte des pages finales sur les notions communes religieuses, pages que le *De religione laïci* reprend et amplifie.

— Louis Meyer sous-titre son ouvrage *Exercitatio paradoxa* et ne répond pas aux critiques suscitées par son livre.

— Hugo Grotius rédige le *Meletius* alors qu'il est fort jeune, le fait lire à ses amis, répond dans une correspondance suivie à leurs objections, et renonce à la publication.

— Isaac d'Huisseau voit la *Réunion du Christianisme* publiée malgré lui, et devant le scandale que suscitent ses propositions, et donc l'échec total de cette tentative iréniste, rédige une *Apologie* pour la défense de son livre et choisit finalement le silence.

Seul Andréas Wissowaty donne à sa *Religio rationalis* le qualificatif de traité qui suppose une mise en forme plus élaborée.

Que conclure de ces remarques ? Que ces auteurs n'ont pas prétendu faire œuvre de philosophes et qu'ils se sont volontairement cantonnés dans le genre de l'*essai*, de l'*exercice*, quand ce n'était pas de l'ébauche ou du brouillon. Il ne faudrait pas cependant donner à ces termes une connotation essentiellement

1. Cf. V. Delbos : « Les diverses doctrines ou conceptions philosophiques se sont produites, partiellement ou intégralement *par rapport* à cette fin : fournir au moyen des seules ressources de l'esprit humain une explication d'ensemble de la réalité, ainsi qu'une notion de la destinée de l'homme qui permette de déterminer sa tâche essentielle en ce monde. Je dis que les diverses philosophies ont apparu *par rapport* à cette fin et j'entends marquer au moyen de ce terme « par rapport à » que si certaines d'entre elles se sont proposé directement cette fin... d'autres en revanche ont voulu examiner, discuter, de façon même parfois à la juger plus ou moins illégitime, plus ou moins réalisable, cette prétention même ». *Les conceptions de l'histoire de la philosophie*, RMM, 1917, p. 136.

2. *Discours préliminaire à l'Encyclopédie*, Paris, Gonthier, 1965, p. 34 : « l'art de réduire autant qu'il sera possible un grand nombre de phénomènes à un seul qui puisse en être regardé comme le principe... Cette réduction, qui les rend d'ailleurs plus faciles à saisir constitue le véritable esprit systématique qu'il faut bien se garder de prendre avec l'esprit de système avec lequel il ne se rencontre pas toujours ».

3. Par exemple dans le *TTP* le 'lecteur philosophe'.

péjorative. Nous savons bien combien l'Essai a conquis avec Montaigne, et plus avant depuis la tradition socratique, ses lettres de noblesse. Ce qui caractérise le projet de l'essai ou de l'exercice, dont relèvent ce me semble les textes que nous évoquons, c'est d'abord un objectif limité : mettre au clair sa pensée sur un point névralgique, l'exposer devant un auditoire restreint : soi-même d'abord, ses amis, ses proches. Ce qui explique que, dans ces tentatives, la volonté d'élucidation, de proposition, de mise à l'épreuve ou de popularisation d'une thèse prime toujours sur l'exigence de démonstration. Non que le désir de vérité en soit absent ; il est très fort au contraire. Mais la volonté de vérité et de cohérence ne va pas jusqu'à cette exigence de rigueur qui demande de fonder en raison toute affirmation et de l'insérer dans une chaîne continue de raisons. L'essai est bien plutôt la mise à l'épreuve d'une pensée qui se cherche et qui demande moins des *preuves* que des *approbations*. Il y a donc nécessairement une circulation d'idées entre les deux types de discours puisque, comme l'écrivait encore d'Alembert :

> « Les idées que l'on acquiert par la lecture et par la société sont le germe de presque toutes les découvertes. C'est un air que l'on respire sans y penser et auquel on doit la vie » [1].

Analysant les relations entre le cartésianisme et la seconde Réforme hollandaise, L. Kolalowski écrivait :

> « Le mouvement du christianisme non confessionnel se trouve à un certain moment placé devant l'explosion volcanique du cartésianisme. Celui-ci, à la vitesse d'un éclair, transforme en quelques années à peine la vie intellectuelle du pays. L'attitude à l'égard du cartésianisme devient pour un temps, le principal critère de séparation dans la philosophie académique. <...> Le cartésianisme ne se manifeste pas dans ces milieux dans la totalité de sa construction systématique ; il s'y fait entendre essentiellement à l'aide du seul terme de « raison » qui, en tant que précepte, devient pour une partie des Réformateurs un étendard confessionnel, pour les autres un objet de scandale » [2].

Kolakowski et d'autres ont su admirablement montrer comment certains de ces « chrétiens libéraux », Remontrants, Collégiants, ou simples croyants n'appartenant pas à ce type de groupements laïcs informels, avaient su emprunter des arguments et des notions à telle ou telle philosophie, cartésianisme et spinozisme en particulier, pour critiquer la vanité de la spéculation théologique et ses effets pervers. Nous avons, pour notre part, essayé de montrer que ce mouvement d'échange intellectuel fonctionnait aussi en sens inverse : non certes dans le sens d'un emprunt de concepts et encore moins de problématique, mais parce que ce courant d'irénisme religieux, marqué par un incontestable rationalisme à tendance naturaliste, fut une part essentielle de l'horizon intellectuel des grands systèmes post-cartésiens. Ce qui signifie concrètement qu'il apporta sur la scène philosophique une série de questions auxquelles il fallait bien répondre, quitte à les reformuler autrement, un ensemble d'exigences à remplir, de demandes à

1. *Discours Préliminaire à l'Encyclopédie*. p. 77.

2. *Chrétiens sans Eglise*, p. 228. Les autres (ceux qui n'ont pas l'objet de notre étude) désignent les Mystiques.

satisfaire. Ignorer cet aspect de la genèse et de la dynamique des systèmes, c'est se priver d'un point de perspective à partir duquel d'autres paysages intellectuels se découvrent qui manifestent l'enracinement historique d'une pensée. Un dernier exemple suffira à le montrer[1] qui témoigne de ce que, derrière la réfutation apparente d'auteurs du passé, en l'occurrence Maïmonide, se poursuit un dialogue implicite avec des auteurs du présent, ici entre Spinoza et Louis Meyer.

Dans le chapitre XV du *TTP* consacré à démontrer que « ni la théologie n'est servante de la raison ni la raison de la théologie », Spinoza semble suivre pas à pas le § 9 du chap. XI de *l'Interpres* de L. Meyer, livre auquel il fit d'ailleurs ultérieurement référence dans trois notes[2] : même critique des Enthousiastes (qui récusent la valeur de la raison pour ne se fier qu'à l'inspiration), même exposé critique de la règle d'Alpakhar et quasiment en des termes identiques[3], mêmes exemples illustratifs : l'unicité de Dieu, son caractère incorporel, l'absence en lui de repentir, mêmes références bibliques, (plus nombreuses et mieux précisées chez Spinoza). Toutefois si la condamnation est identique chez les deux amis, le type de jugement porté sur la pratique condamnée des théologiens diffère : il est de type moral chez L. Meyer : les théologiens sont accusés d'hypocrisie et de fourberie puisque leur discours nie ce que leur pratique avoue (qu'on ne saurait se passer de la raison dans l'interprétation). Il est purement logique chez Spinoza : la manière, préconisée par Alpakhar, d'interpréter l'Écriture par l'Écriture seule sans recourir aucunement à la raison, est pratiquement intenable ; elle est d'ailleurs logiquement impossible et le discours théologique sur ce point relève de la folie que nous qualifierions aujourd'hui de schizophrénique plutôt que de l'hypocrisie.

Il est donc clair que Spinoza rédige le *TTP* en ayant sous les yeux le livre de L. Meyer tout comme il donne dans le chapitre XIV sa réponse à la question du credo minimum. Et pourtant une analyse un peu plus fine montre aisément ceci :

1. La démonstration détaillée de cet exemple, à savoir l'analyse du chapitre XV du *TTP* paraîtra dans le volume de *Mélanges en l'honneur de Sylvain Zac* préparé par PF. Moreau et l'ENS de Fontenay.

2. Notes XXVIII à XXX.

3. L. Meyer : « Quando S. Scriptura alicubi quid clare et ex professo docet sive δογματίζει cui contrarium alio in loco ex occasione et per consequentiam statuere videtur : tum locus ille clarus proprie et secundum literam est intelligendus ; hic vero figurate et secundum illum interpretandus. Ex. gr. S. Literae clare δογματίζουσι Deum esse unum et aliis in locis Deus loquitur numero plurali, unde sequi videtur, illum non esse unum. Cum igitur prius ex professo doceatur, posterius vero per consequentiam ex iis deducatur, hi textus improprie sumendi et secundum illos, qui proprie accipi debent, exponendi erunt». (*Interpres*, XI, § 9 p. 129 de l'édition latine).

Spinoza : « Quicquid Scriptura dogmatice docet et expressis verbis affirmat, id ex sola ejus authoritate tanquam verum absolute admittendum ; nec ullum aliud dogma in Bibliis reperietur, quod ei directe repugnet, sed tantum per consequentiam, quia scilicet modi loquendi Scripturae saepe videntur supponere aliquid contrarium ei quod expresse docuit : et propterea tantum eadem loca metaphorice explicanda. Ex. gr. Scriptura clare docet Deum esse unicum (Vide *Deut.* cap. 6. vers. 4) nec ullibi alius locus reperitur directe affirmans dari plures Deos: at quidem plura ubi Deus de se et Prophetae de Deo in plurali numero loquuntur, qui modus tantum loquendi supponit non autem ipsius orationis intentum indicat, plures esse Deos et ideo ipsa omnia metaphorice explicanda scilicet non quia rationi repugnat plures dari, sed quia ipsa Sciptura directe affirmat, unicum esse Deum ». (*TTP*, XV, G. III p. 181/11-25).

Spinoza répond à des questions sur le statut de l'Écriture, les modalités adéquates et les finalités de sa lecture, l'articulation de la raison et de la foi, la nature, le nombre et le contenu des dogmes fondamentaux de la foi universelle, l'existence d'un salut offert à tout le genre humain et les moyens de l'atteindre. Ces questions sont manifestement celles de son temps et pas seulement celles de son « cercle ». Ce faisant, Spinoza satisfait bien à la demande de ses amis, mais il déplace leurs questions dans le sens de sa propre problématique[1], et il rejette ou récuse certaines de leurs thèses sous le couvert de la réfutation d'auteurs plus anciens. C'est particulièrement net dans le cas de l'hypothèse centrale et fondatrice du traité de Meyer faisant de la raison ou de la philosophie la norme unique de l'interprétation de l'Écriture et le seul moyen d'un salut authentique. Spinoza ne réfute jamais directement L. Meyer. Il se contente de montrer que la position de ce dernier, assimilable à celle de Maïmonide, aboutit à « déraisonner avec la raison »[2].

Spinoza renvoie dos à dos adorateurs et adversaires de la raison, symétriquement réfutés dans le chapitre XV, dans la mesure où les uns et les autres ne savent pas opérer le nécessaire partage de domaine entre le lieu où règne seule la raison et le lieu où ses instruments coopèrent avec d'autres modes de connaissance du réel, des modes subordonnés, inférieurs absolument parlant, mais cependant conformes à ce niveau d'appréhension du réel et de mode de vie et de penser qui sont ceux de la multitude. A l'espérance de L. Meyer de voir paraître des pages définitives[3] sur Dieu, l'âme rationnelle, la suprême béatitude et les moyens du salut, il est certes répondu, mais dans un discours qui se déploie, selon les livres[4] et le public auquel ils s'adressent, à différents niveaux : celui de l'interprétation[5] ou celui de la démonstration. Car Spinoza sait bien que l'âme n'est pas seulement rationnelle et ne peut pas le devenir entièrement, en raison de la finitude de ce mode fini qu'est l'homme, tendant seulement à vivre le plus possible sous le commandement de la raison. Bien pauvre serait donc le salut qui ne serait offert qu'à la part infime, comparativement à la totalité du genre humain, de ceux qui sont capables d'atteindre l'état de vertu et de science sous la seule conduite de la raison[6]. Pour satisfaire pleinement à la demande de L. Meyer c'est-à-dire pour y répondre en vérité, il faut donc d'abord la décevoir

1. Notamment sur la question de la Providence, de la liberté de l'homme et de la vocation à l'éternité, comme le montrent aussi bien le *Court traité* que la double formulation de certains problèmes (par exemple celui de la faute et du mal) dans le *TTP* (*ad captum doctorum*) et dans l'*Ethique* (*ad captum sapientium*). Cf. sur ce point J. Lagrée : « Les notions communes religieuses, antécedents et enjeux du credo minimum » in *Dio, l'uomo, la liberta,* a cura di Filippo Mignini, l'Aquila-Roma, Japadre 1990, p. 457-479.

2. « Insinare cum ratione » *TTP* XV, G. III, p. 180, l. 32.

3. « Et l'on verra paraître sur Dieu, l'âme rationnelle, la suprême félicité de l'homme et les moyens de parvenir à la vie éternelle des pages qui feront autorité... » *Interpres*, Epilogue, p. 249.

4. *KV*, *TTP* et *Ethique*; ou bien encore certaines lettres.

5. Interprétation de l'Ecriture qui recourt à différents instruments de lecture, mais aussi interprétation de pratiques individuelles (par ex. celle des prophètes ou celle des fidèles) ou collectives (exemple du peuple hébreu qui demande un roi semblable à ceux des autres peuples).

6. Cf. les dernières lignes du chap. XV du TTP.

afin de l'inciter à se reformuler plus adéquatement. Mais cela montre aussi que Spinoza éprouve le besoin d'y répondre et pas seulement parce qu'il s'agit là d'un proche, puisque c'est au contraire selon la superbe formule de la lettre à Blyenbergh[1], l'amour de la vérité qui constitue la proximité de l'amitié.

Une démonstration analogue pourrait être proposée du statut du credo minimum chez Spinoza. Nous ne ferons que l'évoquer puisque nous l'avons développée ailleurs[2]. On se contentera de remarquer qu'à une époque[3] où de telles formulations de catalogues d'articles fondamentaux sont chose relativement courante mais suscitent aussi l'accusation de « plaider la cause détestable des déistes »[4], Spinoza n'a pas craint de se risquer à son tour dans l'arène, d'affronter les préjugés et la haine théologique pour combattre l'opinion du vulgaire qui l'accuse d'athéisme[5], et renverser la superstition au profit de la religion[6]. Or si la lettre XLIII qui résume le credo minimum spinoziste en trois articles[7] (au lieu de sept) affirme que cela a été non seulement « dit en termes exprès » mais « en outre démontré par les raisons les plus solides », c'est qu'il s'agit là de la formulation la plus neutre, la plus dégagée du langage de l'Écriture, et donc celle que reprennent les démonstrations de l'*Ethique*.

Dans le chapitre XIV du *TTP*, Spinoza ne démontre pas les sept dogmes de la foi universelle (ce qui supposerait une démonstration de la nature et des propriétés des objets dont ils traitent) ; mais il démontre que ce sont ceux-là et ceux-là seuls que l'Écriture a pour objet d'établir et qu'elle enseigne effectivement de manière constante et cohérente. On peut donc considérer ici que la formulation, le mode de démonstration et sa visée : montrer que cela est vraiment l'enseignement de l'Écriture ou que cela est vrai, sont spécifiquement spinozistes. Ils constituent la réponse propre du système lequel rend aussi compte, par la théorie des genres de connaissance, de la possibilité et de la validité des deux types d'exposition, chacun en son ordre. Mais l'exigence de poser et de résoudre cette question des *dogmes fondamentaux de la foi universelle* provient de l'horizon intellectuel de l'époque. Celui-ci détermine sa position et les termes particuliers dans lesquels Spinoza la formule : dogmes

1. « Pas plus qu'on ne peut abandonner la vérité une fois qu'on l'a perçue, des hommes ne peuvent cesser de s'aimer l'un l'autre, quand l'amitié qu'ils se portent se porte sur leur commune ardeur à connaître la vérité » (*Ep*. XIX).

2. *Le salut du laïc*, p. 114-116. Cf aussi sur ce point les magistrales analyses d'A. Matheron dans *Le Christ et le salut des ignorants chez Spinoza.*

3. Qui s'étend d'ailleurs sur plusieurs siècles, si l'on convient d'aller d'Erasme à Rousseau.

4. *Ep*. XLIII de Spinoza à J. Osten.

5. *Ep*. XXX à Oldenburg où Spinoza expose les motifs qui l'ont conduit à rédiger le *TTP* : 1. combattre les préjugés des théologiens pour ouvrir un champ libre à la réflexion philosophique ; 2. combattre l'accusation d'athéisme portée contre lui ; 3. défendre par tous les moyens en son pouvoir la liberté de philosopher.

6. Cf. *Ep* XLIII à J. Ostens.

7. « Est-ce renverser toute la religion que d'affirmer qu'il faut reconnaître Dieu comme étant le souverain bien et l'aimer comme tel d'une âme libre ? De croire qu'en cet amour consiste notre félicité suprême et notre plus grande liberté ? Que la récompense de la vertu est la vertu même et que le châtiment réservé à la déraison et à l'abandon de soi c'est précisément la déraison ?» *Ep*. XLIII. Ap. IV, 272.

versus vérités, fondamentaux *versus* superflus, foi *versus* savoir, universelle *versus* particulier ou confessionnel. Cette question ne découle pas d'une nécessité interne au système, quoique son traitement, sa reformulation et sa résolution correspondent aussi à une de ses finalités explicites : démontrer « que la liberté de philosopher peut être accordée sans danger pour la piété et la paix de l'Etat »[1] et que le but de la philosophie étant uniquement la vérité et celui de la Foi, l'obéissance et la piété, « la Foi reconnaît donc à chacun une souveraine liberté de philosopher »[2].

Une analyse de même sorte mériterait d'être tentée entre le *Discours de la conformité de la foi avec la raison* qui sert de préliminaire à la *Théodicée* et la littérature philosophico-théologique de l'époque. Bien des interprètes du système leibnizien ont remarqué comment la lecture d'auteurs anciens et modernes servait à Leibniz de stimulant pour présenter et préciser son propre système en adoptant sur sa propre philosophie cette visée en perspective dont le système fait par ailleurs la théorie. Les notes de lectures théologiques éditées par G. Grua montrent quelle fut l'étendue, la précision, et en même temps l'éclectisme de ces lectures tandis que les lettres à Simon Foucher de 1675 et à Mr de Montmort (de 1714) en donnent quelques bribes de justification autobiographique[3] : lecture boulimique, papillotante, recherchant dans les livres quelques belles pensées servant d'excitant à la poursuite de la sienne propre[4] ou lecture plus soigneuse tâchant « de déterrer et de réunir la vérité ensevelie et dissipée sous les opinions des différentes sectes de philosophes »[5]. Il est incontestable en tout cas que le système leibnizien s'est formé dans cette interaction féconde entre les interrogations (et les réponses) de son temps et sa propre méditation puisque, comme on l'a maintes fois remarqué, son exposé prend rarement la forme d'une exposition autonome, plus souvent la forme d'une réponse à Arnauld[6], à Bayle[7], à Locke[8], ou à d'autres auteurs plus obscurs, quand elle n'est pas motivée par le désir d'éclairer tel ou tel de ses correspondants.

Ainsi qu'il s'agisse de Leibniz, parangon de l'esprit philosophique ouvert à toutes les interrogations de son temps, monade intellectuelle aux mille fenêtres, ou de Spinoza, modèle, dans une tradition académique pas encore totalement effacée, du système auto-suffisant replié sur la nécessité interne de ses premiers principes et de leur développement immanent, le même processus se fait jour : interactions culturelles, allers et retours entre l'horizon intellectuel de l'époque, héritage d'une tradition historique, philosophique, théologique, juridique, politique etc. Tant il est vrai qu'un philosophe réagit toujours d'une manière déterminée, mais non point simple, à son temps. S'il résume son temps dans la

1. Sous titre de l'ouvrage.
2. *TTP* ch. XIV, G. III p. 179 ; Ap. p. 246.
3. Cf. Y. Belaval : *Leibniz critique de Descartes*, ch. II : Révolution et tradition.
4. Lettre à Foucher in Prenant p. 115.
5. Lettre à Mr de Montmort, in *Opera omnia*, éd. Dutens, t. V, p. 8.
6. *Discours de métaphysique*.
7. *Théodicée*.
8. *Nouveaux Essais*.

pensée, c'est que d'abord il assume les questions de ce temps, quitte à leur redonner une formulation adéquate à une réponse philosophique féconde et pertinente.

Cette remarque somme toute banale a des conséquences méthodologiques en ce qu'elle conduit à faire une triple lecture d'un système philosophique :

1. Une lecture rigoureusement philosophique recherchant dans le système une mise en ordre conceptuelle du monde qui répond à une question déterminée par le système selon l'ordre des raisons. Cette lecture passe par une analyse et une reconstruction des arguments dont l'enseignement de Martial Guéroult nous a donné l'inoubliable leçon.

2. Une lecture historique elle même double : philosophico-historique en ce qu'elle insère le système dans l'histoire de la philosophie (avec ses héritages, ses reprises de questions ou de thèmes, ses réfutations et dépassements) ; historico-philosophique en ce qu'elle situe les questions et réponses du système dans l'histoire des idées. Ainsi par exemple dans la ligne de ce que nous avons analysé, l'exigence chez Spinoza de penser un salut pour l'ignorant qui ne soit pas un salut au rabais ; ou encore chez Leibniz, la thématique de l'un et du multiple envisagée d'un point de vue ontologique comme constitutive de la relation d'un être à l'Etre et se traduisant dans la sphère religieuse par la pluralité des modes d'accès à l'unique vérité.

3. Une lecture *ad usum et captum sui*, une lecture expérientielle et essayiste, qui va rechercher dans des systèmes anciens mais toujours actuels à nos yeux, des éléments de réponse aux questions qui sont les nôtres aujourd'hui. C'est ainsi que, dans un autre contexte, nous avons pu proposer le recours au concept aristotélicien de *phronimos* pour penser la légitimité et les limites de validité de la pratique d'un comité d'éthique[1], ou que cette recherche sur le credo minimum de la religion naturelle peut servir de modèle à une réflexion sur les conditions de possibilité de détermination d'un consensus axiologique.

Tout comme la fréquentation des musées et la longue familiarité avec les œuvres d'art vient stimuler le génie du créateur ou peut simplement aviver, aiguiser la sensibilité esthétique de l'amateur, il nous semble que le philosophe a tout à gagner à participer à ce dialogue entre le système et l'essai. Car si le système est et demeure la nourriture substantielle de notre vie de philosophes, la pratique de l'essai, comme lecture et comme écriture, a le double mérite de permettre une mise en perspective ou un décentrement qui avive l'interrogation, et de provoquer à un exercice de pensée pour notre propre compte sans lequel la devise « aude sapere » n'est qu'un slogan vide et la philosophie le plus beau métier du monde sans doute, mais enfin seulement un métier.

1. Cf. J. Lagrée : 'Du rôle des comités d'éthique et de la démocratie' in *Lettre d'information du comité national d'éthique pour les sciences de la vie et de la santé*, n° 16, juin 1989.

ÉPILOGUE

Un travail philosophique, qu'il s'agisse d'une simple analyse de concept, d'une recherche thématique ou d'histoire de la pensée ne vaut le temps et la peine que l'on y consacre que si le plaisir de comprendre s'y double d'un gain de lucidité et de fermeté intellectuelles et par là même nous permet de vivre mieux, en meilleure intelligence avec nous-mêmes et plus intensément ; ce pourquoi j'ai voulu prolonger cette étude par un épilogue. Ce libre propos qui relève du “dimanche spéculatif”, quand l'esprit fait retour sur l'étude achevée n'exprime nul repentir de pensée. Son projet est autre : après le « nous » rhétorique du discours docte qui se dit adéquatement au pluriel parce que les hypothèses et les démonstrations qu'il propose doivent pouvoir être reprises par quiconque, revendiquer sous forme de codicille, le droit de parler à l'occasion en première personne, d'affirmer hypothèses et thèses en leur sens originel, relatif, et pour tout dire personnellement engagé.

DE LA RELIGION NATURELLE AUJOURD'HUI

La question de la religion naturelle aurait bien du mal à passer aujourd'hui pour une question vive. La position idéologiquement majoritaire s'étant renversée en faveur de l'athéisme, les affrontements religieux de la fin du XXe siècle voient revenir en force les positions dogmatiques assurées d'elles-mêmes, ou bien encore témoignent d'un retour au fondamentalisme comme ligne de défense ‘dure’ face à l'évolution rapide des mentalités[1]. Le débat porte à nouveau sur le statut de la tradition (évolutive ou scrupuleusement respectée) ou sur la valeur de la laïcité dans des États polyculturels. Ce qui ne signifie certes pas que la question de la tolérance soit une question définitivement réglée, ni qu'il n'y ait plus besoin de défendre le droit de penser – et d'écrire – librement, y compris sous nos climats. Mais ce n'est pas de ces questions et de la défense indispensable et

1. Voir par exemple les analyses de la sociologue Danièle Hervieu-Léger : *Vers un nouveau christianisme*, Introduction à la sociologie du christianisme occidental, Paris, Cerf, 1986.

toujours à reprendre, des valeurs de liberté, de tolérance[1] et de laïcité que je voudrais traiter ici.

Si la question de la religion naturelle est encore susceptible de nous intéresser et de nous faire penser, ce n'est pas seulement comme question d'histoire des idées. Ce qu'elle est aussi incontestablement. Nous avons vu combien cette expression constitua une catégorie unifiante permettant de relier la religion philosophique des Stoïciens et le christianisme épuré des Réformateurs en ce qui devint l'épure de toute religion à partir de l'âge classique, et fournit en même temps un modèle assez souple, susceptible de recevoir diverses figures ou de servir dans des stratégies différentes, puisqu'on le retrouve encore chez les spiritualistes français du XIXe siècle.

Lorsque Jules Simon en 1856, publie *La religion naturelle*, il entend sous cette expression « l'ensemble des doctrines religieuses et morales que la philosophie peut établir par l'observation et le raisonnement »[2], c'est-à-dire une religion philosophique dont les différents principes (l'existence de Dieu, sa nature providentielle, le gouvernement du monde par des voies générales, l'immortalité de l'âme[3]) ainsi que ses refus (le panthéisme, les miracles, la superstition...) sont exposés par voie de démonstration ou de réfutation strictement rationnelles. Cette religion philosophique est présentée dans le dernier chapitre[4] comme une arme défensive contre l'intolérance des religions positives[5], intolérance quasiment constitutive parce qu'elle dépend de l'idée de révélation et de vérité salvifique absolue. Mais c'est aussi pour lui une arme offensive, un outil politique, lié au contexte politique et aux débats idéologiques du temps : considérant qu'aucune société ne peut se passer de religion, Jules Simon veut substituer hors

1. Laquelle s'arrête, comme l'avait bien vu Rousseau, aux limites fixées par l'intolérance de l'autre. Cf. la seconde des *Lettres écrites de la Montagne* : « La Religion protestante est tolérante par principe, elle est tolérante essentiellement, elle l'est autant qu'il est possible de l'être, puisque le seul dogme qu'elle ne tolère pas est celui de l'intolérance » (OC III, p. 716).

2. *La Religion naturelle*, p. 388.

3. « Remettons nous sous les yeux <...> les principaux dogmes de la religion naturelle, et les principaux préceptes du culte. Un Dieu tout puissant et immuable qui a créé le monde et qui le gouverne par des voies générales ; une vie à venir qui remplira toutes les promesses de celle-ci, et en réparera toutes les injustices : voilà le dogme ; un cœur rempli de l'amour de Dieu et de l'amour de l'humanité, une volonté ferme d'accomplir le devoir et de servir les vues de la Providence en faisant le bien, voilà la prière, voilà le précepte ; et ces deux paroles il n'est pas d'esprit qui ne les puisse comprendre, et qui déjà ne les connaisse. La religion naturelle n'est pas comme la métaphysique réservée aux esprits d'élite ; elle ne s'appuie sur aucun système ; elle ne demande pas à la réflexion de trop grands efforts. Elle est simple facile, populaire ; elle parle au cœur aussi bien qu'à la raison ; elle semble moins nous offrir des horizons nouveaux que nous rappeler des lieux connus et chéris » (*La Religion naturelle*, p. 460-1). Il est intéressant de noter que la philosophie à laquelle J. Simon fait le plus souvent référence dans ce livre est précisément le stoïcisme qui joue bien continument le rôle de modèle de référence dans la défense de la religion naturelle.

4. Intitulé : Du rôle de la philosophie religieuse dans la société moderne.

5. Qui va parfois jusqu'à contaminer les philosophes eux-mêmes comme le montrent les exemples de l'empereur Julien ou de la République française « lorsqu'au nom de la Raison le pouvoir civil a modifié la constitution spirituelle de l'Eglise et finalement supprimé l'exercice du culte et proscrit les prêtres » (p. 394 allusion aux événements de 1793-4).

de l'Eglise, notamment à l'école[1], la religion naturelle à la religion positive dominante, afin de servir de soutien à la morale et de permettre l'élévation de l'esprit vers la sphère du sublime. Toute religion, qu'elle soit positive ou naturelle, apaise l'esprit en répondant de façon plus ou moins claire et précise, à des questions inévitables mais peut-être indécidables :

> « Pour toute religion il s'agit toujours de savoir quelle est l'origine de l'homme, quelle est la règle, quel est le but de sa vie, et quel avenir il doit espérer après sa mort »[2].

Nous qui nous sommes quelque peu frottés à la pratique de la philosophie en ce siècle, avons appris à pratiquer l'ascèse du renoncement[3] devant ces questions de l'origine et de la destination de l'homme, ou de l'affirmation d'un avenir quelconque après la mort, sinon sous la forme d'une « belle espérance ». Mais, pour autant, la philosophie n'a pas répondu à toutes nos questions ni suffi à éliminer comme inconsistantes et non pertinentes celles qui portent sur Dieu, sur la règle et le but de notre vie, sur la proximité fraternelle, indifférente, ou hostile de l'humanité de l'autre, pour ne citer que les plus urgentes. Plus encore, c'est l'insistance et l'im-pertinence de ces questions qui nous ont rendu pertinentes et éclairantes certaines analyses ou démarches de la religion naturelle telle qu'ont su l'exposer nos « grands-oncles » ou nos « grands-frères » du XVIIe siècle.

Agnostocisme et tremblement des certitudes

Alors même que nous sont quasiment devenus étrangers les développements lyriques d'un Grotius ou d'un Jules Simon sur la bonté de la Providence, nous pouvons encore faire nôtres deux attitudes que nous n'hésiterions pas à qualifier d'authentiquement religieuses, rencontrées chez les penseurs du credo minimum du XVIIe jusqu'au XIXe siècle et qui démarquent précisément l'agnosticisme de l'athéisme : le « silence respectueux »[4] accompagné du sens de la transcendance, et le déplacement du Temple vers les lieux de la construction du bien vivre collectif que sont l'Ecole, l'hôpital[5], le service public...

L'agnosticisme est généralement une position seconde : celle de celui qui voudrait encore croire mais ne le peut plus, ou celle de l'incroyant que tenaille la question de Dieu. Position assez inconfortable en ce qu'elle impose de maintenir ouvertes des questions qu'on aimerait bien voir définitivement réglées, et qui conduit à une suspension du jugement accompagnée d'un silence respectueux devant ce qui est présentement l'incroyable, sans être pour autant inacceptable ou réfutable. Dans ce contexte, les dogmes et préceptes restreints de la religion naturelle sont moins une position de repli qu'une embarcation de fortune pour

1. *La Religion naturelle*, p. 396.
2. *La Religion naturelle*, p. 396.
3. Cf. la prégnance de ce vocabulaire de l'ascèse qui évoque la rigueur protestante dans les textes de J. Monod par exemple.
4. L'expression est empruntée à Rousseau.
5. Pour paraphraser J. Simon : « Dieu permet qu'on lui bâtisse des temples; mais une école, un hôpital, une fabrique sont aussi des temples élevés à sa gloire ». (*La Religion naturelle*, p. 419) Ce qui est une actualisation sur le mode social et collectif de la très belle et célèbre formule de saint Irénée : « Le temple de Dieu, c'est l'homme vivant ».

une navigation en haute mer, lorsque l'on est passé du « Dieu caché » au « Dieu inconnu ».

La religion naturelle ne donne que ce qu'elle peut donner, une espérance[1] plutôt qu'une certitude, mais ce viatique a d'abord le mérite de ne pas fermer définitivement certains itinéraires. Ce retrait que je qualifierai de sceptique[2] au sens le plus ancien du terme, peut s'accompagner aussi d'un sens de la transcendance. Celui-ci s'exprime par le rejet de toute représentation anthropomorphe de l'absolu et par le refus de sacraliser autre chose que Dieu, c'est-à-dire le refus de sacraliser tant la Nature que l'Histoire. Si Dieu nous est inconnu dans sa nature comme dans ses modes d'opération, toute représentation humaine de Dieu et pire, toute main-mise de l'homme sur le divin, doit être récusée. Il n'y a plus d'histoire sacrée, toute histoire est profane, ouverte à l'action libre, intelligente et inventive des hommes ; nul chef ou maître ne peut prétendre détenir ou enseigner le sens et le but de l'Histoire, ce qui est le mode moderne de la sacralisation du réel. Dire que la nature aussi est profane n'implique pas qu'on ait le droit d'en faire n'importe quoi, mais seulement qu'aucune pratique, aucun mode spontané ou habituel de comportement, ne peut être justifié par sa dénomination – au demeurant usurpée – de naturelle. Cela ne signifie pas que le concept de Nature soit devenu vide puisqu'il désigne bien l'ensemble du réel en tant qu'il est soumis à des lois, mais il n'y a pas lieu d'opposer, comme la valeur à la non valeur, la nature et l'artifice puisque l'artifice même est naturel en ce qu'il est une production de l'homme, être naturel obéissant aux lois de la nature. La valeur d'un objet ou d'un acte ne réside donc pas dans son origine mais dans son intention ou dans sa destination. C'est en tant que conforme à la règle impérative de la réciprocité, ou en tant que permettant de satisfaire un certain bien, qu'un acte ou un objet peut être doté de valeur ; mais puisque rien dans la Nature ou dans l'Histoire ne nous dit immédiatement et clairement leur valeur, celle-ci doit toujours être posée, défendue, interrogée, contestée.

La foi de la raison

Ce scepticisme par provision s'accompagne cependant d'un acte de foi sans réticence et sans inquiétude, d'un acte de foi en – et de – la raison. Le tremblement des certitudes n'affecte pas cette confiance en la raison parce que celle-ci justement requiert toujours un acte de foi en sa valeur et en sa puissance. Comme le répétait avec force Eric Weil[3], il faut toujours choisir à un moment donné, et résolument, entre violence et raison, violence et liberté. Le choix pour la raison et pour la liberté est un choix qui ne se comprend et ne se justifie qu'à l'intérieur de la pratique de la raison et de la liberté, tout comme l'acte de foi ne se comprend qu'à l'intérieur de la foi elle-même, dans un mouvement d'authentifi-

1. Cf. les très belles pages de Stanislas Breton : *le thème de l'espérance et la réflexion philosophique* in *Savoir, faire espérer*, t. I, pp. 43-62.

2. Non au sens de *skepsis*, l'examen, mais au sens où le vrai sceptique refuse de trancher au delà de ce qui lui apparaît *hic et nunc* et de poser une réponse définitive et décidée. C'est le scepticisme comme interrogation réitérée que nous retenons ici.

3. *Logique de la philosophie*, *passim* et *Philosophie et réalité* (notamment *Souci pour la philosophie, souci de la philosophie*).

cation et d'approfondissement ininterrompus. La liberté comme la raison ne sont ni une chose ni un état, mais un mouvement, mouvement de libération, mouvement d'adéquation à l'universel et d'intégration du singulier avec sa singularité dans l'universel.

Ce phénomène se laisse voir assez clairement dans le difficile traitement des questions éthiques nouvelles posées par le développement actuel des techniques médicales [1]. Pour résoudre, et toujours de façon provisoire, ces questions et servir d'organisme de conseil auprès du législateur, ont été créés des comités d'éthique qui regroupent des membres choisis à la fois pour leurs compétences propres et pour la diversité de l'éventail de leurs positions philosophiques et religieuses [2]. Or devant des questions telles que la définition et la délimitation de la personne humaine [3], la responsabilité propre du médecin [4], le traitement des maladies mentales ou des maladies de civilisation qui mettent en jeu le respect de la liberté du malade, aucune réponse simple et claire, immédiatement acceptable par tous [5] ne peut plus aujourd'hui être trouvée. Cela n'implique nullement qu'il faille baisser les bras et laisser le corps médical décider au coup pour coup, ce qui serait conforter la naissance d'un nouveau cléricalisme, médical cette fois. La seule solution raisonnable et juste est ici encore de faire confiance en la raison commune ou dans les vertus de la discussion libre et raisonnable. Cette discussion, comme une expérience déjà longue de participation à un comité d'éthique régional a contribué à m'en convaincre, est d'autant plus féconde qu'au lieu de vouloir prescrire des règles précises et définitives, elle cherche d'abord à dégager des enjeux éthiques [6] et à signaler des dangers inaperçus des techniciens et des politiques. Nous ne disposons en morale, en fait de vérités absolues, que de vérités formelles et toutes nos vérités concrètes sont relatives et provisoires. Cela ne veut pas dire qu'il nous faille renoncer à l'exigence de vérité ou d'absolu, car cette faiblesse est aussi une force : privés de l'apparente et fallacieuse sécurité de solutions morales données une fois pour toutes, nous voilà condamnés à la créativité et à l'exercice de notre liberté concrète. Mais cet exercice n'est pas solitaire ; il s'accompagne de la réflexion commune qui aide à problématiser dans un sens éthique notre rapport spontané à nous-mêmes et à autrui, l'autrui proche de nos entours et l'autrui lointain des générations qui nous succéderont et envers lesquelles nous avons un devoir moral aussi fort qu'envers l'habitant de contrées

1. Ce que l'on recouvre aujourd'hui sous le qualificatif de bio-éthique.

2. Diversité relative car l'Islam y est excessivement sous représenté tandis que le catholicisme est surreprésenté et que les femmes sont loin de constituer le tiers des membres de ces comités.

3. Question posée par celle du statut des embryons dits surnuméraires congelés.

4. Par rapport au devoir d'informer le patient et d'obtenir son « consentement éclairé » aux soins dont il va être l'objet ou bien encore par rapport au respect (ou non) de la liberté du patient qui refuse certaines interventions (refus de la transfusion sanguine par les Témoins de Jehovah).

5. Quelque soit la tradition culturelle d'où elle provient, quelle soit religieuse, coutumière ou politique.

6. Par exemple : telle pratique va-t-elle ou non dans le sens du respect de la personne humaine, du développement de sa liberté, de son autonomie, de sa responsabilité, de sa capacité d'établir des relations avec autrui et de les enrichir progressivement ?

éloignées. Ce détour par la pratique des comités d'éthique, chargés d'élaborer par la discussion libre et raisonnable les linéaments et les conditions d'un consensus éthique, fût-il toujours révisable, ne nous éloigne pas tant qu'il semblerait de la question de la religion naturelle et du credo minimum. Le besoin – personnel ou collectif, peu importe ici – d'un credo minimum ne se fait sentir que lorsque les certitudes immédiates de la foi reçue ou choisie dans l'enfance se sont mises à vaciller. De même lorsque dans une société, ni Dieu ni la Loi ne font plus l'objet d'une créance assez ferme pour dicter les normes et régler la conduite, il faut bien en venir à la confrontation intellectuelle, au débat normé par les règles de la discussion rationnelle, afin de fixer des préférables et les règles du bien vivre. Ce débat n'est pas et ne doit pas être un débat entre spécialistes. Quelles que soient les compétences propres des interlocuteurs – et il est bon d'en acquérir pour bien savoir de quoi l'on parle – c'est à titre de citoyens éclairés que s'expriment les membres des comités d'éthique, non à titre de représentants patentés d'une organisation idéologique, sans quoi il n'y aurait que juxtaposition de positions théoriques irréductibles sans possibilité de mise à jour d'un consensus axiologique fondamental[1].

Il en va de même dans l'ordre religieux. Lorsque le paysage des premières créances s'obscurcit, et que pourtant demeure vivace le désir d'habiter ce pays-là, ce n'est pas le recours à une parole d'autorité qui fait vivre un esprit libre. « Il est de la nature de l'intelligence de ne croire que ce qu'elle reconnaît être vrai. Il est de la nature de la liberté de n'acquiescer ou de ne donner son consentement qu'à ce que l'intelligence reconnaît être juste »[2]. Ces propos d'une « simple femme » dont Rousseau ne dédaigna pas de recueillir l'héritage de pensée sont encore miens, et comme la sage et généreuse Marie, j'aime à croire que l'essentiel et le but de la foi est de « rendre les hommes gens de bien, c'est-à-dire à les rendre droits, équitables, bienfaisants, sincères ou vrais dans leurs discours comme dans toute leur conduite »[3]. Que cet essentiel ne soit pas le tout, on l'accordera sans peine mais enfin à défaut d'une habitation en pierre, n'importe-t-il pas aussi de pouvoir dresser sa tente ?

S'il y a bien aujourd'hui quelque chose qui ressemble au travail d'élucidation du credo minimum[4] dans l'effort de détermination d'un consensus national et international sur les valeurs éthiques fondamentales et les conséquences pratiques de leur défense, on ne voit plus guère, sous la plume de philosophes ou de théologiens, de recherche analogue à celle que nous avons étudiée[5]. D'un côté les théologiens font leur travail de théologien dogmatique, de l'autre les laïcs qui se

1. Fondamental et non minimaliste, comme le prouve toute la réflexion menée en France sur le don de sang, le don d'organes et éventuellement le don d'embryons envisagés sous l'angle éthique et non pas uniquement dans une perspective technique.

2. Marie Huber : 7ème *Lettre sur la religion essentielle à l'homme*. (p. 86-7)

3. *Ibid*, Lettre 15, p. 151.

4. Au moins dans les pays européens et aux USA.

5. La recherche bultmannienne d'un kérygme démythologisé n'a rien à voir avec cette démarche puisqu'elle se situe intégralement à l'intérieur d'un travail exégétique sur le Nouveau Testament. Elle ne correspond d'ailleurs plus aux tendances actuelles de l'exégèse néo-testamentaire davantage tournée vers la connaissance des mouvements socio-politiques et notamment des mouvements messianiques du 1er siècle.

disent croyants, ou bien leur emboîtent le pas, ou bien prennent et laissent ce qui leur convient dans le donné religieux[1]. Et pourtant plutôt que de céder à cette loi du tout ou rien, ne vaudrait-il pas la peine au moins *semel in vita* de se demander quelles sont les thèses auxquelles nous adhérons sans réserve. Sur cette base nous pouvons enraciner un credo, qui ne prétend nullement à l'universalité, ni même ne demande à être partagé, mais seulement compris car sans ce minimum d'intelligence comment espérer construire dans la multiplicité de ses demeures un espace de liberté, de vie authentique et de vraie fraternité ?

Un credo de philosophe

Philosophe je devins dans l'espoir impossible et heureusement déçu de résoudre définitivement pour moi-même les questions ultimes ; philosophe je reste, et rationaliste impénitente de surcroit. De la religion naturelle telle que le XVIIe siècle l'a présentée et analysée, deux dogmes sont encore tombés, à titre de référents essentiels : celui de l'immortalité de l'âme et celui d'une récompense après la mort, ce qui semble bien réduire mon credo à la portion plus que congrue. Ces questions indécidables ne me paraissent nullement des croyances indispensables pour agir moralement. Certes, l'espérance demeure d'un épanouissement ultime, à titre de simple espérance, mais l'hypothèse d'un terme définitif de la vie singulière n'enlève rien à l'urgence ou au caractère impératif de l'exigence morale, ni ne rend caduc le sentiment que nous pouvons avoir, dans des moments d'excellence de l'intelligence ou de l'amour, de vivre un grain d'absolu et d'expérimenter à notre manière, l'éternité et la fruition béatifique. « Sentimus experimurque nos aeternos esse »[2].

Le credo d'une philosophe est aussi un credo philosophique. Il comporte des principes admis à titre de postulats qui guident la démarche intellectuelle et pratique, et que la réflexion sur le credo minimum a pu aussi éclairer. Comme le credo minimum de la religion naturelle ou « essentielle à l'homme », ce credo philosophique n'est pas strictement limitatif ; il constitue simplement une base fondamentale partageable car il dégage un certain nombre de propositions qui, sans faire l'objet d'un consensus, peuvent tout de même assez généralement acceptées. Le mien pourrait s'établir succinctement de la sorte :

1. *Un acte de foi en la raison* : foi dans la rationalité du réel, donc dans la possibilité de le connaître et de le comprendre, mais aussi foi dans la communauté de la raison entre les hommes, ce qui, malgré les difficultés empiriques et sans tomber dans un irénisme naïf, autorise et fonde l'effort réitéré d'expliquer

1. Les sociologues emploient parfois l'expression de 'consumérisme religieux' pour désigner ce comportement théorique qui consiste à prendre dans les dogmes ce qui convient et à laisser de côté le reste, comportement analogue à celui des consommateurs de super-marché. Ainsi les enquêtes de sociologie religieuse montrent-elles qu'un nombre important de gens qui se disent croyants et fréquentent l'église ou le temple ne croient pas à la résurrection, au dogme du péché originel ou au jugement dernier. Un catholique sur quatre ne croit pas que l'existence de Dieu soit certaine ni même probable ! (sondage SOFRES-Le Monde publié dans le Monde du 1 oct. 1986).

2. Spinoza, *Ethique*, V, p. 23, sc.

et de chercher à convaincre[1]. Cela signifie aussi que *le salut philosophique est ouvert à tous*, qu'il n'est pas réservé aux savants et aux doctes ; c'est-à-dire concrètement, que la demande d'initiation à la pratique de la philosophie doit être satisfaite en dehors de l'Ecole, partout où elle se manifeste, que ce soit chez les médecins, les travailleurs sociaux, les parents qui réfléchissent aux finalités de l'instruction, etc...

2. Mon deuxième principe qui entend laisser ouverte la question de Dieu comme le Tout-Autre, serait *le refus de sacraliser* aussi bien le réel, l'être-là ou l'être-à-venir, que les grandeurs d'établissement. Non que je leur refuse les respects qui leur sont dûs, qui sont d'établissement, mais toujours avec cette pensée de derrière que là n'est pas encore la grandeur devant laquelle incliner la tête, l'esprit et le cœur.

3. Mon troisième principe, forme abâtardie peut-être de la croyance en Dieu et en sa providence, serait un *optimisme ontologique et anthropologique*, qui n'est pas seulement d'humeur, de tempérament ou de condition, mais qui résulte de la conviction enseignée par la raison et renforcée par l'expérience, qu'il n'est pas de mal contre lequel l'intelligence, la méthode, et le cœur ne puissent lutter, à défaut de pouvoir le vaincre aussi vite qu'il serait souhaitable. Il nous est interdit de désespérer de l'humanité, y compris dans les crises politiques graves qui ont marqué notre siècle, car les hommes sont bien loin d'avoir développé toutes leurs puissances, qu'il s'agisse de celles de l'intelligence – et de l'organisation –, de la solidarité, de l'amitié, etc.

4. Mon dernier principe serait un *acte de foi dans la liberté*, mesuré par l'éducation à l'autonomie, et l'indéfectible respect de la liberté de l'autre comme condition de ma propre liberté. Le premier sens symbolique que prend pour moi le thème de l'Incarnation, réside dans la divinisation potentielle de l'homme, entendu non pas comme être générique mais comme individu singulier. Nous ne savons pas d'expérience ce qu'est un dieu qui se fait homme, mais accepter de se dire devant un enfant qui grandit, un visage qui se singularise dans un nom propre, que nous est donné de connaître une nouvelle figure de la divinité, ce n'est pas tant sacraliser l'autre ou en faire un absolu[2], qu'admettre la relativité de notre propre être-là et du même coup notre complémentarité avec l'autre. Comme l'avait bien vu Grotius, et comme le redira Kant, la pierre de touche de la règle morale réside dans la *réciprocité*. Qui se tient fermement à ce critère tient en même temps le respect de la personne humaine, l'égalité de droit et autant que possible de fait, le respect de la liberté de l'autre et la solidarité[3] en acte.

Certains contesteront sans doute qu'un philosophe ait besoin de croire, ayant pris le parti de la raison et de la démonstration. Mais ce choix préalable me paraît

1. Il justifie plus particulièrement l'effort pédagogique et fait la joie d'enseigner.

2. Ce en quoi nous nous séparons des analyses d'E. Levinas parce qu'elles présupposent une relation à l'autre qui exclut d'emblée la réciprocité.

3. Si nous préférons ici le terme de solidarité à celui de fraternité, c'est que la solidarité est de fait et de volonté, tandis que la fraternité est de sentiment, ou bien réside dans la reconnaissance d'un Père commun. Cette relation verticale ayant été mise entre parenthèses (ou en position de jugement suspendu) le terme de solidarité qui évoque une relation horizontale d'entr'aide concrète, nous paraît devoir être ici préférée.

aussi relever d'un acte de foi, et qui ne perd rien à se reconnaître comme tel. Sommes-nous donc passé de la foi qui cherche raison à la raison qui se découvre foi ? Mais pourquoi faudrait-il ici trancher ? Le choix pour la raison, pour la liberté, pour la confiance en la puissance de l'amitié, est indissolublement foi et raison, choix qui peut être justifié et doit toujours être réaffirmé risqué, défendu. Il n'y a pas de foi possible, qu'elle soit religieuse ou philosophique, sans cette quête, toujours insatisfaite, reprise, et si possible partagée, de justification et d'intelligence. « Facessat ab hominibus rationalibus fides asinina, bruta, irrationalis ![1] ».

Chantilly – Cesson-Sévigné, 1 avril-11 novembre 1988.

1. Wissowaty, *Religio rationalis*, p. 34/ 75.

APPENDICE

HUGO GROTIUS

MELETIUS
OU
LETTRE SUR CE QUI FAIT L'OBJET D'UN ACCORD ENTRE LES CHRÉTIENS

INTRODUCTION[1]

§ 1. Bien souvent, mon illustre ami, je me souviens parmi tant d'utiles leçons, t'avoir entendu évoquer cet excellent souvenir du temps où tu séjournais aux confins de l'Asie, poussé par le désir d'apprendre, là où d'autres ne cherchent que le profit . Quand tu y rencontrais quelqu'un venu de nos contrées d'Europe, tu le traitais comme un concitoyen, mieux, comme un parent. La bonté de ta nature et le souci de l'humanité t'y incitaient. Mais du reste, il est croyable que cela se produise aussi pour d'autres car la difficulté et la rareté des contacts et tout cet environnement étranger favorisent ce type de rencontres qui, ordinairement, se défont et périssent au sein de la foule. Ainsi, nous qui vivons ici, non seulement nous considérons comme des étrangers les autres Européens, mais nous distinguons chez les Allemands entre Hauts et Bas-Allemands. Les Bas-Allemands sont encore divisés par le souvenir d'une guerre à peine apaisée[2]; on distingue ensuite entre Gueldres[3] et Frisons[4], sans parler des gens de Hollande et de Zélande qui ont toujours formé des nations étroitement unies. Puissent-ils ne différer que de nom et non de cœur! Je passe sur les rivalités entre villes et dans les villes les conflits de quartiers, les rivalités entre grandes familles. A y bien regarder, il est clair que voisins et proches se considèrent davantage comme des étrangers que ne l'étaient pour toi les Italiens ou les Espagnols eux-mêmes[5], lorsque tu séjournais en Syrie.

§ 2. Il s'est passé la même chose, à mon sens, pour la religion. Dès que le nom de chrétien se fut largement répandu et que la force de ses ennemis fut brisée, il y eut place libre pour des dissensions, d'opinions d'abord puis bientôt de sentiment; des dénominations et des manières de penser diverses apparurent qui rendirent les Chrétiens si étrangers aux chrétiens qu'ils ne furent plus des chrétiens les uns pour les autres. Cette maladie s'est déclarée jadis, mais du temps de nos pères et du nôtre, elle s'est aggravée au point de ne pouvoir s'étendre davantage. Non seulement le refroidissement des cœurs et la rivalité, mais la haine et l'implacable colère et, fait quasiment sans précédent, des guerres naquirent sous le seul prétexte de cette religion qui propose la paix. Mais si nous voulons bien prendre en considération ces Indiens[6] vers qui nous conduisent nos

1. Cette traduction française s'appuie sur l'édition critique du texte latin de Hugo Grotius, *Meletius sive De iis inter Christianos conveniunt Epistola,* établie par Guillaume H.M. Posthumus Meyjes et publiée avec une traduction anglaise chez E.J. Brill, Leiden-New York, en 1988. Nous remercions tout particulièrement l'un et l'autre de bien avoir voulu nous autoriser à utiliser leur texte.

2. Référence à la guerre avec l'Espagne, interrompue par la Trève de 12 ans de 1609 à 1621.

3. Province des Pays-Bas.

4. Habitants de Frise, province des Pays-Bas limitrophe avec l'Allemagne.

5. Cf. note 2.

6. Cf. le développement de la Compagnie des Indes Orientales et le traité de Grotius : *Mare liberum sive de jure quod batavis competit ad Indicana commercia dissertatio* qui date de 1609. (traduction française, reprint Caen, 1990)

succès de navigation, ou les Turcs avec lesquels tu vis, ou les Juifs[1] qui vivent désormais parmi nous, nous devrons bien, ne serait-ce que par rapport à eux, rappeler à notre cœur un lien presque oublié. Car comment ce qui nous sépare d'eux, pris séparément ou en bloc, ne nous unirait-il pas ?

§ 3. Si chacun revendique pour soi l'appelation de chrétien en excluant les autres, qu'on cherche au moins un autre nom pour nous distinguer tous ensemble de la gentilité de ceux que j'ai cités. Mais on n'en trouverait, assurément, pas d'autre que celui-là même qui nous fut donné par le Maître à qui, tous, nous promettons d'obéir bien que, par ignorance, nous ne lui obéissions pas. Rien ne peut être si grand facteur de discorde qu'il ne soit surpassé par ce facteur de concorde plus grand qu'est le fait de suivre un maître unique , surtout celui qui ne reconnaît pour disciples que ceux qui cultivent la concorde. C'est pourquoi, à l'encontre des nouvelles dissensions d'aujourd'hui et d'autres perturbations renaissantes, j'ai coutume de me consoler et de me réconforter par la pensée de ce qui, par la bienveillance de Dieu, est resté jusqu'aujourd'hui préservé entre chrétiens. Choses très importantes, très certaines et très utiles, dont la valeur est d'autant plus grande à mes yeux qu'en les considérant, je les sépare d'autres moins importantes, moins certaines et moins utiles. Que ces privilèges, pour ainsi dire, nous conduisent à être citoyens d'une unique cité.

§ 4. Comme j'aimerais qu'il me soit encore possible de discuter de ces choses avec toi, comme si souvent jadis quand nous étions ensemble ! Avec qui donc en parlerais-je plus volontiers qu'avec l'un des rares à avoir montré que la vraie jurisprudence n'embrasse pas seulement la connaissance des choses humaines mais encore celle des choses divines[2], quelqu'un qui connaît très bien les ennemis du christianisme, anciens et modernes ; quelqu'un de si bien instruit des lettres grecques et hébraïques, et qui a parfaitement bien étudié les sectes des Chrétiens, non seulement celles en lesquelles nous sommes aujourd'hui divisés, mais encore les Grecs, les Arméniens, les Maronites. Lorsque tu vivais chez eux, tu ne cessas jamais de leur paraître chrétien et eux de même pour toi, même si, sur bien des points, tes thèses étaient plus justes que les leurs.

§ 5. Mais puisque l'éloignement et la nécessité de nos charges ne nous permettent pas d'être ensemble, je coucherai par écrit ce que le patriarche Meletius avait coutume de t'exposer, disais-tu, mais à la condition que toi, qui connais mieux tout cela, tu le le modifies pour le corriger. Et je n'en doute pas, il te sera doux de te le remettre en mémoire et avantageux pour moi de l'apprendre de toi plus parfaitement. Ainsi donc, Meletius était patriarche d'Alexandrie et dirigeait aussi l'Eglise de Constantinople ; c'était un homme d'une sainteté vénérable, remarquablement versé dans toute sorte d'érudition – il parlait latin, ce qui n'est pas courant chez les Grecs, et il avait lu tous les auteurs les plus célèbres en cette langue. Il aimait au plus haut point la paix chrétienne ; il lui arrivait souvent de pleurer sur nos dissensions qu'il exécrait et de prier pour que

1. Allusion aux trois grands groupes religieux à convertir : les païens, les musulmans les Juifs. Cf. *VRC*, IV : réfutation du paganisme ; V : réfutation du judaïsme, VI : réfutation du mahométanisme.

2. La théorie de la religion naturelle se retrouve en effet en *DGP*, II, ch. XX, § 40-48.

nous tournions enfin nos yeux, devenus sauvages à force de se regarder, plutôt vers les Turcs et le marais des peuples barbares. Il recherchait surtout avec insistance les points dont les chrétiens conviennent[1]. Ils sont nombreux disait-il, et de bien plus d'importance qu'on ne le pense ordinairement; il montrait également qu'il y avait dans ces points d'accord tout ce que les écoles des philosophes ou les institutions des peuples ont tenu pour excellent avec, en plus, des points particuliers que les autres n'avaient pas connus. Il ornait cela d'une éloquence singulière, et nous poursuivons sa tâche avec tout le soin dont nous sommes capables.

I

§ 6. Le premier point que la chrétienté partage avec beaucoup, mais non pas avec tous, c'est la religion. Les impies et ceux que nous appelons **ἀθέους** [2] s'écartent de cette frontière. Il n'y a pas de religion sans ces deux points que l'Apôtre rappelle dans sa lettre aux Hébreux[3] : croire que Dieu est et qu'il récompense ceux qui s'efforcent de lui plaire. L'existence de Dieu est attestée très clairement, non seulement par un consensus largement répandu chez les hommes[4] mais encore par l'ordre de dépendance mutuelle des causes et la hiérarchie des êtres[5]. Cette vérité est si évidente qu'en tant de siècles il y eut très peu de gens à dire autre chose et probablement, parce qu'ils préféraient qu'il n'en soit pas ainsi plutôt que parce qu'ils le pensaient vraiment[6].

§ 7. Pour que Dieu récompense, il est nécessaire d'admettre préalablement certains points. Il est requis en premier lieu que Dieu soit une nature intelligente : ceci est suffisamment prouvé de ce qu'il est impossible que ce qui est fait soit plus noble que ce qui l'a fait. Dieu n'est pas le monde ou ce qu'on appelle ordinairement la nature, mais quelque chose de plus élevé et de plus vénérable. Dieu ne doit pas seulement avoir l'intelligence mais encore la volonté et ce qu'on appelle **προαίρεσις**[7], car ceux qui l'ont sont plus parfaits que ceux qui ne l'ont pas. Et cette volonté-même doit être libre et non empêchée, car cela appartient à la perfection et qu'il est impossible par nature que quelque autre cause soit supérieure à la cause suprême. Cet argument réfute les Stoïciens[8] qui dans un

1. **τὰ τοῖς χριστιανοῖς ὁμολογουμένα**; Lorsque Grotius traduit l'expression grecque nous la traduisons dans le texte; lorsqu'il écrit le grec sans le traduire, nous reproduisons le grec et donnons la traduction en note.

2. Sans dieux ou athées. L'expression est reprise de Cicéron, DND, I, § 63 : *Diagoras atheos qui dictus est.*

3. Cf. *Annot. in NT* sur *Heb.* 11 :6 où Grotius renvoie à *DGP*, II, XX, 46. « Hae notiones numen aliquod esse (unum an plura sepono) et curari ab eo res hominum, maxime sunt universales et ad religionem sive veram sive falsam constituendam omnino necessariae ».

4. *VRC* I, 2 & I, 7.

5. Thème stoïcien et néo-platonicien.

6. Cicéron *DND* I, 63 et Lactance *ID*, I, 2, § 1.

7. Désigne chez Aristote (*E. N.* III, 5) le choix réfléchi, précédé de délibération.

8. *SVF*. II, 912.

abus tout à fait stupide, soumettent Dieu à la nécessité du destin. D'où ce vers impie[1]:

« Ce qui a été décrété par le destin dépasse le pouvoir du grand Jupiter ».

Du même coup on réfute une autre erreur, et tout aussi grave, des Mages anciens qui disaient que Dieu pouvait être contraint par des formules solennelles ou par d'autres choses qui, toutes, posent Dieu en parole pour le nier en fait.

§ 8 Il faut admettre aussi que Dieu prend soin de ce qu'il a fait, non seulement des réalités célestes, mais encore humaines ; par cette thèse, nous rejetons les Épicuriens, qui n'eussent point erré s'ils avaient dit que Dieu supervise et régit toute chose sans souci. Mais ils se sont horriblement trompés en pensant qu'user de l'entendement et de la volonté est un souci alors que rien n'est plus doux, surtout avec la toute-puissance. Les difficultés qu'il y a à diriger tiennent à la faiblesse de ceux qui dirigent. Bien cruels sont les pères qui abandonnent avec satisfaction les enfants qu'ils ont engendrés. Mais si Dieu n'est pas bon, il n'est pas Dieu. Ajoutons que l'ordre admirable de l'univers ne parle pas seulement de Dieu comme créateur mais comme recteur. Rien n'est moins conforme à la royauté que de prendre soin des parties les plus viles du royaume et de ne se point soucier des parties les plus nobles.

§ 9. Mais pour qu'il y ait lieu à récompense, il faut admettre que l'homme est ζῶον λόγικον καὶ προαιρετικόν[2]. S'il en est ainsi, comme l'enseigne l'expérience, il est nécessaire de supprimer le destin des Stoïciens. Car si tout le futur dépend de causes nécessaires, c'est en vain que l'homme aurait reçu ce pouvoir de délibération et la volonté de choisir entre les contraires[3]. Mais soutenir que quelque chose existe en vain dans la nature et surtout en l'homme, c'est taxer d'impéritie l'auteur de la nature.

§ 10. Il s'ensuit que nous reconnaissons Dieu pour législateur. Car si Dieu dispose du choix réfléchi[4], l'homme aussi. Or Dieu est supérieur et l'homme inférieur. Le supérieur agit sur l'inférieur car la nature du supérieur est d'agir et celle de l'inférieur de subir. Il en résulte que Dieu agit sur l'homme selon un choix réfléchi[5]. Mais cette action du choix réfléchi[6] du supérieur sur le choix réfléchi[7] de l'inférieur n'est pas autre chose que la loi ou le commandement. La conscience intime nous convainc de la vérité de cela plus fortement que toutes les autres preuves.

§ 11. Ceci posé, on règle très aisément ce qui concerne la rémunération. Il est juste de récompenser celui qui respecte la loi, de punir celui qui la viole. Or Dieu est juste et agit justement. Tout législateur désire que ses lois soient respectées. Il emploie donc à cet effet tous les moyens dont il dispose. Or il n'y a rien de plus

1. Cité et traduit du grec par Cicéron, *Div.* II, 10 ; origine inconnue.

2. Un animal doté de raison et de choix réfléchi. Formule qui condense deux définitions aristotéliciennes : celle de *Polit*, I, 2, 1253a et *EN* III, 4.

3. *Vis deliberativa et voluntas in utrunque* ; c'est la traduction de *proaïrésis*.

4. προαίρεσιν

5. κατὰ προαίρεσιν.

6. προαιρετικοῦ

7. προαιρετικόν

incitatif à l'obéissance que la récompense. Dieu peut récompenser, ce que les législateurs humains ne peuvent pas faire bien souvent. Dieu récompense donc.

§ 12. Voilà donc les principes que la religion chrétienne partage avec toutes les autres, avec les religions fausses et avec les vraies qui sont moins parfaites, en premier lieu avec la religion naturelle, puis avec la religion mosaïque. Qui supprime ces points, on peut vraiment dire qu'il supprime la religion, la chose du monde la plus importante. Qu'il y a-t-il de plus utile ou de meilleur que ceci : tout ce qui est moralement bon et droit peut faire l'objet non seulement des actions mais des pensées des hommes ? Les lois humaines ne peuvent le garantir car non seulement nos pensées mais la plupart de nos actes leur échappent. Mais la religion, elle, le peut, et elle seule.

> « Il est utile qu'il y ait des dieux, et puisque c'est utile, admettons qu'ils existent »

comme dit le poète[1]. Nous disons plus véritablement : il est bon que la religion soit, donc la religion est. Car le dirigeant le plus éminemment sage n'a point manqué d'instituer tout ce qui est éminemment bon.

II

§ 13. Venons-en au sujet. Pour tout ce qui se produit κατὰ προαίρεσιν il est nécessaire de rechercher d'abord la fin. La fin de ce qui est le plus excellent est la fin la plus excellente. Mais la religion est de toutes choses la plus excellente. Sa fin est donc tout simplement excellente c'est-à-dire que c'est le Souverain Bien. Ce qu'est le Souverain Bien ou la béatitude de l'homme a longtemps fait l'objet de grandes controverses entre philosophes. La religion chrétienne tout comme la droite raison montrent que le Souverain Bien de l'homme est de jouir le plus parfaitement de ce qui est par soi le Souverain Bien, c'est-à-dire Dieu.

§ 14. De même que l'impassible nature nous enseigne qu'il n'y a qu'une cause efficiente du progrès infini, de même nous avertit-elle que tout est en vue et à cause d'un être unique. Or nous ne pouvons jouir de Dieu que par ce qui se rapproche le plus de Dieu, à savoir l'esprit. Et puisque la béatitude concerne l'homme tout entier et non en partie, il s'ensuit que les autres parties de l'âme et le corps lui-même deviennent participants de cette béatitude en se soumettant le plus parfaitement à l'esprit. Une fois posé le bien dans toute sa plénitude, tout mal est nécessairement supprimé. Seront donc liées à cette félicité suprême l'absence de douleur et l'immortalité.

§ 15. On voit donc que tous ceux qui ont cherché le Souverain Bien de l'homme dans cette vie fragile se sont trompés. Il y a bien quelque chose qu'on peut appeler le Souverain Bien de cette vie : c'est de commencer à jouir de Dieu avec l'espérance certaine d'une autre vie. Mais pris simplement, ce bien ne peut être dit suprême, car il comprend aussi l'attente de la mort et la possibilité de la douleur. Tous les philosophes se sont donc trompés, même ceux qui, thèse la plus

1. Ovide, *Ars amandi*, I, 637.

plausible de toutes, ont cherché le bien de cette vie dans la vertu. Rien d'étonnant donc, s'ils n'ont réussi à rendre bons que peu d'hommes, et peut-être même aucun, car ils ont eu recours à des convictions fausses. Celle, l'unique, sur laquelle ils se soient appuyés est fausse : qu'il faut rechercher la vertu pour elle-même, ce que réfute un argument très certain. Car la vertu se tourne facilement en peine. Mais personne ne supporte la peine sinon pour autre chose; aussi d'autres philosophes ont-ils plus justement prétendu avoir prouvé avec certitude qu'il y a une autre vie après celle-ci parce que dans cette vie le bien est généralement un mal et le mal un bien.

> « Eurystheus régnera facilement dans la douceur du loisir / tandis que le fils d'Alcmène fatiguera dans tous ses combats / contre les monstres ces bras qui soutinrent le ciel. »[1]

§ 16. Il en résulte aussi que se sont trompés ceux qui ont bien supposé une autre vie mais qui ont situé la suprême béatitude dans la nourriture et la boisson, comme les Juifs talmudistes, ou dans les choses de l'amour comme les Mahométans, tandis que les chrétiens écartent les unes et les autres de la vie heureuse, en tant que signes de manque; τὸ δὲ εὐδαῖμον ἀνενδεές [2]. Ce sont là des biens bons pour le bétail, pas pour l'homme. Parce qu'en lui l'esprit l'emporte en valeur sur le corps, il faut, pour atteindre la vraie félicité, que le corps soit assimilé à l'esprit et non pas l'esprit au corps et qu'il devienne σῶμα πνευματικόν[3], un corps spirituel et non pas un πνεῦμα σωματικόν, un esprit corporel. Aristote l'a en partie vu; il dit dans l'*Ethique à Eudème* :

> « La possession et le choix de ce qui est bon par nature viennent surtout de la contemplation de Dieu plutôt que du corps, des richesses, des amis ou d'autres biens : c'est le bien le meilleur et la détermination la plus belle. Ce qui est tel que son manque ou sa possession excessive empêche d'honorer et de contempler Dieu est en vérité un mal. C'est le propre de l'âme et sa détermination la plus excellente que d'être conscient le moins possible de l'autre partie de l'âme dénuée de raison, en tant que telle »[4].

§ 17. Voici encore une remarque digne d'intérêt : tout ce que les autres ont voulu placer séparément dans le Souverain Bien se retrouve en totalité dans le Souverain Bien des Chrétiens. Car, si tu recherches avec le philosophe Jérôme de Rhodes[5], le plaisir qui se trouve dans la stabilité et qu'on nomme insensibilité ou, avec les Cyrénaïques, celui qui est dans le mouvement, tous deux sont présents ici : l'absence de toute douleur et le mouvement le plus doux, non pas celui des corps car il gêne l'esprit, mais celui des esprits, c'est-à-dire le contentement et la joie. Mais si, avec les Stoïciens, te plaît la vertu, la vraie vertu est ici aussi, avec en plus cette prospérité de la vie accomplie qu'Aristote joint à la vertu.

1. Sénèque, *Hercule furieux*, 526-8.
2. « Car le vrai bonheur ignore le manque », Aristote *EN*, I, 5 : 1097b5-11 & X, 6 : 1176b3.
3. Paul, *I Cor.* 15 :44 « On sème un corps psychique, on récolte un corps spirituel ».
4. *Ethique à Eudème*, VIII, 1249b 16-23. Grotius cite le texte grec.
5. Cicéron, *De finibus* II, § 8 : « summum bonum : nihil dolere ».

§ 18. Sur la base de cette nature parfaite du Souverain Bien qui se rapporte à l'homme en totalité, nous récusons les Épicuriens et la secte juive des Saducéens. Car la conséquence de ce qui précède est que le corps humain ne périra jamais ou qu'il revivra et que l'esprit aussi revivra ou ne périra jamais. Or l'expérience montre que les corps périssent; ils revivront donc. Mais l'esprit ne périra pas, c'est ce que soutient la religion chrétienne avec la plupart des philosophes – car les Épicuriens selon le mot d'un ancien, ne sont appelés philosophes qu'à la façon dont un homme peint est appelé homme – la religion chrétienne dis-je, solidaire non seulement de la croyance la plus ancienne de presque tous les peuples, mais encore de la raison elle-même qui nous apprend que la pensée est, dans l'esprit, l'image de Dieu dépourvue de souffrance. Ayant découvert la fin de la religion, voyons maintenant en quoi elle consiste.

III

§ 19. Puisque la religion concerne l'action qui se fait κατὰ προαίρεσιν[1] et que l'entendement précède toutes les actions de la volonté, la religion a nécessairement deux parties : l'une θεωρητικὴν[2], l'autre πρακτικὴν[3]; les δόγματα[4] constituent la première, les παραινέσεις[5] la seconde. Sénèque après Cicéron[6] a traduit ces termes en latin par *decreta* et *praecepta*; tout l'enseignement sur les devoirs et sur les mœurs réside selon leur démonstration dans ces deux catégories. Les principes sont encore appelés opinions[7], dogmes fondateurs[8] ou thèses[9]. Dans toute science pratique, les principes ne doivent pas être exterieurs au sujet, ni redondants, mais indiquer ce qui met l'action en branle[10], ou le contenu et les modalités de ce qu'il faut faire. Aussi, puisque la religion se situe entre l'homme et Dieu, les principes de la religion concernent Dieu et les choses divines, l'homme et les choses humaines, non point en elles-mêmes mais dans leur relation mutuelle.

1. Selon un choix réfléchi ou responsable. L'expression est laissée en grec et non traduite par Grotius dans toute la suite du texte.
2. Théorétique ou spéculative.
3. Pratique.
4. Les principes.
5. Les préceptes ou encore les exhortations d'où le nom de parénétique donnée à la partie de la philosophie qui donne des conseils pour la vie morale. Cf. Cicéron, *Off.* I, 1 ; II, 32; Sénèque, *Ep.* 94 :31.
6. Cf. Cicéron, *Ac.* 1, 27 &29; Sénèque, *Ep.* 95 :10; 95 :60.
7. *Placita* = ἀρεσκόντα
8. *Scita* = δόγματα; les termes *placita* et *scita* désignent les dogmes fondamentaux des écoles, cf. Aetius, *Stromates* du pseudo-Plutarque (Diels, *Doxogr. graeci*, Berlin, 1878).
9. *Sententiae*. Cf. Senèque Ep. 95 :10 « Nulla ars contemplativa sine decretis suis est, quae graeci vocant δόγματα, *dogmata*, nobis vel decreta licet appellare vel scita vel placita. Il n'est pas de science spéculative qui n'ait ses principes pour lesquels les grecs ont un terme δόγματα, rendu en latin par divers équivalents *decreta, scita, placita* ».
10. Dans le stoïcisme classique, cela désigne l'action de l'hégémonique.

§ 20. Parmi ces principes, la première place revient à juste titre à l'affirmation que Dieu est un, ce qui se prouve par les mêmes arguments que la croyance que Dieu est. Tout en effet provient d'un être unique et existe en vue de l'unique ; la nature très parfaite de Dieu, sa béatitude et le gouvernement de toutes choses l'exigent. Et pourtant quelle grande partie du genre humain fut jadis captive de cette erreur inexcusable du πολυθεότητος[1], et l'est encore maintenant !

§ 21. La religion chrétienne attribue encore à Dieu ce qui peut être dit ou pensé absolument de plus éminent et rejette tout le reste. Elle affirme en effet que Dieu est absolument simple, infini, excellent ; réciproquement elle nie catégoriquement qu'il soit corporel, composé, muable, limité dans l'espace ou le temps. Plutarque dit que les Juifs croient en un θεὸν ἄφθαρτον, ἀγέννητον, εὐποιητικόν[2], Tacite en « une divinité unique, suprême, éternelle, qui ne change ni ne périt »[3].

§ 22. Dans cette nature une et simple donc, on comprend d'abord ce que c'est que d'être, ensuite la raison divine, enfin la vertu ; il semble bien qu'Aristote ait remarqué les deux dernières en Dieu, les appelant Νοῦν καὶ ἐνέργειαν[4]. Car s'il ne les avait pas, il serait moins parfait que les choses qu'il a faites. La raison est encore appelée λόγος et σοφία par les Platoniciens mais les Chrétiens expliquent plus clairement la chose-même et ses noms. La vertu même de Dieu est de nouvau appelée de ce nom[5] chez les Chrétiens et aussi Esprit, terme qui ne désigne pas seulement τὸ ἀσώματον[6] mais encore τὸ ἐνεργετικόν[7]. Ils ne sont pas en Dieu à titre de parties ou de qualités mais d'une autre manière ineffable, distincts entre eux de telle sorte que τρεῖς ὑποστάσεις[8] ne soient qu'un seul Dieu, « de telle sorte que » dit Aristote « sont une même chose l'intellect et l'intelligé »[9].

§ 23. Quoique la raison humaine ne puisse pas le trouver par elle-même, elle l'admet facilement quand on lui dit qu'il en va ainsi en Dieu. Car elle voit que tout ceci est cohérent avec la majesté divine et elle ne doit pas craindre de l'admettre puisque le fait de ne pas comprendre comment ils sont trois et un se produit aussi pour notre âme qui est si inférieure : nous admettons la nature même de l'âme, l'entendement et la volonté, et cependant nous reconnaissons tout à fait que l'esprit est un et indivisible. Même chose pour le soleil : nous savons

1. Polythéisme.

2. « Dieu incorruptible, inengendré, et providentiel » (créateur de belles choses) ; G. P. Meyjes donne comme référence probable : *Mor.* 1051F.

3. Tacite *Hist.* V 5 : « Judaei mente sola unumque numen intelligunt <. . . > summum illud et aeternum neque imitabile neque interiturum ».

4. Pensée et acte, Aristote, *Métaphysique* lambda 7, 1072b21-23.

5. *Logos*.

6. L'incorporel.

7. Ce qui est actif.

8. Trois hypostases. Cf. Stobée *Dicta*, prologue « De hypostasium quoque distinctione quanquam eo per se pertingere non potest humana ratio aliquid ex traditione veteri hausisse putatur Plato et ut quidam existimant etiam Aristoteles ». Cité par Meyjes, *Op. cit.*, p. 144.

9. Νοῦς καὶ νοητόν Aristote, *Métaphysique*, 1072b21.

§ 24. Puisque la perfection de l'entendement consiste à savoir le plus possible, l'excellence de la volonté à vouloir et agir, il s'ensuit que Dieu est omniscient quant à la sagesse, excellent quant à la vertu, et donc qu'il connaît bien ce qui est mal, mais qu'il ne le veut pas au sens propre ni ne le fait, ce qui est le principal fondement de la piété. Taisez-vous donc, poètes, autrefois seuls maîtres de théologie, critiqués à juste titre par Platon, Varron et d'autres pour avoir raconté de leurs dieux des actions criminelles pour les hommes mêmes : des combats, des adultères et autres crimes. Taisez-vous, voix impies :

> « Hélas ! Hélas ! c'est un mal venu aux hommes des dieux / De voir le bien et ne le suivre pas »[1].

ou encore :

> « Dieu implante le crime chez les mortels / Quand il veut ruiner complètement leur maison »[2].

ou encore

> « M'avoir rendu pécheur sera un crime aussi pour les dieux »[3].

ou encore

> « Cela vous plait-il, ô dieux, après avoir tout mis sens dessus dessous, de nous tenir à crime nos erreurs ? »[4]

Cette opinion supprime la religion. Comment pourrait-on aimer Dieu et haïr le mal si l'on croit que Dieu est l'auteur du mal ? Ce propos est plus véridique :

> « Si les dieux font quelque chose de mal, ce ne sont pas des dieux »[5].

et Cléanthe:

> « Sans toi, Dieu bienfaisant, rien ne se produit sur le sol de la terre / Sur les flots de la mer, au royaume de la foudre qui tonne dans les hauteurs / sauf les ravages que les méchants font eux-mêmes dans leur démence »[6].

§ 25. La droite raison et la religion chrétienne enseignent cependant que Dieu se soucie de ces maux-mêmes qui ne proviennent pas de lui et qu'il joue un rôle régulateur. Ce sont dans la religion deux croyances de la plus grande utilité que celle de l'omniscience et de la très parfaite bonté de Dieu. L'omniscience fait que dans tout ce qui est le plus secret, non seulement les faits mais encore les pensées, nous craignons la présence de Dieu ; la bonté fait que nous nous efforçons de l'atteindre selon ce mot de Pythagore : « ἕπου θεῷ »[7] et celui du Christ: « soyez parfait comme votre Père est parfait ». Pour résumer tout ce que nous avons dit

1. Euripide, fragment 841. Cité par Plutarque *Mor* 33E & 446A (De la vertu morale).
2. Eschyle, fragment 156. Cité par Platon *Rep*. 380a ; Grotius traduit : Dieu suscite la faute quand il s'attaque à des maisons saines.
3. Lucain *Pharsale*, II, 288.
4. Lucain *Pharsale*, VII, 58-9.
5. Euripide, fragm. 292. cité par Plutarque *Mor*. 21A et 1049E.
6. Cléanthe *Hymne à Zeus*, 15-17. « Aucune œuvre ne s'accomplit sans toi, ô Divinité, ni sur terre, / Ni dans la région éthérée de la voute divine, ni sur mer / Sauf ce qu'accomplissent les méchants dans leur folie ». (traduction Bréhier, in *Les Stoïciens*, Pléiade, p. 7.)
7. « Suis Dieu ! » Ecole pythagoricienne, C VI, *Présocratiques*, Edition Pléiade, traduction Dumont, p. 591.

de Dieu : nous devons l'admirer pour sa nature très parfaite, l'honorer pour sa très grande sagesse, et l'aimer plus que tout pour son extraordinaire bonté.

§ 26. Maintenant, si l'on considère Dieu non seulement tel qu'il est en soi, mais ἐν σχέσει[1] aux autres choses, cette même religion montre deux aspects de Dieu : il est créateur et recteur de toutes choses. Qu'il soit créateur se tire avec évidence des mêmes preuves par lesquelles on démontre qu'il est, à savoir par la série des causes qui ne peut être sans s'appuyer sur une cause première ; ce point d'ailleurs, augmente l'honneur de Dieu et facilite le chemin de la piété. Platon qui veut que le monde soit engendré et Aristote qu'il soit éternel se trompent assurément, mais leurs démonstrations prouvent cela-même que nous chrétiens, nous croyons. Car Platon a correctement déduit que le monde a commencé un jour et Aristote non moins correctement qu'il n'est pas engendré ; il s'ensuit donc qu'il a été fait.

§ 27. Lorsque nous parlons du monde, nous n'entendons pas seulement le visible, y compris l'homme, mais encore les ἀόρατα[2], à savoir les esprits ou les natures inférieures à Dieu, mais supérieures à l'homme, natures intelligentes et actives, que beaucoup ont appelé dieux et δαίμονας[3]. Qualifiés de δαίμονας en raison de la supériorité de leur entendement, mais improprement de dieux. Car si le πολυθεότης[4] a été condamné par des raisons certaines, il s'ensuit que c'est improprement qu'ils sont appelés dieux en raison d'une certaine participation à la majesté divine. Sur ce point les docteurs des Chrétiens ont supprimé radicalement l'erreur de ceux qui, en leur donnant mêmes honneurs et même nom, égalaient l'ouvrage à l'ouvrier ; ils ont donc refusé ce terme et préféré les appeler anges afin qu'on les entende comme les ministres de Dieu, non comme ses associés.

§ 28. Dieu, nous est-il enseigné, a tout fait pour lui car, comme nous venons de le dire, non seulement la cause efficiente, mais la fin ultime de toutes choses doit être unique dans un ordre déterminé. Si bien que, comme l'ont très bien dit les Stoïciens, Dieu a fait toutes les autres choses à cause de l'homme, et l'homme seulement pour Dieu. Cela est tout à fait vrai car, on le comprend, nul ne peut être le maître d'autres choses s'il n'est le maître de ses actions, c'est-à-dire s'il ne dispose de la προαίρεσις. Nulle chose créée ne l'a sauf l'homme, et ce que nous appelons esprits. La nature de ces esprits est telle qu'ils n'ont besoin de rien. Il reste donc l'homme à cause de qui furent faits la terre, la mer, l'air, le feu, les animaux, et ce qui naît de la terre, le ciel enfin, et les astres.

§ 29. En disant que Dieu est recteur, nous ne récusons pas seulement les rencontres fortuites d'atomes des Épicuriens mais aussi la force fatale des Stoïciens, en tant que principes également nuisibles à la piété. Par cette opération de direction, Dieu conserve et ne détruit pas la nature des choses qu'il a instituée, et particulièrement la προαίρεσις attribuée aux esprits. Ce qui résout cette question qui a si longtemps tourmenté les philosophes : « τοῦ θεοῦ τὰ ἀγαθὰ

1. Dans sa relation.
2. Les réalités invisibles.
3. Démons.
4. Polythéisme.

διδόντος, πόθεν τὰ κακά ? »[1] Réponse : de la προαίρεσις, faculté certainement bonne quand Dieu la donne, mais qui peut d'elle même tomber au mal, quoique Dieu l'interdise et nous en dissuade, sans toutefois l'empêcher par force pour ne pas supprimer la liberté justement donnée une fois pour toutes, et sans laquelle il ne peut y avoir de récompense. Le mal ou le péché procède de la volonté très libre de l'homme et de ces esprits inférieurs qui s'écartent volontairement de la loi par leurs œuvres. Sur ce thème, nous rencontrons les thèses des Manichéens et de leurs pareils qui ont posé la matière ou quelque autre principe nécessaire comme principe du mal et soutenu que certains étaient ainsi faits par la nature qu'ils ne pouvaient aucunement être ni devenir bons. Mais ces croyances sont injurieuses à Dieu et enlèvent à l'homme une vraie douleur de ses péchés et l'ardeur du repentir.

§ 30. Venons en maintenant aux principes qui concernent l'homme. Certains ont déjà été évoqués : l'homme est composé d'un corps et d'un esprit. Il a la puissance de la προαίρεσις Il est l'être le plus noble et le plus digne de toutes les réalités visibles et même plus, le maître des autres. Ajoutons que Dieu l'a sans aucun doute créé bon car celui qui est le meilleur ne peut mal faire ; bien plus, comme l'ont dit certains philosophes en accord avec la doctrine chrétienne, l'homme est une image de Dieu, créé sur le modèle même de Dieu et doté de la faculté de pouvoir s'approcher de plus en plus près de ce modèle par ses efforts. Au commencement, l'homme n'a pas été créé plusieurs mais un seul, d'où ont été engendrés les autres ; croyance d'autant plus vraie qu'elle est meilleure et plus efficace pour une charité et une amitié mutuelles, puisque les jurisconsultes aussi prouvent très validement qu'« il est criminel à un homme de vouloir du mal à un homme », de ce que « la nature a constitué entre nous une sorte de parenté ».

§ 31. Contre les seuls Stoïciens, et en accord avec les autres philosophes, les chrétiens soutiennent très justement que Dieu a aussi doté l'homme de πάθη[2] ; ce que démontre bien la nature même de l'homme dans laquelle même les médecins comptent certains membres qui sont la source et le siège de passions. Cette thèse est aussi de grande importance pour la piété, car la doctrine contraire, à moins de se servir obstinément d'un vocabulaire opposé à l'usage, rend les gens cruels et impitoyables.

§ 32. La σχέσις[3] de l'homme à Dieu est ce que nous avons dit plus haut : il a été créé pour rendre un culte à Dieu. Tous les philosophes, nous l'avons dit, l'ont admis et certains le concluent fort justement de la constitution du corps humain laquelle est droite et regarde le ciel. De là vient l'appelation que les très anciens théologiens phéniciens ont donnée à l'homme : Ζοφασημίν, c'est-à-dire οὐρανόσκοπον[4].

§ 33. Comment se pourrait-il que l'homme n'ait pas été créé principalement pour faire ce qu'il pouvait et surtout devait faire ? Il pouvait en effet rendre un

1. Si les biens viennent de Dieu, d'où viennent les maux ? Titre de la dissertation 41 de Maxime de Tyr. Cf. Plotin, I, 9.

2. Passions. Le terme insiste sur l'aspect passif de l'affectivité. Cf. Lactance, *Inst.* VI, 15-17.

3. La relation.

4. Celui qui regarde le ciel. Eusèbe : *Prep. evang.* , I, 10, 2.

culte à Dieu car il disposait pour cela de l'esprit et il le devait, non seulement en raison de l'éminence absolue de la nature divine, mais surtout en raison de ses bienfaits, notamment ceci : c'est par lui qu'il était devenu homme, qu'il était plus noble que les autres êtres, que tant de choses enfin avaient été destinées à servir à son usage. Rendre un culte à Dieu embrasse tout ceci : l'aimer, l'admirer, le révérer, désirer lui plaire, craindre de lui déplaire, détester ce qui est contraire à sa loi. Comme tout cela porte le nom de **παθῶν**, cela prouve ce qu'on a dit auparavant, qu'il ne faut pas extirper ces passions de l'homme. Car il ne suffit pas d'accomplir la tâche prescrite, il faut le faire en y mettant toute son âme et toutes ses facultés. Voilà en résumé ce que l'homme devrait être.

§ 34. Venons-en maintenant aux principes qui, à l'aide de l'expérience, définissent ce qui est. On admet que l'homme se comporte fort différemment de ce qu'il devrait : il est en effet ingrat à l'égard de Dieu et vraiment mauvais. Alors qu'il devrait aimer Dieu de toute son âme, lui rendre un culte, le préférer à tout le reste, apprécier comme une grâce ses immenses bienfaits, la conscience de chacun atteste qu'il en va tout autrement.

§ 35. Dieu, conformément à sa nature, a voulu qu'aucune chose ne soit plus recommandable à l'homme qu'un autre homme en tant qu'image de Dieu et parent de l'homme. La raison nous enseigne l'une et l'autre : l'union et la parenté la plus étroite est celle qui vient d'une origine commune et du sang et, si nous voulons être reconnaissants, nous devons aimer non seulement celui qui nous a comblé de bienfaits mais encore ceux qui le touchent de près. Nous voyons à l'inverse bouillonner partout la haine et les dissensions. Pire, plusieurs actions qui nous paraissent bonnes sont mauvaises, car est mauvais ce qui est privé d'une partie de sa droiture puisque le bien n'est rien d'autre que ce qui est totalement bon : « le bien est simple, et le mal multiple »[1]. De là vient qu'il n'y a pas d'âme pure et intègre et d'intention tout à fait ferme de servir Dieu là où il ne peut y avoir de convenable parfait[2] ou d'action droite.

§ 36. Mais l'homme ne doit pas s'étonner de tomber dans le pire puisque d'innombrables méfaits excédant la force de sa nature inférieure – ce qu'atteste l'histoire de tous les peuples – prouvent manifestement que certains des esprits supérieurs se sont tournés vers le mal puis se sont efforcés par tous les moyens de faire partager à l'homme leur méchanceté. Ils y sont d'autant plus facilement parvenu que les sens de l'homme lui offrent autant de tentations de pécher que d'occasions de vertus. Que cette dépravation se soit répandue sur tout le genre humain, si sa conscience ne le répétait à chacun, tout au moins cette misère commune aux hommes et la nature devenue marâtre au lieu de mère le leur auraient montré. Car le dieu φιλάνθρωπος[3] ne supporterait pas que la vie des

1. « καλὸν μὲν γὰρ ἁπλῶς, παντοδαπῶς δὲ κακόν » Aristote : *E. N.* II, 5 : 1106b 34-35. Citation d'un poète inconnu.

2. κατόρθωμα = *officium perfectum* appartient au vocabulaire stoïcien. Cf. Cicéron *De Off.* I 8 qui distingue entre l'*officium*, le devoir ou καθῆκον et κατόρθωμα, *officium rectum et perfectum*, action droite et convenable parfait. Cf aussi Sénèque *Ep.* 95 :57 « Actio recta non erit nisi recta fuerit voluntas ».

3. Ami des hommes.

hommes soit à ce point sujette à tribulations s'il ne les trouvait pas tous assujettis à la faute.

§ 37. Les chrétiens ont aussi rejeté à juste titre une autre erreur des Stoïciens : la thèse de l'égalité des péchés. La conscience-même affirme que c'est faux, elle qui nous accuse plus ou moins gravement selon l'ampleur de nos fautes. De plus, les lois-mêmes sont inégales en fonction de la diversité de leur objet, l'une plus importante, l'autre moins. Il y a des faits plus éloignés d'une même loi que d'autres ; il en va comme des lignes obliques : ce n'est pas parce qu'elles s'écartent toutes de la ligne droite que leur inclinaison est égale. Il ne faut pas cependant juger une faute sans importance, même si elle est très légère comparée à d'autres.

§ 38. Tous les péchés ont en commun d'offenser le Roi suprême, le Père le meilleur, le bienfaiteur le plus généreux, et ceci du fait de l'homme que Dieu a comblé de toutes choses et gratifié de tant de dons remarquables. Mais puisque tous les hommes s'écartent de la loi de Dieu, il s'ensuit d'abord que tous sont esclaves des vices, conséquemment sujets au chatiment et que ce chatiment devrait être **κατὰ τὸ ἔννομον**[1] de la récompense réservée aux observateurs de la loi.

§ 39. Ce principe découle d'abord de ce que tout vice conduit au précipice. « C'est clairement manquer de bon sens » dit Aristote[2] « que d'ignorer que, concernant les choses singulières, l'habitude provient des actions ». Ce qu'il explique par deux exemples : celui de la pierre jetée : celui qui l'a jetée l'avait dans sa main avant de la jeter et pouvait ne pas la jeter ; une fois qu'elle a été jetée, il ne peut plus la faire revenir ; ensuite l'exemple d'un homme malade par intempérance et négligence de médecine : il fut en son pouvoir de ne pas être malade, mais maintenant cela ne l'est plus. Puis il ajoute avec finesse: « ainsi en est-il de l'homme injuste ou intempérant : au début il leur était possible de ne pas devenir tels, et c'est ce qui fait qu'ils le sont volontairement, et maintenant qu'ils le sont devenus, il ne leur est plus possible de ne pas l'être »[3]. Sénèque le dit aussi, non sans élégance : « entre autres inconvénients de la condition mortelle, il faut compter l'aveuglement de l'esprit qui pousse moins à errer qu'à aimer l'erreur »[4].

§ 40. Dieu retire à juste titre son secours, lequel est tout à faire nécessaire à l'homme pour vivre droitement selon la loi de Dieu, à ceux qui, déloyalement, se sont écartés de lui. Outre ce qui s'est passé dans les commencements du genre humain, il y eut aux générations suivantes mauvais engendrement, mauvaise éducation, et partout de mauvais exemples.

. § 41. Cette doctrine est de loin la plus salutaire car elle illustre la bonté de Dieu en ce qu'il a continué d'aimer les hommes, même ceux qui le méritaient le moins, et elle produit aussi en l'homme ce qui est la meilleure sauvegarde : qu'il se considère de façon modeste, ce qui fait défaut à presque tous les philosophes.

1. Littéralement : à la mesure de la loi, ou proportionné.
2. Aristote *E. N.* III, 7, 1114a12-22. Grotius cite le texte grec.
3. Aristote *E. N.* III, 7, 1114a19-22. Traduction Tricot.
4. Sénèque *De ira* II, 10, 1.

Car aucun d'eux ne considère les hommes comme responsables et ne conduit à ταπεινοφροσύνην[1] comme le fait la religion chrétienne. C'est encore un avantage qu'on pardonne plus facilement aux autres, quand on se souvient aussi qu'on n'est pas innocent. Sénèque : « si nous voulons toujours être des juges équitables, persuadons-nous d'abord qu'aucun d'entre nous n'est exempt de faute »[2].

§ 42. Nous condamnons donc la θεομαχίαν[3] des Stoïciens; parmi eux Sextius niait que « Jupiter soit plus puissant qu'un homme bon » et disait que « Dieu ne surpasse pas le sage en félicité même s'il le fait en durée ». Jusqu'où ne l'a pas conduit sa folie pour aller dire que Dieu était surpassé par l'homme sage puisque Dieu est étranger à la souffrance du mal et le sage au-dessus. Du même mouvement sont aussi condamnés les καυχήματα[4] des Pharisiens et de tous ceux qui croient pouvoir par leurs propres forces éviter la punition ou mériter la récompense.

§ 43. Puisque donc l'homme, en raison de ses vices, demeure sujet à une disposition vicieuse et au châtiment, il s'ensuit que toute religion périrait si elle ne trouvait pas le chemin de la rémission et de la réparation des fautes. En effet, celui qui mérite une punition ne peut espérer de récompense et celui qui est immergé dans les vices ne peut espérer s'en sortir par lui-même. Mais le fait que la religion ne soit pas détruite peut se déduire de ceci : Dieu étend le genre humain et proroge l'usage de ce monde pour lui. Pourquoi, sinon pour que l'homme lui rende un culte? Il y a bien une rémission des péchés et une réparation de l'homme déchu; il n'est pas seulement nécessaire qu'il y ait une rémission des péchés mais que la confiance des hommes en elle soit telle que celui qui est certain du pardon s'applique à plaire à Dieu. Cette assurance est un don propre à la religion chrétienne. Zozime, auteur non chrétien, disait qu'elle était la « promesse d'être délivré de tout péché et la libération de toute impiété ». Et ailleurs il appelle cette religion : « la conviction[5] qui enlève tout péché et qui promet aux impies qui la rejoignent de les libérer immédiatement du péché ».

§ 44. Mais ce qui nourrit cette assurance importe beaucoup. Combien peut-on dangeureusement errer sur ce point, c'est ce que montre Platon quand il critique très sévèrement comme corruptrices des mœurs ces religions qui par des rites d'initiation promettaient un pardon facile et bon marché. Voyant ce danger, les successeurs de Platon, et parmi eux Porphyre, nièrent qu'on puisse trouver une méthode certaine et universelle de purgation des âmes, ce qu'ils appellent θεουργίαν. Cependant, sans cette découverte, point de religion. Il faut donc reconnaître que sans une révélation divine, les hommes n'auraient rien pu atteindre de certain en quoi placer cette assurance du pardon. Il vaut cependant la peine de voir comment, tels des gens s'agitant dans les ténèbres, les uns s'en sont plus approchés que d'autres.

1. L'humilité.
2. Sénèque *De ira*, II, 28, 1.
3. Le combat des dieux. Cf. Cicéron *DND* et Philodème, *De pietate*.
4. Les vantardises .
5. *Persuasio*, δόξα Grotius cite en grec et traduit en latin.

§ 45. En premier lieu tous les peuples sont tombés d'accord sur ce point : « χωρὶς αἱματεκχυσίας οὐ γίνεσθαι ἄφεσιν »[1] pour la bonne raison qu'une faute commise envers Dieu ne peut être expiée par un supplice moindre que la mort. Ils durent savoir aussi que la valeur des bêtes est trop faible pour servir de victime de substitution à la place de l'homme. C'est pourquoi certains peuples immolèrent des hommes, ce en quoi, premièrement, ils furent homicides, car personne n'avait autorité pour prescrire un tel acte et ils commirent là une seconde faute : celle de croire qu'un homme qui devait lui-même la peine pour son propre compte pourrait devenir victime expiatoire pour les autres ; or, eussent-ils trouvé un homme innocent – il n'en existe pas – un seul n'était pas de taille à expier pour un peuple ou pour le genre humain.

§ 46. Les peuples et la plupart des philosophes s'accordent encore sur ceci : on crut qu'il fallait chercher pour l'homme, reconnu d'une certaine façon étranger à Dieu par sa faute, un médiateur qui voulut bien s'entremettre entre l'homme et Dieu. De là vient qu'ils se portèrent au culte des démons car ils estimèrent leur nature intermédiaire entre celle de l'homme et celle de Dieu. Mais comme le remarquait Porphyre, le vice d'ignorance[2] ne peut pas être effacé par un autre moyen que par l'intelligence paternelle[3]. Mais la dépravation des hommes se conjugue avec la plus grande ignorance et cécité.

§ 47. La vérité chrétienne rassemble donc tout cela en un puisqu'elle enseigne qu'il a été donné à l'homme un μεσίτην[4] non point tel qu'il ne fût ni homme ni Dieu mais qui serait l'un et l'autre, celui-là même qui est λόγον πατρικόν[5] qui, par vertu divine, a été fait vrai homme pour pouvoir expier[6] par effusion de sang. Car pour qu'il puisse mourir, il fallait qu'il soit homme et il ne pouvait rendre vie aux autres s'il n'était lui-même Dieu. Le fruit de sa mort est supérieur à tous les autres. Car il empêche d'abord que les hommes ne sous-estiment leurs péchés, comme le font ceux qui pensent pouvoir être libérés par quelque victime de peu de prix ou par une offrande mineure. Elle ne peut pas ne pas être gravissime la faute dont la κάθαρμα[7] a été le vrai fils de Dieu lui-même. Ensuite, d'un autre point de vue, cela pourvoit à la desespérance des hommes dont la conscience ne peut se satisfaire par d'autres expiations. Elle ne le peut que là seulement où elle voit un prix correspondant à ses fautes. Enfin on ne saurait attester plus efficacement l'amour de Dieu envers les hommes et donc nous inciter à aimer en retour un père si généreux.

§ 48. On connaît bien l'histoire de Zaleucos : il avait édicté une loi selon laquelle on arracherait les yeux des adultères ; son fils ayant été convaincu de ce crime, il le délivra de la cécité en s'arrachant un œil et l'autre à son fils. « Ainsi », dit Valère Maxime, « il paya le supplice dû selon la loi, et se partagea par une admirable équité en père miséricordieux et en législateur juste ». Le

1. « sans effusion de sang, pas de remise de faute » *Epitre aux Hébreux*, 9 : 22.
2. τῆς ἀγνοίας
3. διὰ τὸν νοῦν τὸν πατρικόν
4. Un médiateur Paul, *Tim.* 2 :6.
5. Le verbe paternel ou du père.
6. δι'αἱματεκχυσίας
7. Victime expiatoire.

Christ a fait plus qui, pour nous libérer entièrement du châtiment, a pris lui-même notre place. Comme nous l'avons déjà dit dans une occasion semblable, cela n'est pas moins croyable parce que nous ne comprenons pas comment Dieu a pu s'identifier à l'homme. Car nous ne comprenons pas quelle sorte d'alliance et de lien il y a entre notre âme et notre corps et nous ne doutons pourtant pas que l'ensemble ne soit qu'un seul homme.

§ 49. La plupart des philosophes pensent que Dieu habite dans les esprits des hommes ; c'est en ce sens que le platonicien Amélius citait ce passage de l'évangéliste Jean : ἐν ἀχῇ ἦν ὁ λόγος[1] et ce qui suit : καὶ ὁ λόγος σὰρξ ἐγένετο[2] ; mais il interprétait ces termes de travers comme la façon dont Dieu habite en tous les hommes saints ; cela diffère énormément de cette façon supérieure et ineffable qui s'appelle καθ' ἕνωσιν ὑποστατικήν[3] quoique cela puisse être aussi un chemin qui conduit à le croire. Mais les œuvres admirables du Christ arrachent l'assentiment, malgré la lenteur humaine, plus efficacement que toute autre arme, parce qu'elles dépassent toute force de l'homme et des esprits créés de telle sorte que, tout bien pesé, il soit beaucoup plus difficile de ne pas croire que c'est Dieu qui a fait cela que de le croire. Surtout parce que ces mêmes œuvres, le temps de la naissance du Christ, ses ancêtres et sa patrie, toute sa vie et sa mort, avaient été prédites d'une seule voix quelques siècles auparavant par les prophètes.

§ 50. Il faut maintenant voir à qui est accessible le pardon dont nous avons parlé. La religion chrétienne enseigne qu'il est accessible à tout le genre humain, et les Juifs au contraire veulent jalousement que tous les peuples sauf eux soient privés de cet espoir. Mais tous ne l'atteignent pas effectivement car ce pardon est offert sous condition de pénitence et de foi, la première étant requise pour tout pardon. Aucun sage ne fait grâce à quelqu'un d'un crime s'il sait qu'il ne s'en repent pas ; sinon les méchancetés des pécheurs obtiendraient l'impunité.

> « En supportant une ancienne injustice, vous susciteriez une nouvelle »[4].

La seconde condition, la véracité de Dieu l'exige, car c'est un outrage abominable que de ne pas faire confiance aux promesses et c'est également nécessaire car il n'y a pas d'autre moyen de recevoir individuellement ce qui est offert universellement, sinon par la foi. Comme nous l'avons déjà dit, nul ne peut se relever pour aimer Dieu et lui rendre un culte sauf celui qui a auparavant conçu l'assurance certaine du pardon de ses fautes passées. Ceci s'accorde tout à fait avec la saine raison. « Le repentir » a t-on dit « est chose divine, qui sauve ceux qui ont péché. La raison supprime les autres chagrins, seul le repentir est produit par la raison, blessée de honte et punie en elle-même »[5]. Et de même que ce repentir est très utile pour corriger l'homme, de même la confiance en Dieu

1. Au commencement était le Verbe.
2. Et le verbe s'est fait chair.
3. Selon l'union hypostatique.
4. Publilius Syrus, *Sent.* 645.
5. Le grec dit exactement : le repentir est un démon qui sauve ; car la raison enlève les autres chagrins, et opère la conversion (métanoia) de l'âme blessée de honte et qui se punit elle-même.

importe beaucoup à la gloire de Dieu-même. De là vient que ce pardon est en vérité tel que le veulent les philosophes, « une grâce qui n'est pas selon la loi ni contre la loi, mais au-dessus de la loi et pour la loi » [1].

§ 51. Pour le comprendre plus justement, venons-en à la régénération de l'homme qui suit dans l'ordre la rémission. Des remèdes y sont nécessaires : le premier est d'expurger l'ignorance car sinon, les vices perdurent nécessairement. Elle est en effet fort grande chez l'homme comme l'a bien dit Aristote : « ce que les yeux des chauve-souris sont à l'éclat du jour, l'intelligence de notre âme l'est aux choses qui sont de toutes les plus évidentes » [2]. Ceci, parce que les choses divines dépassent de loin la capacité des hommes mais surtout parce que l'esprit étouffé par les péchés et esclave du sensible ne peut pas s'élever lui-même à en faire un examen correct. Le remède ne peut être autre que la révélation par Dieu de la vérité divine. Chez les peuples ignorants du Christ, les dieux parlaient communément de choses humaines et seuls les hommes parlaient des dieux, alors qu'il est pourtant beaucoup plus digne de Dieu d'exposer aux hommes sa nature et ses bienfaits que de donner un conseil sur l'issue d'une guerre ou de répondre sur quelque question semblable. C'était encore une énorme impudence de la part de l'homme que d'oser affirmer quelque chose sur de si grands sujets sans autorité aucune. La religion chrétienne a donc ce privilège que seule elle transmet un enseignement sur Dieu et les choses divines en reconnaissant qu'elle l'a reçu de Dieu-même; sa parole a été énoncée par les plus saints prophètes et ensuite par le θέου λόγος [3] lui-même, et afin de nous parvenir plus certainement, cette parole a été aussi enfermée dans des écrits.

§ 52. On prouve ainsi la vérité de ces écrits : premièrement, tant dans l'histoire que dans les préceptes, on n'y enseigne rien qui ne soit pas digne de Dieu, rien qui ne conduise aux meilleures mœurs, alors qu'en revanche les poètes, les philosophes et tous ceux qui se sont présentés comme maîtres des autres, enseignent beaucoup de choses indignes de Dieu, absurdes et pire, éloignées des bonnes mœurs; toutes leurs histoires traitent d'autres sujets et négligent ordinairement ce qui devait être leur principal exercice. Deuxièmement, dans les livres des hommes, même de ceux qui sont membres d'une seule secte, on ne trouve jamais si grand accord. Les écrits sacrés des Chrétiens ne sont pas seulement cohérents, ils peuvent aussi produire des témoins, fussent-ils hostiles, en beaucoup de parties de leur récit.

§ 53. L'antiquité ajoute en outre de la dignité à la vérité. Car l'antiquité des livres qui constituent une partie de cet ouvrage surpasse tous les livres humains par le contenu et par la composition. Varron s'appuyant sur l'autorité des Anciens, divisait la totalité du temps en « temps inconnu, temps mythique et

1. Théodoret de Cyr et Justin.

2. Aristote : *Métaphysique* a1, 993b9. Cette image est reprise par Grotius *VRC*, II, 5 : « Semblable au hibou qui ne peut supporter les rayons du soleil, notre esprit ne pouvait s'arrêter dans la contemplation des choses divines sans en être presqu'aussitôt ébloui ». L'image d'Aristote est reprise par saint Thomas (*Somme théologique*, qu°1, art. 5), et Cajétan, que cite Leibniz, DP de la *Théodicée* § 48.

3. Le Verbe de Dieu .

temps historique »[1]. Il disait que le premier temps était celui qui avait précédé le déluge, temps dont on ne sait rien. Le second va du déluge jusqu'à l'époque troyenne, temps où régnèrent les fables. Dans le troisième apparut la lumière de l'histoire. Mais cette histoire sacrée et vraie relie par un enchaînement de récits le temps que Varron appelle mythique et celui qu'il avoue être inconnu. Le premier rédacteur de ce volume fut Moïse, le plus ancien législateur selon Diodore; avant son époque on ne peut produire aucun écrit. Ce n'est pas étonnant puisque les Grecs, à partir desquels toute la littérature s'est répandue chez les autres peuples, reconnaissent avoir reçu leur alphabet des Phéniciens; or l'alphabet phénicien étant le même que celui des Hébreux, les Grecs donnèrent à leurs lettres des noms phéniciens ou hébraïques[2].

§ 54. Ajoutons-y encore l'union de la plus grande simplicité et de la majesté de l'expression. Le rhéteur Denys Longin qui a écrit περὶ ὕψους, sur le sublime, dit que cette expression sublime, ou ce qui convient aux choses divines, a été très bien observée par le législateur des Juifs qu'il appelle: « un homme hors du commun, car il a compris et expliqué la vertu divine[3] comme elle le méritait[4] puisque au tout début de son écrit sur les lois il dit : « Dieu dit : 'Que la lumière soit !' et la lumière fut. 'Que la terre soit !' et la terre fut »[5].

§ 55. Mais la simplicité, outre que c'est une grande part de la majesté, convient encore ici afin que tous, même les ignorants, trouvent là sans détour ce qui suffit à procurer le salut. Ici, l'homme n'est pas conduit à la connaissance de Dieu par des circonlocutions nébuleuses au moyen de la φυσιολογίαν[6], ni des modes de l'harmonie, ni de lignes et de nombres comme chez Pythagore, Platon et d'autres; mais ce qu'il est nécessaire de savoir apparaît clairement au premier regard en termes explicites, de façon à ce que personne, à condition d'être capable de raison, ne soit privé d'une vérité si obvie par la lenteur de l'esprit, l'obligation de subvenir d'abord à ses besoins qu'impose la pauvreté, par le sexe ou l'âge. Et c'est un argument bien remarquable que les autres moyens ne sont pas de véritables voies vers la connaissance de Dieu parce qu'ils ne sont pas ordinairement manifestes pour tous. Mais Dieu, qui est le Dieu commun à tous et le même pour tous, a sans aucun doute institué pour venir à lui un moyen qui soit également accessible et facile. Cette doctrine, qu'il existe une règle certaine de la religion transmise par Dieu, s'accorde avec sa bonté et convient bien pour préparer et guider les esprits afin d'éviter que les hommes ne fluctuent, incertains, entre tant de thèses philosophiques divergentes et d'institutions des peuples, ou ne s'abstiennent, sous ce prétexte, de toute religion.

1. Cf. Censorin, Dies 21, 1. Voir aussi *VRC*, I, 8. « Varron divisait le temps en trois grands espaces, inconnu, fabuleux, et historique. Le premier du commencement du monde jusqu'au premier Déluge, le second depuis le premier Déluge jusqu'à la première Olympiade, le troisième depuis la première Olympiade jusqu'à nous ».

2. Cf. *VRC*, I, 7. avec référence à J. J. Scaliger, *Animadversiones in chronologia Eusebii.*

3. θεοῦ δύναμιν

4. κατὰ ἀξίαν

5. Pseudo Longin : *De sublimitate*, IX, 9.

6. Science de la nature. Allusion probable aux présocratiques.

§ 56. L'autre chose qui restaure l'homme est l'exemple très parfait du Christ. Les philosophes, stoïciens surtout, disent que l'homme ne s'aide pas moins d'exemples que de paroles, et même souvent davantage. Epictète veut que nous regardions vers l'exemple de Socrate[1] quand nous délibérons de ce qu'il convient de faire sur quelque sujet, Sénèque vers Caton[2], certains vers Hercule, d'autres vers Ulysse. Pour chacun d'eux, il serait facile de rappeler nombre de méfaits, mensonges, fourberies, débauches, rébellion; aussi celui qui voudrait prendre leur vie pour norme devrait-il errer fort souvent. A voir qu'ils ont péché en certaines choses, on peut se demander s'ils ont bien agi dans les autres. Mais les Chrétiens se proposent comme modèle à imiter celui qui ne peut être accusé d'aucune faute. Celui dont la vie toute entière est pleine, non pas de violences et de combats comme Mahomet et le Messie espéré par les Juifs, mais de piété, de charité, de mansuétude et de patience. Et pour que les peines qui accompagnent généralement ceux qui suivent la vertu ne nous effraient pas, lui-même a donné l'exemple des peines et de la vertu et en revanche de la suprême récompense et félicité : crucifié après de très atroces outrages, ayant supporté patiemment la mort, il est de nouveau revenu à la vie; puis il est monté au ciel et du ciel-même, il s'est manifesté par la force de ses œuvres admirables comme roi et seigneur de toutes choses afin que tous ceux qui marcheront sur ses pas considèrent qu'ils participeront d'une si grande gloire. Chacun comprendra facilement combien cette façon de mouvoir les cœurs est efficace. Mais en dehors de la religion chrétienne, nulle n'en dispose.

§ 57. Le troisième et le plus grand remède est la force cachée de Dieu, c'est-à-dire l'Esprit qui excite le cœur humain à vivre droitement, qui l'y pousse, le conduit et le confirme. C'est une question chez les philosophes de savoir « si l'on devient bon par une faveur divine »[3]. La plupart soutiennent avec des arguments manifestes que les hommes deviennent bons par faveur divine parce qu'il est digne de Dieu de donner le meilleur et que l'homme qui de son propre fait tombe dans les vices a besoin d'aide pour atteindre la vertu. Ainsi Sénèque: « Dieu vient vers les hommes, bien plus, car il est de même nature, il vient dans les hommes; sans Dieu nul esprit n'est bon »[4]. Mais on n'insiste pas habituellement là-dessus autant qu'il faudrait. De là vient que les hommes n'attendent pas assez sérieusement de Dieu ce qui leur serait le plus nécessaire; la religion chrétienne avec une modération très salutaire, rend à Dieu pleine louange pour la régénération de l'homme, avec cette réserve qu'on ne pense pas que le bien se fasse malgré soi, mais volontairement. Ainsi évite-t-on deux dangers : le désespoir en raison de sa faiblesse, à quoi porte secours la confiance en l'aide de Dieu, si bien qu'on peut

1. *Manuel* : XXXIII, 12 : « Quand tu vas rencontrer quelqu'un, surtout s'il est de ceux qui passent pour éminents, représente-toi ce qu'auraient fait dans cette circonstance Socrate ou Zénon, et tu ne seras pas embarrassé pour tirer de l'éventualité le parti qu'il convient ».

2. *Ep*. 95 :72; 104 :21.

3. « εἰ γένοιτό τις θείᾳ μοίρᾳ ἀγαθός » Maxime de Tyr *Dissertation* 38 (titre); Platon, *Ménon*, 99e et Sénèque *Ep*. 41, § 2 : « Homme de bien, aucun ne l'est en vérité sans l'intervention d'un dieu ». La μοίρα, *moïra*, c'est le lot, la part de destin assignée à chacun par les dieux.

4. Sénèque *Ep*. 73, 16.

dire avec Sénèque à ceux qui abandonnent : « On ne veut pas, voilà la vraie raison, on ne peut pas, voilà le prétexte »[1]. Par ailleurs, orgueil et confiance en soi sont ainsi réfrénés : on montre à l'homme sa détresse lorsqu'on lui enseigne que la vertu, sans laquelle il n'est rien, il ne l'a pas de lui mais la reçoit de Dieu comme un don, à l'encontre de ce propos très orgueilleux des Stoïciens : « Il est stupide d'espérer recevoir une âme bonne alors que tu peux l'obtenir de toi-même »[2]. Tels sont les principes qui concernent l'homme -même.

§ 58. Pour les affaires humaines une seule chose est suffisante : outre la vertu, c'est la religion; le reste est ἀδιάφορα[3] pour la fin suprême de l'homme. Les Chrétiens ne se querellent pas sur les mots et ne s'opposent pas, comme le font les Stoïciens, à ce que la vie, la santé, le savoir, l'honneur, les richesses soient appelés des biens ; la mort, les maladies, le manque de savoir, le déshonneur, la pauvreté, des maux. Mieux, ils pensent qu'il est utile que ces termes conservent leur usage reçu afin que l'homme sache mieux qu'il doit rendre grâce à Dieu pour les premiers et sache en revanche que les derniers sont des punitions des péchés ou des expériences d'endurance. Pour le penser vraiment, il faut que l'homme se réjouisse des premiers en tant que conformes à la nature, et souffre des seconds comme contraires à la nature. En même temps il faut admettre ceci : aucun des deux sortes n'est en droit[4] de donner ou d'enlever le bien suprême et ultime mais ils peuvent devenir matière des vertus ou des vices selon que nous en usons bien ou mal. En voilà assez pour les principes.

IV

§ 59. Pour en venir aux préceptes, il vaut la peine de regarder ce qu'en ont pensé, en résumé, même ceux qui professaient une autre religion. Strabon appelle les anciens Juifs, dont les chrétiens sont les héritiers, qui professaient des principes semblables[5] « des hommes craignant Dieu et sages »; il dit des successeurs de Moïse : « ses successeurs s'en tinrent pendant un certain temps à ce qu'il avait institué, étant véritablement des hommes justes et pieux ». Parlant d'eux, Trogue Pompée, ou Justin qui le cite, dit que : « leur justice était confondue avec la religion ». Pline dit des Chrétiens : « ils ont coutume de s'engager par serment non à perpétrer quelque crime, mais à ne pas commettre de larcin, de brigandage, d'adultère, ne pas manquer à leur promesse, ne pas refuser de restituer un dépôt »[6]. Ammamius Marcellin : « la profession de foi chrétienne n'enseigne rien qui ne soit juste et bon ». Mais envisageons de plus près ces préceptes selon leurs parties.

1. Sénèque *Ep.* 116, 8.
2. Sénèque *Ep.* 41, 1.
3. Indifférent. *adiaphora* est un terme technique de la philosophie stoïcienne.
4. *jus*.
5. ὁμόδοξοι qu'il faudrait pouvoir traduire par 'homodoxes' sur le modèle de 'hétérodoxes' désigne ceux qui professent des principes doctrinaux semblables.
6. Pline, *Ep.* X, 96, 7.

§ 60. Il y a donc des devoirs envers Dieu, envers les hommes et concernant les affaires humaines. On doit traiter en premier des devoirs envers Dieu comme le font les chrétiens. Sur ce point on ne peut assez condamner les anciens qui, presque tous, ont écrit sur les devoirs et la morale et chez qui cette partie est, ou bien totalement passée sous silence alors qu'elle est la plus importante, ou n'est traitée que comme partie de l'obéissance dûe aux institutions civiles. A tel point que Varron et d'autres n'ont pas rougi d'écrire qu'il faudrait par respect pour les lois, conserver les religions, toutes fausses qu'elles fussent, ainsi que leurs dieux. Bien plus, le Sénat romain s'arrogea le droit de faire les dieux qu'il voulait. Qu'est-ce d'autre que de supprimer la religion en l'institutionnalisant? Les philosophes eux-mêmes pensaient autrement qu'ils ne parlaient, alors même que la vérité aurait dû leur être plus sainte que tout. L'enseignement chrétien vainc aussitôt par cela-même tous les philosophes et les législateurs parce qu'il commande aux hommes, en tous lieux et en tout temps, le culte, l'amour et la vénération de Dieu. Il le fait toujours, et y rapporte tout.

§ 61. Les règles prescrites envers Dieu sont pour une part internes, pour une autre externes. Les préceptes internes sont ceux qui meuvent l'âme, parmi lesquels dominent ceux-ci: croire en Dieu et invoquer Dieu. Croire en Dieu est assurément difficile pour ceux qui ignorent ce que Dieu dit; mais pour les chrétiens qui conservent la parole même de Dieu, c'est facile. Nous en avons déjà traité.

§ 62. Mais invoquer Dieu est chose extrêmement périlleuse, aux dires de Platon, qui avouait ne pas savoir ce qu'il devait demander dans la prière[1]. Les poètes montrent que bien des mésaventures très malheureuses arriveraient aux hommes si leurs prières étaient exaucées. Les chrétiens apprennent d'abord à prier, contre l'impiété de certains[2], philosophes seulement de nom, qui nient qu'on doive prier Dieu. Ensuite, à l'encontre de l'ignorance commune, ils apprennent ce pour quoi ils doivent prier : ce qui regarde la gloire et l'honneur de Dieu, pour que Dieu soit honoré et obéi en tout; enfin en ce qui les concerne eux-mêmes : pour cette vie rien qui dépasse les nécessités de la nature et pour l'autre vie, les secours que sont le pardon des fautes et la protection contre elles.

§ 63. Parmi les actions externes qui se rapportent à Dieu, certaines sont interdites, d'autres ordonnées. Parmi les interdits, certains portent sur les paroles, d'autres sur les actes. S'agissant des paroles, il nous est interdit de nommer Dieu de manière impie, à la légère, ou sans déférence, ce qui est beaucoup plus exigeant que les interdits des autres qui se limitent au parjure. Mais combien la majorité des hommes a jadis erré sur ce point, puisque nous voyons leurs livres remplis d'invectives très dures contre les dieux. En ce qui concerne les actes, le premier interdit est quelque chose que presque tous les peuples ont autrefois reconnu : celui de représenter Dieu par une image. Les platoniciens ont disputé pour savoir « s'il fallait ériger des statues des dieux »[3].

1. Platon, *Eutyphron*, 14d-15c.
2. Allusion aux Epicuriens auparavant qualifiés au § 18 de philosophes fictifs.
3. Maxime de Tyr : titre de la dissertation 8.

Pythagore chez les philosophes et Numa chez les législateurs[1], interdirent les images. Euripide et Sénèque[2] les condamnent aussi. L'empereur Adrien construisit des temples dépourvus d'images. Tacite en a correctement rendu raison à propos des institutions judaïques : « les Egyptiens vénéraient la plupart des animaux et leurs statues, les Juifs comprennent par l'esprit seul une unique divinité : pour eux, c'est une impiété de peindre des images des dieux sous forme humaine dans des matériaux périssables; cette divinité suprême est éternelle, immuable et immortelle. C'est pourquoi il n'y a pas de statues dans leurs cités, encore moins dans leurs temples »[3]. Il ne sied pas à un Dieu incomparable d'être comparé à rien et l'homme qui pense à Dieu devrait détourner non seulement les yeux et les sens mais encore l'âme de toute réalité matérielle et sensible, autant que faire se peut, pour comprendre cette nature extrêmement simple et qui surpasse toute nature.

§ 64. La religion chrétienne nous donne encore cette recommandation : ne pas rendre à Dieu un culte trop laborieux par d'innombrables rites et, à cet égard, elle surpasse non seulement les religions des peuples anciens qui forgeaient de nombreux cultes non ordonnés par Dieu, et qui donc ne lui étaient pas agréables, mais encore la religion juive remplie de cérémonies onéreuses et fâcheuses. Outre que cela laisse une grande place à la liberté et constitue un bienfait insigne de Dieu, cela nous rappelle aussi que le principal culte de Dieu réside dans l'esprit.

§ 65. La principale règle externe concernant le culte de Dieu est de fréquenter ces assemblées instituées en vue du culte divin, où l'on rapporte les paroles de Dieu, où l'on encourage les hommes à la piété et où se tiennent des prières publiques. Car si Cicéron, de l'avis des philosophes, a eu raison de dire : « Il n'est rien sur la terre en effet, que le premier des dieux, celui qui régit le monde, préfère à ces assemblées et sociétés humaines régies par le droit »[4], que faut-il penser de ces assemblées qui se tiennent pour permettre à des hommes religieux en grand nombre de rendre un culte à Dieu avec un zèle égal et un sentiment commun? Car si Dieu apprécie le bon accord des hommes et le culte, combien doit-il apprécier le bon accord des hommes dans son culte! Pour une observance plus facile, on réserve une partie déterminée du temps pour le culte divin et pour tenir des assemblées : tous les 7 jours, selon un équilibre fort sage entre les nombreuses distractions qui proviennent des actions humaines et l'oubli prolongé de la religion. Si Sénèque et d'autres l'avaient compris, ils n'auraient pas attribué à la paresse le sabbat des Juifs car il n'y a pas de temps qui soit mieux justifié que celui consacré au maître du temps. Il faut bien remarquer ici encore ceci : chez les peuples ignorants du Christ se tenaient des réunions pour les choses sacrées, sans aucune instruction du peuple, pour le seul spectacle et la pompe extérieure et ce n'étaient pas les prêtres mais les philosophes qui transmettaient les préceptes concernant les choses divines et la règle de vie. On

1. Plutarque *Num.* 65. Cf. *DGP*, II, XX, 45, § 2.
2. *Qu. nat.* 8, 30. « Effugit oculos : cogitatione visendus est (deus) ».
3. Tacite : *Hist.* V, 5. Texte déjà évoqué au § 22.
4. Cicéron *Rép.* VI, 13 (songe de Scipion).

voit donc que leur religion était vaine et inutile. Mais chez les chrétiens, le principal objectif d'un rassemblement est d'entendre la volonté de Dieu transmise par un interprète.

§ 66. Viennent ensuite les signes, ni nombreux ni compliqués, mais très efficaces pour mouvoir les cœurs. Ainsi convint-il à Dieu de porter secours à tous égards à notre faiblesse puisque le plus souvent

> « ce qui passe par l'oreille fait de l'effet plus lentement que ce qui est transmis à des yeux fidèles »[1].

Tout d'abord, presque tous les peuples se sont servis d'eau pour les lustrations.

> « Toi, Père, reçois les objets sacrés et les pénates paternels / pour moi, revenu d'une si grande guerre et d'un récent massacre, / il serait sacrilège d'y toucher tant que je ne me serai pas lavé dans l'eau vive du fleuve »[2].

Les chrétiens se purifient aussi par l'eau et pour qu'il soit clair que la cérémonie n'est pas vaine, on résume toute la religion en très peu de mots, en invoquant le Père qui donne la vie, le Fils qui donne le pardon, l'Esprit qui donne la sainteté. Dans les livres sacrés de Mithra, nous lisons qu'on se servait de pain et de vin, et dans les Mystères grecs, les principaux rites sacrés en l'honneur de Céres et de Liber[3] rappellent l'origine du pain et du vin. Assurément ces deux choses sont les présents les plus importants de Dieu dans cette vie. Mais de même que la religion enseigne que cette vie conduit à une autre vie à venir, de même les chrétiens représentent par ces présents la mémoire de présents bien plus grands. Car puisque le verbe de Dieu a revêtu à cause de nous le corps et le sang des hommes pour devenir victime pour nous et nous unir à lui, il convient assurément que ce corps et ce sang ne soient pas moins la nourriture des âmes que le pain et le vin ne sont nourriture du corps et du sang. De combien ceci est-il éloigné des mystères des premiers peuples dans lesquels il y a beaucoup d'obscénités, souvent des jeux publics, tous tels que les prêtres-mêmes ne puissent justifier leur convenance ?

§ 67. Mais il ne faut pas conserver une erreur largement répandue : que la seule observance des cérémonies prépare la félicité de l'autre vie, car il n'y a rien de tel pour détourner des bonnes mœurs. Ainsi, Sophocle :

> « Trois fois bienheureux ceux qui migrent vers Hadès après avoir vu ces mystères. Pour eux seuls, la mort donne de vivre, pour les autres, elle n'est rien qu'un immense malheur »[4].

On dit que ces vers ont rempli de désespoir des milliers de non initiés. Mais Diogène objecta à quelqu'un qui défendait pareille thèse le cas de Patécion, un voleur ; il demanda s'il était croyable que celui-ci soit mieux traité dans une autre vie qu'Epaminondas qui avait bien mérité de sa patrie et de ses concitoyens, parce

1. Horace : *Art poétique*, 180, 11ème précepte.
2. Virgile, *Enéide*, II, 717-20.
3. Cérès est la divinité de l'agriculture et symbolise le pain, Liber est la divinité du vin confondue avec Bacchus.
4. Fragment 753. Plutarque : *Mor.* 21F.

que Patécion était un initié alors qu'Epaminondas ne l'était pas. Les Chrétiens en sont fort éloignés, eux qui non seulement ne croient pas que les lois rituelles suffisent, mais qui croient encore qu'elles sont bien inférieures en dignité à ce que prescrivent les devoirs de charité. Venons-y maintenant.

§ 68. Parmi les devoirs envers les hommes, certains concernent ce que l'homme doit aux autres et d'autres ce qu'il se doit à lui-même. Les devoirs envers autrui, on les doit à l'humanité ou à l'ordre de la société. Envers l'humanité, en un mot, est dûe l'amitié, en raison de la parenté de nature et de l'image de Dieu. Sur ce point, la piété chrétienne exige plus, ou donne des prescriptions plus claires, que les autres sectes. La plupart ne considèrent en effet que les actions externes et ne descendent pas dans les cœurs. Dans ce respect scrupuleux et cette observance externe des rites, les Pharisiens mettaient la confiance en leur salut de façon superstitieuse et impie. Mais les chrétiens réclament la charité, du cœur et en actes. La vie, la liberté, l'honneur, les richesses du prochain doivent être chéries comme nôtres. Qui y a attenté non seulement en pratique mais en paroles et même en pensée seulement, reçoit devant la face de Dieu l'accusation d'homicide et de vol ; ce qui s'accorde encore avec cette règle courte, claire, louée par l'empereur Adrien : « ne fais pas à autrui ce que tu ne voudrais pas qu'il te fît ».

§ 69. Le chrétien donc, à la différence de tous les peuples, ne considère pas comme excusables les brigandages qui se couvrent du nom de guerre, ou les rapines qui s'insinuent sous le titre de prêt à intérêt. Il ne juge pas des choses par les mots ou par la fréquence des cas, mais par leur contenu. Ainsi donc, tout en reconnaissant une amitié spécifique entre ceux qui confessent le zèle de la même piété, entre qui plusieurs liens font que l'affection doit être aussi plus grande et de plus d'inclination, il n'exclut pourtant aucun homme de son amour ; il ne sépare pas, comme Aristote, les Barbares des Grecs, comme une autre espèce d'êtres animés, et ne les soumet aux injustices ou pire à la servitude. Mais il croit que ce sont aussi des hommes par nature et donc qu'ils doivent être considérés comme des frères ; sur ce point les Juifs se sont jadis tragiquement trompés et encore maintenant, comme l'indiquent bien ces vers de Juvénal :

> « ne pas montrer le chemin, sauf à qui vénère la même religion, / Conduire les seuls circoncis à la source recherchée » [1].

Et Tacite:

> « Entre eux une fidélité tenace, la promptitude du secours, mais envers tous les autres peuples une haine implacable » [2].

Bien plus, le chrétien considère comme un homme celui qui lui a fait du tort. Aristote[3] et Cicéron louent la vengeance comme conforme à la nature. Il est mieux, comme les Platoniciens et les Stoïciens, d'interdire de rendre l'injustice. « La vengeance » comme le dit Sénèque, « ne diffère de l'injure que par l'ordre

1. Juvénal : *Satires*, 14 : 103-4.
2. Tacite : *Hist.* , V, 5.
3. Aristote : *E. N.* IV, 11, 1126a7-9.

des faits »[1]. Le lien entre l'image divine et la nature est trop fort pour qu'une action quelconque de l'homme puisse le rompre.

§ 70. L'homme doit se comporter envers l'homme comme il demande que Dieu se comporte envers lui. Il le veut clément et prompt à pardonner. C'est pourquoi

> « qu'on pardonne facilement quand on a besoin de pardon »[2].

En vérité, selon les principes de cette religion, c'est bien peu de ne pas faire de tort, il faut encore rendre service comme on peut, compatir tout entier aux malheurs des autres et les partager. Les philosophes ont beaucoup écrit sur les bienfaits, mais ils ont omis l'essentiel : que certains hommes nous sont recommandés par cela seul qu'ils sont malheureux. La nudité, la faim, la soif, la maladie, la prison, l'exil sont des titres qui réclament de nous par nature tribut. Ce fait a été passé sous silence par des philosophes traitant des devoirs et il a même été blâmé ; c'est pourtant un nom très agréable à Dieu et à l'humanité que ce nom de ἐλεημοσύνη[3]. Le premier moment de la compassion est de traiter avec bienveillance ceux qui errent en matière de piété ou de mœurs. Parmi les choses abominables aux Athéniens était « de ne pas montrer le vrai chemin ». Cette bonté et cette charité envers tous les hommes, même ceux qui nous sont hostiles, quelle est éloignée des institutions de nombreux peuples tels autrefois les Spartiates, dont tout l'enseignement préparait aux meurtres et aux larcins mais non au soin de la paix.

§ 71. L'ordre sur lequel s'établissent les affaires humaines est double : la famille et la république. Dans les deux cas, le christianisme prescrit ce qu'on peut dire ou penser de meilleur. Tout d'abord il n'autorise pas les unions vagabondes mais les unit fortement dans les liens du mariage pour que le chef de famille se soucie des siens, que ses enfants soient bien à lui, bien loin de ces extravagances tout à fait indignes de philosophes, émises par Socrate et Platon, qui proposent dans la meilleure république la mise en commun de tout, même des épouses. Comme si la nature n'enseignait pas qu'on s'occupe mieux de ses affaires propres et personnelles que de celles qui sont mises en commun, et comme si l'accord de tous les peuples, à part un petit nombre étranger à toute pratique d'humanité, ne montrait pas suffisamment combien le mariage est chose sacrée.

§ 72. Les chrétiens pensent également qu'on n'a pas le droit de se marier avec n'importe qui, comme font les Perses avec leurs mères, les rois d'Asie et les Athéniens avec leurs sœurs. Pour éviter la consanguinité, ils distinguent par des limites fixes ceux de même lignée que l'on respecte et ceux que l'on peut épouser; ils étendent ainsi en les multipliant les liens d'affection. Comme les Romains, ils suivent très bien sur ce point la nature, dont se sont écartés la plupart des peuples autrefois et tous les Mahométans aujourd'hui, de façon à ce qu'un homme n'ait qu'une seule épouse. Aussi a-t-on dit sans injustice des premiers :

1. Sénèque : *De ira*, II, 32, § 1.
2. Sénèque : *Agamemnon*, 267.
3. La compassion.

> « Ignorons-nous la Vénus barbare qui, aveugle à la manière des bêtes sauvages, a pollué par le nombre d'épouses les lois et les serments du mariage en dévoilant des secrets d'alcove abominables entre mille jeunes femmes ? »[1]

Mais Euripide, lui, suit la nature :

> « Il n'est pas bon / qu'un homme tienne les rênes à deux femmes / Qui désire ne pas vivre honteusement, qu'il veille sur un seul lit et chérisse tendrement la femme aimée »[2].

Et Tacite parlant des Germains :

> « Il y a un aspect de leurs mœurs qu'on ne saurait trop louer : presque seuls parmi les barbares, ils se contentaient d'une seule épouse »[3].

Assurément l'amour qui, dans le mariage, doit être le sentiment humain le plus fort, périt s'il se disperse et la charge de la maison qui, par nature, est aux mains de la femme, ne peut être correctement exercée que par une seule.

§ 73. Ainsi la loi des Chrétiens est d'avoir des mariages indissolubles et sans divorces. La plupart des peuples d'Orient et les Juifs eux-mêmes ont eu une pratique opposée ; il n'y a pratiquement que les Romains qu'on doive louer sur ce point, parce qu'ils conservèrent intacte la fidélité matrimoniale pendant six cent ans. Il n'y a rien de si contraire à la suprême amitié qui doit régner entre conjoints que la possibilité de la rompre. Et la charge communément imposée par la nature, l'éducation des enfants, doit aussi être remplie également par les deux. Que sont ces divorces sinon des adultères déguisés ?

> « se marier si souvent c'est être adultère légalement / la franche prostituée me choque moins »[4].

Il y a encore des devoirs des parents et des enfants et des époux entre eux : aux premiers le devoir de commander avec douceur, aux seconds celui d'obéir avec constance, et pour tous de resserer un égal accord.

§ 74. En ce qui concerne la république, les lois des Chrétiens sont telles que leur exemple montre bien que les mêmes hommes sont à la fois vertueux et excellents citoyens. Ce ne sont pas seulement les tribuns de la plèbe mais tous les magistrats qui sont sacrés aux yeux des chrétiens en tant que leur pouvoir dérive de Dieu. On n'excite pas ici le peuple, avec les propos sévères des Stoïciens, à la haine des rois et des gouvernants ; on n'enseigne pas la sécession, mais on ordonne à chacun de se satisfaire de ses gouvernants, de solliciter par leurs prières les meilleurs dirigeants pour la république, de les supporter tels qu'ils sont, d'endurer les charges prescrites, d'obéir avec diligence aux ordres, même pesants, à condition qu'ils ne violent pas les prescriptions de Dieu : cette doctrine est assurément fort utile pour maintenir les cités dans leur état, surtout que les dirigeants sont franchement avertis de se souvenir que le commandement suprême et le plus proche de celui de Dieu n'échappe pas à la surveillance divine.

1. Lucain *Pharsale* : VIII, 397-401.
2. Euripide *Andromaque* : 177-180.
3. Tacite : *Germania* : 18.
4. Martial, *Epigrammes* : VI, 7, 5-6.

§ 75. Les devoirs de l'homme envers lui-même portent, les uns sur lui proprement, les autres sur ce qui relève de lui. Sur lui-même, le devoir de préserver de tout son soin la vie, la conservation de soi et la santé. Le chrétien n'a aucun doute quant à cette controverse soulevée il y a longtemps par Platon, s'il est permis de se tuer : il se prononce contre Caton. Car pour tous, il est naturel de se protéger, et l'homme n'a pas été mis sur cette terre par hasard mais par commandement divin, comme dans un poste militaire qu'il n'est pas permis de déserter sans y être invité. Qu'il supporte donc les épreuves, qu'il supporte la servitude, plutôt que d'attester par un homicide son impuissance à vivre.

> « Il se comporte avec plus de courage, celui qui sait supporter d'être malheureux »[1].

Mais quand se présente la mort, qu'il n'abandonne pas à contre cœur un domicile chéri, le corps, mais qu'il le fasse avec l'espoir d'une grande récompense.

> « Il est lâche de retenir avaricieusement la vie qu'il faut rendre »[2].

§ 76. Il ne pensera jamais que la mort est un mal sans croire que son péché est un mal plus grand; il n'engagera pas sa vie au détriment de la vertu, mais plutôt que d'accepter quelque chose interdit par Dieu, il ira sur la croix et dans les flammes. Une seule année apporta souvent plus d'exemples de cet authentique courage chez les Chrétiens soumis aux ennemis de leur religion que tous les siècles du monde ne l'ont vu chez les membres des autres sectes. Et non sans raisons, car seul le chrétien dispose de consolations sûres face à la mort. Comme les philosophes ne les ont pas, ils en imaginent de fausses qui pour cette raison ne pénètrent pas le cœur. En quoi cela m'aidera si l'on me dit qu'il n'y a rien après la mort, puisque le fait même de retourner au néant est très malheureux et tout à fait contraire à la nature? A quoi me sert de me dire que la mort relève de la nature, non d'une punition, puisque le mal, quelle que soit la cause d'où il provienne, ne cesse pas d'être un mal?

§ 77. Concernant les hommes, on trouve des choses, des actions, des paroles, des pensées; des choses comme les honneurs, les richesses, le plaisir. On ordonne au chrétien de tenir pour suspect le désir d'honneur et de gloire, en tant que corrupteur de la vertu qui périt si elle préfère quelque chose à Dieu. S'il les obtient cependant, on ne lui prescrit pas de les répudier mais de rapporter tout honneur à Dieu, donateur des biens, et de se modérer soi-même par la conscience de sa faiblesse afin de ne pas être enclin aux vices. La plupart ont si méconnu cette parure de toutes les vertus, ταπεινοφροσύνη, l'humilité, avant l'enseignement du christianisme, que c'est à peine si son nom apparaît jamais dans les vertus.

§ 78. Concernant les richesses, est interdite la φιλοχρηματία l'amour immodéré des richesses se développant sans limites, torturant le cœur, ennemi de la tranquillité. On commande au contraire à chacun de chercher, par des moyens honnêtes, à se procurer ce qui lui est nécessaire, à lui et à sa famille. Si Dieu lui

1. Martial XI, 56, 16.
2. Lucain *Pharsale*, I, 462.

en a procuré davantage, il ne jettera pas dans la mer des moyens de vivre, à la façon stupide de certains philosophes[1], mais il soulagera de son abondance l'indigence des autres. A l'inverse, si lui échoit l'ignominie et la pauvreté, qu'il les supporte courageusement, parce qu'il ne peut les guérir – car cette impuissance n'est pas une consolation – et sans faire comme si cela ne le concernait pas – ce qui est contraire à la vérité de la nature – mais comme des fardeaux que Dieu lui fait porter; en les sentant il corrige ses vices, exerce sa vertu, comme si c'étaient des médicaments désagréables au goût mais d'usage salutaire, ou des combats difficiles, mais qui conduisent à des récompenses.

§ 79. Le règne du plaisir concerne surtout la nourriture, la boisson, le sexe, à quoi l'on peut ajouter le loisir et le sommeil. Toutes les nourritures et les boissons ont été données par Dieu pour des usages humains, le chrétien le reconnaît volontiers. Aussi ne tombe-t-il pas dans la servitude juive par la discrimination des nourritures et il ne condamne pas dans le vin, comme les Mahométans, le créateur du vin mais il apprend à en user modérément et sobrement, non pas selon la mesure du désir ou du luxe mais selon celle qui suffit à la nature, bannissant surtout l'ivresse, en tant que gaspillage d'une chose bonne et comme ennemie de la raison et de la santé. Il y eut pourtant des enseignements de vices qui furent des rites très celèbres autrefois chez les Grecs, appelés orgies.

§ 80. Le chrétien met au dessus de cette modération quotidienne en matière de nourriture, une autre prescription. Lorsque l'esprit s'élève dans la prière et que le corps incline ailleurs, il en diminue le poids et les forces et recourt au jeûne, non comme à une chose par elle-même agréable à Dieu, mais comme nécessaire à l'homme; les philosophes n'en ont pas traité, mais des peuples l'ont pratiqué dans leurs rites, par coutume, non par évidence de raison.

§ 81. Les plaisirs de l'amour sont interdits en dehors du mariage. L'aveuglement de tous les philosophes et législateurs sur ce point est fort étonnant.

> « Qu'un homme de quelque notoriété sorte du bordel, bravo, bon courage, lui dit le propos divin de Caton »[2].

Epictète en parle mieux :

> « Avant le mariage, abstiens toi des plaisirs de l'amour »[3].

Et Dion Chrysostome, dans un de ses discours, montre fort bien qu'on passe progressivement des lupanars à des lits étrangers. Il n'était pas difficile à saisir, si l'on suivait la nature pour guide, que les plaisirs de l'amour ont été créés en vue de la progéniture, que celle-ci ne doit pas être engendrée sans intention de l'éduquer correctement, et comme cela incombe aux deux parents, cela requiert une vie commune perpétuelle. Pour le loisir et le sommeil, il faut en jouir autant qu'il est utile et de la façon que la nature demande pour reposer le corps et l'esprit.

1. Aristippe (Cf. Diogène Laerce : II, 77) et Crates de Thèbes (Cf. Philostrate, *Vie d'Apollonios de Tyane*, I, 13-15).
2. Horace : *Satires* : I, 2, 31-32.
3. Epictète : *Manuel*, 33, 8.

§ 82. Concernant les actions, leur loi prescrit aux chrétiens de pratiquer ou d'omettre ce qui n'est ni commandé ni interdit, selon que le faire ou ne le point faire peut inciter autrui à la vertu ou l'en détourner. Ce souci est propre à la φιλανθρωπία chrétienne (affection du cœur envers les hommes) et n'a pas été transmise par les autres.

§ 83. La parole même a sa loi qui est de ne pas se détourner du vrai. La défense en est facile, par exemple contre Platon qui accorde à certains hommes le droit de mentir[1]. Mais la parole a été donnée à l'homme par Dieu pour rendre plus étroite la société entre les hommes quand ils se communiquent les uns aux autres leurs pensées. Une fois cette licence concédée, elle franchit toute borne et supprime ce qu'il y a de plus utile dans les affaires humaines : que l'homme croie l'homme.

§ 84. En relation immédiate avec cette règle est l'obligation de tenir ses promesses. Cette exigence est pour la religion chrétienne beaucoup plus sacrée que pour ceux qui ont écrit sur les devoirs comme Panétius, et Cicéron qui l'imite; pour ces auteurs en effet, il faut tenir sa parole envers un ennemi politique mais pas envers un voleur ou un tyran parce que, disent-ils, avec ces gens-là il n'y a pas de société de droit humain. Cet argument est tout à fait faux. Car l'engagement des pactes ne regarde pas les hommes mais Dieu qui aime tellement la vérité qu'il veut qu'on dise ce qu'on pense et qu'on fasse ce qu'on dit. Tous les hommes doivent donc tenir leur parole dans tous leurs pactes, à moins d'avoir promis quelque chose d'interdit par Dieu car cela ne relevait pas de leur pouvoir avant de promettre.

§ 85. Les pensées ont aussi leur règle. Ce n'est pas une loi des hommes mais de Dieu, à qui est dûe aussi la bonté interne et sans témoin. Cette loi dit qu'on ne doit pas penser ce qu'il est interdit de faire. C'est là détourner la source même du mal, en couper la racine. Car nous le reconnaissons avec Sénèque : « le voleur est voleur avant même de souiller ses mains. La méchanceté s'exerce et se fait voir par son opération mais elle ne commence pas là »[2].

§ 86. C'est une règle commune à toutes les règles qu'il n'est pas suffisant de faire ce qui est ordonné, si on ne le fait pas parce que c'est ordonné. Beaucoup de gens accomplissent les commandements mais pour plaire aux hommes, pour avoir bonne réputation; ces gens-là, nous les qualifions plus spécifiquement d'ὑποκριτάς (simulateurs), c'est-à-dire d'imitateurs de vie vertueuse. Ce ne sont pas des hommes bons mais ils se comportent en homme bons. Or le chrétien dans toutes ses pensées, ses paroles et ses actions, manifeste son dessein très sacré d'obéir à Dieu, ce qui est bien davantage que ce sur quoi s'accordent la plupart des philosophes, ὁμολογουμένως τῇ φύσει ζῆν, vivre conformément à la nature[3].

§ 87. Mais parce que très souvent la faiblesse humaine qui n'a pas encore vraiment triomphé des autres vices, trébuche à l'encontre des règles, des interdits

1. Platon *Rép.* 382c : « Mais pour le mensonge en paroles, quand et à qui est-il assez utile pour n'être plus haïssable ? N'est-ce pas à l'égard des ennemis et de ceux que nous appelons amis quand la fureur ou la démence les porterait à quelque mauvaise action ? » (trad. Chambry)

2. Sénèque, *De beneficiis*, V, 14, 2.

3. Définition stoïcienne de la vertu, Cf. Diogène Laerce, VII, 88.

et des commandements, une régle vient prendre la place de tous les autres : être mu par le repentir et demander le pardon. La raison de cette règle a été longuement exposée quand j'ai traité des principes[1].

§ 88. Après avoir traité des règles, il vaut la peine de considérer combien notre globe est redevable à la religion chrétienne. Auparavant la plupart des peuples étaient barbares, sauvages, incultes, χειροδίκαι (soumis au droit de la force) ; ils ont reçu de cet enseignement la morale et le droit. Bien plus, des peuples qu'on croyait parfaitement humains exposaient leurs enfants avant l'institution du christianisme et se réjouissaient en public du spectacle du sang humain. Cette discrimination entre les hommes, issue de la force en opprobre à la nature, qui fait que certains sont libres et d'autres esclaves, n'a pas disparu de la vie par un mouvement violent mais peu à peu, grâce à l'équité chrétienne. Il n'est pas besoin de lois et de châtiments pour forcer au mariage des gens qui ne le veulent pas mais, une fois supprimée la licence libidineuse, les hommes se marient de leur plein gré et engendrent une descendance qui suffit à la Cité, non comme avant par des unions volages, mais dans une fidélité solide et indivise. C'est pourquoi si la vie chrétienne correspondait partout à son nom, sans guerre, sans conflits, sans misère, dans la plus grande paix et concorde et l'abondance des choses indispensables à chacun, il s'agirait vraiment de l'âge d'or.

ÉPILOGUE

§ 89. Quand le très saint vieillard eut ainsi intégralement exposé l'abrégé de la religion chrétienne, il dit qu'il était surprenant que des gens qui s'accordent sur des choses si importantes paraissent cependant si différents et en désaccord. En cherchant la cause de ce mal, il me semble, dit-il, que cela tient surtout à ceci : on prétend que les principes théoriques constituent la partie la plus importante de la religion et l'on relègue les règles pratiques au second rang. Or ceci est tout à fait faux, car les principes sont ordinairement au service des règles pratiques et y conduisent. C'est donc bien vrai ce que dit Sénèque que tous « préfèrent disputer plutôt que vivre »[2]. Puisque les règles pratiques sont généralement plus claires et moins embrouillées, l'accord est maximal sur les règles. Mais nous préférons nous en tenir aux principes théoriques parce que sur les principes nous disputons avec autrui, sur les règles avec nous-mêmes. Il est plus difficile de se faire violence à soi-même que de se battre avec autrui. L'homme n'aime guère s'acquitter de son devoir, aussi a-t-il transformé la religion en controverses et ce qui était le propre de l'école, il l'a transposé dans la vie.

§ 90. Lorsqu'il y a un conflit sur les règles pratiques, cela ne concerne généralement pas les mœurs, car les règles en sont constantes et manifestes, mais ce que chacun établit pour soi-même afin de préserver l'ordre ; sur ce point le

1. Cf. notamment § 43 & 70.
2. Sénèque : *Ep*. 95, 13.

chemin de la concorde est court : permettre à chacun de faire ce qu'il juge bon. Qu'y a t-il de plus stupide que l'action des Lacédémoniens et des Athéniens, portant la guerre dans les cités grecques, les uns pour tout transférer au commandement du peuple, les autres au gouvernement des meilleurs. Il y a bien des choses semblables chez les chrétiens. Que de grandes dissensions sont nées jadis de ce qu'on ne célébrait pas la pâque le même jour! Irénée écrit avec sagesse à l'évêque de Rome, Victor : eh quoi? ne pouvons nous pas vivre en bon accord, même si les uns suivent leurs rites et nous les nôtres? Pour le carême, les uns jeûnent deux jours, d'autres quatre jours, d'autres dix, quinze, vingt, quarante jours, et néanmoins la concorde est maintenue. Dans les principes, bien des controverses ne portent que sur les mots; si on les évite, l'accord apparaît. Si le conflit subsiste, voyons s'il ne porte pas sur des choses qui ne sont pas absolument nécessaires à savoir. L'erreur qu'il faut corriger en premier, c'est que les principes sont généralement plus nombreux que la pratique des règles ne le demande. Il ne peut se faire que tous soient d'accord sur toutes les questions. Chacun s'en tient obstinément à ce qu'il a une fois appris, même si c'est faux. Ce qu'ils ont appris étant jeunes,

> « les vieux ne veulent pas admettre qu'il le leur faut oublier »[1].
>
> Comme le dit Galien « c'est un mal si difficile à ôter que l'amour jaloux pour sa secte et c'est de toutes choses ce qu'on peut le moins effacer, mal bien plus incurable que la gale »[2].

§ 91. Le remède à cette maladie sera donc de réduire le nombre de choses nécessaires à croire à un petit nombre d'articles très évidents; pour les autres qui se rapportent à la perfection de la sagesse pieuse, de les rechercher dans des études à part, en préservant la charité et sous la conduite des livres sacrés. Ensuite, si certains errent, même sur des choses de quelque importance, il nous revient non pas de poursuivre par une accusation odieuse ceux qu'une erreur entraîne malgré eux, mais de supprimer par une explication bienveillante le malheur de leur ignorance. Si nous devons pardonner les péchés qui ont lieu contre des règles connues et comprises, combien plus la faute que quelqu'un assume sans l'avoir voulue. Il y a un avis bien digne de mémoire de Salvien sur ce sujet, un texte dans lequel il traite de l'erreur la plus abominable de son temps, et ces paroles conclueront fort bien mon propos :

> « Ils sont donc hérétiques, mais sans le savoir. Aussi sont-ils hérétiques pour nous, non pas pour eux. Ils pensent tellement être catholiques qu'ils nous affublent nous, de l'appélation infamante d'hérétiques. Et donc ce qu'ils sont pour nous, nous le sommes pour eux. [...] La vérité est de notre côté, mais eux pensent qu'elle est du leur. L'honneur de Dieu est avec nous, mais eux estiment que l'honneur de la divinité est ce qu'ils croient. Ils manquent à leurs devoirs mais c'est là pour eux le devoir suprême de la religion. Ils sont impies mais croient que là est la vraie piété. Ils errent donc mais de bonne foi, non par haine mais par amour de Dieu, croyant honorer Dieu et l'aimer. Bien qu'ils

1. Horace *Ep.* II, 1, 85.
2. Galien : *De naturalibus facultatibus*, I, 34.

n'aient pas la foi droite, eux estiment cependant que c'est le parfait amour de Dieu. Quelle sera la façon dont ils devront être punis le jour du jugement pour cette erreur précise d'une opinion fausse, nul ne peut le savoir sinon le Juge. En attendant Dieu, à ce que je crois, recommande la patience envers eux, parce qu'il voit que même si leur croyance n'est pas correcte, ils errent avec le sentiment d'une opinion pieuse »[1].

1. Salvien *De gubernatione Dei*, V, 2, 9-11. Cité également dans le *DGP,* II, XX, 50, 3.

BIBLIOGRAPHIE

Cette bibliographie se limite aux travaux qui ont une connexion directe avec notre sujet et qui nous ont servi de référence au cours de l'élaboration de notre travail.

SOURCES PRIMAIRES

ABBADIE : *Traité de la vérité de la religion chrétienne*, Rotterdam, 1683.

ABELARD : *Dialogue entre un philosophe, un juif et un chrétien* 1141. Traduction M. de Gandillac, Paris, 1945. Edition critique du texte latin par R. Thomas, Stuttgart, 1970.

ACONTIUS : *Satanae stratagemata*, Bâle, 1565. Traduction française *Les ruzes de satan*, Delf, 1611 ; Traduction anglaise, Londres, 1658. Edition Koehler, Munich 1927. Edition italienne (texte latin et traduction italienne) par Giorgio Radetti, Florence 1946 (T.1 *De methodo*, T.2 *Stratagemata*).

AUBERT DE VERSE : *L'impie convaincu*, ou dissertation contre Spinoza, Amsterdam, 1684.

l'anti-socinien, ou nouvelle apologie de la foi catholique contre les Sociniens et les Calvinistes, Amsterdam, 1692.

BACON (F.) : *œuvres*, traduction J.A.C. Buchon, Paris, 1836.

BAYLE (P.) : *Dictionnaire historique et critique*. Rotterdam, 1696.

BASNAGE DE BEAUVAL (H.) : *La tolérance des religions*, 1684, (reprint Londres, 1970).

BODIN (J.) : *Colloquium heptaplomeres* (1593). La première édition date de 1841 (Berlin). Traduction française anonyme : *Colloque entre sept savants qui sont de différents sentiments des secrets cachés des choses révélées* publiée par F. Berriot, Genève, Droz, 1984.

Le paradoxe moral (le paradoxe de Jean Bodin, angevin, qu'il n'y a pas une seule vertu en médiocrité ni au milieu de deux vices) Paris 1598.

BOSSUET : *Histoire des variations des Eglises protestantes*, Paris, 1688.

CASTELLION (S.) : *De arte dubitandi et confitendi, ignorandi et sciendi* (1563) Manuscrit. Première publication par les soins d'Elisabeth Feist in : D. CANTIMORI et E. FEIST : *Per la storia degli eretici italiani del secolo XVI in Europa* Roma, 1937, pp. 277-430. Edition plus récente de E.F. Hirsch, Leyde, 1981 (*Studies in medieval and Reformation thought*, 29). Traduction française de Ch. Beaudoin : *De l'art de douter et de croire, d'ignorer et de savoir*, Genève, 1953.

CHARRON : *De la Sagesse*, Paris, 1601.

Les trois vérités, Paris, 1593.

CICÉRON : *De natura deorum. De la nature des dieux*, traduction de l'abbé D'Olivet de 1732 reprise dans l'édition Nisard (O. C. Paris 1859, T. IV.)

De divinatione, De la divination, traduction de M. de la Pilorgerie (Edition Nisard 1859).

CLAUBERG (J.) : *Logica vetus et nova...* Amsterdam, 1654.

CONSTANS (L. A.) : *De jure Eclesiasticorum*, Amsterdam, 1665, traduction V. Butori (revue par J. Lagrée et P-F.Moreau) à paraître à Caen (Bibliothèque de philosophie politique et juridique) en 1992.

CRELL : *De la tolérance de la religion ou de la liberté de conscience*, Londres, 1769.

DA COSTA (U.) : *Exemplar humanae vitae* (publié par Philippe de Limborch en 1687, traduction et présentation par Jean-Pierre OSIER : *D'Uriel da Costa à Spinoza*, Paris, 1983.

DESCARTES : *Œuvres*, Adam et Tannery, Paris, 1897-1913. (réédition Vrin, 1957-8).

DUPLESSIS MORNAY (P.) : *De la vérité de la religion chrétienne*, Paris, 1581.

ERASME : *Enchiridion militis christiani* (1504).

Lettre à Paul Volz du 14 aout 1518 (L. 858) in *Correspondance d'Erasme* traduite et annotée d'après le texte latin de l'*Opus epistolarum* d'Allen, par Aloïs Gerlo, Bruxelles 1970.

Lettre à Jean Slechta du 1 novembre 1519 (L. 1039).

Lettre à Jean Carondelet du 5 janvier 1523 (Lettre préface à la deuxième édition des œuvres de saint Hilaire de Poitiers, n° 1334 de la correspondance).

Sur la concorde de l'Eglise (1533) traduction in *Erasme de Rotterdam, liberté et unité dans l' Eglise*, Sherbrooke 1971.

Eloge de la folie, Essai sur le libre arbitre, Le cicéronien. Traduction Pierre Mesnard, Vrin, 1970.

GROTIUS (Hugo de Groot) : *Meletius* sive de iis quae inter christianos conveniunt epistola (1611). Edition, traduction anglaise et notes de G. Posthumus Meyjes, Leiden, Brill 1988 ; notre traduction est donnée ici en annexe.

Defensio fidei catholicae De Satisfactione Christi adversus Faustum Socinum Senensem, Leyde, 1617, réédition accompagnée d'une traduction anglaise, d'une introduction et de notes par Edwin Rabbie, Van Gorcum, 1990.

De jure belli ac pacis, Paris, (1625). *Du droit de la guerre et de la paix.* Trad. Barbeyrac, Amsterdam 1724; reprint Caen 1984.

De imperio Summarum Potestatum circa sacra (1617), publié en 1647; 4ème édition La Haye 1671. trad. fr. Lescalopier, sj : *Traité du pouvoir du magistrat politique sur les choses sacrées*. Londres (Paris), 1751. (reprint à paraître dans la Bibliothèque de philosophie politique et juridique de Caen en 1991).

De veritate religionis christianae, Leyde, 1627 (première publication sous forme d'un long poème en vers flamands : *Bewys van den waren godsdienst in ses Boecken gestelt*, Rotterdam, 1622); *Traité de la vérité de la religion chrétienne*, traduit du latin par l'abbé Goujet, Paris 1724; 2ème édition Paris 1754.

HALYBURTON : *Natural religion insufficient*, Edimbourg, 1714.

HERBERT OF CHERBURY (E.) : *De veritate*...Paris, 1624, Londres, 1633, 1645. Traduction française anonyme (de Mersenne), Paris, 1639. Réédition en fac-similé par G. Gawlick, Stuttgart, 1966.

De religione laïci, Londres, 1645 (en appendice de la troisième édition du *De veritate*). Trad. fr. J.Lagrée in *Le salut du laïc*, Vrin 1989.

De religione Gentilium, Amsterdam, 1663; fac-similé G.Gawlick, Stuttgart, 1967. Trad. angl. W.Lewis, Londres, 1705.

Dialogue between a tutor and his pupil, Londres, 1768. Fac-similé G. Gawlick, Stuttgart, 1971.

Mémoires de Edouard Lord Herbert de Cherbury, ambassadeur en France sous Louis XIII, traduit pour la première fois en français par le comte de Baillon, Paris, 1863 (première édition anglaise établie par Horace Walpole, Londres 1764).

HOBBES (T.) : *De Cive*, Paris, 1642; Trad. fr. Sorbière : *Du Citoyen*, Amsterdam, 1649 (reprise en GF.)

Léviathan, Londres, 1651; trad. fr. de F. Tricaud, Sirey, 1970.

HUBER (M.) : *Lettres sur la Religion Essentielle à l'homme Distinguée de ce qui n'en est que l'Accessoire*, Amsterdam, 1738. 2ème éd. Londres, 1739.

D'HUISSEAU (I.) : *La réunion du christianisme*. Saumur, s.d.(1670). Trad. néerlandaise Glazemaker, Amsterdam, 1671.

Apologie pour le livre intitulé la réunion du christianisme, La Haye, 1670.

HUME (D.) : *Philosophical Essays concerning Human Understanding*, Londres, 1748, *Enquête sur l'entendement humain*, (éd. avec présentation et commentaires de Didier Deleule), Paris, 1982.

The natural History of Religion, Londres (1757) *Histoire naturelle de la religion* Introd., trad. et notes par Michel Malherbe, Paris, Vrin, 1980.

Dialogues concerning natural religion, Londres, (1779), *Dialogues sur la religion naturelle* Introd., trad. et notes par Michel Malherbe, Paris, Vrin, 1987.

JURIEU (P.) : *Le vray système de l'Eglise et la véritable analyse de la Foy...* pour servir principalement de réponse au livre de M. Nicole intitulé les prétendus réformés convaincus de schisme, Dordrecht, 1686.

Le tableau du socinianisme, La Haye, 1690.

JUSTE LIPSE : *Manuductionis ad stoïcam philosophiam* libri tres, Leyde, (1504) in Sénèque : *Opera*, éd. Lemaire 1827. t. 1.

Physiologiae Stoïcorum libri tres, Leyde, in Sénèque *Opera*, édit. Lemaire 1827 t. 4.

KANT : *Die religion innerhalb der Grenzen der blossen Vernunft*, 1793 ; trad. Philonenko : *La religion dans les limites de la simple raison* in O.C. Pléiade, t. III, Paris, 1986.

Lettres sur la morale et la religion, choisies et traduites par J.-L. BRUCH, Paris, A.M, 1969, 233p.

KORTHOLT (C.) : *De tribus impostoribus magnis liber*, Cologne 1680 ; 2ème éd. Hambourg 1701. (1. De Edoardo Herbert ; 2. de Thoma Hobbes ; 3. de Benedicto Spinosa).

LA COURT (P.) : *La balance politique*, (trad. M.Frances, Paris, 1937).

LACTANCE : *Institutiones divinae*. Trad. fr. par P. Monat des livres I et II in *Sources chrétiennes*, n°204, 205 et 337, Paris, Cerf 1987. (autre traduction de J.A.C Buchon in *Choix de monuments priomitifs de l'Eglise française*, Paris, 1875).

LA MOTHE LE VAYER : *De la vertu des Payens*, Paris, 1670.

Dialogue sur la diversité des religions 1671 (en réalité 1632) = un des *Cinq dialogues faits à l'imitation des Anciens* par Oratius Tubero, identique (à très peu près) au dialogue *De la divinité* repris dans l'édition du Corpus, Fayard, Paris, 1988.

LA PEYRÈRE (I.) : *Praeadamitae*, (Amsterdam) 1655.

Systema theologicum, (Amsterdam), 1655.

LE CLERC (J.) : *Sentiments de quelques théologiens de Hollande sur l'Histoire critique du V.T. de M. Simon*, Amsterdam, 1685 (notamment la lettre 18 sur les Sociniens).

Défense des sentiments de quelques théologiens de Hollande sur l'Histoire critique du VT. contre la réponse du Prieur de Bolleville, Amsterdam, 1686.

Du choix qu'on doit faire entre les divers sentiments que partagent les chrétiens, Amsterdam, 1728. (publié en appendice à la traduction par P. Le Jeune de *De la vérité de la religion chrétienne* de Grotius).

LEIBNIZ (G. W.) *Novissima Sinica*, 1697, trad. C. Frémont : *Discours sur la théologie naturelle des Chinois*, Paris, L'Herne, 1987.

Nouveaux Essais sur l'entendement humain, (1705), 1ère éd. par Raspe en 1765. *Philosophischen Schriften,* VI, Berlin, 1962.

Essais de Théodicée sur la bonté de Dieu, la liberté de l'homme et l'origine du mal, 1710.

Leibniz, Textes inédits d'après les manuscrits de la bibliothèque provinciale de Hanovre, publiés et annotés par G. Grua, Paris, PUF, 1948, t.I.

LESCALOPIER P. *Humanitas theologica* in qua M.T. Cicero *De natura deorum* argumentis expositionibus, illustrationibus, nunc primum insignis in lucem prodit. Eademque opera quidquid homo sola rationis lumine de Deo percipere potuit ex omni antiquitate in apertum profertur, Paris, 1660.

LOCKE : *Epistola de Tolerantia,* 1689, trad. fr. R.Polin, Paris, Vrin, 1965.

An Essay concerning human understanding, Londres, 1690 ; trad. Coste : *Essai philosophique concernant l'entendement humain,* 1700 reprise dans l'éd. Vrin de 1983.

The reasonableness of Christianity, Londres, 1695 ; trad. Coste : *le christianisme raisonnable,* 1715 (in Migne, t. IV).

MAÏMONIDE : *Introduction au chapitre heleq* in *Epitres,* Paris, Verdier, 1983.

MALEBRANCHE : *Conversations chrétiennes,* 1677.

Entretiens sur la métaphysique et sur la religion, Paris, 1688.

MERSENNE (M) : *L'impiété des déistes,* athées et libertins de ce temps, combattue et renversée, Paris 1624.

Correspondance Edition Tannery, CNRS / PUF, Paris, 1932-1983.

MEYER (L.) : *Philosophia S.Scripturae interpres,* Exercitatio paradoxa in qua veram philosophiam infaillibilem S. Literas interpretandi normam esse apodictice demonstratur et discrepantes ab hac sententia expenduntur ac refelluntur. Eleutheropolis (Amsterdam) 1666, trad. néerl., *De Philosophie d'uytleghster der H. Schrifture,* Vrystadt 1667 ; 2de éd. publiée à la suite du *Traité théologico-politique* de Spinoza, en 1673 et 1674 ; 3ème éd. Magdeburg, 1776. Trad. fr. J. Lagrée & P.-F. Moreau *La philosophie interprète de l'Ecriture Sainte* Paris, Intertextes 1988.

MONTAIGNE : *Essais,* et notamment II, 12 : *Apologie de Raymond de Sebond.*

NICOLAS DE CUES : *De pace fidei,* 1453, trad. fr. (Galibois) : *La paix de la foi,* Centre d'Etudes de la Renaissance, Sherbrooke, Quebec, 1977.

De cribratione Alcorani, trad. Gandillac : *Examen critique du Coran,* in *œuvres Choisies,* Paris, 1942.

PASCAL : *Pensées,* Paris, 1670.

ROUSSEAU : *Emile,* 1762. Edition critique de la Profession de foi du Vicaire Savoyard, avec une introduction et un commentaire historiques de P.M.MASSON, Paris-Fribourg, 1914, 608p. & O.C. Pléiade, t. IV, Paris, 1969.

Lettres écrites de la Montagne, Amsterdam, 1764. O.C. Pléiade, T. III, Paris, 1964.

SEBOND (R.) *Theologia naturalis seu liber creatorum*, (écrit dans les années 1430-40), 1ère éd. Strasbourg 1496, Nuremberg & Lyon 1502; Lyon 1648 etc.; trad. fr. par Michel de Montaigne, 1569 & 1581.

SIMON (R.) : *Histoire critique du Vieux testament*, Paris, 1680.

Réponses aux sentiments des théologiens de Hollande par le prieur de Bolleville, Amsterdam, 1686, (notamment Lettre III sur le déisme).

Additions aux recherches curieuses sur la diversité des langues et religions de E.Brerewood éditées par J. Le Brun et J. Woodbridge, Paris, PUF 1983.

SPINOZA : *œuvres complètes* en quatre volumes publiées par Carl Gebhardt, Heidelberg, (réédition de 1972) et plus particulièrement *Tractatus theologico-politicus*, Amsterdam, 1670; G. t. III; trad. Appuhn, *Traité théologico-politique* Paris, GF,II, 1965.

STOÏCORUM VETERUM FRAGMENTA : Ed. Arnim, 4 vol. Leipzig, 1905-1924.

LES STOÏCIENS Ed. Bréhier, Gallimard, Pléiade 1962.

STOUPPE : *La religion des hollandais*, Cologne 1673.

TOLAND (J.) : *Christianity not mysterious*, Londres 1696, reprint G. Gawlick, Stuttgart, 1964.

WISSOWATY (A.) : *Religio rationalis* seu de rationis judicio (1676); Première éd., Amsterdam, 1684; Trad. Le Cène publiée par les soins de Hubert Vandenbossche et Jeroom Vercruysse dans les *Wolfenbüttel Forschungen*, Band 20, Wolfenbüttel, 1982.

WOLFF (C.) : *Philosophia moralis* in G. W. (réédités par Jean Ecole et H W. Arndt) Hildesheim, Olms, t. 12, 1970 (reproduction de l'édition de Halle Magdebourg de 1730).

SOURCES SECONDAIRES

Généralités :

ARMOGATHE (J.R. sous la direction de) : *Le Grand Siècle et la Bible*, Bible de tous les temps, 6, Paris, Beauchesne, 1989.

BARNES (A.) : *Jean Le Clerc (1657-1736) et la République des Lettres*, Droz, 1938.

BATAILLON (M.) : *Erasme et l'Espagne*, Paris, Droz, 1937.

BERRIOT (F.) : *Athéismes et athéistes au XVIe siècle en France*, Lille et Paris (Cerf), 1984, 2 vol.

BONET MAURY : *Des origines du christianisme unitaire chez les Anglais*, Paris, 1881. Reprint Stalkine, 1969.

BOUILLER (F.) : *Histoire de la philosophie cartésienne*, Paris, Delagrave, 1868. (réédition Genève, 1970).

BREMOND (H.) : *Autour de l'humanisme, d'Erasme à Pascal*, Paris, 1936.

BRUNSCHVICG (L.) : *La raison et la religion*, Paris, 1939.

BURGELIN (P.): « Réflexions sur la religion naturelle » in *L'homme devant Dieu, Mélanges offerts au P. de Lubac*, T.2 Du Moyen-Age au siècle des Lumières, pp. 309-319.

BUSSON (H.) : *Sources et développement du rationalisme dans la littérature française de la Renaissance*, Paris, 1922

La pensée religieuse de Charron à Pascal, Paris, Vrin, 1933.

La religion des classiques, Paris, 1948.

CANTIMORI (D.) : *Eritici italiani del Cinquecento*, Florence, 1939.

CASSIRER (E.) : *Das Erkenntnisproblem in der Philosophie und Wissenschaft der neueren Zeit*, Berlin, 1906 (2ème éd. 1910) ; trad. ital. Turin, 1952.

CHEVALIER (J.) : *Histoire de la pensée*, T. 3 : La pensée moderne de Descartes à Kant, Paris, 1961.

CERTEAU (M. de) : « L'idée de traduction de la Bible au XVIIe siècle : Sacy et Simon » in *Revue des sciences religieuses* 66/1 (1978) pp. 73-92.

COHEN (G.) : *Ecrivains français en Hollande dans la première moitié du XVIIe siècle*, Paris, 1920.

« Grotius, Sorbière, les libertins et les Sociniens dans la première moitié du XVIIe siècle », *Bulletin de la société d'histoire moderne*, avril 1933.

CURTIUS (E.R.) : *La littérature européenne et le Moyen-Age latin*, trad. de l'allemand par Jean Bréjoux, Paris, PUF, 1956.

DAMIRON (J.-P.) : *Essai sur l'histoire de la philosophie en France au XVIIe siècle*, Paris, 1846 ; reprint Genève, 1970.

DAN (R.) : "From the « judaization » to the idea of « religio naturalis »" in *Unitarianism and Related Movements*, Utrecht, 1986, pp. 49-56.

DIBON (P.) : *L'enseignement philosophique dans les universités néerlandaises à l'époque pré-cartésienne* (1575-1650), Leyde, 1954.

La philosophie néerlandaise au siècle d'or, Paris-Amsterdam, 1954.

DILTHEY (W.) : « Die Autonomie des Denkens der konstruktive Rationalismus und der pantheistische Monismus nach ihrem Zusammenhang im 17. Jahrhundert », *Archiv für geschichte der Philosophie*, 1894, pp. 28-91.

EHRARD (J.) : *L'idée de nature en France dans la première moitié du XVIIIe*. Chambéry 1963.

FESTUGIERE (A.J.) : *La révélation d'Hermès Trismégiste*, 4 vol. Paris, 1951.

FOLSCHEID (D.) : *L'esprit de l'athéisme et son destin*, Editions Universitaires, 1991.

GAY (P.) : *Deism*, an anthology, Princeton, 1968.

GILSON (E.) : *La philosophie au Moyen Age*, Paris, 1944.

Le thomisme, Paris, 1947.

GUEROULT (M.) : *Philosophie de l'histoire de la philosophie*, Paris, 1979.

Histoire de l'histoire de la philosophie, Paris 1984.

GOUHIER (H.) : *Blaise Pascal, Commentaires*, Paris, 2ème éd., 1971.

Cartésianisme et Augustinisme au XVIIe siècle, Paris, 1978.

Blaise Pascal, conversion et apologétique, Paris, 1986.

GUSDORF (G.) : *La révolution galiléenne*, Paris, 1969, 2 vol.

Les origines de l'herméneutique, Paris, Payot, 1988.

HAAG (E.) : *La France protestante*, 2è éd., Paris, 1887-88, 6 vol.

HAZARD (P.) *La crise de la conscience européenne (1680-1715)*, Paris, 1935 (2 vol. + 1 vol. de notes), réédition 1961.

In principio, Etudes augustiniennes, Paris, 1973. Interprétations des premiers versets de la Genèse. (Cf. notamment P. Nautin : *Genèse 1, 1-2, de Justin à Origène* ; Aimé Solignac : *Exégèse et Métaphysique, Genèse 1, 1-3 chez saint Augustin* ; Jean Jolivet : *Commentaire philosophique de Genèse 1,1 chez Bonaventure et Thomas d'Aquin, le problème de l'éternité du monde* ; Richard Stauffer : *L'exégèse de Genèse 1, 1-3 chez Luther et Calvin*) .

JEHASSE (J.) : *La renaissance de la critique. L'essor de l'humanisme érudit de 1560 à 1614*. Publications de l'Université de Saint-Etienne, 1976.

JORDAN (W.) : *The development of religious toleration in England*, 4 vol. Londres, 1932-40.

KOLAKOWSKI (L.) : *Chrétiens sans Eglise*, Paris 1969.

« l'hérésie mystique et l'hérésie rationaliste dans le calvinisme néerlandais de la fin du XVIIe siècle » dans *Hérésies et sociétés dans l'Europe pré-industrielle, 11e-18e siècles*, sous la direction de J. Le Goff, Paris-La Haye, 1976, pp. 371-380.

KOT (S.) : « Le mouvement antitrinitaire au XVIe et XVIIe siècles », *Humanisme et Renaissance*, Paris, 1937.

LACHEVRE (F.) : *Le libertinage au XVIIe siècle*, t. 2, Paris, 1909, (comprend l'édition des *Quatrains du déiste* de 1622).

LAGRÉE (J.) : *La religion naturelle*, PUF, Collection Philosophies, Paris, 1991.

LAPLANCHE (F.) : *L'évidence du Dieu chrétien*, Strasbourg, 1983.

L'Ecriture, le sacré, l'histoire, APA Holland UP, Amsterdam 1986 (diffusé par les P U de Lille).

(Dir. F. Laplanche) : *Les religions du paganisme antique dans l'Europe chrétienne*, P U Paris Sorbonne, 1987.

LECLER (J.) : *Histoire de la tolérance au siècle de la Réforme*. 2 vol. Aubier 1955.

LENOBLE (R.) : *Esquisse d'une histoire de l'idée de Nature*, Paris, A. Michel, 1969.

LEONARD (E.) : *Histoire générale du protestantisme*, vol. I & II, Paris, PUF, 1961.

LUBAC de (P.): *Augustinisme et théologie moderne*, Aubier, Paris, 1965.

MAGNARD (P.) *Nature et histoire dans l'apologétique pascalienne*, Paris, 1975.

« La tradition chez Bossuet et R. Simon » dans *La prédication au XVIIe siècle*, Paris, Nizet, 1980, p. 375-385.

L'homme délivré de son ombre, Introduction à la traduction du *Livre du sage* de C. de Bovelles, Paris, 1982.

« L'antinomie du fait et du sens » dans *Archives de philosophie*, 1986, p. 603-618.

MARGOLIN (J.-C.) : « Libertins, libertinisme et « libertinage » au XVIe siècle » in *Le libertinage au XVIe siècle* Paris, 1971.

MARIN (L.) : *La critique du discours*, Paris, 1975.

« La critique de la représentation classique : la traduction de la Bible à Port-Royal » in *Savoir, espérer, faire, les limites de la raison*, Bruxelles, 1976 (pp. 549-575).

MEINSMA (K.O.) *Spinoza en zijn Kring*, Amsterdam, 1896. Trad. fr. *Spinoza et son cercle*, Paris, Vrin, 1983.

MONOD (A.) *De Pascal à Chateaubriand*, les défenseurs français du Christianisme de 1670 à 1802, Paris, 1916, (sur Grotius et le *Traité théologico-politique* de Spinoza).

NISARD (C.) : *Le triumvirat littéraire au XVIe siècle* Juste Lipse, Scaliger, Casaubon, Paris 1852.

Les gladiateurs de la République des Lettres, Paris, 1860.

NOBBS (D.) : *Theocraty and Toleration*. A study of the Disputes in Dutch Calvinism from 1600 to 1650, Cambridge, 1938.

ORCIBAL (J.) : « Les Jansénistes face à Spinoza », *Revue de littérature comparée*, 1949, pp. 441-468.

OSIER J.-P. : *D'Uriel da Costa à Spinoza*, Paris, Berg international, 1983.

PINTARD (R.) : *Le libertinage érudit dans la première moitié du XVIIe siècle*, Paris, 1943.

PITASSI (M.C.) : *Entre croire et savoir. Le problème de la méthode critique chez Jean Le Clerc*. Leyde, Brill, 1987.

POSCHL (V.) : *Bibliographie zur antiken Bildersprache*, Heidelberg, 1964.

POPKIN (R.) : *History of scepticism from Erasmus to Spinoza*, 2ème éd. Berkeley, 1979. (1ère éd., 1964).

Isaac La Peyrère (1596-1676) His life, work and influence, Leyde, Brill, 1987.

PUAUX (F.) : *Les précurseurs français de la tolérance au XVIIe siècle*. Thèse Dole 1880. et Paris 1881. (ch. IV sur Isaac D'Huisseau).

Religion, érudition et critique à la fin du XVIIe siècle et au début du XVIIIe, Paris, 1968. (notamment les études de R. Voeltzel sur Jean le Clerc, d'E. Labrousse et J. Solé sur Bayle, de P. Auvray sur R. Simon et Spinoza).

REVENTLOW (H.G. von) : *Bibleautorität und Geist der Moderne. Die Bedeutung des Bibelverstandnisses für die geistesgeschichtliche und politische Entwicklung in England von der Reformation bis zur Aufklärung*,

Göttingen, 1980; trad. angl. *The authority of the Bible and the Rise of the modern World*, Philadelphie, 1985. (un chapitre est consacré à Cherbury, pp. 185-193 et suit les thèses de Bedford).

ROBERTSON : *A history of free Thought*, londres, 1915, (vol.II, ch.14 British free thought in the 17th century, avec un portrait de Cherbury).

SAYOUS (E.) : *Les déistes anglais et le christianisme* Paris 1882.

Savoir, faire, espérer : Les limites de la raison, Saint-Louis, Bruxelles, 1976; 2 vol. t. 1 plus particulièrement les articles de D. DUBARLE : *La troisième position de la philosophie par rapport à la foi religieuse*, pp. 125-142 et X. TILLETTE : *Le christ des philosophes et le problème d'une christologie philosophique*, pp. 249-263.

SCRIBANO (M.E.) : *Da Descartes a Spinoza*, Percorsi della teologia razionale nel seicento, Milan, 1988.

SEVE (R.) : *Leibniz et l'Ecole moderne du Droit Naturel*, Paris, PUF, 1989.

SIEBRAND (H.J.) : *Spinoza and the Netherlanders*, An inquiry into the early reception of his philosophie of religion, Van Gorcum, 1988.

SIMON (J.) : *La religion naturelle*. Paris 1856.

SIMONUTTI (L.) : *Arminianesimo e tolleranza nel seicento olandese. Il carteggio Ph. Van Limborch - J. Le Clerc*, Florence, 1984.

SINA (M.) : *La tolleranza religiosa*, Pubblicazioni dell'Università cattolica del Sacro Cuore, Vita e Pensiero, Milan, 1991.

SPANNEUT (M) : *Le stoïcisme des Pères de l'Eglise*, Paris, 1957.

SPINK (J.S.) : *La libre pensée française de Gassendi à Voltaire*, 1959 (trad. fr. 1966).

STEPHEN (L.) : *History of english thought in the eighteenth century*, Londres, 1881, vol. I.

TABARAUD (M.M.) : *Histoire critique du philosophisme anglais*, Paris, 1806.

THIJSSEN SCHOUTE (C.L.) « Le cartésianisme aux Pays Bas » dans *Descartes et le cartésianisme hollandais*, Paris, PUF, 1950.

TOCANNE (B.) : *L'idée de nature en France dans la seconde moitié du XVIIe siècle*. Lille, 1978.

TULLOCH (J.) : *Rational Theology and christian Philosophy in England*, Londres, 1872, 2 vol.

WIRTH (J.) : « Libertins et épicuriens, aspects de l'irreligion au XVIe » in *Bibliothèque d'humanisme et renaissance*, t. xxxix, 1977 p. 601-627.

ZOLI (S.) : *Europa libertina tra Controriforma e Illuminismo*, L'« Oriente » dei libertini e le origini dell'Ilusminismo, Studi e ricerche, Bologne, 1989.

ÉTUDES SUR DES AUTEURS PARTICULIERS.

Ne figurent dans cette bibliographie que les ouvrages de référence essentiels eu égard à la perspective thématique propre de ce livre.

Sur Acontius :

O'MALLEY (C.D.) : *Jacopo Aconcio*, trad. ital. Delio Cantimori, Rome, 1955.

ROSSI (P.) : *Giacomo Aconcio*, Milan, 1952.

Sur Bodin :

CHAUVIRE (R.) : *Jean Bodin, auteur de la République*, Paris 1914.

GOYARD-FABRE (S.) : *Jean Bodin et le droit de la République*, Collection Léviathan, PUF 1989.

sur Castellion :

BUISSON (F.) : *Castellion, sa vie, son œuvre*. Etude sur les origines du protestantisme libéral français. Paris 1892. 2 vol.

CASTELLIONIANA : Quatre études sur Sébastien Castellion et l'idée de tolérance, Leyde, 1951.

GALLICET CALVETTI (C.) : *Sebastiano Castelloion*, il riformato umanista contro il riformatore Calvino (avec la trad. ital. des IV dialogues sur la prédestination, l'élection, le libre arbitre et la foi), Milan, 1989.

sur Cicéron :

BOYANCE (P.) : *Etudes sur l'humanisme cicéronien*, Paris, 1970 (Les preuves stoïciennes de l'existence des dieux, p. 301-334).

DEFOURNY (P.): « Les fondements de la religion d'après Cicéron » *Les Etudes classiques*, t.XXII, n°3-4, pp. 241-253 & 366-378.

DUMONT (J.-P.) : « Diogène de Babylone et la déesse raison, la métis des Stoïciens » in *Bulletin de l'association G. Budé*, mars 1984, p. 260-278.

GIGON (O.) : *Ciceronis de natura deorum libri*, (recension de l'édition Pease) in *Gnomon*, sept. 1962, p. 662-675.

MERGUET : *Lexikon zu den philosophischen Schriften Ciceros*, 3 vol. Olms, Hidelsheim, 1961.

Sur Descartes :

Descartes et le cartésianisme hollandais, Amsterdam Paris, 1950. Et plus particulièrement les *Observations sur la philosophie de Descartes* de DU VAUCEL ainsi que l'étude de Geneviève LEWIS sur *Augustinisme et cartésianisme à*

Port-Royal; C. Louise THIJSSEN SCHOUTE : Le cartésianisme aux Pays-Bas ; P.DIBON : *Notes bibliographiques sur les cartésiens hollandais.*

Problématique et réception du Discours et des Essais, Paris, Vrin, 1988. et notamment Pierre MAGNARD : « Descartes inutile et incertain ».

ALQUIÉ (F.) : *La découverte métaphysique de l'homme chez Descartes*, Paris, 1987.

ARMOGATHE (J.-R.) : *Theologia cartesiana*, M. Nijhoff, La Haye, 1977.

BELAVAL (Y.) : « Comenius lecteur de Descartes » in Bulletin cartésien, *Archives de philosophie*, 1984/3, pp. 2-25.

CARRAUD (V.) : *Descartes et l'Ecriture Sainte*, in *Le grand Siècle et la Bible* (Bible de tous les temps, 6).

GILSON (E.) : *La liberté chez Descartes et la théologie*, Paris, 1913, (Vrin Reprises, Paris, 1987).

GOUHIER (H.) *La pensée religieuse de Descartes*, Paris, 1924. 2ème éd. augmentée, Paris, Vrin, 1972. (particulièrement l'appendice sur la crise de la théologie au temps de Descartes).

Descartes, Essais sur le Discours de la Méthode, la métaphysique et la morale, Paris, 3ème éd., 1973.

GUEROULT (M.) : *Descartes selon l'ordre des raisons*, 2 vol. Paris, 1968.

MARION (J-L.) : *Sur la théologie blanche de Descartes*, Paris, 1981.

Sur Erasme :

CHANTRAINE (G.). *'Mystère' et 'Philosophie du Christ' selon Erasme*, Namur 1971.

CHOMARAT (J.) : *Gammaire et rhétorique chez Erasme*, Paris, 1981.

HALKIN (L.) : *Erasme et l'humanisme chrétien.* Paris 1969.

HUIZINGA (J.) : *Erasme*, Amsterdam, 1924, trad. fr., Paris, 1955.

MANN (M.) : *Erasme et les débuts de la réforme française.* Bibliothèque littéraire de la Renaissance 1934, vol.22.

NISARD (D.) : *Etudes sur la Renaissance* (Erasme, More, Mélanchton) Paris 2ème éd. 1864.

Sur Grotius :

The world of Hugo Grotius, (1583-1645). Proceedings of the international Colloquium organized by the Grotius Committee of the Royal Netherlands Academy of Arts and Sciences, Rotterdam 6-9 april 1983, Amsterdam, APA Holland University Press, 1984.

CORSANO (A.) : *U. Grozio, l'umanista, il teologo, il giurista*, Bari, 1948.

KNIGHT (W.S.M.) : *The Life and Works of Hugo Grotius*, Londres 1925.

REVENTLOW (H.G. von) : *L'exégèse humaniste de Hugo Grotius*, dans *Le grand Siècle et la Bible*, p. 141-154.

SCHULTER (J.) : *Die Theologie des Hugo Grotius*, Göttingen, 1919.

Sur Herbert de Cherbury:

BEDFORD (R.) : *The defense of truth*, Herbert of Cherbury and the 17th century, Manchester University Press, 1979.

HUTCHESON (H.) : *Lord Herbert of Cherbury's de religione laïci* (Introduction pp. 1-81 avec une présentation de sa vie et de sa philosophie ainsi qu'une bibliographie, suivie d'une traduction anglaise du *De Religione Laïci*) Yales Studies in English, vol. 98, New Haven, Conn. 1944.

LAGRÉE (J.) : *Le salut du laïc*, trad. et commentaire du *De religione laïci* d'Herbert de Cherbury. Paris, Vrin 1989.

REMUSAT (C. de) : *Herbert de Cherbury*, sa vie, ses œuvres ou les origines de la philosophie du sens commun et de la théologie en Angleterre, Paris, 1874.

ROSSI (M.) : *Alle fonti del deismo e del materialismo moderno*, (sur Cherbury et Hobbes) Florence, 1942.

La vita, le opere, i tempi di Edoardo Herbert di Cherbury, Florence, 1947, 3 vol.

WEBB (C.): *Studies in the history of natural theology*, Oxford, 1915 (ch. 7).

Sur Hobbes:

MALHERBE (M.) : *T. Hobbes*, Paris, Vrin, 1984.

MOREAU (P.-F.) : *Hobbes, philosophie, science, religion*, Paris, PUF, 1989.

ZARKA (Y.-C.) : *La décision métaphysique de Hobbes*, Paris, Vrin, 1987.

Sur D'Huisseau :

STAUFFER (R.) : *L'affaire d'Huisseau*. PUF 1969.

Sur Hume :

DELEULE (D.) : *Hume et la naissance du libéralisme éconoimique*. Paris, 1979.

MALHERBE (M.): *La philosophie empiriste de David Hume*, Paris, 1976.

. *Kant ou Hume*, Vrin, 1980.

Sur Kant:

BRUCH (J.-L.) : *La philosophie religieuse de Kant*, Paris, Aubier, 1968, 271p.

CRAMPE CASNABET (M.) : *Kant, une révolution philosophique*, Paris, Bordas, 1989 (ch.5 : la religion ou la question du mal).

YOVEL (Y) : *Kant and the philosophy of History*, Princeton, 1980 ; trad. J. Lagrée : *Kant et la philosophie de l'Histoire*, Paris, Klincksieck, 1989. (particulièrement le ch.5 : critique et histoire de la religion).

ZAC (S.): « Kant, stoïcisme et christianisme », *Revue de Métaphysique et de Morale*, 1972, t.2, p. 137-165.

Sur Leibniz:

BARUZI (J.) : *Leibniz et l'organisation religieuse de la terre*, Paris, 1907.

BELAVAL (Y.) : *Leibniz critique de Descartes*, Paris, 1960.

FREMONT (C.) : *L'être et la relation*, Paris, 1981 (Correspondance Leibniz, RP Des Brosses).

FRIEDMANN (G.) : *Leibniz et Spinoza*, Paris, 1946, 2ème éd. 1962.

GRUA (G.) : *Jurisprudence universelle et Théodicée selon Leibniz*, Paris, 1953.

Sur Locke:

PITASSI (M.C.) : *Le philosophe et l'Écriture*, John Locke exégète de saint Paul, Cahiers de la revue de théologie et de philosophie 14, Genève, 1990.

Sur Louis Meyer:

LAGRÉE (J.) : « Louis Meyer et l'*Interpres*, projet cartésien, horizon spinoziste », *Revue des sciences philosophiques et théologiques*, janv. 1987, pp. 31-43.

« Sens et vérité. philosophie et théologie chez L. Meyer », *Studia Spinozana*, vol. 4, Wurzburg, 1989, pp. 75-90.

MOREAU (P-F.) : *Louis Meyer et l'Interpres*, Séminaire de l'ER 75, CNRS, 1989, (à paraître).

VAN DER TAK (W.G.) : De Ludovico Meyer, *Chronicon spinozanum*, t.I, La Haye, 1921, pp. 91-100 (en latin).

Sur Montaigne :

COPPIN (J.) : *Montaigne traducteur de R. Sebon*, Lille 1925.

CONCHE (M.) : *Montaigne et la philosophie*, Editions de Mégare, 1987.

FRIEDRICH (H.) : *Montaigne*, Francke Verlag, Fribourg, 1949 ; trad. fr. de R. Rovini, Paris, Gallimard, 1968.

Sur Rousseau :

GOUHIER (H.) : *Les méditations métaphysiques de JJ. Rousseau*, Paris, Vrin, 1970. (particulièrement le chapitre II : Ce que le Vicaire doit à Descartes).

MASSON (P.M.) : Edition critique de *La profession de foi du vicaire savoyard*, Paris Fribourg, 1914, 608p.

La religion de Jean-Jacques Rousseau, Paris, 1916, 3 vol.

Sur Spinoza:

BOSS (G.) : *La différence des philosophies : Hume et Spinoza*, Editions du Grand Midi, Zurich, 1982.

BRETON (S.) : *Spinoza, Théologie et politique*, Paris, 1967.

FRIEDMANN (G.) : *Leibniz et Spinoza*, Paris, 1962.

GUEROULT (M.) : *Spinoza*, Paris 1968 ; t.II, Olms, 1974.

LAGRÉE (J.) & MOREAU (P.-F.) : « la lecture de la Bible dans le cercle de Spinoza » in *Le grand Siècle et la Bible. (BTT., 6)*, sous la dir. de J.R. Armogathe, Paris, 1989.)

MALET (A.) *Le Traité théologico-politique de Spinoza et la pensée biblique*, Paris, les Belles Lettres, 1966.

MATHERON (A.) : *Le Christ et le salut des ignorants chez Spinoza*, Aubier Montaigne, Paris, 1971.

Anthropologie et politique au XVIIe siècle, Vrin, Paris, 1986.

MOREAU (P.-F.) : *Les principes de lecture de l'Ecriture Sainte chez Spinoza*, communication aux journées du GRS, avril 1989 (à paraître aux PUPS en 1991).

MUGNIER-POLLET (L.) : *La philosophie politique de Spinoza*, Paris, 1976. (ch. II sur les sectes ; ch. XV sur l'Etat et la religion).

OSIER (J.-P.) : « L'herméneutique de Hobbes et de Spinoza », *Studia Spinozana* III, (1987), pp.319-346.

ROUSSET (B.) : *La perspective finale de l'Ethique et la cohérence du spinozisme*, Paris, 1968 (sur la question du salut en particulier).

VERNIERE (P.) : *Spinoza et la pensée française avant la Révolution*, Paris, 1954, (2 vol.).

ZAC (S.) : *Spinoza et l'interprétation de l'Ecriture*, PUF, Paris, 1965.

Essais spinozistes, Vrin, Paris, 1985.

Sur les Stoïciens :

GOLDSCHMIDT (V.) : *Le système stoïcien et l'idée de temps*, Paris, Vrin, 1969.

Sur le néo-stoïcisme :

ABEL (G.) : *Stoïzismus und frühe Neuzeit : Zur Entstehungsgeschichte modernen Denken im Felde von Ethik und Politik*, Berlin New-York, 1978.

EYMARD D'ANGERS (J.) : Le stoïcisme en France dans la première moitié du XVIIe siècle. 1. Les origines (1575-1616) Etudes franciscaines 1951 p. 287-297 ; 2. Pierre Charron et 3. le stoïcisme chrétien ibid p. 389-410 ; 4. Le stoïcisme et les protestants in Etudes franciscaines 1952 p. 5-19 ; 5. L'humanisme chrétien: ibid p. 133-157.

Le juste et l'injuste à la Renaissance classique. Actes du colloque international de Saint Etienne, avril 1983. Presses Universitaires de Saint Etienne, 1986.

OESTREICH (G.) *Neostoïcism and the early modern State,* Cambridge Univ.Press, 1982 (traduit de l'allemand).

ZANTA (L.) : *La renaissance du stoïcisme au* XVIe *siècle*, Paris, 1914.

Sur Wissowaty:

JOBERT (A.) : *De Luther à Mohila,* La Pologne dans la crise de la chrétienté, 1517-1648. Paris, Collection historique de l'Institut d'Etudes slaves N° XXI, 1974.

INDEX NOMINUM

ABBADIE : 55.
ABÉLARD : 51, 223 n3, 327.
ACONTIUS : 9, 164, 327, 337.
ALEMBERT : 276.
ARISTOTE : 12, 21, 300, 302, 304, 307, 311.
BAYLE : 45, 74 n1.
BODIN : 34, 35, 51, 75, 224, 327, 337.
BOSSUET : 136, 141, 244, 327.
CALVIN : 95.
CASSIRER : 26, 333.
CASTELLION : 52, 69, 70, 81, 82, 214, 328, 337.
CERTEAU DE : 141, 333.
CICÉRON : 10, 13, 22, 23, 43-46, 79, 114, 183-4, 189, 207, 211, 272, 316, 328, 337.
CLAUBERG : 141, 147, 328.
CONSTANS : 70, 235-7, 328.
CUES NICOLAS DE : 51.331.
DESCARTES : 38, 39, 77, 88, 89, 95, 328, 338.
DUMERY : 258.
DUMONT J.-P. : 44, 144, 145, 189.
DUPLESSIS MORNAY : 26, 27, 32, 131, 132, 328.
EPICTÈTE : 98.
EPICURIENS : 301, 304.
ÉRASME : 10, 46-50, 69, 328, 338.
GALILEE : 76.
GILSON : 24, 333.
GOUHIER : 258-9, 334.
GROTIUS : 12, 29, 35, 36, 54, 56-58, 63, 72, 86, 88, 100, 113, 114, 128, 129, 138, 151, 152, 170, 173, 179, 182-6, 191-2, 202, 205-6, 208, 228, 229-32, 262-3, 328, 338-9.
HERBERT DE CHERBURY : 30, 58, 66, 79, 81, 90, 98, 99, 101, 109, 112, 129, 130, 152, 178, 192-4, 198, 213, 218, 220, 244-6, 263, 329, 339.
HOBBES : 208-9, 212, 215, 233-5, 329, 339.
HUBER M. : 288, 329.
HUISSEAU D' : 39, 40, 58, 68, 71, 79, 92, 124, 134, 163, 165, 247, 329, 339.
HUME : 13, 41, 42. 329, 339.
JURIEU : 137.
KANT : 78n2, 92, 142, 257, 264, 266, 330, 340.
KOLAKOWSKI : 277, 334.
KORTHOLT C. : 74, 330.
LACTANCE : 19, 24, 74, 96, 145, 330.
LA MOTHE LE VAYER : 32, 249, 250, 330.
LAPLANCHE F. : 55, 95n1, 334.
LEIBNIZ : 37, 59n4, 60n2, 78, 101, 102, 108, 115, 119-20, 166-7, 183, 186, 196, 211, 270, 330-1, 340.
LENOBLE : 13, 334.
LERY J. de : 71.
LIMBORCH : 33.
LIPSE (Juste) : 13, 20, 27, 37, 38, 96, 174, 175, 189-91, 213, 330.
LITTRÉ : 10.
LOCKE : 78, 124, 178, 331, 340.
LUTHER : 51.
MACHIAVEL : 248.
MAGNARD P. : 16, 335.
MAHOMET : 202.
MALHERBE M. : 42, 44, 339.
MARION J.-L. : 272.
MATHERON : 164, 341.
MÉTRODORE DE LAMPSAQUE : 144.

MEYER L. : 39, 40, 59, 65, 67, 72, 73, 85, 88, 91, 93, 106, 108, 117, 125, 139, 141, 146-9, 169, 331, 340.

MONTAIGNE : 25, 66, 71, 101, 113, 118, 221, 271, 331, 340.

MONTESQUIEU : 248 n2.

NUMA : 249.

ORIGÈNE : 74.

PASCAL : 76n1, 94, 202.

PAUL saint : 25.

PLATON : 304.

QUINTE CURCE : 79.

ROUSSEAU : 16n1, 259, 265, 268, 331, 341.

SALVIEN : 325.

SEBOND R de : 131, 132, 185, 332.

SÉNÈQUE : 96, 98, 187, 193, 207, 301 n9, 313, 314, 341.

SIMON J : 30, 284-5, 336.

SPINOZA : 55, 70, 79n5, 86-87, 93, 99, 120-1, 140, 148, 150, 172, 179, 181, 195, 203, 212, 221, 237-41, 270, 332.

STOÏCISME : 37, 38, 73, 95sq., 104, 144, 174-6, 190, 214, 272 sq., 300, 304, 305, 307, 314, 332, 342.

STRAUSS L. : 10, 65n3.

SUAREZ : 260.

TERTULLIEN : 24.

THOMAS D'AQUIN : 25-27, 104.

URIEL DA COSTA : 32, 33.

UYTENBOGAERT : 228-9.

VARRON : 20, 303.

VELTHUYSEN : 150.

VINCENT DE LERINS : 100n3.

WEIL E. : 286.

WISSOWATY : 41, 59, 60, 66, 68, 73, 78, 90, 94, 99, 108, 109, 111, 115, 116, 159, 163, 194-5, 332, 342.

XENOPHANE : 22,.

INDEX NOTIONUM

Action (intérieure & extérieure) : 230.
Adaptation à (*ad captum alicujus loqui*) : 171 sq., 173, 265.
Adversaires : 64.
Ame (immortalité) 197-9.
Analogie : 112.
Anonymat : 260-1.
Argumentation (modes d') : 112, 114.
Articles fondamentaux : 177.
Assentiment : 94.
Athéisme : 183-4.
Béatitude : 11, 62 n2, 222 sq., 300.
Bible, Unité de : 128; livre privilégié : 133-4.
Bien (souverain) : 175, 224, 299.
Bioéthique : 287-8.
Bricolage conceptuel : 274n3.
Canon de l'Écriture : 127.
Captiver l'entendement : 160.
Cérémonies : 247-53; fonctions : 251-53, 317.
Charité : 160, 214, 252.
Christ : 201-4, 303, 313.
Conciles 232.
Consensus de droit plus que de fait : 101.
Consentement universel : 99-102.
Création *ex nihilo* : 115 n5, 270.
Credo minimum : 13, 157, 164-5, (sens du terme); statut : 165-7, forme : 169, credo par provision : 265, credo philosophique : 289-91.
Croire (& Savoir) 73, par soi-même : 264-6.
Culte : 210 sq., intérieur : 206; *colere* : 208; 306, 316.
Décalogue : 168, 180; Décalogue inné : 171
Déisme : 202, 266.
Démons : 304.
Destin : 188-92, 298.
Destinataires : 85-7; de l'Écriture : 124, 138.
Devoirs : 216 sq., 315 sq.
Dieu : existence 44, 182-84, 297; Preuves : 184 sq.
Discernement : 109.
Dogmata : 174sq., 301.
Dogmatique et éthique : 151, 174, 205-6.
Dogmatiques : 64, 65.
Douter (art de) : 70.
Droit naturel & Religion naturelle : 13, 125-6, 167, 215, 254.
Ecclésiastiques : 236.
Écriture sainte : 311; clarté et obscurité : 135-7; comme principe : 125; statut : 126 sq.
Église (hors de l'Église point de salut : 53n5), 242sq., Église universelle : 243-4; Église naturelle : 245, nationale : 246.
Enthousiastes : 77-8.
Espace philosophique : 11.
Essai : 52, 271.
Evitement / refoulement : 172sq., 219.
Exégèse médiévale : 137; négative 92
Exemplum/Exemplar : 203.
Expérience fictive :92.
Femme : 200-1, 320.
Fidéisme : 66.
Finalisme 113, 192.
Finitude : 270.
Foi : 94, 108; en la raison : 15, 118, 286 sq.
Foule : 72.
Fruition béatifique : 223 sq.
Gouvernement constitutif et directif : 230.
Hérésie : 71; hétérodoxes : 155.

Herméneutique cartésienne : 143, 145-9; cercle h. :118.
Hermétisme : 64-5.
Histoire : 89, 267-8.
Histoire des idées et philosophie : 16.
Humilité : 218.
Hyper-rationalisme 117.
Idiotus : 51.
Idolatrie : 210.
Imagination : 73-75, 139, 252.
Immortalité : 197.
Indifférence des religions 163.
Individualisme religieux : 255.
Institution : 246, 250.
Interpréter 108, allégoriquement : 144; la Bible : 142 sq.
Islam : 263-4.
Jésus : 202.
Juifs, Judaïsme : 262-3, 310, 314.
Jus circa sacra : 227 sq.
Laïc : 7, 11, 50.
Langage : 72, 220, 323.
Lecture d'une philosophie : 282.
Liberté de conscience : 160.
Liberté de l'homme : 193-9, 290.
Logos : 115, 310.
Magistère spirituel : 232 sq.
Mal : 305.
Mariage : 319-20.
Marques de la religion : 80.
Mathématiques : 111.
Médecine de l'âme : 82, 241-2.
Médiation (refus des) : 203, 275.
Mélange total : 189 +n2.
Méthode : 81.
Miracle : 75, 77, 194.
Modi loquendi : 137-140.
Monothéisme : 186-7.
Mort : 321.
Natura sive Deus : 190, 192.
Nature : état de pure nature : 260; triangle conceptuel du référent nature : 13; connotations 35, 259; référent unanimiste 20; livre de la nature : 131-2; suivre la nature : 213, 323.
Notion commune : 81, 94, 99; 274.
Nouveauté (passion de la) : 69.
Numina/nomina : 38, 145, 187.
Obéissance : 212.
Obstination : 69, 70.
Opiniatreté : 69.
Optimisme ontologique : 290.
Optimus Maximus : 130.
Oracles : 77.
Ordre : 189.
Orgueil : 71.
Paganisme : 262.
Para-herméneutique : 150.
Pardon et repentir : 220-1, 308, 319.
Parole de Dieu : 127.
Passions : 68, 69, 72, 218, 305.
Péché originel : 218, 199.
Péché : 218 sq., 307.
Pénitence : 219 sq.
Perfection : 187.
Philanthropia : 217-8, 323.
Philosophes : 40, 93.
Philosophie, définition : 93; arbre de la philosophie : 175.
Piété : 79, 211; piété philosophique 118; selon Leibniz : 119.
Plaisir : 322.
Poètes antiques : 129.
Points fondamentaux : 48, 177.
Pouvoir politique : 230, 320.
Préjugés : 67, 95.
Preuve rationnelle confirmative : 110.
Prière : 208-10.
Prodeus : 235.
Prophétie : 77, 78, 127.
Protestantisme (philosophie du) : 14 n2, 136.
Providence : 188-9; 274.
Puissance d'une philosophie : 15, 272-5.
Rabbinique (esprit) : 48, 71.
Raison :103; antique : 104; commune 106, droite : 107; communauté de la raison : 88; raison et histoire : 90; chez Leibniz : 102; forme de l'universel : 105; preuve de la raison par son usage : 106; qualificatifs : 106-7; fonctions et usages : 108-110; modèles : 110-12; = main spirituelle : 111; lieux et limites : 114-17.
Rationalisme stoïcien : 273.
Règle d'or : 83, 179, 212 sq.
Relativisme religieux :81.
Religion naturelle : Définition : 29, 426; contenu philosophique : 30; & théologie

naturelle : 30; & religion de la nature 29, 31; & religion rationnelle : 41; & religion savante : 41; religion entière : 30; = religion éthique : 163; religion véritable : 258-9; religion de Noé : 32; suffisance : 33-36; statut : 257; = construction théorique : 258; & religions positives 268.
Repentir : 220, sq., 310.
Représentation : 104.
Révélation et révélable 24 n1; statut : 26; 90; Iimplique la raison : 90; 265.
Sacré & profane : 126, 206.
Salut : 11; salut réservé 53-4; définition et modèles : 54, 222sq.; salut philosophique : 290.
Scepticisme : 66.
Sécurité (maxime de) : 266.
Sens littéral, allégorique, moral, anagogique : 137; sens littéral, sens vrai & vérité : 148.
Souveraineté : 230; Souverain = Prêtre 231.
Suicide : 214 & n1.
Superstition 79; moscovite 160; culte superstitieux : 251.
Système : 272, 275.
Théodicée : 219.
Théologie naturelle : 19, 28, 189; sa place dans la philosophie : 27-28.
Tolérance : 161, 296, 297.
Tradition : 100 n3.
Turcs : 46, 47, 162, 296, 297.
Unité = invariant d'une variation : 15, 244.
Unité du Stoïcisme : 273.
Vérité du sens et de la chose : 88.
Vérité : 62-3; jugée par ses effets pratiques : 63; unité de la vérité : 87.
Vertu & récompense : 222.
Vertu : 213-16, 232.
Zèle : 70.

TABLE DES MATIÈRES

INTRODUCTION 9

CHAPITRE 1 Théologie naturelle, religion naturelle et philosophie 19
Pourquoi une théologie naturelle? 19
Théologie mythique et rationnelle : modèle antique 21
Théologie naturelle et révélée : modèle chrétien 23
Thomas d'Aquin 25
Théologie naturelle et philosophie 27
La religion naturelle 28
Définition et constituants 29
Suffisance ou insuffisance de la religion naturelle? 33
De la religion naturelle à la religion rationnelle 36
Modèle stoïcien 37
Modèle cartésien 38
Hume 41

CHAPITRE 2. Sources et contexte du credo minimum 43
Le *De natura Deorum* de Cicéron 43
Le projet érasmien 46
Entrée en scène des laïcs 50
Corpus de référence 55
Grotius, Cherbury, D'Huisseau, Meyer, Wissowaty 56

CHAPITRE 3. Les sources du faux 61
Stratégie 61
Adversaires 64
Les sources du faux 67
Les marques du vrai et du faux 80

CHAPITRE 4. Les moyens du vrai 85
Destinataires 85
Présupposés 87
De l'assentiment au consentement universel 94
Les notions communes 94
Le consentement universel 99
Eloge de la raison naturelle 102
Fonctions et usages de la raison 108
Modèles de la raison 110

Lieux et limites de la raison 114
La foi par la raison ou de la foi à la raison? 117

CHAPITRE 5. L'Écriture Sainte 123
Sortir des controverses exégétiques 123
Statut de l'Écriture Sainte 126
Le livre de la Nature et le livre de l'Écriture 131
Principes d'interprétation de l'Écriture 134
Différents types d'interprétation 142

CHAPITRE 6. Statut et enjeux du credo minimum 157
Spécificité du XVIIe siècle 158
Statut du credo minimum 164
Modalités de découverte et d'exposition 168
Dogmata et praecepta 174
L'arbre de la philosophie 175

CHAPITRE 7. Principes du credo minimum 177
Invariant théorique 177
L'existence de Dieu 182
Providence, nature, destin 188
Anthropologie 197
Absence de médiation christique 201

CHAPITRE VIII. Les préceptes du credo minimum 205
Primat de la morale sur la doctrine 205
Le culte intérieur 206
La règle d'or 212
Les devoirs 216
Repentir et rétribution 218
Salut et béatitude 222

CHAPITRE IX. Credo minimum et *Jus circa sacra* 227
De imperio Summarum Potestatum circa sacra 228
Le magistère spirituel (Hobbes, Constans, Spinoza) 232
Eglises et cérémonies 242
La communauté ecclésiale 242
Les cérémonies 247
Théologie et politique 253

CHAPITRE X. Une religion en de multiples croyances 257
La religion naturelle est-elle une vraie religion? 258
Statut des religions non chrétiennes 261
Croire par soi-même 264
Nature et histoire 267
Religion sereine et raison ardente 269
Puissance d'une philosophie : le stoïcisme 274
Système philosophique et horizon intellectuel 275

EPILOGUE 283
De la religion naturelle aujourd'hui 283
Un credo de philosophe 289

APPENDICE :
Traduction de *Meletius* d'Hugo Grotius 295

BIBLIOGRAPHIE 327

INDEX NOMINUM 343

INDEX NOTIONUM 345

TABLE DES MATIÈRES 349

Imprimerie de la Manutention à Mayenne — septembre 1991 — N° 325-91